넬슨 성경개관

죠이선교회는 예수님을 첫째로(Jesus First)
이웃을 둘째로(Others Second)
나 자신을 마지막으로(You Third) 둘 때
참 기쁨(JOY)이 있다는 죠이정신(JOY Spirit)을 토대로
하나님 나라의 확장을 위해 지역교회와 협력, 보완하는
선교단체로서 지상명령을 성취한다는 사명으로 일합니다.

죠이선교회출판부는 그리스도를 대신한 사신으로
문서를 통한 지상명령 성취와 하나님 나라 확장을 위해 노력합니다.

Nelson's Complete Book of BIBLE MAPS AND CHARTS

NASHVILLE DALLAS MEXICO CITY RIO DE JANEIRO

차례

구약

신약

머리말

「넬슨성경개관」(개정판)의 독자 여러분, 반갑습니다. 넬슨 출판사가 발간한 많은 성경과 참고 도서에 사용한 지도와 연구용 도표들을 이 한 권의 책에 담았습니다. 모든 그리스도인들이 이 책을 통해 하나님의 말씀을 심도 있게 연구할 수 있기를 바랍니다. 손쉽고 빠르게 활용할 수 있도록 만들었기 때문에 성경의 지리적·정치적 배경, 본문과 관련된 여러 주제를 한눈에 파악할 수 있습니다.

성경 각 권의 순서대로 지도와 도표를 수록하고, 관련된 역사나 주제에 대한 배경 설명도 간략하게 수록했습니다. 성경 본문을 읽기 전이나 후에 독자들이 주제를 쉽게 파악할 수 있도록 성경의 사건이나 주제를 도표로 요약했습니다. 또 지도를 보면 성경의 정치와 지리에 대해 폭넓게 이해할 수 있을 것입니다. 가령 "한눈에 보기"는 초점, 주제, 사건이 일어난 장소와 시간적 배경, 단락을 구분하기 위한 본문 구절을 제시하면서 성경 각 권을 요약합니다. 바울의 전도 여행을 자세히 다룬 지도(373-374쪽)는 이 비범한 사람이 복음을 전하고 성도들을 돌보기 위해 얼마나 먼 거리를 여행했는지 자세히 보여 줍니다.

독자가 성경의 각 주제들을 이해하는 데 도움을 주기 위해 도표에 관련된 다른 본문들도 포함해서 수록하고, 언뜻 보기에 본문과 그다지 관계없는 것 같은 요소들을 연결하기도 하며, 본문에 대한 성경 밖의 생각들을 요약해서 담기도 했습니다. 예를 들어 "유혹 : 두 아담의 비교"(19쪽)는 아담과 예수 그리스도가 유혹을 서로 다른 방식으로 다룬 것을 보여주는 반면, "신약의 여성들"(341쪽)은 신약에서 가장 뛰어난 몇몇 등장인물들의 행동을 언급한 구절들을 제공합니다. "공관복음서에 대한 세 가지 가설"(301쪽)은 마태, 마가, 누가, 요한복음의 문학적 유사성을 설명하는 세 가지 이론을 시각적으로 논증합니다.

성경의 지도와 도표들은 독자뿐 아니라 성경을 가르치는 사람들에게도 도움이 될 것입니다. 성경 구절에 담겨 있는 의미와 역사를 전달하고자 노력했던 사람이라면 누구나 시각 자료가 얼마나 유용한지 잘 압니다. 그렇기 때문에 이 책의 많은 도표와 지도를 쉽게 복사할 수 있도록 각 지면에 개별적으로 편집했습니다. 이 시각 자료들을 복사해서 개인적으로 참고하거나 성경공부 모임에서 사용할 수 있습니다. 교실이나 세미나에서 쉽게 사용할 수 있도록 고안했기 때문에 이 지도와 도표들로 참고 자료를 만들어 사람들에게 나누어 주거나 화면에 영사해서 활용해도 됩니다.

이 책은 그저 책꽂이에 꽂아 두는 참고서로 만든 것이 아닙니다. 설교나 세미나, 수업의 교과 과정 자료를 보충하려고 만들었습니다. 개인적으로 성경을 공부할 때나 여럿이 모여서 성경을 공부할 때 기본 자료로 유용하게 활용하기 바랍니다.

구약

시돈에 있는
바다 요새

구약 개관			
사람	**시대와 사건**	**당시의 문화**	**기록된 구약 성경**
아담	**족장 시대 이전** 창조 홍수	역사 기록 이전 시대	
아브라함, 이삭, 야곱, 요셉	**족장 시대** 아브라함이 땅에 들어감 기원전 약 2090년 국무총리 요셉 기원전 약 1885-1805년	족장들의 이야기는 메소포타미아와 애굽의 문화를 반영한다.	욥기?
	애굽 체류기 기원전 약 1875-1445년	애굽이 이스라엘을 노예로 삼는다.	
모세	**광야 방랑기** 기원전 약 1445-1405년		창세기, 출애굽기, 레위기, 민수기, 신명기
여호수아, 드보라, 기드온, 입다, 삼손	**정복 시대와 사사 시대** 기원전 약 1405-1050년	팔레스타인이 정복되었고, 여러 민족이 이스라엘을 압제한다.	여호수아, 사사기
사무엘, 사울, 다윗, 솔로몬	**통일 왕국 시대** 기원전 1050년에 수립	주변 국가들을 물리친다.	룻기, 사무엘, 시편, 아가, 잠언, 전도서
분열 왕국 시대 **기원전 931~722년, 기원전 931년에 분열**			
남 유다 : 르호보암	북 이스라엘 : 여로보암 1세	아람 왕국 기원전 931~732년	
여호사밧 웃시야	아합 여로보암 2세		오바댜, 요엘, 요나, 아모스, 호세아, 이사야, 미가
히스기야		아람 멸망 기원전 약 732년 앗수르의 가나안 통치 기원전 745~650년	나훔, 스바냐
	사마리아 멸망 기원전 약 722년		
요시야	**남 유다만 남음** 기원전 722-586년		예레미야, 예레미야애가, 하박국, 열왕기, 다니엘, 에스겔
	다니엘의 포로기		
	에스겔의 포로기		
예레미야	예루살렘 멸망 기원전 약 586년	바빌론 통치기 기원전 625~539년	학개, 스가랴
스룹바벨 학개 스가랴	**재건기** 기원전 538-약 400년 두 번째 성전	메대-바사 통치기 기원전 539~331년	
	에스라의 귀환 기원전 약 458년		역대기, 에스라, 에스더
말라기	느헤미야의 귀환 기원전 약 444년		느헤미야, 말라기

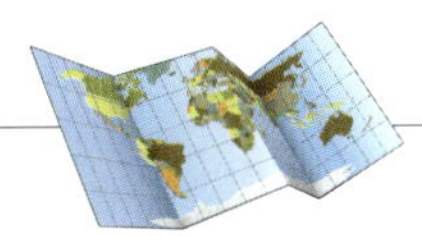

오경(五經)

성경의 첫 다섯 권의 책인 창세기, 출애굽기, 레위기, 민수기, 신명기를 유대인들은 토라(Torah)라고 부르는데, 이는 히브리어로 "법" 또는 "가르침"을 뜻한다. 70인 역(헬라어로 번역한 구약 성경)의 번역자들은 이 묶음을 "다섯 권의 책"이라는 뜻에서 오경(Pentateuch)이라고 불렀다. 헬라어 **펜타**(*penta*)는 "다섯"이고 **튜코스**(*teuchos*)는 "책"이다.

전통적으로 보수적인 유대인들과 그리스도인들은 모세가 오경의 상당 부분을 저술했다고 생각했다. 신구약에서 모두 모세가 오경의 저자라고 기술하고 있기 때문에(수 1:7, 단 9:11-13, 눅 16:29, 요 7:19, 행 26:22, 롬 10:19), 18세기까지 모세를 저자로 간주하는데 일반적으로 합의했다.

그러나 근대에 들어서 우리가 지금 갖고 있는 오경의 배후에 J, E, D, P라고 부르는 네 가지 문서가 있다는 주장이 자주 제기되는데, 이 문서들은 이스라엘의 여러 시대에 기록되었으며, 구약 시대 후기에 편집되었다. "문서설"(Documentary Hypothesis)이라 부르는 이 이론은 오경에 대해, 특히 창세기에 대한 여러 질문을 설명하기 위해 생겨난 것이기도 하다. 예를 들어 실제로 서로 베낀 것처럼 보인다거나, 본문의 어떤 부분에서는 특별한 하나님의 이름을 사용한다거나, 이 사건에서 저 사건까지 갑자기 문체가 바뀐다는 등의 의문들 말이다.

문서설은 의심의 여지없이 고대 인간 사회의 발전에 관한 자연적이고 진화론적인 가정들을 따른다. 게다가 지금 우리가 가진 그 오경의 배후에 있는 것으로 강력히 주장하는 문서들과 출처들의 정확한 특징과 중요성에 대해 여러 학자들이 거의 합의하지 못한다. 또 예전에는 매우 낯설게 여기던 여러 특징들이 다른 여러 고대 문학에서 전형적으로 나타난다는 사실도 이제는 알게 되었다. 모든 문제가 충분히 설명되지는 않겠지만, 모세가 저자가 아니라고 말할 강력한 근거는 없다.

오경의 각 권은 이스라엘 백성과 맺으신 하나님의 언약과 관련이 있으면서도 각 권은 독립적이고, 각각 특정한 주제를 담는다.

오경은 창세기부터 열왕기하에 이르는 연속적인 주요 성경 이야기의 첫 부분을 이룬다. 첫 부분은 창조와 인류 초기 역사에 대한 설명(창 1장-11장)으로 이스라엘의 조상 아브라함, 이삭, 야곱, 요셉의 삶 속에 일어난 사건과 연결된다(창 12장-50장). 그 다음 이스라엘의 위대한 선지자 모세에 대한 설명이 뒤따른다. 모세가 애굽의 바로와 충돌한 사건(출 1장-11장),

하나님께서 이스라엘 백성을 애굽에서 이끌어 내신 사건(출 12장-15장), 이스라엘 백성이 하나님을 배신하고 40년 동안 광야에서 방랑한 사건(출 16장-민 21장), 가나안에 이른 후 땅에 대해 하나님께서 약속하신 사건(민 22장-신 34장)을 기록한다.

오경의 첫 책인 창세기는 천지 창조에서 애굽에 들어가기까지 기나긴 여정을 다룬다. 출애굽기에서 신명기까지 나머지 네 책에서는 약 40년에 걸친 이야기만 다룰 뿐이다.

오경						
책	핵심 주제	민족	백성	하나님의 특성	하나님의 역할	하나님의 명령
창세기	시작	선택 받음	준비됨	강력한 주권자	창조자	"있으라"
출애굽기	구원	인도 받음	구원 받음	자비로움	구원자	"내 백성을 보내라"
레위기	제사	구별	가르침 받음	거룩함	성별하는 자	"거룩하라"
민수기	방랑	지시 받음	시험 받음	정의	부양자	"들어가라"
신명기	언약 갱신	준비 완료	다시 가르침	사랑하시는 주	보상자	"순종하라"

오경에 나타난 이스라엘 연대기		
기록 연대	사건	관련구절
첫째 해, 1월 15일	출애굽	출 12장
첫째 해, 2월 15일	신 광야 도착	출 16:1
첫째 해, 3월	시내 광야 도착	출 19:1
둘째 해, 1월 1일	성막 건립	출 40:1, 17
	제단 봉헌	민 7:1
	레위 족속의 성별	민 8:1-26
둘째 해, 1월 14일	유월절	민 9:5
둘째 해, 2월 1일	인구 조사	민 1:1, 18
둘째 해, 2월 14일	보충 유월절	민 9:11
둘째 해, 2월 20일	시내 광야를 떠남	민 10:11
제40년, 1월	신 광야에서	민 20:1, 22-29, 33:38
제40년, 5월 1일	아론의 죽음	민 20:22-29, 33:38
제 40년, 11월 1일	모세의 설교	신 1:3

창세기

오늘날 엘 칼릴(el-Khalil, 헤브론)의 현대 도시는 막벨라(Machpelah) 지역 일대에 세워졌다. 한때 그 동굴은 기독교 교회를 보호했지만 지금은 회교 사원으로 특징짓는다.

"창세기"(Genesis)는 기원, 근원, 탄생, 시작 등을 의미하는 헬라어에서 왔다. 제목 그대로 창세기는 시작에 관한 책이다. 창세기는 하나님의 창조, 인간의 타락, 세상 민족들의 기원, 하나님이 선택한 이스라엘 민족과 맺은 언약 관계를 묘사함으로써 성경의 여러 배경을 제공하고, 성경의 나머지 책들의 무대를 마련해 준다.

저자

창세기에 저자의 이름이 나타나지 않지만, 성경과 교회 역사의 대부분은 모세의 기록으로 간주한다. 신구약 모두 오경의 저자는 모세라고 반복해서 증거한다(수 1:7, 단 9:11-

13, 눅 16:29, 요 7:19, 행 26:22, 롬 10:19). 또 모세가 저자라는 견해는 18세기까지 심각한 도전을 받지 않았다. 성경에서 증언하고 있고, 타당한 대안이 없다는 근거로 보수적인 그리스도인과 유대인은 모세 저작설을 계속 인정한다.

기록 연대

창세기를 기록할 때 모세는 분명 하나님께서 그에게 직접 계시하신 자료는 물론이고 오래된 문서 자료들과 구전된 전통을 활용했다(민 12:8). 하나님께서는 모세를 애굽 사람의 지혜로 훈련하셔서(행 7:22) 참고할 수 있는 모든 기록과 필사본, 구전들을 그분의 영감으로 통합할 자질을 겸비시키셨다. 모세는 이 책을 대략 기원전 1446년-1406년 이스라엘의 광야 방랑기에 기록하기 시작했을 것이다.

주제와 문학적 구조

창세기는 11개의 단락으로 구분되는데, 각 단락은 "……의 대략(generation)은 이러하니라"라는 구절에 **대략**이라는 단어로 시작한다. (1) 창세기 서론(1:1-2:3) (2) 하늘과 땅(2:4-4:26) (3) 아담(5:1-6:8) (4) 노아(6:9-9:29) (5) 노아의 아들들(10:1-11:9) (6) 셈(11:10-26) (7) 데라(11:27-25:11) (8) 이스마엘(25:12-18) (9) 이삭(25:19-35:29) (10) 에서(36:1-37:1) (11) 야곱(37:2-50:26).

창세기는 인류 **구속** 역사의 첫 장이다. 창세기는 네 가지의 큰 사건과 네 명의 위대한 인물을 강조한다. 1장에서 11장은 이후에 모든 성경 역사의 기초를 이루는 네 가지 중대한 사건으로 이루어져 있다.

(1) **창조** : 하나님은 물질과 에너지, 공간과 시간을 통치하는 창조자이시다. 인간은 이 창조의 절정이다.

(2) **타락** : 인간은 본래 선했지만 아담의 죄로 타락했다. 타락에 대한 엄청난 저주에도 불구하고, 하나님은 여자의 후손으로 구원의 소망을 약속하신다(3:15).

(3) **홍수** : 인류가 번성하자 죄악도 창궐해서 하나님께서는 노아와 그의 가족들을 제외한 모든 인류를 멸망시키신다.

(4) **민족들** : 우리 모두가 노아에게서 태어난 아담의 후손이지만, 하나님은 홍수 이후에 세계의 단일한 문화와 언어를 깨뜨리시고 민족들을 온 땅에 흩으신다.

12장에서 50장에서는 위대한 네 사람, 아브라함과 그의 자손 이삭, 야곱, 요셉의 이야기를 다루는데, 하나님께서는 그들을 통해 모든 민족에게 복을 주시겠다고 하신다. 아브라함(12장)을 부르신 사건은 창세기의 중심점이다. 하나님께서 아브라함과 맺은 언약이 모든 족속에게 구원을 베푸시려는 계획의 근간이다.

창세기 한눈에 보기

초점	네 가지 사건				네 사람			
관련구절	1:1 -------- 3:1 ----6:1 ------- 10:1 --------- 12:1 ------------25:19------ 27:19 ----- 37:1--- 50:26							
구분	창조	타락	홍수	민족들	아브라함	이삭	야곱	요셉
주제	모든 인류				히브리 민족			
	역사적				전기적			
장소	비옥한 초승달 지역 (에덴-하란)				가나안 (하란-가나안)			이집트 (가나안-이집트)
기간	약 2000년 기원전 약 4000년 이상-약 2166년				281년 기원전 약 2166-1885년			81년 기원전 1885-1804년

Nelson's Complete Book of Bible Maps and Charts © 1993 by Thomas Nelson, Inc.

창세기의 사건이 일어난 시기

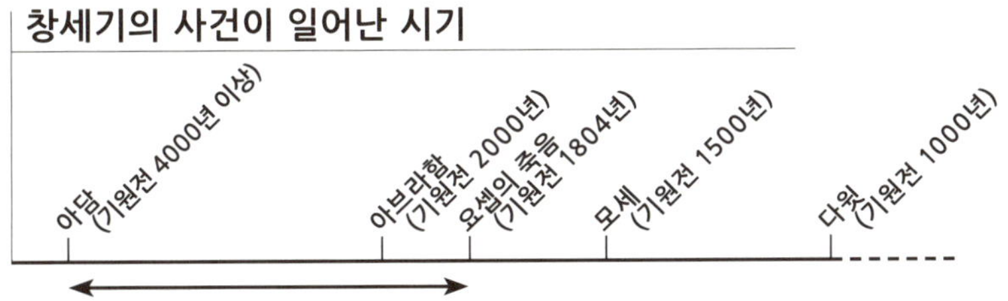

율법책에 기록된 사건이 일어난 시기

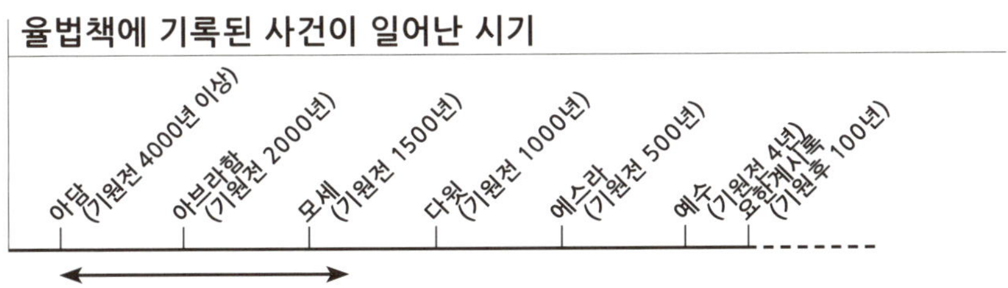

창세기 개요

1부 태고의 역사(1:11-11:9)

2부 족장 시대의 역사 (11:10-50:26)

6일간의 창조

창세기에 따르면, 하나님은 세상과 그 안의 모든 만물을 6일 동안 창조하셨다. 만드신 후에는 이 모든 것이 "매우 좋다"(1:31)고 선언하셨다. 창조주는 일곱째 날에 안식하셨다(2:1–3).

고대의 여러 이방 민족들에게도 창조 신화들이 있기는 하지만, 성경은 유일하게 창조 전에 하나님이 계셨고, 무(無)에서 물질세계를 "존재하라"고 부르셨다고(1:1–2, 요 1:2 –3) 설명한다. 특히 바벨론 같은 이방 국가들은 물질적인 경험세계는 영원하고, 자신이 섬기는 여러 신(神)도 이 물질세계에서 생겨났다고 믿었다. 하지만 창세기는 물질세계 이전에 분명히 하나님이 먼저 계셨다고 설명한다.

하나님은 형태와 생명이 없는 땅을 조성하기 시작하셨고(1:2), 빛을 만드셨으며(1:3–5), 땅과 물을 나누셨다(1:6–10). 이어서 바다와 하늘과 땅(1:11–25)의 피조물을 포함한 동식물을 창조하셨다. 남자와 여자는 창조주가 안식하시기 전(2:1–3), 여섯째 날에 만드셨다.

학자들은 창조한 "날"의 길이와 특성에 대해 서로 다른 의견을 제시한다. 어떤 학자들은 "날"이 실제로 24시간으로 이뤄진 날이라고 믿고, 어떤 학자들은 길이가 분명하지 않은 기간이라고 생각한다. 또 다른 학자들은 6일간의 창조 순서를 시간이 아니라 문학적인 구조로 본다. 그러나 이 "날"의 길이에 대한 여러 의견과 상관없이, 성경의 저자는 하나님이 그분이 계획하신 대로 질서정연한 방식으로 이 세계를 창조하셨다고 선언한다. 세계는 단지 스스로 또는 우연히 진화한 것이 아니다.

창조에 대한 성경의 설명을 지질학적으로 이해하고자 "간격 이론"(gap theory)이 제기되었는데, 이 이론에 따르면 창세기 1장 1절의 창조는 대 재앙(1:2)의 결과이며, 그 이후에 하나님께서 물질세계를 재창조 혹은 개조하셨다고 주장한다. 하지만 이 이론은 하나님을 그 자신의 창조물에 대한 지배력이 거의 없는 연약한 존재로 격하시켰다. 이 세계를 창조하신 전능하신 하나님은 이 세계의 운명도 주재하신다.

남자와 여자는 하나님의 창조 사역에 가장 뛰어난 업적이다(시 8:5). 하나님의 형상을 지닌 자유롭고 도덕적인 존재로서 그들은 자연 세계를 다스리도록 위임받았다(1:27-28). 이 세계에 살아 있는 피조물 중 사람만 유일하게 창조주와 교제할 수 있도록 준비시켜 주셨다.

하나님의 창조 사역

몇몇 학자들은 창세기 1장 1절에서 2장 3절과 2장 4절에서 25절의 창조 이야기를 두고 서로 모순된 두 가지 창조 기사가 존재하는 증거라고 해석하기도 한다. 그러나 2장 4절은 새로운 창조 기사를 소개하기보다는 1장 26절과 27절을 부연 설명한 것으로 보아야 한다. 2장은 1장을 전제로 하며, 두 장은 서로 모순된 것이 아니라 서로를 보충하고 보완한다.

	창세기 1장	창세기 2장
창조 기사	창조주 하나님	언약을 지키시는 하나님
	엘로힘	야훼
	전능하신 하나님	인격적인 하나님
	우주를 창조함	인간을 창조함
	창조의 절정인 인간	창조의 절정인 남녀의 결혼
	6일간의 창조	여섯째 날의 창조

에덴 동산

에덴 동산은 인류 최초의 남녀인 아담과 하와의 첫 보금자리였다(2:4-3:24). 에덴은 "기쁨"이라는 뜻의 히브리 단어로, 그곳이 "기쁨의 정원"이었음을 말해 준다. 에덴 동산에는 "생명나무"와 "선악을 알게 하는 나무"(2:9)를 포함하여 아름다운 유실수들이 많았다.

에덴 동산의 위치에 관한 최고의 이론은 그곳이 아르메니아 고지대의 티그리스와 유프라테스 강 수원지 근처라고 하지만(19쪽 지도 참고), 정확한 장소를 알 수는 없다. 큰 재앙이었던 노아 시대의 홍수로 비손과 하윌라로 언급된 나머지 다른 두 강(2:11)의 모든 흔적이 깨끗이 사라졌을 것이다. 하지만 현대의 위성사진으로 이 두 강의 존재가 증명되었는데, 지금은 말라 버린 저지대이지만 수세기 전에는 이 지역을 관통하여 이 강이 흘렀을 수도 있다고 한다.

하나님은 아담과 하와에게 선악을 알게 하는 나무의 실과는 먹지 말라고 명령하셨다(2:17). 사단이 뱀으로 하와에게 접근하여 금단의 열매를 먹도록 그를 유혹했을 때(3:1-5), 그들은 죄가 없는 원래 상태에서 타락하고 말았다. 하와는 열매를 먹고 남편에게도 먹으라고 주었다(3:6-7). 그들의 불순종으로 그들 자신과 모든 인류를 죄와 타락의 상태에 빠뜨렸다.

의심과 불순종 때문에 그들은 에덴 동산에서 쫓겨났다. 또한 그들의 죄로 인해 결백함을 상실하고(3:7), 아내는 해산의 고통을 겪고 남편에게 순종해야 하며(3:16), 남자는 땅의 저주로 인해 힘들게 노동하며 살아야 하고(3:17-19), 하나님과 분리(3:23-24)되었다.

사도 바울은 두 번째 아담인 예수 그리스도께서 그분의 구속 계획을 통해 죄 많은 옛 아담을 구원하실 것이라고 믿었다. "아담 안에서 모든 사람이 죽은 것 같이 그리스도 안에서 모든 사람이 삶을 얻으리라"(고전 15:22).

© GeoNova

에덴 동산은 성경에서 "힛데겔"(2:14)이라 부르는 티그리스 강 부근에 있었을 수도 있다.

두 아담의 비교

창세기 3장 15절은 오실 그리스도로 성취될 약속, 즉 구속의 약속을 담고 있다. 신약에서는 그리스도를 그분의 순종과 십자가 위에서 죽는 희생을 통해 아담의 불순종을 원상태로 돌리는 "두 번째 아담"으로 묘사한다(롬 5:12-21, 고전 15:45). 예수님은 "두 번째 아담"으로서 첫 번째 아담이 굴복했던 유혹들을 물리치셨다.

유혹 : 두 아담의 비교		
요일 2:16	창 3:6 첫 번째 아담	눅 4:1-13 두 번째 아담
"육체의 정욕"	"나무를 본즉 먹음직도 하고"	"이 돌들에게 명하여 떡덩이가 되게 하라"
"안목의 정욕"	"보암직도 하고"	"마귀가 …… 천하만국을 보이며"
"인생의 자랑"	"지혜롭게 할 만큼 탐스럽기도 한 나무"	"여기서 뛰어 내리라"

족장 시대

아담이 타락한 결과 아담과 그의 후손은 저주를 받아 죽음을 맞게 되었다. 인간의 수명은 초기에는 평균 900세 정도로 꽤 길었지만 홍수 이후 급격히 줄었다.

창세기와 역대기상 등에 실린 성경의 족보들에는 엄밀히 말해 모든 세대가 빠짐없이 기록되어 있지는 않다. 고대 족보들의 관례상, 가끔 이름들이 그 목록 안에 빠져 있다. "낳았다"라고 번역한 히브리 단어는 "……의 조상이 되었다"는 뜻이기도 하다.

족장들은 얼마나 살았을까?

아담 930세 (창 5:5)
셋 912세 (창 5:8)
에노스 905세 (창 5:11)
에녹 365세 (창 5:23)
므두셀라 969세 (창 5:27)
라멕 777세 (창 5:31)
노아 950세 (창 9:29)

홍수

셈 600세 (창 11:10, 11)
에벨 464세(창 11:16, 17)
데라 205세 (창 11:32)
아브라함 175세 (창 25:7)
이삭 180세 (창 35:28)
야곱 147세 (창 47:28)
요셉 110세 (창 50:26)

※ 홍수 이전 족장들의 평균 수명은 약 900세(창 5장)였다. 홍수 직후 족장들의 수명이 급격히 감소했으며, 점차 고르게 줄었다(창 11장). 그 이유를 홍수로 주요 환경이 변했기 때문이라고 주장하기도 한다.

족장 시대의 영적 쇠퇴			
첫 번째 세대	두 번째 세대	세 번째 세대	네 번째 세대
아브라함	이스마엘과 이삭	에서와 야곱	요셉과 형제 11명
아브라함 : 하나님을 신뢰한 믿음의 사람	이스마엘 : 약속의 사람이 아님 이삭 : 하나님을 믿고 하나님께 간구함	에서 : 영적이지 못한 적은 믿음 야곱 : 처음에는 타협했지만 후에는 주께 돌아옴	요셉 : 믿음을 드러낸 하나님의 사람 형제들 : 배반, 부도덕, 가나안 족속들과 별반 다르지 않음.
아브라함 : 하나님께 여러 번 제단을 쌓음 (창 12:7-8, 13:4, 18, 22:9)	이삭 : 하나님께 한 번 제단을 쌓음 (창 26:25)	야곱 : 하나님께 여러 번 제단을 쌓음 (창 33:20, 35:1, 3, 7)	하나님께 한 번도 제단을 쌓지 않음

노아의 방주

방주는 하나님이 홍수를 내리실 때 노아가 자신과 가족들과 동물들을 구하려고 만든 대형 선박이다(6:14-9:19). 방주의 크기는 대략 길이가 135미터, 폭이 22.5미터, 높이가 13.5미터이며, 3층이었다. 학자들은 이 정도 크기의 선박이라면 43,000톤 이상을 실을 수 있을 것이라고 계산한다.

방주는 물 위에서 거의 일 년을 보낸 후에, 지금의 터키 지역인 아라랏 산에 머물렀다. 지난 수세기 동안 방주의 유물들을 찾기 위해 여러 번 시도했지만 허사였다. 빙하의 이동, 눈사태, 겉으로 드러나지 않는 많은 크레바스(빙하 속에 생긴 깊은 균열)과 갑작스런 돌풍 때문에 이 지역을 등정하는 일은 대단히 위험했다.

방주는 하나님의 심판과 자비를 동시에 드러낸다. 악한 인간들의 멸망은 하나님의 의로운 심판을 보여 주며, 노아와 그를 통한 인류의 보존은 그분의 자비와 돌보심을 증명한다. 방주는 분명한 그리스도의 예표로, 그리스도는 그분의 은혜로 하나님의 심판의 홍수에서 우리를 지키신다.

고대 세계에서 여러 개의 홍수 이야기가 전해져 오는데, 여러 자세한 부분들까지 성경의 설명과 매우 유사하다. 가장 유명한 이야기 중에, 바빌로니아의 "노아"라고 할 수 있는 웃나피스티(Utnapishti)는 길이 54미터, 폭 54미터, 높이 54미터 크기의 배를 만들었는데, 이는 항해하기에 알맞지 않은 것이었다. 이런 이야기와는 완전히 대조적으로, 창세기는 죄에 대한 심판으로 홍수가 일어났지만 노아와 그 가족들이 의롭기에 자비를 베푸셔서 그들을 구원하시는 거룩하고 의로우신 하나님을 말하고 있다.

신약에서 예수님은 홍수와 노아 방주에 대해 말씀하시며, "노아의 때"를 "인자가 오시는" 때와 비교하셨다(마 24:37-38, 눅 17:26-27). 히브리서 11장 7절, 베드로전서 3장 20절, 베드로후서 2장 5절에서도 홍수에 대해 언급한다.

그 말이 정말 성경에 나오는가?

창세기에서 나온 속담들 - 우리가 널리 쓰는 많은 속담들이 성경에서 유래한다. 하지만 사람들은 그 속담들의 성경적인 기원을 알아채지 못한 채 종종 사용한다. 다음은 창세기에서 유래한 속담과 경구들이다.

속담이나 경구	오늘날의 의미	성경에서의 의미
에덴 동산	손상되지 않는 아름다움과 무한한 자원을 지닌 낙원	아담과 하와가 죄를 짓기 전에, 하나님이 원래 그들을 머물게 하신 장소(창 2:8, 15)
금단의 열매	우리가 즐겨서는 안 되지만, 금하기 때문에 더 매혹적인 쾌락이나 기쁨으로, 종종 성적인 만족감을 일컫기도 한다.	아담과 하와가 먹어서는 안 되는, 선악을 알게 하는 나무의 열매 (창 2:17, 3:3)
아담의 사과	남자의 목에 튀어나온 딱딱한 연골	일반적으로 사과라고 생각하는 금단의 열매 조각이 아담의 목에 들러붙었다는 구전(창 3:6)
무화과 잎	예술에서 국부를 가리는 작은 덮개를 가리키며, 비유적으로는 당황스런 상황에서 자신을 방어하는 수단들을 의미한다.	아담과 하와가 죄를 짓고 자기들의 벌거벗음을 깨달은 후에 만든 덮개(창 3:7)
내가 형제를 지키는 자입니까?	누군가와의 관계에서 책임을 회피하려고 사용하는 수사적 질문	가인이 아벨을 살해한 후 "아벨이 어디 있느냐"고 하나님이 물으셨을 때, 가인이 한 대답(창 4:9)
40일 밤낮	오랜 시간이 경과했음을 뜻함	노아의 홍수 당시 폭우가 쏟아진 기간(창 7:12).
바벨, 바벨탑	혼돈과 무질서의 상징	하나님이 민족들을 땅에 흩으시려고 언어를 혼란케 하셨던 장소(창 11:1-9)
약속의 땅	궁극적인 자유와 행복과 자율의 모습	하나님이 아브라함의 자손들에게 주시겠다고 약속하신 젖과 꿀이 흐르는 가나안 땅을 묘사 (창 12:7, 15:18-21)
죽 한 그릇	속거나 기만당하는 것을 암시	어떤 번역본들에서 "죽"이라고도 부르는 팥죽 한 그릇으로 야곱이 에서의 장자권을 가로챈 일(창 25:27-34)

바벨탑

바벨탑은 노아의 대홍수 이후, 아마도 메소포타미아의 남쪽인 고대 바빌로니아 지역인 시내 평야에 세워졌을 것이다. 인간의 악한 자만심과 반역의 상징인 바벨탑은 인간의 허영심을 만족시키기 위해 세워졌다. "우리의 이름을 내자"(창 11:4).

피라미드형으로 쌓은 탑은 하늘에 닿을 것 같았다. 사람들은 자신들의 이기적인 합의 하에 하나님께 다가가려고 노력했다. 하지만 그들은 하늘의 문은 침략 당하지 않는다는 것을 배웠다. 모든 사람은 반드시 존경과 겸손으로 하나님께 나아가야 한다.

메소포타미아 남부 평야에는 쓸 만한 돌이 없었기 때문에 벽돌과 회반죽으로 이 탑을 쌓았다. 바벨탑은 메소포타미아 남부의 고대인들이 자신들의 신을 경배하기 위해 지은 장소인 지구라트(ziggurat)와 유사한 듯하다. 앗수르와 바벨론의 왕들은 모두 하늘을 찌를 듯이 높은 이교 사원들을 짓고 뽐내며 그 높이를 자랑했다.

기원전 2100년 경, 메소포타미아의 남쪽에 위치한 아브라함의 원래 고향인 우르에 지은 이런 탑 하나는 위로 갈수록 점점 작아지는, 3단으로 구성된 피라미드였다. 사람들은 하나로 모이는 계단을 통해 이 사원에 올라갔다. 이 탑의 꼭대기에는 이교도들이 우상을 숭배하기 위해 봉헌한 제단이 있었다.

하나님께서 개입하셔서 오직 그분만이 갖고 계신 권능과 영광을 가로채려는 바벨탑의 건축자들을 막았다. 건축자들의 언어가 혼란스러워졌고, 그들은 서로 의사를 전달할 수 없게 되었다. 좌절하며 계획을 포기할 수밖에 없었다. 그 후 교만한 건축자들은 사방으로 흩어졌다(11:7, 8). 하나님의 권능에 비해 인간의 힘은 얼마나 보잘것없고 약한지! 자신을 영화롭게 하려는 인간의 어긋난 노력은 혼란과 좌절을 야기했고, 그들은 전 세계로 흩어졌다.

아브라함의 가족

셈의 가계(11:10-26)는 메소포타미아 도시 우르의 원주민인 아브라함이라는 인물을 소개하는 역할을 한다. 하나님의 구속 계획은 지금 한 개인의 가족과 후손에 초점을 맞춘다. 아브라함은 성경의 나머지 부분에 기초를 제공하는 구실을 한다. 이후에 전개되는 하나님과 인류의 모든 구속적인 관계는 아브라함과 맺은 하나님의 언약과 관련이 있다.

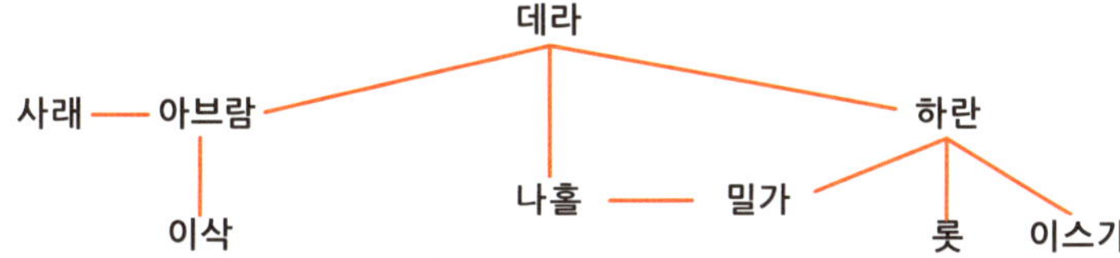

아브라함의 언약

아브라함의 언약은 절대적이다. 왜냐하면 약속하신 것을 성취하시려고 은혜로 그분 스스로 의무를 지시는 하나님만 의지하기 때문이다. 언약은 처음에는 광범위하게 주어졌고 나중에는 더욱 자세히 아브라함에게 확정되었다(13:14-17, 15:1-7, 18-21, 17:1-8).

아브라함의 언약	
창 12:1-3	하나님은 아브람이 갈대아 우르에 살 때, 땅과 자손과 복을 약속하시며 그분의 언약을 시작하셨다.
창 12:4, 5	아브람이 가족과 함께 하란에서 잠시 살았고, 75세에 그곳에서 떠났다.
창 13:14-17	롯이 아브람과 갈라 선 후, 하나님은 다시 아브람과 그의 후손에게 땅을 주시겠다고 약속하셨다.
창 15:1-21	아브람이 하나님 앞에 바친 희생 제물 사이로 하나님이 지나가셔서 언약을 최종 확인했다.
창 17:1-27	아브람이 99세 때 하나님께서 그의 이름을 아브라함, 즉 "열국의 아비"로 바꾸시고 당신의 약속을 새롭게 하셨다. 언약의 증거로 할례를 행했다.
창 22:15-18	아브라함의 순종으로 언약이 확증되었다.
아브라함의 언약은 다른 여러 언약의 기초다. • 가나안 언약에 나오는 땅에 대한 약속(신 30:1-10) • 다윗 언약에 나오는 왕위 계승에 대한 약속(삼하 7:12-16) • "옛" 언약과 "새" 언약에 나오는 복의 약속(출 19:3-6, 렘 31:31-40)	

아브라함의 믿음 여행

아브라함은 2,400킬로미터에 이르는 여정을 믿음의 힘으로 여행했다. "갈 바를 알지 못하고 나아갔으며 믿음으로 그가 이방의 땅에 있는 것 같이 약속의 땅에 거류하여 …… 하나님이 계획하시고 지으실 터가 있는 성을 바랐음이라"(히 11:8-10).

이삭과 야곱

신실하신 하나님은 나이 많은 아브라함과 임신하지 못하는 아내 사라에게 이삭을 허락하는 것으로 약속하신 언약에 응답하신다(21:1-3). 아브라함은 가나안 민족 중에서 이삭의 신부를 찾지 않고, 자신의 민족 중에서 찾으려고 종을 메소포타미아에 보낸다(24장).

이삭과 리브가에게서 쌍둥이인 야곱과 에서가 태어났다. 하지만 하나님은 야곱을 통해서 언약의 계보를 이을 것이라고 말씀하셨다(25:23). 장자권과 아버지의 축복을 차지하려는 다툼으로 야곱은 형 에서를 피해 메소포타미아로 달아났고, 야곱은 그곳에서 레아와 라헬과 결혼해 20년간 머물렀다(27-29장). 야곱은 이스라엘 12지파의 조상이 된 아들 12명의 아비가 되었다(35:22-26). 그의 넷째 아들 유다의 후손으로 약속된 메시야가 올 것이라고 예고되었다(49:10).

야곱의 생애

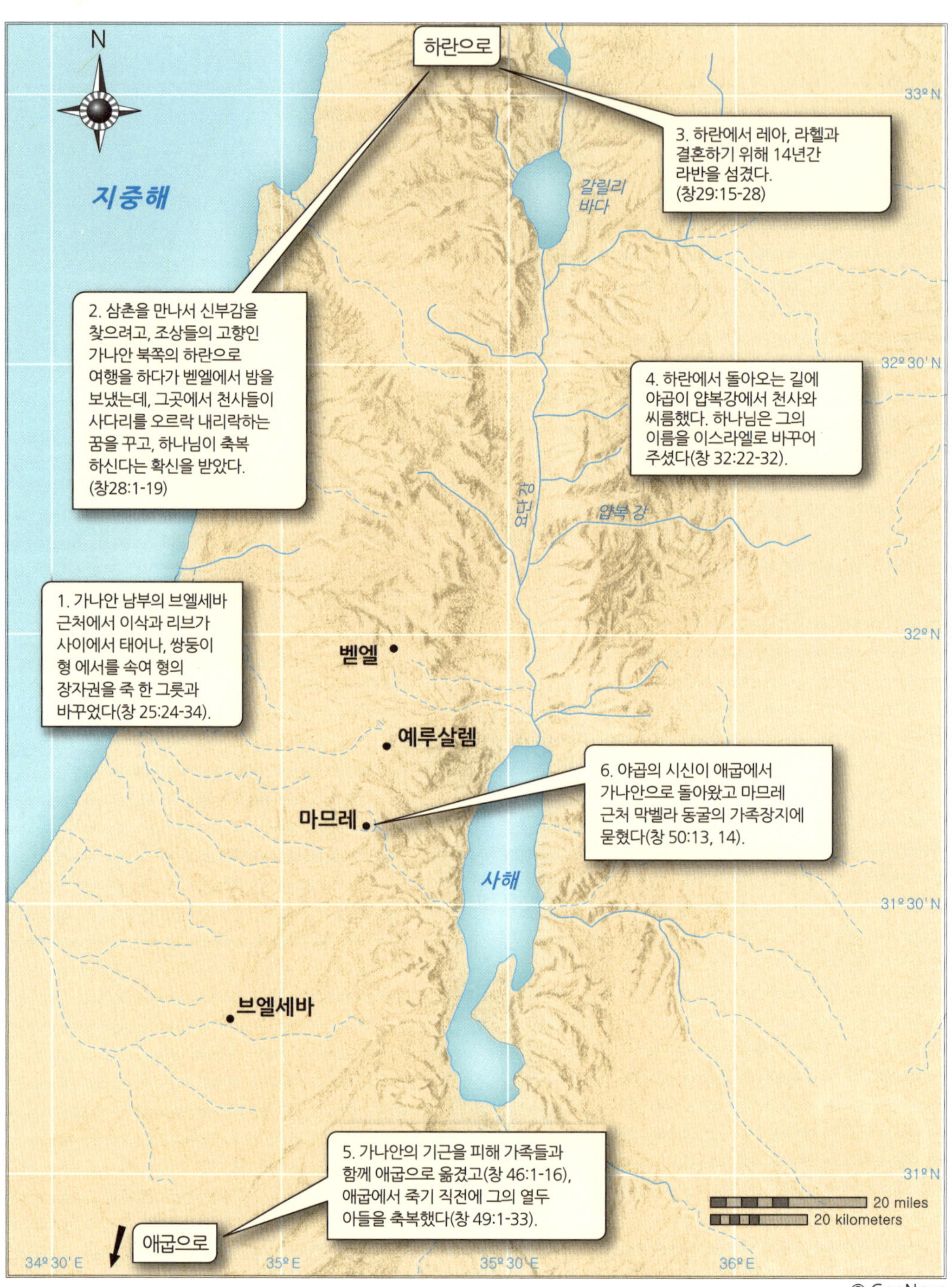
N
지중해
하란으로
3. 하란에서 레아, 라헬과 결혼하기 위해 14년간 라반을 섬겼다. (창29:15-28)
갈릴리 바다
2. 삼촌을 만나서 신부감을 찾으려고, 조상들의 고향인 가나안 북쪽의 하란으로 여행을 하다가 벧엘에서 밤을 보냈는데, 그곳에서 천사들이 사다리를 오르락 내리락하는 꿈을 꾸고, 하나님이 축복하신다는 확신을 받았다. (창28:1-19)
4. 하란에서 돌아오는 길에 야곱이 얍복강에서 천사와 씨름했다. 하나님은 그의 이름을 이스라엘로 바꾸어 주셨다(창 32:22-32).
요단강
얍복 강
1. 가나안 남부의 브엘세바 근처에서 이삭과 리브가 사이에서 태어나, 쌍둥이 형 에서를 속여 형의 장자권을 죽 한 그릇과 바꾸었다(창 25:24-34).
벧엘
예루살렘
6. 야곱의 시신이 애굽에서 가나안으로 돌아왔고 마므레 근처 막벨라 동굴의 가족장지에 묻혔다(창 50:13, 14).
마므레
사해
브엘세바
5. 가나안의 기근을 피해 가족들과 함께 애굽으로 옮겼고(창 46:1-16), 애굽에서 죽기 직전에 그의 열두 아들을 축복했다(창 49:1-33).
애굽으로
33º N
32º 30' N
32º N
31º 30' N
31º N
34º 30' E
35º E
35º 30' E
36º E
20 miles
20 kilometers

가나안으로 돌아온 야곱

메소포타미아 북쪽에서 20년을 지낸 후에, 야곱은 가나안으로 돌아왔다. 돌아오는 길에 그는 브니엘에서 하나님과 대면하였다(32:30-31)

요셉

야곱이 라헬에게서 얻은 아들 요셉은 레아와 첩이 낳은 아들 10명의 분노를 사서 그 형들에 의해 애굽의 노예로 팔려갔다(37장). 그곳에서 감옥에 갇히기도 했지만 후에 바로 다음으로 높은 자리에 올랐다. 하나님께서는 기근이 있을 동안 요셉을 사용하셔서 그의 가족을 지켰고(41-46장), 언약의 가계를 보존하셨다

창세기 10장에 나오는 민족들

창세기 10장은 "민족 일람표"라 불리는데 이 민족들은 노아의 세 아들인 야벳(2-5절), 함(6-20절), 셈(21-31절)의 후손들이다. 10장에 언급된 많은 이름들은 고대 시대의 민족들과 동일하며, 그 중 몇몇 민족은 현재까지 이어져 내려온다.

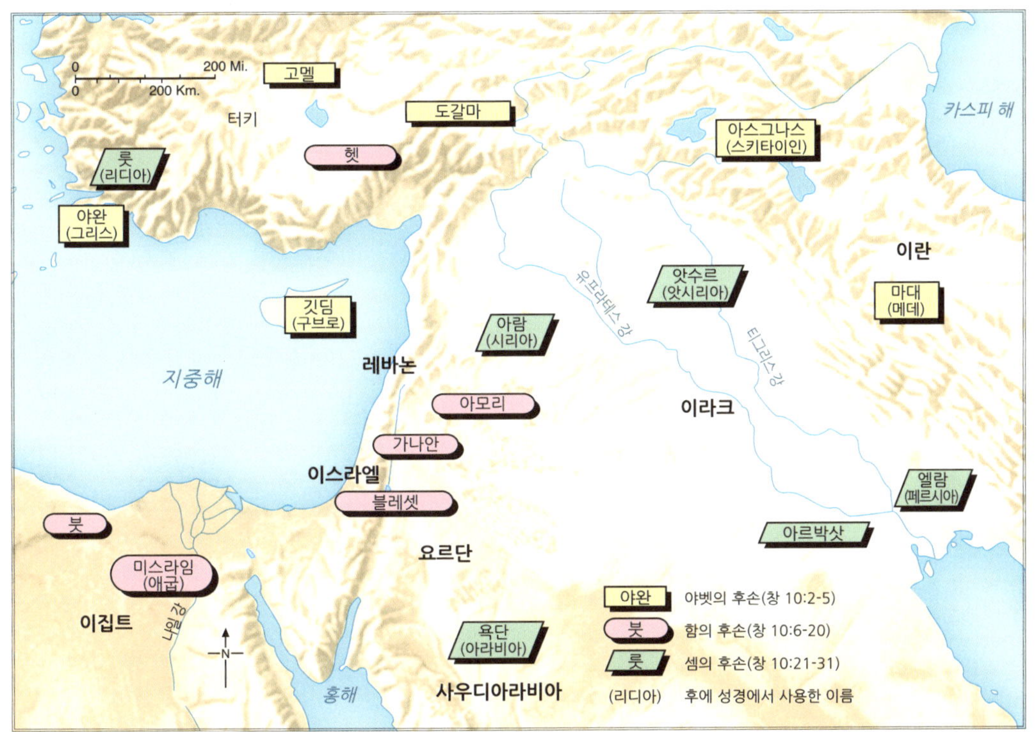

창세기에서 처음 언급한 것들

과(科, 동식물 분류 상의) . . . 8:19
관 . . . 50:26
군대 . . . 32:2
굴에 거주 . . . 19:30
금 . . . 2:11
기도하는 사람 . . . 4:26
꿈 . . . 20:3
꿈을 해석하는 사람 . . . 41:42

남편 . . . 3:6
너울 . . . 24:65
농부 . . . 4:2

도둑질하는 여자 . . . 31:19
동산지기 . . . 2:15
두려움 . . . 9:2
땅 . . . 1:1
땅을 구입함 . . . 23:3-20

마음 . . . 6:5
맹세 . . . 21:23, 24
먹을거리 . . . 1:29
명령 . . . 1:3
무덤 . . . 23:6
무지개 . . . 9:13

바람(Wind) . . . 8:1
바람(Wish) . . . 41:42
반지를 낀 사람 . . . 2:24
배 만드는 사람 . . . 6:14, 22
뱀 . . . 49:17
범죄 . . . 26:10
비 . . . 7:1-12

사냥꾼 . . . 10:8, 9
사냥한 고기 . . . 25:28
사형 집행 . . . 40:20-22
살인 . . . 4:8
살인자 . . . 4:8
상속자 . . . 15:2
새 . . . 1:21
샘 . . . 16:14
선물 . . . 9:3
성을 쌓은 자 . . . 4:17
소유(재산) . . . 31:1
수레 . . . 41:43
순례자 . . . 12:1-8
술 취한 노아 . . . 9:20, 21
술 취함 . . . 9:21
시신 방부 처리 . . . 50:2
식량 관리 . . . 41:25-36

아내 . . . 2:24
아버지 . . . 2:24
안장 . . . 22:3
어둠 . . . 1:2
예배 . . . 4:3-5
예언 . . . 3:15
왕 . . . 14:1
용서 . . . 50:17
우상(드라빔) . . . 31:19
원수 . . . 24:60
유혹 . . . 3:1-6
이슬 . . . 27:28
입맞춤 . . . 27:26

자식 . . . 11:30
재앙 . . . 19:19
전쟁 . . . 14:2
제단 . . . 8:20
죄 . . . 3:1-24
죽음 . . . 24:67
즐거움 . . . 31:27
증인 . . . 21:30
지하 감옥 . . . 40:15
질문 . . . 3:1

창녀 . . . 34:31
천사 . . . 16:7
친구 . . . 38:12

칼 . . . 3:24

탑 . . . 11:4, 5
태어나기 전에 이름 지은 아이 . . . 16:11
투옥 . . . 39:20

포도주 . . . 9:21
포악함 . . . 6:11
품삯(임금) 계약 . . . 29:15-20

하나님 . . . 1:1
하나님께서 인간에게 이르심 . . . 1:28
하늘 . . . 1:1
활 쏘는 자 . . . 21:20

이스라엘 족장들의 이주

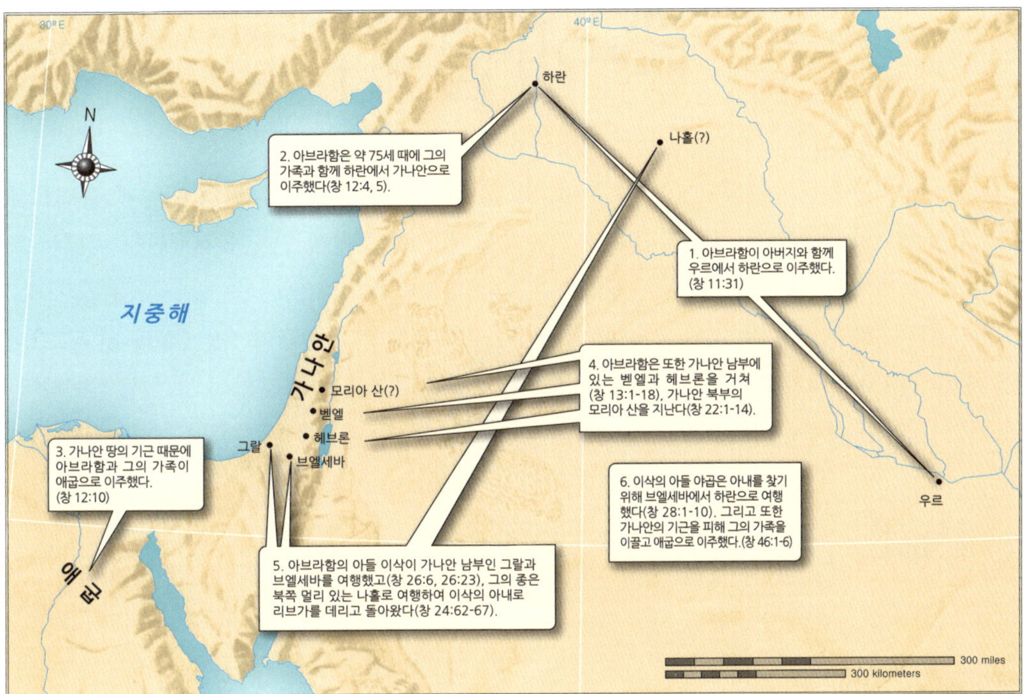
하란
나홀(?)
2. 아브라함은 약 75세 때에 그의 가족과 함께 하란에서 가나안으로 이주했다(창 12:4, 5).
1. 아브라함이 아버지와 함께 우르에서 하란으로 이주했다.(창 11:31)
지중해
가나안
모리아 산(?)
벧엘
헤브론
그랄
브엘세바
4. 아브라함은 또한 가나안 남부에 있는 벧엘과 헤브론을 거쳐(창 13:1-18), 가나안 북부의 모리아 산을 지난다(창 22:1-14).
3. 가나안 땅의 기근 때문에 아브라함과 그의 가족이 애굽으로 이주했다.(창 12:10)
6. 이삭의 아들 야곱은 아내를 찾기 위해 브엘세바에서 하란으로 여행했다(창 28:1-10). 그리고 또한 가나안의 기근을 피해 그의 가족을 이끌고 애굽으로 이주했다.(창 46:1-6)
우르
애굽
5. 아브라함의 아들 이삭이 가나안 남부인 그랄과 브엘세바를 여행했고(창 26:6, 26:23), 그의 종은 북쪽 멀리 있는 나홀로 여행하여 이삭의 아내로 리브가를 데리고 돌아왔다(창 24:62-67).
300 miles
300 kilometers

출애굽기

출애굽기는 애굽에서 노예로 있던 이스라엘 민족의 구원과 하나님의 언약과 율법으로 통치하는 이스라엘이라는 한 국가의 성립을 기록한다. 애굽에서 힘들게 400년을 지내는 동안 야곱의 가족은 70명에서 2-300만 명으로 늘었다.

히브리어를 사용하는 유대인은 항상 이 책의 제목으로 출애굽기 1장 1절의 첫 두 단어인 **베엘레 쉐모트**(*ve'elleh shemot*)를 사용하는데, 이는 "그리고 이것들이 그 이름들이다"는 뜻이다. 헬라어 제목은 **엑소더스**(*Exodus*)인데 이 단어의 뜻은 "탈출", "출발", "밖으로 나감"이다.

저자

오경(창세기-신명기)의 다른 책들과 마찬가지로 출애굽기도 모세가 기록했다고 여긴다. 출애굽기의 여러 곳에서 모세를 저자로 언급한다(17:14, 24:3-4, 34:27). 그리고 신구약을 통틀어 모든 저자들이 하나같이 모세가 기록했음을 인정한다(말 4:4, 요 1:45, 롬 10:5). 예수님도 이 책을 모세가 기록한 것이라고 인정한다(막 7:10, 12:26, 눅 20:37, 요 5:46-47, 요 7:19-23).

18세기 이후 일부 학자들이 이스라엘 역사 후반에 편집자들이 여러 구전과 기록 자료들을 짜깁기했다는 사실을 주장하면서 모세 저작설에 의문을 제기했다. 그러나 이러한 주장들은 어떤 결론에도 도달하지 못했고, 특히 우리가 지금 가진 출애굽기 본문의 이면에 있다고 주장하는 그 문서들이 정확히 어떤 특징을 지니며, 어느 정도 분량인지 합의가 거의 이루어지지 않았다.

기록 연대

다른 오경과 마찬가지로 출애굽기도 출애굽과 모세의 죽음 사이, 이스라엘의 광야 방랑기에 기록했다. 아마도 모세는 하나님이 하신 일을 줄곧 기록하다가 죽기 직전인 기원전 약 1406년에 모압 평야에서 이 책을 편집했을 것이다.

출애굽기의 기록 연대에 관한 질문은 출애굽 사건과 연관이 있다. 열왕기상 6장 1절에는 출애굽 사건이 성전을 건축한 기원전 966년보다 480년 먼저 일어났다고 진술하는데, 그렇다면 기원전 1446년에 출애굽을 했다는 뜻이다. 어떤 학자들은 고고학적 증거를 제시하며 기원전 1275년이라고 주장하면서, 열왕기상 6장 1절에서는 40년을 한 세대로 보고, 12지파니까 총 480년이라고 계산한 상징적인 숫자일 뿐이라며 강력히 반박한다. 그러나 고고학적인 증거가 모호하기 때문에, 이 책에서는 출애굽 사건이 기원전 1446년에 일어났다는 견해를 채택한다.

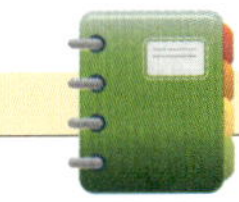

주제와 문학적 구조

출애굽기는 쉽게 두 개의 주요 부분으로 나뉜다. 애굽의 노예 상태에서 구출된 부분(1-18장)과 시내 산에서 하나님의 계시를 받은 부분(19-40장)이다.

출애굽기의 중심 주제는 "구원"이다. 아브라함, 이삭, 야곱과 맺은 언약을 신실하게 이행하시려고 하나님은 노예의 상태인 그의 백성을 끌어내셨고, 광야를 방랑하는 동안 그들을 지키시면서 약속의 땅에 들어가도록 준비하셨다.

이스라엘은 애굽의 속박에서 벗어나 하나님과의 언약 관계 속으로 들어갔다. 이제 이 백성은 하나님의 구원과 인도와 보호를 경험했고, 하나님이 그들에게 무엇을 기대하시는지 배울 준비가 되어 있었다. 시내 산 위에서 모세는 광야에 세울 성막의 형태뿐 아니라 하나님의 백성으로서 지켜야할 도덕, 민법, 종교 의식 규범에 대한 율법도 받았다.

출애굽기 한눈에 보기

초점	애굽에서 구출하심				하나님의 계시	
관련구절	1:1 ---------- 2:1 ------------- 5:1 ------------ 15:22 ---------- 19:1 ------------ 32:1 ----- 40:38					
구분	구원의 필요성	구원을 위한 준비	이스라엘의 구원	이스라엘을 보호하심	언약의 계시	언약에 대한 이스라엘 백성의 반응
주제	이야기				법률 제정	
	종속		구원		가르치고 지시함	
장소	애굽			광야	시내 산	
기간	430년			2개월	10개월	

Nelson's Complete Book of Bible Maps and Charts © 1993 by Thomas Nelson, Inc.

출애굽기의 사건이 일어난 시기

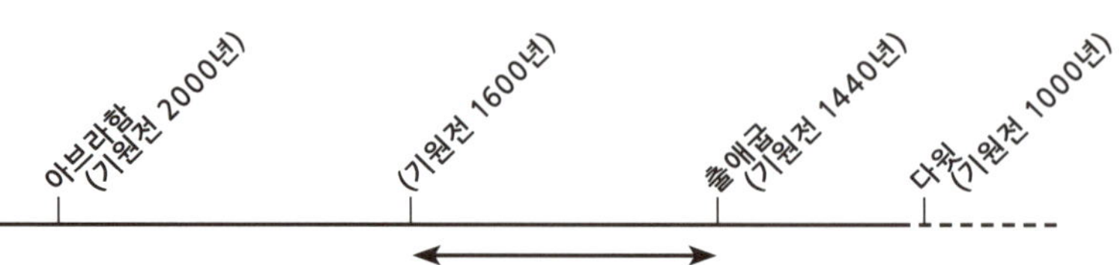

출애굽기 개요

1부 애굽에서 구출하심(1:1–18:27)

1. 애굽에서 구출되어야 할 이유 1:1–22
- 1) 이스라엘의 급격한 번성 1:1–7
- 2) 극심한 박해를 받는 이스라엘 1:8–14
- 3) 이스라엘을 멸절하려는 계획 1:15–22

2. 이스라엘을 구원할 지도자를 준비하심 2:1–4:31
- 1) 살인에서 구원받은 모세 2:1–10
- 2) 살인으로 동족을 구하려고 한 모세 2:11–22
- 3) 하나님께 부르짖는 이스라엘 2:23–25
- 4) 모세를 부르시는 하나님 3:1–4:17
- 5) 부르심에 응답하는 모세 4:18–26
- 6) 모세를 구원자로 부르셨다고 인정하는 이스라엘 4:27–31

3. 애굽에서 이스라엘을 구원하신 하나님 5:1–15:21
- 1) 하나님의 명령으로 바로와 맞서는 모세 5:1–6:9
- 2) 여러 기적으로 바로와 맞서는 모세 6:10–7:13
- 3) 재앙을 일으켜 바로와 맞서는 모세 7:14–11:10
- 4) 유월절에 피로 구원받는 이스라엘 12:1–13:16
- 5) 애굽의 통치에서 벗어난 이스라엘 13:17–15:21

4. 광야에서 이스라엘을 지키신 하나님 15:22–18:27
- 1) 갈증에서 보호하심 15:22–27
- 2) 배고픔에서 보호하심 16:1–36
- 3) 다시 갈증에서 보호하심 17:1–7
- 4) 싸움에 패하지 않도록 보호하심 17:8–16

2부 하나님의 계시 (19:1-40:38)

애굽

애굽은 북쪽으로 지중해와 동쪽으로는 시나이 반도와 수에즈 운하, 서쪽으로는 리비아 사막과 국경을 접하며, 부유하고 고대 역사가 잘 보존된 땅이다. 우리가 애굽의 고대 역사에 대해 알고 있는 지식들은 애굽의 제사장 마네토(Manetho, 기원전 약 270년)의 책에서 유래하는데, 마네토는 기원전 3200년에 시작된 31개 왕조의 사건을 기록했다.

다음 도표는 18대 왕조의 시조인 아모시스(Ahmosis) 1세에서 시작한다. 이 책에서 채택한 출애굽 사건의 "초기 연대" 이론에 따르면, 아마 출애굽 당시에는 아멘호테프(Amenhotep) 2세가 바로였을 것이다. 하지만 출애굽 사건의 "후기 연대" 이론에 따르면, 바로는 람세스(Rameses) 2세다.

애굽의 바로들			
아모시스 1세	기원전 1570-1546년	아멘호테프 4세	기원전 1379-1362년
아멘호테프1세	기원전 1546-1526년	스멘크카레	기원전 1364-1361년
토트메스 1세	기원전 1526-1512년	투탕카멘	기원전 1361-1352년
토트메스 2세	기원전 1512-1504년	아이	기원전 1352-1348년
토트메스 3세	기원전 1504-1450년	호렘헵	기원전 1348-1320년
하트셉수트	기원전 1504-1483년	람세스 1세	기원전 1320-1318년
아멘호테프 2세	기원전 1450-1425년	세티 1세	기원전 1318-1304년
토트메스 4세	기원전 1425-1417년	람세스 2세	기원전 1304-1236년
아멘호테프 3세	기원전 1417-1379년	메르넵타하	기원전 1236-1223년

애굽의 이방신		
이름	직책	형상이나 신성시한 동물
아케르	땅의 신·죽은 사람들의 협력자	두 개의 사자 머리
아몬	바람의 신·더베 도시의 신·경건한 사람들의 협력자	사람(양과 거위가 신성함)
아누비스	죽은 자들을 영화롭게 하는 신	머리는 자칼, 검은 피부
아피스	다산을 상징하는 신	황소
아톤	태양 신	
아툼	원시의 창조 신	뱀 형상을 한 인간
베스	출산시 보호, 생식력을 분배하는 신	악령의 무리
에드조	애굽 남부 삼각주의 여신	파라오 왕관에 다는 뱀 모양의 휘장
겝	땅의 신, 누트의 남편, 오시리스의 아버지	사람
하솔	하늘의 여신, 사랑과 춤과 술의 여신	젖소
헤케트	최초의 여	개구리
호루스	하늘의 신	매
이시스	생명과 치료의 여신, 겝의 딸, 오시리스의 동생이자 아내, 호루스의 어머니	사람
케프리	최초의 신, 태양을 떠오르게 함	왕쇠똥구리
크눔	나일 강을 준 신, 인류의 창조자	머리가 양의 형상인 사람
콘스	달의 신	사람
마아트	정의, 라(Ra)의 딸	사람
메스케네트	신생아와 운명을 보호하는 여신	
민	생식과 재생의 신	
무트	아몬의 아내, "태양의 눈"	독수리 또는 사람
네크베트	애굽 북부의 여신	
누트	하늘의 여신, 겝의 아내, 오시리스와 세스의 어머니, 천상의 어머니	

오시리스	죽은 바로들, 죽음과 생명과 식물 발육의 통치자	
프타	창조의 신, 예술가들의 주인	
라	태양과 땅과 하늘의 신, 마아트의 아버지, 국가의 신	머리가 매 형상인 사람
세크메트	전쟁과 질병의 여신	사자 머리를 가진 사람
셀케트	생명의 수호신, 죽음의 방어 신	전갈
세샤트	글쓰기와 책의 여신	
세스	혼돈, 사막과 폭풍, 농작물의 신, 오시리스의 형제	
슈	하늘의 심부름꾼, 공중의 신	
소베크	창조의 신	악어
소시스	나일 강 범람의 신	
텔무시스	다산과 수확의 여신, 운명의 여신	뱀
토스	지혜와 달과 연대기의 신, 신들의 전령사	황새 또는 비비
토에리스	다산과 일하는 여자들의 여신	하마

애굽의 10가지 재앙

애굽의 통치자 바로는 히브리 민족을 노예 상태에서 풀어 주어 그들의 나라로 떠나보내는 것을 거부했다. 그래서 하나님은 바로의 강퍅한 의지를 꺾고 애굽의 이방신들에게 그분의 능력과 최고 권위를 보여 주시기 위해 애굽인들에게 10가지 재앙을 내리신다.

이 재앙들은 약 9개월 동안 다음 순서로 일어났다.

1. 나일 강이 피로 변했다(7:14-25).
2. 개구리가 온 땅을 뒤덮었다(8:1-15).
3. 이가 들끓어 사람과 가축을 괴롭혔다(8:16-19).
4. 파리 떼가 온 땅을 뒤덮었다(8:20-32).
5. 질병으로 애굽의 가축들이 죽었다(9:1-7).
6. 독종이 애굽 사람과 가축들을 괴롭혔다(9:8-12).
7. 우박이 농작물과 식물을 파괴했다(9:13-35).
8. 메뚜기 떼가 온 땅을 뒤덮었다(10:1-20).
9. 짙은 어둠이 3일간 애굽을 덮었다(10:21-29).
10. 하나님이 보내신 죽음의 천사가 애굽 사람과 짐승의 처음 난 것을 죽였다(11:1-12:30).

이 모든 재앙들로 인해 애굽인과 그들의 재산은 파괴되었지만, 이스라엘 민족은 보호를 받았다. 하나님의 명령으로 문설주에 어린 양의 피를 뿌려 그들의 집을 표시했을 때, 히브리 인들은 이 마지막 재앙에서 벗어날 수 있었다. 죽음의 천사는 히브리 인의 집을 "넘어갔다"(passed over).

바로는 하나님의 권능이 드러난 이 마지막 재앙에 항복했고 모세와 이스라엘 민족이 애굽을 떠나도록 허락했다. 이 해방은 히브리 역사에서 가장 중대한 사건 중 하나가 되었다. 오늘날까지도 해마다 노예 상태에서 히브리 민족을 구원하신 하나님을 기념하기 위해 유월절을 지킨다.

애굽에 내린 10가지 재앙	
재앙	결과
1. 피(7:20)	강퍅해진 바로(7:22)
2. 개구리(8:6)	구원을 요청하고 자유를 약속하지만(8:8), 강퍅해진 바로(8:15)
3. 이(8:17)	강퍅해진 바로(8:19)
4. 파리(8:24)	협상을 하지만(8:28), 강퍅해진 바로(8:32)
5. 병에 걸린 가축(9:6)	강퍅해진 바로(9:7)
6. 독종(9:10)	강퍅해진 바로(9:12)
7. 우박(9:23)	구원을 요청하고(9:27), 자유를 약속하지만(9:28), 강퍅해진 바로(9:35)
8. 메뚜기(10:13)	협상을 하고(10:11), 구원을 요청하지만(10:17), 강퍅해진 바로(10:20)
9. 어둠(10:22)	협상을 하지만(10:24), 강퍅해진 바로(10:27)
10. 처음 난 것의 죽음(12:29)	이스라엘에게 애굽을 떠나라고 요청하는 바로와 애굽 사람들(12:31-33)
하나님은 자신이 주님이라는 것을 애굽 사람들이 알도록 애굽 땅에 많은 기사와 이적을 베푸셨다.	

모세의 도망과 애굽으로의 귀향

모세

위기의 때에 히브리인 노예 부모 아래 태어난 모세를 하나님께서 기적적으로 보호하셨으며 하나님의 백성을 해방시키기 위한 도구로 준비하셨다. 이 목적을 이루기 위해 모세는 애굽의 왕궁에서 자랐고, “애굽 사람의 모든 학술로”(행 7:22) 교육을 받았다. 40세에 동족 이스라엘 사람을 보호하려다가 애굽 사람을 죽인 후에, 모세는 미디안 광야로 도망쳤다. 그곳에서 그는 또 40년을 지내며 결혼하고 두 아들의 아버지가 되었다. 떨기나무 불꽃 속에서 하나님의 부르심을 받은 모세는(3:2-4:17) 이스라엘 백성을 애굽에서 이끌어 내기 위해 애굽으로 돌아왔다.

모세라는 인물은 구약 신앙의 중심을 형성한다. 모세 언약의 도구이자 신성하게 지명된 율법 수령인으로서 모세는 구약의 예배 형태를 정착시키는데 기여했고, 하나님께 선택받은 백성들은 이후 남은 구약 시대에도 그런 예배의 삶을 따라야 했다.

상황은 매우 다르지만, 흥미롭게도 모세와 예수 그리스도는 모두 어릴 때 죽음의 위협에 직면했으며, 위대한 구속을 성취하고 하나님과 그의 백성 사이에 피의 언약을 세우기 위해 죽음의 위협에서 구원받은 점이 유사하다.

모세의 생애

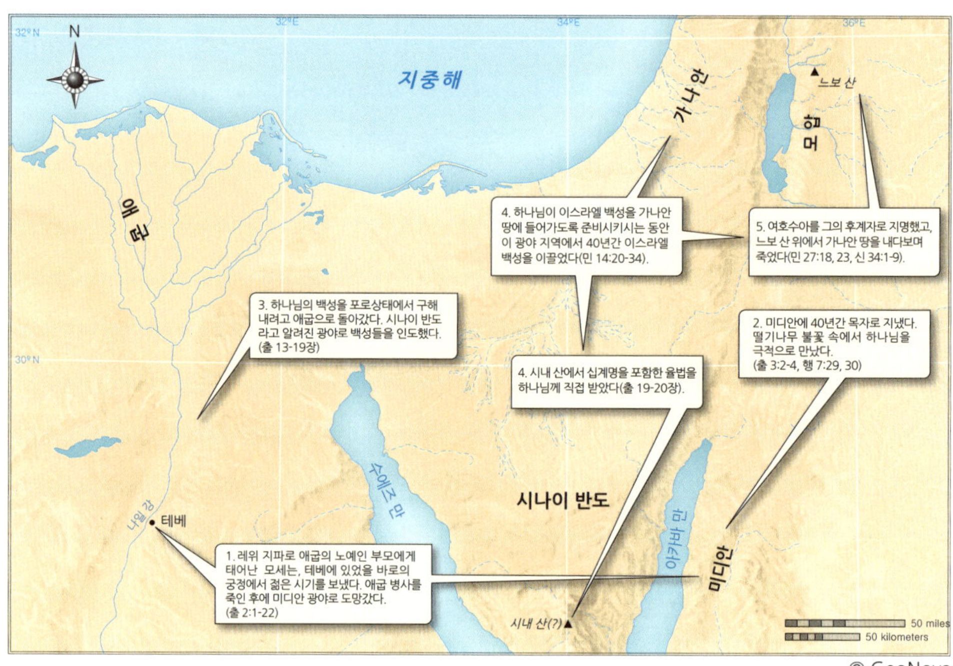

시내 산의 계시

모세는 시내 산에서 광야에 세울 성막의 도안뿐 아니라, 하나님 백성의 도덕과 시민생활, 의식에 관한 율법을 받았다. 하나님께서 금송아지에게 절한 백성들을 심판하신 후 성막을 세워 봉헌했다. 성막은 불모의 땅에 세워진 아름다운 건축물이며 구원의 길과 하나님의 성품에 관해 많은 것을 계시한다.

모세가 시내 산에서 받은 언약은 아브라함에게 하신 하나님의 약속을 믿는 이스라엘 민족이 어떻게 행동해야 하는지 가르치고자 주셨다. 모세의 언약은 전반적으로 삶의 세 가지 영역을 다룬다. (1) 이스라엘 민족 개인의 삶을 지배했다. 특히 하나님과의 관계를 다룬다(20:1-26). (2) 그들의 사회생활을 다스렸다. 다른 이들과의 관계를 다룬다(21:1-24:11). (3) 그들의 종교적인 삶을 다스렸다. 그 결과 그분이 말씀하신 규정에 따라 어떻게 하나님께 다가가야 하는지 알 수 있었을 것이다(24:12-31:18).

모세의 언약은 아브라함의 언약을 대체하거나 무효로 만들지 않는다. 오히려 아브라함의 언약을 보충하기 때문에, 메시야 예수 그리스도가 오셔서 우리의 죄를 위한 완전하고 완벽한 희생 제사, 즉 모세의 희생 제사들이 지향하는 바로 그 희생 제사를 행하실 때까지 이스라엘 민족이 어떻게 살아야 할지 알 수 있었다. 모세의 율법은 인간의 노력으로 구원을 얻는 방법을 알려 주는 것이 아니라, 인간은 구원자 그리스도의 은혜 없이는 무력하고 소망이 없다는 것을 깨닫게 해준다(갈 3:19-24).

애굽에서 탈출

이스라엘 민족이 애굽에서 떠난 후 시내 산에 이르기까지 거친 자세한 경로를 정확하게 알 수 없다. 다음 지도가 가리키는 것처럼 학자들은 남쪽 경로와 북쪽 경로 모두를 제안하는데, 남쪽 경로가 아마 맞을 것이다. 이 경로에 따르면 시내 산에 도착하기까지 약 두 달이 걸렸고, 시내 산에서 이스라엘 백성은 약 열 달 동안 야영을 하며 하나님의 계시를 받았다.

십계명

십계명은 하나님이 일상적인 지침으로 주신 법이다(출 20:1-17 참고). 하나님이 시내 산에서 모세를 통해 그의 백성에게 이 율법을 주신 것이 3,000년이 지났지만, 이 율법들은 오늘날에도 여전히 유효하다. 이 율법들을 "열 가지 말씀"이라는 의미의 헬라어에서 나온 데칼로그(Decalogue)라고도 한다.

십계명을 두 영역으로 나눌 수 있다. 처음 네 계명은 하나님과 우리의 관계에 적용되고, 5계명에서 10계명까지는 이웃과 우리의 관계에 대해 말한다. 십계명은 간략하게 다음을 뜻한다.

1. 하나님만 신뢰하라(20:3-4).
2. 하나님만 경배하라(20:5-6).
3. 하나님의 이름을 그분에게 영광이 되도록 사용하라(20:7).
4. 안식일은 쉬면서 하나님을 생각하라(20:8-11).
5. 부모를 공경하고 부모에게 순종하라(20:12).
6. 사람의 생명을 보호하고 존중하라(20:13).
7. 남편이나 아내를 진실하게 대하라(20:14).
8. 다른 사람의 소유를 취하지 말라(20:15).
9. 다른 사람에 관해 거짓말하지 말라(20:16).
10. 자신이 가진 것에 만족하라(20:17).

하나님께서 이 계명들을 주신지 약 1,300년이 지난 후, 예수님도 이 계명들을 지지하셨다. 실제로 예수님은 이 계명들을 법적인 측면은 물론이고 영적인 본질까지 지킬 것을 요구하시며 한 차원 더 높이 끌어올리셨다. 예수님은 "내가 율법이나 선지자나 폐하러 온 줄로 생각하지 말라 폐하러 온 것이 아니요 완전하게 하려 함이라"(마 5:17) 하고 선언하심으로써 이 계명들에 승인 도장을 찍으셨다.

바빌로니아의 초대 왕의 이름을 따라 명명한 고대 함무라비 법전은 십계명과 많은 면에서 유사하다. 그러나 시내 산에서 받은 이 율법에는 하나님의 본성과 거룩하심, 그리고 그의 백성에게 요구하시는 것들에 대한 수준 높은 관점이 반영되어 있다.

증거궤

언약궤, 주님의 궤, 하나님의 궤라고도 하는 증거궤는 이스라엘 민족이 광야시절에 가장 신성하게 여겼다.

증거궤가 어떻게 생겼는지 알 수 있을까? 이에 대해 긍정적인 대답은 할 수 없다. 하지만 구약에서 선명하고 자세하게 묘사한다(출 25:10-22). 고고학자들은 이 묘사대로 생긴 궤를 발견하기도 했다. 일례로 가버나움 회당의 유적지에서 돌을 조각하여 만든 궤를 발견했다.

우리는 성경의 설명으로 궤의 구체적인 모습에 대해 다음과 같은 사실을 알 수 있다. 궤는 아카시아 나무로 만든, 길이 114센티미터, 폭 69센티미터, 높이 69센티미터의 상자이다. 궤의 옆에 네 개의 고리에 네 개의 막대가 끼워져 있어서 네 사람이 운반했을 것이다.

속죄소(mercy seat)라 불리는 궤의 뚜껑은 금으로 만들었다. 전통적으로 속죄소로 번역된 히브리 단어는 "속죄하는 장소"라는 의미다. 일 년에 한 번 지키는 속죄일에 속죄의 의미로 대제사장이 그곳에 피를 뿌렸기 때문이다(레 16:15). 뚜껑 위에 설치된 것은 두 개의 날개 달린 생물(그룹)인데, 그들은 서로 날개를 뻗은 채 마주보고 있다. 궤 안에는 모세가 시내 산에서 하나님께 받았던 십계명이 새겨진 두 개의 돌판이 있다(출 20장). 또 광야에서 이스라엘 백성에게 필요한 것을 공급해 주신 하나님을 상기시켜 주는 만나가 든 금 항아리와 아론의 싹 난 지팡이도 들어 있다(히 9:4).

이스라엘 백성은 하나님이 성막 안 속죄소 위, 즉 그룹 날개 사이에 계시며 그들과 함께 사신다고 믿었다. 이스라엘 백성이 약속의 땅에 들어가기 위해 준비되고 있던 광야 방랑기 동안 하나님께서 이곳에서 모세에게 말씀하셨다(민 7:89).

궤는 이스라엘 백성이 시내 산을 떠날 때(민 10:33), 요단 강을 건너 가나안 땅에 들어갈 때(수 4:9-11), 여리고 성을 함락시키기 전에 성벽을 돌 때(수 6:1-20), 그들 앞에 갔다. 궤는 수많은 여정을 거친 후에, 결국에는 예루살렘의 솔로몬 성전에 안치되었으며(왕상 8:1-9), 기원전 586년 바벨론이 예루살렘을 함락한 후 사라지고 말았다.

눈에 보이는 궤의 존재는 히브리 민족과 함께 하시는 하나님을 상기시키는 구실을 했다. 금으로 씌운 속죄소는 하나님의 최고 주권을 인정하는 자들의 마음속에 있는 그분의 보좌와 통치를 상징한다.

대제사장 아론

광야에서 제사장직이 제정되었을 때, 모세는 그의 형 아론을 이스라엘의 첫 대제사장으로 임명했다(출 28-29장, 레 8-9장). 아론이 제사장이 된 후, 제사장직은 레위 지파에게 맡겨졌고, 아론의 아들들이 대제사장직을 물려받았다.

대제사장의 의복은 그가 하나님과 인간 사이의 중재자의 임무를 수행해야 함을 상징한다. 대제사장은 에봇과 두 벌의 앞치마를 입었고, 12개의 보석이 달린 판결의 흉패를 입었다. 이 보석들에 이스라엘 12지파의 이름을 새겼다(출 28:15-30). 대제사장의 심장 바로 위에 있는 흉패 주머니 안에는 하나님이 그의 뜻을 백성들에게 알리는 수단인 우림과 둠밈이 있었다(28:30).

대제사장은 모든 제사장들이 임무를 잘 수행하는지 살펴야 했다(대하 19:11). 매해 속죄일에 가장 중요한 임무를 수행했다. 그 날 대제사장은 성막 안에 있는 지성소에 들어가 우선 자신의 죄를 위해 희생 제사를 드린 후, 한 해 동안 모든 백성이 저지른 죄에 대해 희생 제사를 드렸다(출 30:10).

다윗은 유다의 왕으로 재위하는 동안 제사장을 24개 그룹으로 조직해서 성막에서 봉사하도록 했다. 히스기야와 요시야는 성전을 개혁하고 복원하는 대제사장을 지원해 주었다. 신약에서 대제사장은 백성의 치리자로 언급되며(행 23:4-5), 산헤드린과 최고 공의회를 주재하는 자였다(마 26:57-59).

신약은 예수님을 “대제사장”에 비유한다. 예수님은 아론이 아닌 영원한 제사장 멜기세덱을 잇는 분이다(히 5:10). 예수님은 죄가 없으시기 때문에 자신의 죄를 위해 희생 제사를 드릴 필요가 없었다(히 7:27-28). 예수님은 자신의 피로 한 번에 완전한 희생 제사를 드렸다(히 9:12, 26, 10:10, 12). 그러므로 우리는 하나님과 사람 사이에 한 분뿐인 중보자이시며 곧 사람이신 예수님(딤전 2:5)을 통해 하나님의 임재 속으로 담대하게 들어갈 수 있다.

성막

성막은 이스라엘 민족이 초기에 예배를 위해 사용한, 이동이 가능한 천막 혹은 성소다. 구약에서 성막은 종종 하나님과 그의 백성이 대면하는 가장 중요한 장소를 지칭하며, “만남을 위한 천막, 회막”으로 칭했다. 성막은 이스라엘 백성이 광야 방랑기 동안 하나님이 시내 산에서 모세에게 지시하신 내용에 맞게 지어졌다(출 26, 35장). 백성들이 헌물하고, 수고해서 하나님이 설계하신 대로 성막을 완성했다. 하나님은 구름으로 회막을 덮으시고 그분의 영광으로 성막을 가득 채우셔서 백성들의 수고를 축복하셨다(40:34).

성막 바깥뜰은 길이 45미터, 폭 22.5미터의 울타리를 친 직사각형 모양이었다(27:9-19). 그 안에는 짐승의 희생 제물을 바치기 위한 놋단(번제단)과 제사장들이 성막 안에 들어가기 전에 씻는 대야(물두멍)가 있었다(30:17-21).

성막은 가로 4.5미터, 세로 13.5미터로 두 개의 주요 영역이 있었다. 성소로 알려진 바깥쪽 공간과 가장 거룩한 곳, 즉 지성소인 성소 안쪽이다(26:33).

바깥 공간에는 향을 사르는 분향단, 가지가 7개인 금촛대(25:31-40)와, 진설한 떡을 올려놓는 상이 있었는데, 이것들은 하나님의 임재를 상징한다(25:23-30).

안쪽 공간, 지성소는 휘장 혹은 커튼으로 바깥 공간과 분리되었다(26:31-37). 성막의 이 신성한 곳은 일 년에 단 한 번 속죄일에 대제사장만 들어갔다. 속죄일의 특별한 의식에서 대제사장은 자신의 죄를 속죄한 후에, 백성들의 죄를 위해 속죄의 희생 제사를 드렸다. 가장 신성한 이곳에는 단 하나의 기물만 있었다. 바로 언약궤다.

궤의 뚜껑을 속죄소라고 불렀다. 그 위에는 서로 마주보는 두 황금 그룹이 있었다. 궤에는 십계명이 새겨진 돌판(신 10:4-5)과, 만나가 들어 있는 황금 항아리(출 16:33-34), 아론의 싹 난 지팡이(민 17:10)가 담겨 있었다.

이스라엘 백성이 광야를 방랑하던 시기에 성막은 그들과 함께 이곳저곳으로 이동했다(출 40:36-38). 이스라엘 백성들이 광야에서 천막을 칠 때, 성막은 레위인들과 함께 그 중심에 자리를 잡았다. 레위인들은 성막을 돌볼 책임이 있었기 때문에(민 4장) 성막 옆에 천막을 쳤다(민 1:53). 그 다음에 각 지파들이 성막의 사방에 특정한 순서로 정렬하였다(민 2장). 성막이 중심이 되는 모습으로 하나님의 백성이 신앙생활을 할 때, 성막이 얼마나 중요한 몫을 차지하는지 알 수 있다.

가나안을 정복한 후, 성막은 실로로 이동했고, 사사 시대 내내 거기에 머물렀다(수 18:1). 나중에는 놉(삼상 21:1-6)과 기브온(왕상 3:4)에도 머물렀다. 성전이 완성되자, 솔로몬은 성막을 예루살렘으로 옮겨왔다(왕상 8:4). 이스라엘 민족을 위한 영구적인 예배 장소이자 신앙생활의 중심인 성전이 완성되자, 성막이 필요하지 않게 되었다.

신약에서 성막에 대해 언급된 구절들은 하나님의 아들이 인간으로 이 땅에 오신 성육신에 비추어 이해해야 한다. 성막이 하나님과 그의 백성이 만나는 장소였기 때문에, 요한은 그 말씀이 육신이 되어 우리 가운데 "거하셨다"(tabernacled)고 선언했다(요 1:14). 이 구절의 "거하다"에 해당하는 헬라어 단어를 새 킹제임스 판(NKJV)에서는 "거주하다"(dwelt)로 번역했다. 바울은 로마서 3장 25절에서 예수님을 죄에 대한 "화목 제물"로 언급했다. 바울은 해마다 대제사장이 속죄했던 궤의 속죄소에 해당하는 헬라어 단어와 동일한 단어를 사용했다. 제사장들이 성막 안에서 제사를 드리기 전에 씻었던 곳인 물두멍은 디도서 3장 5절에 반영되기도 했다.

요한계시록 8장 3절에서 5절은 황금 분향단을 말하고 있다. 실제로 성막의 모든 부분들이 히브리서에 나타나는데 이 책에서는 예수님을 대제사장으로, 우리의 죄를 위한 궁극적이고 영원한 희생 제물로 묘사한다.

성막의 평면도

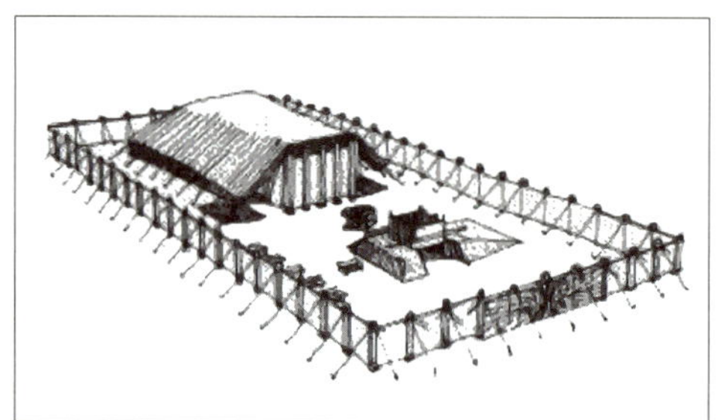

성막은 하나님이 그의 백성들 사이에 거하시기 위한 장소다. 때로 성막은 수를 놓은 커튼으로 덮인 지성소를 포함하는 천막을 일컫는다. 하지만 그 밖에는 커튼이 드리워진 천막이 서 있는 뜰을 포함해서 건물 전체를 가리킨다.

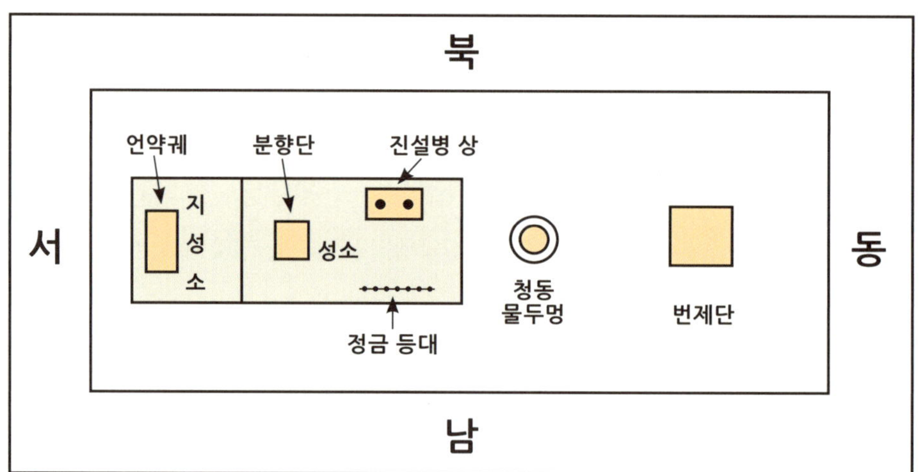

이 그림은 이스라엘 백성들이 예배에 사용하던 성막 기물들의 위치를 나타낸다. 분명하게 알 수 있도록 성막을 확대하였다.

레위기

하나님이 애굽에서 이스라엘을 빼내시는 데에는 단 하룻밤밖에 걸리지 않았지만 이스라엘 백성 안에서 애굽의 영향력을 빼내시는 데에는 40년이 걸렸다. 출애굽기에는 이스라엘이 제사장 나라요 거룩한 민족으로 구속을 받고 세워진 이야기를 담고 있고, 레위기에는 어떻게 제사장의 부르심을 감당할 수 있는지 가르침을 받는 이야기이다. 출애굽기에서 그들은 속박의 땅에서 이끌려 나와 레위기에서는 하나님의 성소로 들어간다. 그들은 구속에서 예배로, 구원에서 헌신으로 자리를 옮긴다.

이 책의 히브리어 제목은 본문의 첫 단어인 "그리고 그분이 부르셨다"는 뜻의 **바이크라**(*wayyiqra*)이다. 70인 역에서 헬라어 제목은 "제사장에게 해당하는 것들"이란 의미의 **레비티콘**(*Levitikon*)인데, 여기에서 라틴어 번역본인 불가타 성서의 제목인 **레비티쿠스**(*Leviticus*)가 유래했다. 그런데 이 제목은 다소 오해의 소지가 있다. 비록 이 책이 제사장들과 그들의 다양한 업무를 폭넓게 다루지만, 모든 이스라엘 백성들도 이 율법을 알고 지켜야 한다는 사실을 틀림없이 기억해야 한다.

저자

오경은 문학적으로 하나의 단원이기 때문에 창세기와 출애굽기의 모세 저작설을 확증하기 위한 논증들이 레위기에도 해당된다. 이 책의 내용 자체도 모세가 기록했다는 사실을 분명히 지적한다. 총 27개의 장에 하나님이 이 율법들을 모세에게 주셨다는 진술이 56번이나 나온다(1:1, 4:1, 6:1, 24, 8:1 참고).

기록 연대

이 책의 최종적인 형태는 모세가 죽기 직전에 완성되었겠지만, 대부분 이스라엘이 시내 광야에 머무르던 때의 후반 무렵에 기록했을 것이다. 레위기의 내용은 성막의 건립(출 40:17)에서 시내 산 출발(민 10:11)까지인 약 한 달간을 다룬다.

주제와 문학적 구조

하나님의 거룩하심이 레위기의 핵심 주제로, 어떻게 거룩하지 않은 백성이 합당하게 하나님께 나아갈 수 있는지, 또 어떻게 그분과 계속 교제할 수 있는지에 관해 다룬다. 하나님께 나아가는 유일한 방법은 오직 피의 희생 제사이며, 하나님과 동행하는 것은 오직 그의 율법에 순종하는 길뿐이다. 레위기에서 "거룩한"이라는 단어는 90번 등장하며 "성별하다"(sanctify)라는 단어는 17번 나온다. 레위기에서 "거룩한"이라는 의미의 히브리어 어근 **카다쉬**(*q-d-sh*)는 형용사, 명사, 동사의 형태로 152번이나 나온다.

레위기를 두 개 주요 부분으로 나눌 수 있다. 하나는 주로 예배 중 희생 제사 제도를 다루는 부분(1-17장)이고, 다른 하나는 대체로 의식적이고 도덕적인 거룩함을 통한 이스라엘의 성별을 주로 다루는 부분이다(18-27장).

<table>
<tr><th colspan="10">레위기 한눈에 보기</th></tr>
<tr><th>초점</th><th colspan="4">희생 제사</th><th colspan="5">성별</th></tr>
<tr><td>관련구절</td><td colspan="9">1:1 ------8:1------------ 11:1------------ 16:1 --------- 18:1 ----21:1 ----- 23:1-------25:1 ----- 27:1 - 27:34</td></tr>
<tr><td rowspan="2">구분</td><td colspan="4">다음에 관한 율법들</td><td colspan="5">성별법</td></tr>
<tr><td>제사</td><td>제사장의 성별</td><td>백성의 성별</td><td>민족의 속죄</td><td>백성을 위한</td><td>제사장을 위한</td><td>예배에서</td><td>가나안 땅에서</td><td>서약을 통해</td></tr>
<tr><td rowspan="2">주제</td><td colspan="4">하나님께 나아가는 길</td><td colspan="5">하나님과 동행하는 삶</td></tr>
<tr><td colspan="4">하나님께 합당하게 나아가기 위한 율법</td><td colspan="5">하나님과 지속적으로 교제하기 위한 율법</td></tr>
<tr><td>장소</td><td colspan="9">시내 산</td></tr>
<tr><td>기간</td><td colspan="9">약 한 달</td></tr>
</table>

레위기 개요

1부 하나님께 합당하게 나아가려면 지켜야할 법 -희생 제사(1:1-17:16)

1. 하나님께 합당하게 나아가려면 지켜야할 법 1:1-7:38

1) 하나님과 교제하고 있을 때 하나님께 나아가는 법 1:1-3:17

2) 하나님과 교제하고 있지 않을 때 하나님께 나아가는 법 4:1-6:7

3) 제사 집행에 대한 법 6:8-7:38

2부 하나님과 합당하게 동행하려면 지켜야할 법 —성별(18:1-27:34)

유대 달력

유대인은 두 종류의 달력을 사용한다.

공적인 달력-왕조, 출산, 계약 등에 사용하는 공식적인 달력
신성한 달력-절기에 따라 산출한 달력

달의 명칭	해당하는 달	날수	공식적인 달력의 순서	신성한 달력의 순서
티슈리	9-10월	30일	첫 번째 1월	일곱 번째 7월
헤스완	10-11월	29 혹은 30일	두 번째 2월	여덟 번째 8월
기슬르	11-12월	29 혹은 30일	세 번째 3월	아홉 번째 9월
데벳	12-1월	29일	네 번째 4월	열 번째 10월
스밧	1-2월	30일	다섯 번째 5월	열한 번째 11월
아다르	2-3월	29 혹은 30일	여섯 번째 6월	열두 번째 12월
니산	3-4월	30일	일곱 번째 7월	첫 번째 1월
이야르	4-5월	29일	여덟 번째 8월	두 번째 2월
시완	5-6월	30일	아홉 번째 9월	세 번째 3월
탐무스	6-7월	29일	열 번째 10월	네 번째 4월
압	7-8월	30일	열한 번째 11월	다섯 번째 5월
*** 엘룰**	8-9월	29일	열두 번째 12월	여섯 번째 6월

유대인은 하루를 일몰부터 일출까지 8등분으로 나눈다.

1경 . . . . 일몰에서 오후 9시까지
2경 . . . . 오후 9시에서 자정까지
3경 . . . . 자정에서 오전 3시까지
4경 . . . . 오전 3시에서 일출까지

제1시 . . . . 일출부터 오전 9시까지
제3시 . . . . 오전 9시부터 정오까지
제6시 . . . . 정오부터 오후 3시까지
제9시 . . . . 오후 3시부터 일몰까지

* 히브리 달력은 29일까지인 달과 30일까지인 달이 번갈아 있다. 그들의 1년은 우리보다 조금 짧은 354일이다.

레위기의 제사들

레위기에서는 희생 제사 제도가 두드러진다. 번제(燔祭)는 제단에서 단 번에 완전히 태우는 희생 제사이기 때문에 전제(whole offering)라고도 부른다. 소제(素祭)는 하나님의 거룩한 은혜를 유지하거나 확보하기 위해 만들어진 감사의 기념 제사이며, 인간이 노동을 해서 얻은

산물은 하나님께 봉헌해야 한다는 사실을 알려준다. 화목제(和睦祭)는 하나님께 속죄하는 기회를 주려고 만들었으며, 제사를 드린 사람들이 희생 제물로 드린 고기를 먹을 수 있었다. 종종 즐거운 축제일에 화목제를 드렸다. 성별된 것에서 부정한 것을 제거할 때 속죄제(贖罪祭)를 드렸다. 배상제(offering of reparation)라고도 하는 속건제(贖愆祭)는 하나님의 소유나 다른 사람의 소유를 침해했을 때 드린 것으로, 대개 거짓 서약을 했을 때 드렸다.

54-55쪽에 있는 "레위기의 제사들"을 보라

축제와 절기

전례 달력은 또 레위기에서 중요한 장소를 담고 있다. 고대 이스라엘에는 특히 하나님께서 계획하신 7개의 종교 축제가 있었다.

1. **유월절** - 히브리어로 **페싸흐**(*pesah*).

   출 12:1-28, 43-49, 레 23:5, 민 28:16, 신 16:1-8

   시기 : 성경 달력의 첫 달 니산 월(아빕) 14일 밤(3월 혹은 4월)

   목적 : (1) 이스라엘이 애굽의 속박에서 해방된 것을 기념하기 위한 것이다. (2) 하나님이 그들의 집을 "넘어가셔서"(pass over), 즉 이스라엘의 장자들을 살려 두신 사실을 기억하기 위한 것이다(출 12:27).

   예언적 의미 : (1) 그리스도는 우리의 유월절이다(요 1:29, 19:36, 고전 5:7, 벧전 1:18,19). (2) 유월절은 성만찬의 기초다(마 26:17-30, 막 14:12-25, 눅 22:1-20). (3) 유월절은 어린양의 혼인 잔치를 암시한다(마 26:29, 막 14:25, 눅 22:16-18).

2. **무교절—**히브리어로 **마초트**(*matsot*).

   출 12:15-20, 13:3-10, 레 23:6-8, 민 28:17-25, 신 16:3-8

   시기 : 니산 월(아빕) 14일부터 일주일간(3월 혹은 4월).

   목적 : 이스라엘이 애굽에서 급히 빠져나오느라 수난을 겪은 일을 기념하기 위한 것이다(출 12:39). 누룩이 없는 것은 하나님께 대한 완전한 성별(聖別)과 전적인 헌신을 상징한다.

   예언적 의미 : (1) 무교병은 그리스도의 원형이다(요 6:30-59, 고전 11:24). (2) 무교병은 진실한 교회의 원형이다(고전 5:7, 8).

3. 초실절—히브리어로 **비꾸림**(*bikkurim*).

레 23:9-14

시기 : 유월절 주간의 안식일 다음날(3월 혹은 4월)

목적 : 첫 수확한 보리를 봉헌하고 성별하기 위한 것이다.

예언적 의미 : (1) 첫 열매는 그리스도의 육체적 부활의 원형이다(고전 15:20-23). (2) 첫 열매는 모든 신자들의 육체적 부활을 보증한다(고전 15:20-23, 살전 4:13-18). (3) 첫 열매는 교회 성별의 원형이다.

4. 오순절(또는 오순절 주간)—히브리어로 샤브옷(*shabuot*).

레 23:15-22, 민 28:26-31, 신 16:9-12

시기 : 초실절 이후 일곱 번째 안식일 다음날(5월 혹은 6월)

목적 : 첫 수확한 밀을 봉헌하고 성별하기 위한 것이다.

예언적 의미 : 오순절에 교회 위에 성령이 임했다(행 2장). 유대인과 이방인을 각각 나타내는 두 덩이의 떡에 누룩을 넣었는데, 이는 교회 안에서 발견되는 죄 때문이다.

5. 나팔절—히브리어로 **로쉬 하샤나**(*rosh hashanah*)

레 23:23-25, 민 10:10, 29:1-6

시기 : 안식월인 일곱 번째 달(티슈리)의 첫째 날(9월 혹은 10월)

목적 : 안식월로 일곱 번째 달을 알리고 성별하기 위한 것이다.

예언적 의미 : 신약에서 나팔을 부는 것은 주님의 재림과 관련이 있다(마 24:31, 고전 15:52, 살전 4:16).

6. 속죄일—히브리어로 **욤 키푸르**(*yom kippur*)

레 16장, 23:26-32, 민 29:7-11

시기 : 일곱 번째 달(티슈리-9월 혹은 10월) 10일

목적 : 일 년에 한 번, 제사장과 백성들의 죄를 속죄하고 성막(성전)을 속죄하기 위한 것이다.

예언적 의미 : 그리스도께서 못 박히심으로 궁극적으로 속죄일을 성취하셨다(히 9장). 이는 그리스도의 구속 사역이 구약의 어떤 속죄의 형태보다 더 적합하다는 것을 보여 준다.

7. 장막절(초막절 또는 수장절)—히브리어로 **수코트**(*sukkot*)

레 23:33-43, 민 29:12-38, 신 16:13-17

시기 : 안식월(티슈리)의 15일부터 21일까지, 여덟 번 째 날이 모든 축제의 절정이다(9월 혹은 10월).

목적 : (1) 광야 방랑기 동안 하나님이 구원하시고 보호하신 것을 기념하기 위한 것이다(23:43). (2) 모든 추수를 끝내고 즐기기 위한 것이다(23:39).

예언적 의미 : 그리스도가 천년왕국을 다스리실 때의 평화와 번영을 예시한다(슥 14:16).

다른 절기들

연중 절기들 외에 이스라엘에는 다음과 같은 거룩한 행사들도 있었다.

안식일 7일째 되는 날은 모든 일을 놓고 거룩하게 휴식했다(출 20:8-11, 31:12-17, 레 23:3; 신 5:12-15).

안식년 7년째 되는 해는 농지를 쉬게 하는 "휴경의 해"로 정했다(출 23:10, 11, 레 25:1-7).

희년 일곱 번의 안식년 다음 해인, 50년째 되는 해에는 빚 때문에 노예가 된 자들에게 자유를 선포하고, 땅도 이전 주인에게 돌려줘야 한다(레 25:8-55, 27:17-24, 겔 46:17).

월삭 히브리의 한 달은 29일이나 30일로 이루어지는데, 매월 첫째 날은 일을 하지 않고 나팔을 불며 특별한 희생 제사를 드렸다(민 28:11-15, 시 81:3).

수전절 빛의 축제 혹은 **하누카**(*Hanukkah* : 봉헌)라고도 한다. 수리아에게 모욕을 당한 성전을 청결하게 하고 다시 봉헌한 것을 기념하기 위해 아홉 번째 달(기슬르)에 행한 8일간의 축제다(요 10:22).

부림절 열두 번째 달(아달) 14일과 15일의 축제다. 이 명칭은 "제비뽑기"를 뜻하는 바벨론 단어인 **부르**(*Pur*)에서 유래한다(에 9:18-32).

레위기의 제사들

제사 명	성경 구절	목적	제물	하나님의 몫	제사장의 몫	제사하는 자의 몫	예언적 의미
1. 번제 히브리어로 올라(*olah*) 1) 향기로운 냄새 2) 자발적	레 1:3-17, 6:8-13	(1) 일반적으로 속죄를 위해(1:4) (2) 헌신과 성별을 뜻하며, "전제"(全祭)라고도 한다.	재산 정도에 따라 (1) 흠 없는 수소(1:3-9) (2) 흠 없는 숫양이나 숫염소(1:10-13) (3) 산비둘기 혹은 비둘기 새끼(1:14-17)	번제단에서 가죽만 남기고(7:8), 전부 태운다(1:9).	가죽만(7:8).	없음	하나님께 완전히 생명을 바친다는 의미다. (1) 그리스도의 입장에서(마 26:39-44, 막 14:36, 눅 22:42, 빌 2:5-11). (2) 성도의 입장에서(롬 12:1,2, 히 13:15).
2. 소제 히브리어로 민하(*minhah*) 1) 향기로운 냄새 2) 자발적	레 2:1-16, 6:14-18, 7:12, 13	소제는 모든 번제와 함께 드렸다. 이는 하나님께 드리는 존경과 감사를 뜻한다.	세 가지 유형 (1) 기름을 섞은 고운 가루와 유향(2:1-3) (2) 고운 가루에 기름을 섞어 화덕에 구운 무교병이나 기름을 바른 무교전병(2:4), 또는 번철에 부친 것(2:5) (3) 첫 이삭을 빻아 기름과 유향을 섞어 볶은 것(2:14-15)	제단에 태운 번제 중에서 기념이 될 만한 것(2:2, 9, 16)	성막의 뜰에서 남은 것을 먹음(2:3,10, 6:16-18, 7:14-15).	없음	그리스도의 완전한 겸손을 의미한다. (1) 누룩이 없는 것은 그리스도의 무죄를 상징한다(히 4:15, 요일 3:5). (2) 기름이 있는 것은 성령을 상징한다(눅 4:18, 요일 2:20, 27).
3. 화목제 히브리어로 쉘렘(*shelem*) 1) 향기로운 냄새 2) 자발적	레 3:1-17, 7:11-21, 28-34	화목제는 일반적으로 제사를 드리는 자와 하나님 간의 화평과 친교를 표현한다. 이런 이유로 화목제는 공동체의 식사에서 절정을 이루었다. 화목제에는 세 가지 유형이 있다. (1) 감사제 : 예상하지 못한 축복이나 구원에 대한 감사의 표현 (2) 서원제 : 서원과 간구를 할 때 축복과 구원에 대한 감사의 표현 (3) 낙헌제 : 어떤 특별한 복이나 구원과 관계없이 하나님께 대한 감사의 표현	재산 정도에 따라 (1) 흠 없는 암소나 수소(3:1-5) (2) 흠 없는 암양이나 숫양(3:6-11) (3) 흠 없는 암염소나 숫염소(3:12-17) 주 : 소나 양으로 드리는 낙헌제의 경우, 다소 흠이 있는 것도 허용했다.	기름 부분을 번제단 위에서 태운다(3:3-5).	가슴을 요제로, 오른쪽 뒷다리를 거제로 드림(7:30-34).	뜰에서 제사한 자와 그의 가족이 남은 것을 먹는다. (1) 감사제는 제사를 드린 날 먹어야 한다(7:15). (2) 서원제와 낙헌제는 제물을 드린 날이나 그 다음 날 먹는다(7:16-18). 주 : 화목제는 제사하는 자가 고기를 나누어 먹을 수 있는 유일한 제사다.	성도가 그리스도를 통해 하나님과 화평을 누릴 것을 예시한다(롬 5:1, 골 1:20).

레위기의 제사들

제사 명	성경 구절	목적	제물	하나님의 몫	제사장의 몫	제사하는 자의 몫	예언적 의미
4. 속죄제 히브리어로 하타트(*hattat*) 1) 향기로운 냄새가 아님 2) 강제적	레 4:1-5:13, 6:24-30	부지 중 저지른 죄를 속하기 위한 것으로, 특히 손해 배상이 불가능할 때 드렸다. 하나님께 도전적으로 반항한 경우에는 효력이 없다 (민 15:30-31).	(1) 대제사장은 흠 없는 황소 (4:3-12) (2) 이스라엘 회중은 흠 없는 황소(4:13-21) (3) 족장은 흠 없는 숫염소 (4:22-26) (4) 평민은 흠 없는 암염소 또는 암양(4:27-35) (5) 가난한 사람은 산비둘기 두 마리 또는 새끼 비둘기 두 마리 (한 마리는 속죄제를 위해, 한 마리는 번제를 위해)로 대신할 수 있다(5:7-10). (6) 몹시 가난한 사람은 고운 가루로 대신할 수 있다(5:11-13, 히 9:22)	(1) 기름 부분은 번제단에서 태운다 (4:8-10, 19, 26, 31, 35). (2) 대제사장이나 이스라엘 회중을 위해 속죄제를 드린 경우, 황소의 남은 것은 진영 밖에서 태운다 (4:11, 12, 20, 21).	족장이나 평민을 위해 속죄제를 드린 경우, 염소나 양의 남은 것은 성막 뜰에서 먹음 (6:26).	없음	그리스도의 죽음에 담긴 의미를 미리 보여준다. (1) 그리스도가 우리를 위해 죄를 담당하셨다(고후 5:21). (2) 그리스도가 예루살렘 성문 밖에서 고난을 당하셨다 (히 13:11-13).
5. 속건제 히브리어로 아샴(“*asham*) 1) 향기로운 냄새가 아님 2) 강제적	레 5:14-6:7, 7:1-7	부지 중에 저지른 죄를 속죄하기 위한 것으로, 손해 배상이 가능할 때 드렸다.	(1) 하나님께 죄를 지었다면 흠 없는 숫양을 바쳐야 한다. 제사장이 평가한 죄 값에 5분의 1을 더해 배상했다(5:15-16). (2) 사람에게 죄를 지은 경우, 흠 없는 숫양을 바쳐야 한다. 손해를 입힌 값에 5분의 1을 더하여 배상했다(6:4-6).	기름 부분은 번제단 위에서 태웠다 (7:3-5).	남은 것은 룩한 곳에서 먹었다 (7:6-7).	없음	그리스도 역시 우리의 속건제라는 사실을 암시한다 (골 2:13).

민수기

민수기는 방랑기다. 대부분 이스라엘 민족이 광야에서 경험한 것들을 기술한다. 이 책의 발단부에서 이스라엘은 한 민족을 이루어 유아기를 보내고 있는데, 출애굽한지 고작 열세 달이 지났을 때였다. 민수기에서 이 민족은 시험과 성숙이라는 고통스런 과정을 겪게 되며, 이 과정 속에서 하나님은 자신의 백성들에게 배신과 무책임한 결정의 결과를 가르치신다. 40년간 광야에서 생활하면서 이스라엘 백성은 탈출한 노예라는 꼬리표를 떼고 약속의 땅을 차지할 준비를 갖춘 하나의 민족으로 변모했다.

민수기라는 이름은 이스라엘 인구를 계수한 두 번의 사건에서 유래한다. 첫 인구 조사는 시내 산(1장)에서, 그 다음은 모압 평지(26:1-51)에서 했다. 유대 기록에서는 이 책의 제목을 1장 1절에서 다섯 번째로 나오는 히브리어 단어인 **베미드바르**(*bemidbar*)라 부르기도 한다. 이는 "광야에서"라는 뜻이다. 70인 역 성경에서는 헬라어로 "숫자들"이라는 뜻의 **아리스모이**(*Arithmoi*)라 칭하며, 라틴어로 쓴 불가타 성경에서도 "숫자들에 관한 책"이란 뜻에서 **리베르 누메리**(*Liber Numeri*)라는 제목을 붙였다.

저자

모세를 민수기의 저자로 지목하는 증거는 오경의 다른 책에서 제시한 것과 비슷하다. 민수기에는 "여호와께서 모세에게 이르시되"라는 말이 80번 이상 나온다. 모세가 이 책의 사건을 직접 목격하여 자세히 기록했음이 분명하다(33:2). 모세는 출애굽기에서 신명기까지 중심적인 인물로 이 책을 쓰기에 가장 적합하다.

어떤 학자들은 모세를 때때로 3인칭으로 쓴다(모세가 자신에 대하여 '내가'라고 기록하지 않고 '모세가'라고 기록한 것-역자 주)는 점에서(예를 들면, 8:23, 14:36, 15:1, 22), 다른 저자를 지목하기도 했다. 서구적인 사고에서는 이같이 3인칭을 사용하는 것이 이상해 보일지 모르지만, 이것은 고대 작가들의 일반적 저술 방식이며, 모세의 이름이 등장하는 책들에서도 지속적으로 나타난다(예를 들면, 출 24:1, 레 6:1, 신 5:1).

기록 연대

레위기는 약 한 달의 기간을 다룬다. 하지만 민수기는 기원전 약 1444년에서 1405년까지 거의 39년에 걸친 시기를 다룬다. 시내 산을 떠나기 20일 전부터 가데스 바네아 근처에서 돌다가 마침내 40년 만에 모압 평지에 이르기까지, 이스라엘 백성의 이동 생활을 기록한다. 모세가 광야에서 방랑하는 중에 겪은 여러 사건을 기록했음이 분명하다.

주제와 문학적 구조

민수기를 세 개의 주요 부분으로 나눌 수 있다. 구세대(1:1-10:10)에서 시작하여 비극적인 전환기(10:11-25:18)를 거쳐 가나안 땅 입구에 선 신세대에서 끝난다(26-36장).

민수기는 두 세대(1-14장과 21-36장), 두 번의 계수(1장, 26장), 두 번의 여행(10-14장, 21-27장), 두 번의 가르침(5-9장, 28-36장)을 기록한다. 민수기는 하나님의 인자와 엄위(롬 11:22)를 잘 그리고 있으며, 하나님의 백성이 하나님만 신뢰하고 의지할 때에야 전진할 수 있다는 사실을 가르친다.

불신앙에 대한 하나님의 심판은 민수기의 두드러진 주제이다. 민수기는 이스라엘이 하나님의 약속을 신뢰하지 못한 결과 40년을 광야에서 떠도는 심판을 받았다고 기록한다. 민수기의 결정적인 전환점은 아마도 14장일 것이다. 당시 이스라엘은 두려워하는 정탐꾼들의 경고에 귀를 기울이며 약속의 땅으로 올라가서 정복하기를 거부하여 하나님을 배척했다. 하나님은 "너희는 그 땅을 정탐한 날 수인 사십 일의 하루를 일 년으로 쳐서 그 사십 년간 너희의 죄악을 담당할지니 너희는 그제야 내가 싫어하면 어떻게 되는지를 알리라"(14:34)며 이스라엘을 심판하셨다.

그러나 민수기가 불신앙과 불순종에 대한 경고만 담고 있는 책은 아니다. 민수기 전반에 걸쳐 하나님의 은혜와 자비를 증거하며, 예수 그리스도 안에서 드러날 거룩한 은혜를 알려 준다. 하나님의 거룩한 임재와 보호는 불기둥과 구름기둥에서 명백히 드러난다(10:11). 일용할 양식인 만나를 주시고 바위에서 물을 내어서 백성들을 마시게 하는 것을 통해 자기 백성을 돌보시는 하나님을 알 수 있는데, 이것은 오실 그리스도를 앞서 보여 주는 것이다(요 6:31-33, 고전 10:4). 하나님의 자비에 대한 생생한 예화는 독사에게 물린 사람들을 치료하는 수단으로 구리 뱀을 주신 것에서 드러나는데, 이것은 예수께서 십자가에 못 박히신 형상의 예표이다(21:4-9, 요 3:14).

민수기 한눈에 보기								
초점	구세대		비극적인 전환기				신세대		
관련구절	1:1 ------5:1 -------- 10:11		-------13:1 ---------15:1 --------20:1 ------- 26:1				-------- 28:1---------31:1 -- 36:13		
구분	이스라엘의 조직	이스라엘의 성화	가데스로	가데스에서	광야에서	모압으로	이스라엘의 재정비	제사와 서원에 대한 규정	이스라엘의 정복과 분배
주제	질서		무질서				재정비		
	준비		연기				준비		
장소	시내 산		광야				모압 평지		
기간	20일		38년 3개월 10일				약 5개월		

민수기에서 사건이 일어난 시기

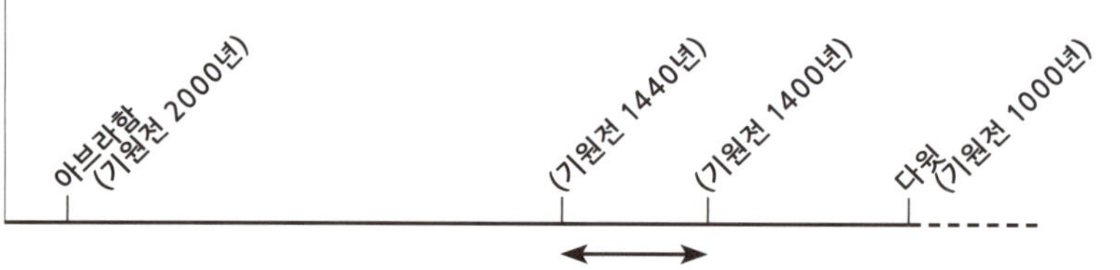

민수기 개요

1부 약속의 땅을 상속할 구세대의 준비 (1:1–10:10)

1. 이스라엘의 조직. 1:1–4:49
   1) 백성들의 조직. 1:1–2:34
   2) 제사장들의 조직 3:1–4:49
2. 이스라엘의 성화 5:1–10:10
   1) 구별을 통한 성화 5:1–31
   2) 나실인 서약을 통한 성화 6:1–27
   3) 예배를 통한 성화 7:1–9:14
   4) 하나님의 인도를 통한 성화 9:15–10:10

2부 약속의 땅을 상속받는데 실패한 구세대(10:11–25:18)

1. 가데스로 가는 길에서 실패한 이스라엘 10:11–12:16
   1) 시내 산을 떠난 이스라엘 10:11–36
   2) 백성들의 실패. 11:1–9

3부 약속의 땅을 상속할 신세대의 준비(26:1-36:13)

지파들의 진 편성

1장에서 군대의 계수를 마무리하자, 여호와께서 이스라엘 지파들과 군대들에 여러 지시를 한다. 한 가운데에 하나님이 거하시는 장소인 성막을 중심으로 각 측면에 3개 지파씩 막사를 치는 형태로 진을 편성한다. 또 막사를 걷고 행진할 때는 동쪽과 남쪽에 있는 6개 지파가 먼저 출발하고, 중간에 성막과 레위인이 이동한 다음(2:17), 서쪽과 북쪽에 있던 6개 지파가 그 뒤를 각각 따랐다. 진을 칠 때나 행진을 할 때나 성막이 중심이었다. 성막의 사면에 배치된 3개 지파 중에 앞서 출발한 지파는 동쪽 유다(2:9), 남쪽 르우벤(2:16), 서쪽 에브라임(2:24), 북쪽 단 지파이다(2:31).

이스라엘 진영의 지파들 위치

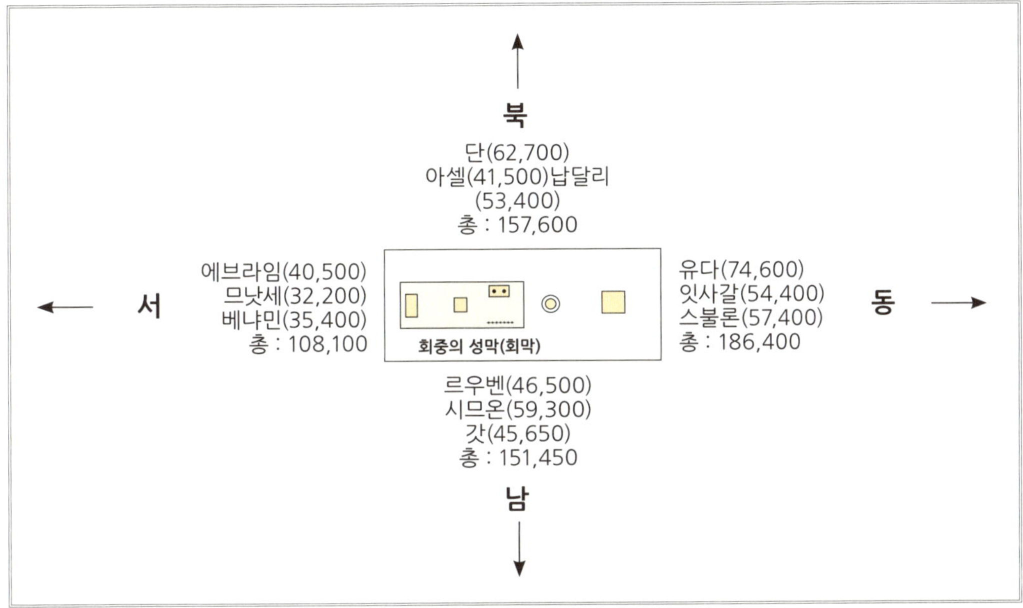

광야에서 가나안으로

민수기에서 이스라엘 백성은 시내 광야에서 가데스 바네아를 거쳐 모압 평지로 이동하는데, 그들이 가데스 바네아를 처음 출발하고 나서(14:25) 두 번째 떠나게 되는(20:22) 그 사이 40년의 방랑에 대해서는 거의 기록되어 있지 않다. 여정도 연대기도 없다. 40년 방랑을 하기 직전과 직후에 발생한 사건만 언급한다. 그들 자신의 힘으로 약속의 땅에 들어가려고 시도했다가 실패한 것(14:45)과 에돔을 지나가도록 허락해 달라고 요청한 사건(20:14)이다. 이 두 사건 사이에는 이스라엘 지도자들이 실패한 이야기들과 몇몇 율법들이 기록되어 있다.

이스라엘의 방랑

지중해
가나안
사해
모압
가나안으로 정탐꾼을 보냄.
람세스
수르 광야
고센
에돔
정확한 경로는 알 수 없으나
40년간 광야를 방랑함.
바란 광야
에시온 게벨
시내
이스라엘 백성이 모압을
향해 에돔 근방을 여행함.
수에즈 만
아카바 만
시내 산이 있는 지역.
르비딤
N
50 miles
50 kilometers
32º N
30º N
28º N
32º E
34º E
36º E

좋은 일과 나쁜 일의 순환	
아주 좋은 일이 있은 후에 ……	…… 대단한 악행이 뒤따랐다.
세상이 창조된다(창 1-2장).	아담과 하와가 죄에 빠져 반역하자, 그 결과 부끄러움, 두려움, 고통, 노역과 죽음이 따라온다(창 3장).
노아가 홍수를 대비하는 일에 순종하고 방주 안에서 생존한다(창 6:13-22, 7:23).	노아가 만취해서 벌거벗었는데, 이로 인해 그의 아들들이 당황하고, 이어 가나안이 저주를 받는다(창 9:20-25).
하나님이 홍해를 가르고 애굽에서 이스라엘 백성을 구원하신다(출 14:21-31).	백성들이 물이 부족하다고 불평한다(출 15:22-25).
하나님이 모세에게 십계명을 주신다(출 20:1-17).	백성들이 황금 송아지를 숭배한다(출 32:1-6).
아론과 그의 아들들이 영적 지도자 임무를 수행하기 시작한다(레 9:1-24).	아론의 나이 많은 두 아들이 "거룩하지 않은 불"을 주님 전에 드리다가 죽는다(레 10:1-3).
다윗은 하나님과 자신의 언약을 확신한다(삼하 6장).	다윗이 밧세바와 간음하고 그 남편 우리아를 죽이라고 명령한다(삼하 11:1-27).
엘리아가 갈멜 산에서 바알의 선지자들과 싸워 승리한다(왕상 18:20-46).	엘리야는 이세벨의 분노가 두려워 도망가고, 하나님이 자기를 돌보지 않으신다고 불평한다(왕상 19:1-18).
요나가 이교도 도시인 니느웨에서 성공적으로 회개를 선포한다(욘 3장).	요나는 니느웨가 회개하자 실망하여 개인적인 불편함을 불평한다(욘 4장).
베드로는 예수님이 하나님께서 보내신 메시야라고 확언한다(마 16:16).	예수님은 하나님의 목적을 방해하려고 한다며 베드로를 꾸짖으신다(마 16:22-23).
예수님이 예루살렘에 입성하실 때 군중들이 환호한다(눅 19:28-40).	성난 군중들이 예수님을 죽이라고 요구하자 예수님이 십자가에 못 박히신다(눅 23:13-49).
바나바가 땅을 팔아서 교회에 많은 재산을 기부한다(행 4:36-37).	아나니아와 삽비라가 "자선"을 베푸는 척 하며 베드로를 속이자, 하나님이 그들을 치신다(행 5:1-11).

신명기

느보 산에서 바라본 가나안

신명기는 120세가 된 이스라엘의 지도자 모세의 고별 설교들로 이루어진다. 이것은 약속의 땅을 차지할 신세대를 향한 설교이다. 레위기와 마찬가지로 신명기는 방대한 양의 세부적인 율법들을 포함하지만, 이것은 제사장보다 백성들의 삶에 초점을 맞춘다. 모세는 신세대에게 부모 세대의 슬픈 예에서 순종이 얼마나 중요한지를 배워야 한다고 가르친다.

신명기의 표제는 "두 번째 율법"이라는 의미의 헬라어 **듀테로노미온**(*Deuteronomion*)에서 유래한 것으로, 이는 70인 역에서 신명기 17장 18절을 잘못 번역했기 때문이다. 새 킹제임스 판(NKJV)에서는 이 구절을 "이 율법의 사본"으로 정확하게 번역한다. 신명기는 두 번째 율법이 아니라 시내 산에서 받은 원래의 율법을 적용하고 확장한 것이다.

저자

신명기를 모세가 썼다는 것을 비평가들은 맹렬하게 공격하면서 모세는 이 율법들의 기초가 되는 전승을 창작했을 뿐이라고 주장한다. 그들은 기원전 621년 직전에 무명의 저자가 신명기를 기록했고, 요시야 왕이 종교개혁을 일으키는데 사용되었다고 일반적으로 주장한다.

하지만 모세가 신명기를 썼다는 내적인 증거와 외적인 증거 모두 강력하다. 신명기 자체에 모세가 썼다는 주장이 40번 가량 나온다. 신명기에는 요시야 왕 시대가 아닌 정확히 모세 시대가 등장하고, 지리적이고 역사적인 세부 묘사도 출애굽과 가나안 정복 사이의 기간에 대해 직접적으로 알던 사람이 기록했음을 말해 준다. 게다가 구약의 나머지 부분에서도 신명기와 오경의 다른 책들을 모세가 기록한 것으로 간주한다(수 1:7, 삿 3:4, 왕상 2:3, 스 3:2, 시 103:7, 말 4:4). 그리스도도 신명기를 모세가 저작했다고 인정하신다(마 19:7-9, 요 5:45-47). 끝으로, 최근에 여러 연구를 통해 신명기가 이 언약을 갱신하는데 적합한 문서 형태인, 기원전 14-15세기 조약 형식을 따른다는 사실이 밝혀졌다.

기록 연대

레위기처럼 신명기도 역사적 시간 순서로 전개되지 않는다. 신명기는 여리고와 요단 강 동편의 모압 평지에서 발생한 일들만 기록하며, 약 한 달 간 일어난 사건들을 다룰 뿐이다. 신명기는 40년 광야 방랑기가 끝나고 신세대가 막 가나안으로 들어가려는 때인 기원전 약 1405년에 기록되었다.

주제와 문학적 구조

가장 큰 틀로 보면 신명기는 시내 산에서 받은 언약을 갱신한 기록이다. 이 언약은 모압 평지에서 재고되었으며 확장, 증대되었고 마침내 승인되었다. 모세는 주로 세 편의 설교로 언약을 갱신하는데, 하나님과 이스라엘과의 관계를 회고하고, 반성해서, 앞날을 전망한다.

모세의 첫 번째 설교(1:1-4:43)는 출애굽한 후 하나님이 이스라엘에게 행하신 일을 강조하며 언약을 맺은 배경을 알려 준다. 자신의 백성을 보호하시고 채우시는 하나님이라는 주제를 조명하고, 더불어 불순종한 이스라엘에게 내린 하나님의 처벌도 다룬다.

두 번째 설교는 언약의 특정한 요구들을 다루는데, 그들이 약속의 땅에 들어가서 세력을 잡게 될 새로운 상황에서 출애굽기의 율법을 적용해야 하기 때문이다. 이방신 숭배와 이교도 관습들을 금지하고, 성소를 중심으로 왕국을 세울 준비를 하도록 특별히 주의를 주었다.

세 번째 설교에서 모세는 앞으로의 역사를 기록한다. 그는 가까운 장래에 임할 복과 저주는 물론, 먼 미래에 열방으로 흩어졌다가 결국 다시 돌아올 것을 이스라엘에게 예언한다. 모세는 백성들이 곧 비준할 언약의 항목들을 열거한다. 자신은 약속의 땅에 들어갈 수 없기 때문에, 여호수아를 후계자로 임명하고 민족에게 고별사를 전하며 끝맺는다. 34장에는 모세가 죽은 이야기가 실려 있는데, 후계자 여호수아가 기록했을 것이다.

신명기 한눈에 보기

초점	첫 번째 설교	두 번째 설교				세 번째 설교		
관련구절	1:1-------4:44	12:1	16:18	21:1	27:1	29:1	31:1	34:12
구분	하나님이 이스라엘에게 행하신 일들을 회고	십계명 설명	의식법	시민법	사회법	언약의 승인	가나안 언약	언약의 중재자가 바뀜
주제	하나님이 하신 일	하나님이 이스라엘에게 기대하시는 것				하나님이 하실 일		
	역사적	법적				예언적		
장소	모압 평지							
기간	약 한 달							

신명기에서 다시 언급한 사건이 일어난 시기

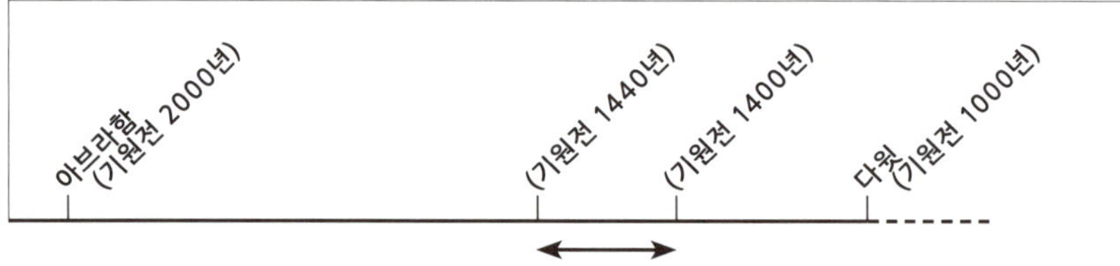

신명기 개요

1부 모세의 첫 번째 설교 -하나님이 이스라엘에게 행하신 일(1:1-4:43)

1. 언약의 서문 1:1-5
2. 하나님이 이스라엘에게 행하신 일을 돌아봄. 1:6-4:43
   1) 시내 산에서 가데스까지. 1:6-18
   2) 가데스에서 1:19-46
   3) 가데스에서 모압까지 2:1-23
   4) 요단 동편 정복 2:24-3:29
   5) 지도권 이양. 3:21-29

2부 모세의 두 번째 설교
-하나님이 이스라엘에게 기대하시는 일(4:44-26:19)

3부 모세의 세 번째 설교
-하나님이 이스라엘에게 하실 일(27:1-34:12)

사형

불순종에 대해 언약이 규정하는 저주에 속하며, 모세의 율법에서는 여러 가지 심각한 죄를 사형으로 처벌하는 규정이 있다. 이러한 범죄들은 특별히 이스라엘 백성과 하나님이 맺은 언약을 크게 위반하는 것들이다. 이렇게 처벌하는 것이 현대인들에게는 잔인하게 보일 수도 있지만, 하나님께서 그분의 백성에게 얼마나 높은 수준의 삶을 요구하시는지 알려 준다. 이스라엘은 하나님께 많은 복을 풍성하게 받았고, 하나님은 "무릇 많이 받은 자에게는 많이 요구할 것"(눅 12:48)이다.

사형에 처하는 범죄들

범죄	관련구절
1. 계획된 살인	출 21:12-14, 22, 23
2. 유괴	출 21:16, 신 24:7
3. 부모를 때리거나 저주하는 것	출 21:15, 레 20:9, 잠 20:20, 마 15:4, 막 7:10
4. 마술과 점	출 22:18
5. 짐승과 음행하는 것	출 22:19, 레 20:15, 16
6. 우상에게 제사하는 것	출 22:20
7. 안식일을 거룩하게 지키지 않는 것	출 35:2, 민 15:32-36
8. 자식을 몰렉에게 희생 제물로 바치는 것	레 20:2
9. 간통	레 20:10-21, 신 22:22
10. 근친상간	레 20:11, 12, 14
11. 동성애	레 20:13
12. 신성모독	레 24:11-14, 16, 23
13. 거짓 예언	신 13:1-10
14. 완강한 반항	신 17:12, 21:18-21
15. 혼전 성관계	신 22:20-21
16. 약혼한 처녀를 강간하는 것	신 22:23-27

도피성

구약 시대 이스라엘 전역에 도피성을 여섯 곳에 세워서 의도치 않게 사람을 죽인 자들이 피하도록 했다. 살인자를 죽이는 것이 자신의 의무라고 여기는 죽은 자의 친척, 즉 "피의 보수자" 때문에 이런 보호 제도가 필요했다. 도피성에 들어갈 수 있는지 여부는 재판장이 결정했다. 편의를 위해 요단 강 양쪽에 각각 3개의 도피성을 마련했다.

베셀 : 모압 광야에 위치. 르우벤 지파 영토 내에 있던 성벽 도시(신 4:43).

골란 : 바산에 위치. 갈릴리 호수에서 동쪽으로 27킬로미터 떨어짐. 오늘날 이 근방을 골란 고원이라 부른다(신4:43).

헤브론 : 도피성 여섯 곳 중 최남단에 위치. 예루살렘에서 남쪽으로 30킬로미터 떨어짐. 기럇 아르바라고도 함(수 20:7).

게데스 : 납달리 산지에 있는 갈릴리에 위치. 게데스 납달리라고도 함(수20:7).

라못 : 갓 지파 영토 내 있던 중요한 성벽 도시. 요단 강 동편에서 38킬로미터 떨어진 수리아 경계 근처에 위치(신 4:43).

세겜 : 에브라임 산지에 위치. 하나님이 아브라함에게 나타나 "이 땅을 네 자손에게 주리라"고 약속하신 곳(창 12:6-7).

성경에 나오는 산들

성경 전반에 걸쳐 산은 하나님이 이스라엘 백성과 만나시는 장소이다. 하나님은 모세에게 시내 산 위에서 율법을 주셨고, 모세는 이스라엘 백성이 약속의 땅으로 들어갔을 때, 에발 산 위에 제단을 쌓으라고 명령했다. 하나님은 모세가 오랫동안 기다리던 땅에 들어가도록 허락하지 않으셨지만, 비스가 산에서 내려다보도록 허락하셨다. 하나님은 손수 그 산 위에서 모세를 장사하셨다. 다음은 성경에 등장하는 중요한 산들이다.

아라랏 산 : 노아의 방주가 머물렀던 산(현재의 터키)(창 8:4).

갈멜 산 : 엘리야가 바알 선지자들에게 승리한 산(왕상 18:9-42).

에발 산 : 모세가 히브리인들에게 약속의 땅에 들어간 후 제단을 쌓으라고 명령한 산, 그리심 산 반대편에 위치.

그리심 산 : 예수님이 우물가에서 사마리아 여인과 얘기하신 산(요 4:20).

길보아 산 : 사울 왕과 그의 아들이 블레셋과 싸우다 죽은 산(대상 10:1, 8).

헤르몬 산 : 정복한 가나안의 북쪽 경계선을 나타내는 산맥(수 11:3, 17).

레바논 산 : 예루살렘에 지은 솔로몬 성전의 백향목이 있던 산(왕상 5:14, 18).

감람 산 : 예수님이 자신의 재림에 대해 강론하셨던 산(마 24:3).

비스가 산 : 느보 산이라고도 하며, 모세가 약속의 땅을 본 산.

시내 산 : 호렙 산(애굽 근처)이라고도 하며, 모세가 율법을 받은 산.

찬양과 노래

성경에 기록된 가장 최초의 노래는 모세의 노래로 간주된다(출 15장 참고). 이 찬양은 홍해에서 애굽 군대로부터 히브리인들을 기적적으로 구원하신 하나님을 찬양하기 위해 백성들이 불렀으며(출 14:3–30), 모세는 죽기 직전에 이 노래를 다시 불렀다. 이 노래 외에도 구약에는 다음과 같은 중요한 찬양과 노래가 있다.

부른 인물	설명	관련구절
이스라엘 백성	광야에서 생명을 살리는 우물을 팔 때 백성들이 부른 노래	민 21:14-18
모세	모세가 죽기 직전에 하나님을 찬양한 노래	신 32:1-44
드보라와 바락	가나안과의 전쟁에서 이긴 후에 부른 승리의 노래	삿 5:1-31
이스라엘 여인들	골리앗과 싸워 이긴 다윗을 축하하려고 부른 노래	삼상 18:6, 7
노래하는 레위인	예루살렘 성전 봉헌을 찬양하는 노래	대하 5:12-14
노래하는 레위인	이스라엘의 군대가 전쟁을 준비할 때 행진가로 부른 찬양의 노래	대하 20:20-23
노래하는 레위인	히스기야 시대에 성전 재건 행사에서 부른 노래	대하 29:25-30

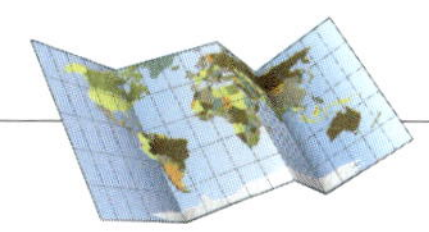

역사서

여호수아에서 에스더까지 역사서라고 한다. 역사서는 하나님이 선택하신 백성, 이스라엘의 700년 역사를 다룬다.

역사서에 실린 주요한 사건은 다음과 같다. (1) 출애굽과 광야 방랑 이후 이스라엘 백성이 약속의 땅에 정착한 사건 (2) 사사의 통치에서 왕의 통치로 바뀐 사건 (3) 다윗이 통일 왕국의 왕으로 기름 부음을 받은 사건 (4) 남 왕국과 북 왕국으로 분열된 사건 (5) 북 왕국이 멸망한 사건 (6) 남 왕국이 포로로 잡혀갔다가 귀환한 사건.

다음은 구약의 중요한 부분인 역사서 12권의 주제를 요약한 내용이다.

여호수아 : 약속의 땅을 정복하고, 정착한다.

사사기 : 이스라엘 백성이 연이어 사사들이나 군대 지도자들에 의해 구원을 받는다. 드보라, 기드온, 삼손이 가장 중요한 세 인물들이다.

룻기 : 하나님의 사랑과 돌보심에 관한 아름다운 이야기이다.

사무엘상하 : 사울과 다윗이 통치했던 이스라엘의 초기 역사이다.

열왕기상하 : 솔로몬에서 바벨론 포로기까지 선출된 왕들의 재위 시절에 초점을 맞춘 이스라엘의 정치사이다.

역대상하 : 사무엘상하와 동일한 시기의 이스라엘 종교사를 다룬다.

에스라 : 바벨론의 포로 상태에서 유대 백성들이 예루살렘으로 귀환한다.

느헤미야 : 유대인들이 바벨론 포로 상태에서 귀환한 후에 예루살렘 성벽을 재건한다.

에스더 : 이방인의 지배하에 있는 이스라엘 백성을 하나님이 돌보신다.

여호수아

신 광야

12권의 역사서(여호수아-에스더) 중 첫째 책인 여호수아서는 오경과 이스라엘 역사의 나머지 부분을 연결하는 고리이다. 이스라엘 백성은 여호수아의 유능한 지도력 아래 세 번에 걸친 정벌을 통해 숫자나 군사적인 우세보다는 하나님에 대한 믿음과 그분의 말씀에 순종할 때 승리한다는 중대한 교훈을 배운다.

이 책의 제목 자체가 이 주제를 강조한다. "여호와는 구원이시다"라는 뜻인 여호수아서 제목은, 비록 가나안을 정복하는 동안 여호수아가 이스라엘의 지도자이긴 했지만 주님 자신이 정복자라는 사실을 상징한다.

저자

유대인들은 전통적으로 이 책의 저자를 여호수아로 보고, 이 책의 여러 부분에서도 그가 저자라는 사실을 분명하게 인정한다(24:26). 그러나 옷니엘이 기럇세벨을 차지한 일(15:13-19), 단이 북쪽으로 이주한 일(19:47), 여호수아의 죽음과 장사에 대한 설명(24:29-33)과 같은 이야기들은 후에 추가된 것이다. 게다가 반복해서 나오는 "오늘날"(5:9, 13:13, 15:63)이라는 어구는 사건이 발생하고 나서 후에 기록되었음을 말해 준다. 따라서 이 책은 최종적으로 여호수아가 죽은 후에나 완성되었으며, 그 때는 아마도 사울이 통치하던 왕국 초기쯤일 것이다.

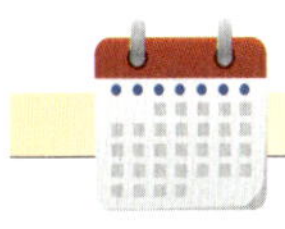

기록 연대

여호수아서의 정확한 기록 연대는 확실하지 않지만, 여기에 설명된 사건들은 정복 초기(기원전 1405년)와 여호수아의 죽음(기원전 약 1390년)사이에 발생했다. 그러나 만약 출애굽의 후기 연대를 받아들인다면(출애굽기 편 참고), 정복전쟁은 기원전 약 1250-1200년에 시작했을 것이다.

주제와 문학적 구조

여호수아서는 딱 두 부분으로 나뉜다. 1장에서 12장은 정복을 기록하고 있으며, 13장에서 24장은 지파별 영토 배정과 약속의 땅 전반에 걸친 지파들의 분산을 기록한다.

정복과 점령이 여호수아서 전반의 주제이다. 처음 다섯 장의 배경은 요단 강 동편으로, 여호수아가 모세의 자리를 계승하고, 이스라엘이 요단강의 마른땅을 건너서 전쟁을 준비한다. 노련한 장군처럼 여호수아는 분할 정복 전략을 사용한다. 그의 정벌은 가나안 중부지역에서 시작하기 때문에(6-8장), 이스라엘에게 대항하는 가나안 족속들의 거대한 동맹을 차단한다. 그 후 여호수아는 가나안 남부지역으로 이동하고(9-10장), 마지막으로 북부지역을 정벌한다(11-12장).

이 책에 직접적인 메시야 예언은 없지만, 여호수아는 분명 그리스도의 원형이다. "여호와는 구원이시다"라는 뜻을 가진 그의 이름 **예수아**(*Yeshua*)는 "예수"라는 이름에 해당하는 히브리어 이름이다. 성공적으로 이스라엘 백성을 약속의 땅으로 인도하는 그의 역할은 "많은 아들들을 이끌어 영광에 들어가게 하시는"(히 2:10) 그분을 예시한다.

라합과 그의 가족을 안전하게 지켜 준 붉은 줄(수 2:17-21)은 예수님의 보혈로 우리가 안전하다는 사실을 그린다. 놀랍게도 이 이방 여인은 예수 그리스도의 계보에 들어간다(마 1:5).

여호수아 한눈에 보기						
초점	가나안 정복		가나안 정착			
관련구절	1:1 ----------6:1 ------------13:8 ------------- 14:1 ---------------20:1 ---------------22:1 ------ 24:33					
구분	이스라엘의 준비	가나안 정복	요단 동편의 정착	요단 서편의 정착	신앙 공동체의 정착	계속 머물기 위한 조건들
주제	가나안 입성	가나안 정복	가나안 분배			
	준비	정복	소유			
장소	요단 강	가나안	두 지파와 반 지파-요단 동편 아홉 지파와 반 지파-요단 서편			
기간	약 한 달	약 7년	약 8년			

여호수아의 사건이 일어난 시기

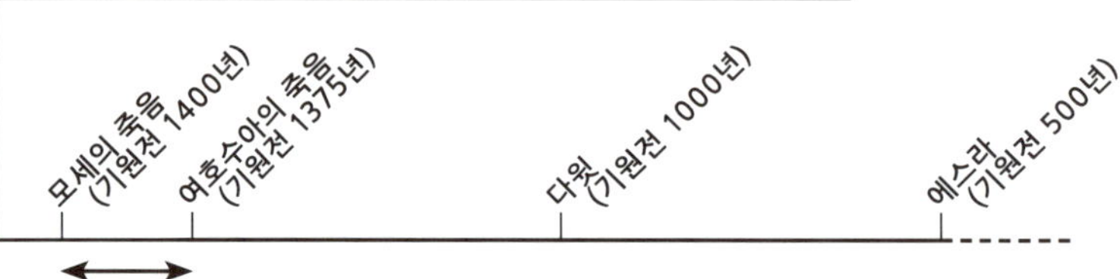

여호수아 개요

1부 가나안 정복(1:1-13:7)

1. 정복을 준비하는 이스라엘 1:1-5:15

1) 모세를 계승한 여호수아. 1:1-18

2) 이스라엘을 군사적으로 준비시키는 여호수아 2:1-5:1

3) 이스라엘을 영적으로 준비시키는 여호수아. 5:2-12

4) 하나님의 군대장관이 나타남. 5:13-15

2. 이스라엘의 가나안 정복 6:1-13:7

1) 가나안 중부지역 정복. 6:1-8:35

2) 가나안 남부지역 정복. 9:1-10:43

2부 가나안 정착(13:8-24:33)

여호수아의 승리

이스라엘 백성은 여호수아의 지도력 아래, 기원전 약 1405년에 가나안에 들어가 가나안 족속들을 몰아내고 약속의 땅을 차지한다. 여호수아에서 묘사된 조직적인 군사 행동을 잘 살펴보면 여호수아가 얼마나 세심하게 정복 전략을 세웠는지 알 수 있다. 그는 처음에 가나안 중부지역에 이스라엘 백성을 정착시킨 후, 약속의 땅을 완전히 차지하기 위해 남부와 북부지역을 정복했다. 이 정벌들은 여호수아 1장에서 11장까지 간략하게 설명되어 있는데, 아마도 기원전 1405년에서 1398년까지 약 7년 정도 걸렸을 것이다. 여호수아가 죽을 즈음(24:29), 이스라엘 백성은 대부분의 가나안 족속들을 팔레스타인 지방 바깥으로 몰아내고, 이스라엘 12지파에게 그 땅을 분배했다.

가나안 정복

중부와 남부지역 정복

여호수아는 길갈에 있는 군사 진영에서 두 가지 전술을 펼쳐서 가나안 중부와 남부지역을 정복했다.

북부지역 정복

가나안 중부 지역과 남부지역을 정복한 후, 여호수아는 그의 군대를 이끌고 하솔을 향해 북상한다.

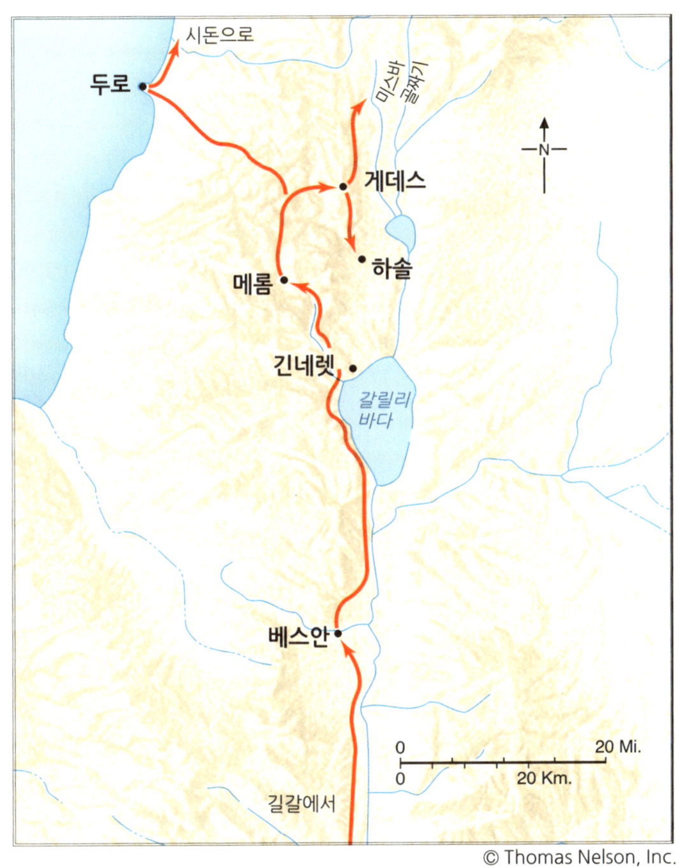

12지파의 정착

여호수아의 지도 아래 약속의 땅을 정복한 후, 이전에 가나안 부족들이 차지했던 그 땅은 야곱의 아들들의 후손들에게 분배되었다(13-21장). 좁은 의미에서 그 땅은 동쪽 요단강에서 서쪽 지중해까지 펼쳐져 있었다. 르우벤, 갓, 므낫세 지파는 요단 동편에 정착했다. 그곳은 시나이 반도와 고대 연안 국가들이 있던 페니키아 지방 사이에 있었다. 레위 지파를 제외하고 야곱의 모든 아들의 후손들이 땅을 분배 받았다(13:13). 레위 지파의 몫은 요셉의 두 아들 므낫세와 에브라임에게 돌아갔다(14:3-4). 레위 지파는 제사장의 직무를 위해 구별되었다. 그들의 분깃은 하나님 자신이셨다(민 18:20). 그러나 하나님은 레위인들이 거주할 수 있도록 가나안 전역에 48개의 성읍을 주셨다(수 21:1-42). 다음 지도에서 여호수아서에 언급된 경계를 토대로 각 지파들이 정착한 위치를 대략 볼 수 있다.

12지파의 정착

도피성

구약 시대 이스라엘 전역에 도피성을 여섯 곳에 세워서 의도치 않게 사람을 죽인 자들이 피하도록 했다. 살인자를 죽이는 것이 자신의 의무라고 여기는 죽은 자의 친척, 즉 "피의 보수자" 때문에 이런 보호 제도가 필요했다. 도피성에 들어갈 수 있는지 여부는 재판장이 결정했다. 편의를 위해 요단 강 양쪽에 각각 3개의 도피성을 마련했다.

도피성

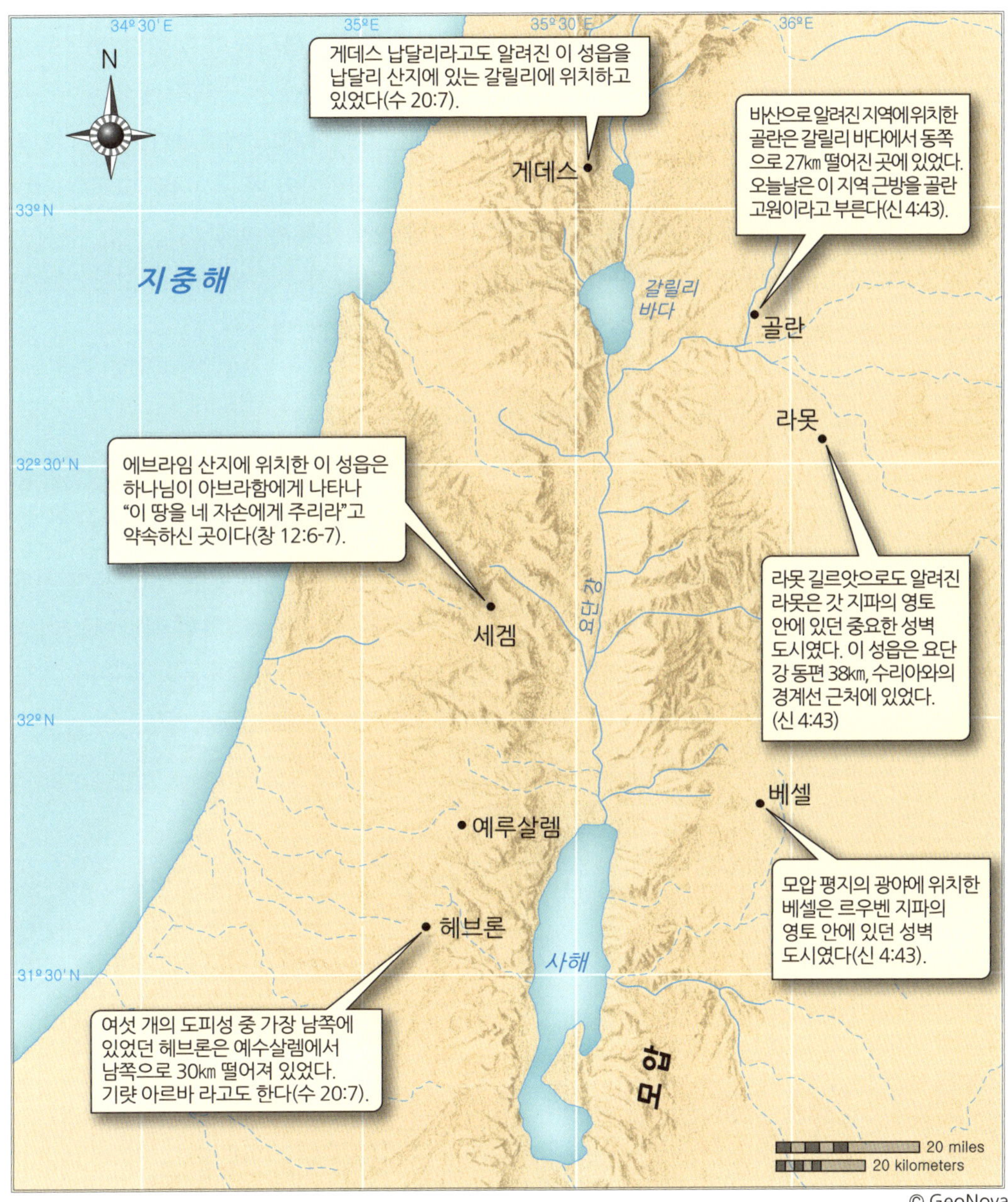

이스라엘에게 한 여호수아의 훈계

23장과 24장에 나오는 여호수아의 고별 설교는 이 책의 전반적인 결론으로 적절하다. 23장은 특별히 이스라엘의 지도자들에게 한 설교(23:2)인데 반해, 24장은 회중 전체에게 한 것이다(24:1).

23장에서 여호수아는 지도자들에게 이스라엘의 도움이신 하나님의 위대한 행동들을 낱낱이 말하면서 약속의 땅을 주신 하나님께 계속 신실하라고 권면한다. 24장에서는 이스라엘 백성이 하나님께 헌신하여 그분만을 섬기고 어떤 거짓 신들에게도 예배하지 않겠다는 언약을 새롭게 하는 의식을 제정한다. 24장에 나오는 언약은 신명기와 마찬가지로 고대의 일반적인 조약 형식에 기초한다. 이 형식은 "이스라엘 하나님 여호와의 말씀에"라는 서언, 역사적인 서문(2-13절), 언약의 조건과 요구사항들(14-15절), 언약의 불순종에 대한 경고들(19-20절), 증인들(22절), 언약 문서의 보관(26절)에 관한 내용을 포함한다.

지파 별 특징

이스라엘의 12 지파는 (1) 르우벤 (2) 시므온 (3) 레위 (4) 유다 (5) 단 (6) 납달리 (7) 갓 (8) 아셀 (9) 잇사갈 (10) 스불론 (11) 요셉(에브라임과 므낫세) (12) 베냐민이다.

레위 지파의 후손 중 유명한 사람은 아론, 모세, 엘리, 에스라, 세례 요한이고, 유다 지파에는 갈렙, 다윗, 솔로몬, 이사야(?), 예수님이 있다. 단 지파에는 삼손, 납달리 지파에는 바락과 엘리야(?), 아셀 지파에는 안나가 있다. 요셉(에브라임과 므낫세) 지파에는 여호수아, 기드온, 사무엘이 있고, 베냐민 지파에는 사울, 에스더, 다소 사람 사울(바울)이 있다.

사사기

아라드 요새 유적

사사기는 여호수아와 극명하게 대조된다. 여호수아에서 순종하는 백성들은 하나님의 권능을 신뢰했기에 땅을 정복했다. 그러나 사사기에서 불순종하고 우상을 숭배하는 백성들은 반복해서 적들에게 압제 당한다.

사사기의 히브리어 제목은 "재판관들"이라는 의미의 **쇼페팀**(*Shophetim*)이다. 이는 정의를 지키고 분쟁을 해결하는 의미 뿐 아니라, "해방하다"나 "구원하다"는 뜻도 지닌다. 사사들은 먼저 백성들을 구원하고 난 후, 정의로 다스리고 나라를 이끈다.

저자

사사기의 저자는 분명하지 않은데, 사무엘이나 선지자 수련생 중 한 명이 기록했을 것이다. 탈무드에 실린 유대 전승에서는 사사기의 저자를 사무엘로 보는데, 확실히 그는 사사 시대와 왕정 시대를 잇는 결정적인 인물이다. 아마 사무엘이나 그와 동시대인 중 한 명이 구전과 여러 기록들을 한 권으로 묶었을 것이다.

기록 연대

이 책의 기록 연대는 사사기 자체의 수많은 진술로 대략 확정할 수 있다. 18장 31절과 20장 27절은 언약궤가 실로로 옮겨진 후에 사사기를 기록했다고 말한다(삼상 4:3-11 참고). "그 때에 이스라엘에 왕이 없었다"(17:6, 18:1, 19:1, 21:25)는 반복 구는 사사기가 왕정이 시작된 후에 기록되었음을 가리킨다. 여부스 사람이 "오늘날까지" 예루살렘에 거한다(1:21)는 사실은, 다윗이 예루살렘을 다스리던 기원전 1004년 이전에 사사기가 기록되었다는 뜻이다(삼하 5:5-9).

사사기에 나오는 여러 사건들은 기원전 1380년부터 기원전 1045년까지 일어났다. 모든 사사가 이스라엘 전역을 다스린 것이 아니므로, 분명히 사사들의 통치 기간은 서로 겹칠 것이다. 사사기는 남부지역(3:7-31), 중부지역(6:1-10:5), 동부지역(10:6-12:15), 서부지역(13:1-16:31)에서 일어난 배교, 압제, 구원의 순환 구조로 서술된다.

주제와 문학적 구조

사사기는 연대순이 아니라 주제에 따라 구성되었다. 이스라엘의 타락을 시작으로, 일곱 번에 걸친 압제와 구원의 순환으로 이어지다가, 이스라엘이 타락한 두 가지 예를 생생하게 제시하면서 결론을 내린다.

잠시 군사적으로 성공한 이야기로 시작되지만, 곧이어 이스라엘은 적을 몰아내는 일에 반복해서 실패하면서 이스라엘의 쇠퇴가 중심 주제로 드러난다. 그들이 실패한 근본적인 이유는 하나님에 대한 믿음과 순종이 부족했기 때문이다(2:1-3).

이 책의 중간 부분에는 배교, 압제, 구원의 호소, 구원, 안정의 순서로 순환하며 일곱 번 반복되는 하나님의 구원이 기술되어 있다(3:5-16:31). 이스라엘 백성은 실패를 계속하면서도 깨닫지 못하여 순종과 배교 사이에서 동요한다. 그런데도 안정과 평화의 시기가 속박 당한 시기보다 길고, 변함없이 죄를 짓는 이스라엘의 모습은 늘 새롭게 그들을 구원하시는 하나님의 모습과 대조된다.

17장에서 21장 사이에 사사 시대 특유의 타락한 모습이 분명히 나타나는데, 개인과 지파가 우상을 숭배하고 부도덕하게 행한 예들이 생생하게 묘사된다. "그 때에 이스라엘에 왕이 없으므로 사람이 각기 자기의 소견에 옳은 대로 행하였더라"고 21장 25절에서 요약한 것처럼 사사기는 전반적으로 불순종한 이스라엘의 슬픈 결말을 그린다.

사사기 주요 사건별 기간

사건과 사사	기간(년)
이스라엘이 구산리사다임을 섬김(3:7-8)	8
옷니엘이 구원한 후 평화로운 시기(3:7-11)	40
이스라엘이 모압을 섬김(3:12)	18
에훗이 구원한 후 평화로운 시기(3:12-30)	80
삼갈이 블레셋에게서 이스라엘을 구원함(3:31)	1
이스라엘이 가나안을 섬김(4:1-3)	20
드보라, 바락이 구원한 후 평화로운 시기(4:1-5:31)	40
이스라엘이 미디안을 섬김(6:1-6)	7
기드온이 구원한 후 평화로운 시기(6:1-8:35)	40
아비멜렉이 이스라엘의 왕이 됨(9:1-57)	3
돌라 사사 통치(10:1-2)	23
야일 사사 통치(10:3-5)	22
이스라엘이 암몬과 블레셋을 섬김(10:6-10)	18
입다 사사 통치(10:6-12:7)	6
입산 사사 통치(12:8-10)	7
엘론 사사 통치(12:11-12)	10
압돈 사사 통치(12:13-15)	8
이스라엘이 블레셋을 섬김(13:1)	40
삼손의 생애(12:1-16:31)	20

사사기 한눈에 보기

<table>
<tr><th>초점</th><th colspan="2">타락</th><th colspan="6">구원</th><th colspan="3">악행</th></tr>
<tr><td>관련구절</td><td colspan="11">1:1 ------ 2:1 ------3:5------ 4:1 ------- 6:1 ------10:6 ----- 12:8 ---- 13:1----- 17:1----- 19:1 ---20:1 -- 21:25</td></tr>
<tr><td>구분</td><td>완전 정복에 실패한 이스라엘</td><td>이스라엘을 심판하시는 하나님</td><td>남부 정벌</td><td>북부 정벌 (1)</td><td>중부 정벌</td><td>동부 정벌</td><td>북부 정벌 (2)</td><td>서부 정벌</td><td>우상 숭배</td><td>부도덕</td><td>내전</td></tr>
<tr><td rowspan="2">주제</td><td colspan="2">악순환의 원인</td><td colspan="6">악순환의 저주</td><td colspan="3">악순환기의 상태</td></tr>
<tr><td colspan="2">가나안 사람과 동거</td><td colspan="6">가나안과 전쟁</td><td colspan="3">가나안인처럼 살아감</td></tr>
<tr><td>장소</td><td colspan="11">가나안</td></tr>
<tr><td>기간</td><td colspan="11">약 350년</td></tr>
</table>

사사기의 사건이 일어난 시기

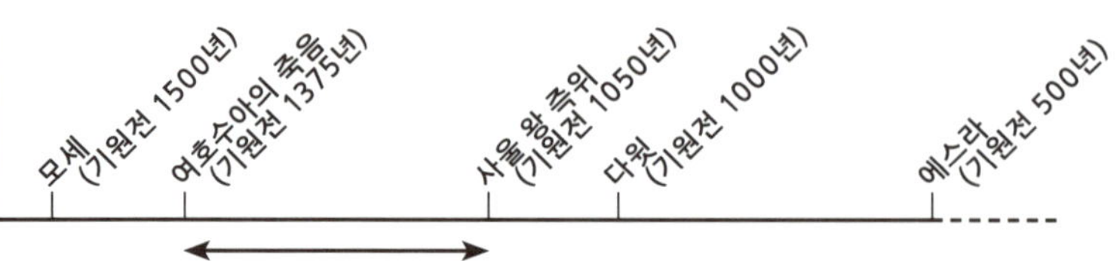

사사기 개요

1부 이스라엘의 타락과 가나안 땅의 완전 정복 실패(1:1-3:4)

1. 완전 정복에 실패한 이스라엘 1:1-36

1) 유다의 실패 1:1-20

2) 베냐민의 실패 1:21

3) 요셉 지파의 실패 1:22-29

4) 스불론의 실패 1:30

5) 아셀의 실패 1:31-32

6) 납달리의 실패 1:33

7) 단의 실패 1:34-36

2. 불완전한 정복에 대한 하나님의 심판 2:1-3:4

1) 심판을 알리는 여호와의 사자 2:1-5

2) 경건한 세대의 죽음 2:6-10

3) 하나님의 심판에 대한 설명 2:11-19

4) 시험의 도구로 남겨진 적들 2:20-3:4

2부 일곱 번의 악순환에서 구원받는 이스라엘(3:5-16:31)

1. 남부지역 정벌 3:5-31

1) 사사 옷니엘 3:5-11

2) 사사 에훗 3:12-30

3) 사사 삼갈 3:31

2. 북부지역 정벌 : 사사 드보라와 바락 4:1-5:31

1) 부름 받은 드보라와 바락 4:1-11

2) 가나안인들의 패배 4:12-24

3부 가나안 사람들처럼 타락한 이스라엘(17:1-21:25)

이스라엘의 사사들

여호수아가 죽은 후, 사울 왕의 연합 왕국이 세워지기까지 약 300년 동안 사사나 영웅적인 군사 지도자들이 이스라엘을 다스렸다. 사사 시대는 불안정과 도덕적 타락의 시대였고, "사람마다 자기 소견에 옳은 대로 행하"(17:6)는 어두운 시기였다. 사사들은 적에 대항하며 백성들을 결속시켰지만, 많은 사사들에게 도덕적인 약점이 있었고 백성들은 번번이 우상숭배로 돌아섰다. 우리가 잘 아는 사사들도 있지만, 아비멜렉, 돌라, 야일, 입산, 엘론, 압돈 같이 성경에 구체적인 행적이 없는 사사들도 있다

이스라엘의 사사들

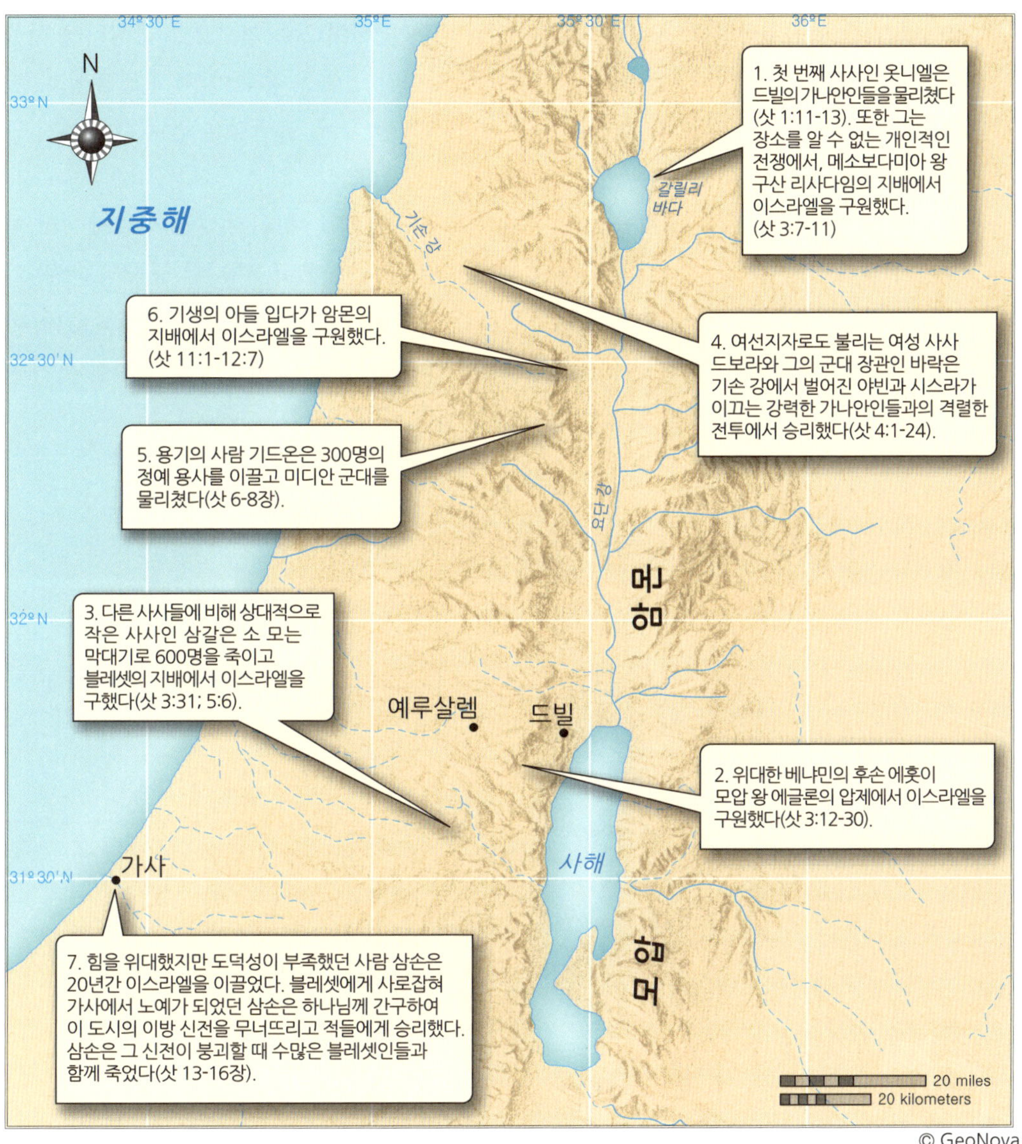
34° 30' E
35° E
35° 30' E
36° E
33° N
32° 30' N
32° N
31° 30' N
N
지중해
갈릴리 바다
기손 강
요단 강
예루살렘
드빌
가사
사해
모압
1. 첫 번째 사사인 옷니엘은 드빌의 가나안인들을 물리쳤다(삿 1:11-13). 또한 그는 장소를 알 수 없는 개인적인 전쟁에서, 메소보다미아 왕 구산 리사다임의 지배에서 이스라엘을 구원했다. (삿 3:7-11)
6. 기생의 아들 입다가 암몬의 지배에서 이스라엘을 구원했다. (삿 11:1-12:7)
4. 여선지자로도 불리는 여성 사사 드보라와 그의 군대 장관인 바락은 기손 강에서 벌어진 야빈과 시스라가 이끄는 강력한 가나안인들과의 격렬한 전투에서 승리했다(삿 4:1-24).
5. 용기의 사람 기드온은 300명의 정예 용사를 이끌고 미디안 군대를 물리쳤다(삿 6-8장).
3. 다른 사사들에 비해 상대적으로 작은 사사인 삼갈은 소 모는 막대기로 600명을 죽이고 블레셋의 지배에서 이스라엘을 구했다(삿 3:31; 5:6).
2. 위대한 베냐민의 후손 에훗이 모압 왕 에글론의 압제에서 이스라엘을 구원했다(삿 3:12-30).
7. 힘은 위대했지만 도덕성이 부족했던 사람 삼손은 20년간 이스라엘을 이끌었다. 블레셋에게 사로잡혀 가사에서 노예가 되었던 삼손은 하나님께 간구하여 이 도시의 이방 신전을 무너뜨리고 적들에게 승리했다. 삼손은 그 신전이 붕괴할 때 수많은 블레셋인들과 함께 죽었다(삿 13-16장).
20 miles
20 kilometers

기드온

미디안을 정벌하면서, 기드온은 300명밖에 안 되는 군사력으로 이스르엘 골짜기에 진을 친 미디안 군대를 놀라게 했다. 첫날 야간 습격으로 미디안 인들은 혼란에 빠져 도망쳤고, 기드온과 300명의 용사는 미디안 왕 세바와 살문나를 추격한 끝에, 요단강을 건너 갈골에서 그들을 체포했다(8:10-21).

다섯 번째 사사인 기드온(6:11-8:35)은 사사기의 전형적인 예다. 미디안의 압제에서 이스라엘을 구원하라고 부름을 받고 기드온은 우상 숭배를 근절했고, 미디안 군대와 싸워 기적적으로 승리를 거두어, 하나님의 백성을 구원하는 그분의 능력을 생생하게 보여 주었다. 하지만 위대한 승리 이후에, 기드온은 스스로 신성한 에봇을 만들어 이스라엘과 자신의 가족이 우상 숭배의 올무에 걸려드는 빌미를 제공했다(8:22-28).

기드온의 전투

사사 통치기(기원전 1375-1050년)

사사와 지파	성경 구절	주요 사건들	압제자	압제 기간	평화로운 기간
(1) **옷니엘** 유다 지파, 그나스의 아들, 갈렙의 동생	삿 1:11-15, 3:1-11, 수 15:16-19, 대상 4:13	(1) 갈렙의 조카(3:11), 기럇세벨을 치고 나서 그의 사위가 되었다(1:12-13). (2) 메소보다미아의 왕 구산리사다임을 물리쳤다(3:10).	메소보다미아 왕 구산리사다임(3:8)	8년(3:8)	40년(3:11)
(2) **에훗** 베냐민 지파, 게라의 아들	삿 3:12-4:1	(1) 베냐민 지파, 왼손잡이 에훗은 혼자서 모압의 살찐 왕 에글론을 죽였다 (3:21-22). (2) 모압 사람 만 명을 죽이도록 지휘했다(3:29).	모압 왕 에글론 (3:12) 암몬(3:13) 아말렉(3:13)	18년(3:14)	80년(3:30)
(3) **삼갈** 아마도 이방인, 아낫의 아들	삿 3:31, 5:6	(1) 소 모는 막대기로 블레셋인 600명을 죽였다(3:31).	블레셋(3:31)	기록 없음	기록 없음
(4) **드보라** 에브라임 지파, **바락** 납달리 지파, 아비노암의 아들	삿 4:1-5:31, 히 11:32	(1) 여선지자이며 사사인 드보라는 랍비돗의 아내였다(4:4, 5:7). (2) 드보라와 바락은 기손 강 싸움에서 시스라와 구백 승의 철병거를 쳐부수었다 (4:13-16). (3) 헤벨의 아내 야엘이 장막 말뚝으로 시스라를 죽였다(4:21). (4) 드보라의 노래(5장)는 드보라와 바락이 시스라를 이긴 사건을 노래한다. (5) 바락은 히브리서 11장 32절에 나오는 "믿음의 영웅들"에 속한다.	가나안 왕 야빈(4:2) 그의 군대 장관 시스라(4:2)	20년(4:3)	40년(5:31)
(5) **기드온** 므낫세 지파, 아비에셀 사람 요아스의 아들, 여룹바알이나(6:32, 7:1) 여룹베셋(삼하 11:21)이라고도 부름.	삿 6:1-8:32, 히 11:32	(1) 오브라에서 기드온이 밀을 포도주 틀에 타작할 때, 하나님의 사자가 그에게 찾아왔다(6:11-18). (2) 기드온의 제물이 불에 탔다(6:19-24). (3) 밤에 바알의 제단을 파괴했다(6:25-27). (4) "표적"을 위해 "양털을 두 번 내 놓았다"(6:36-40). (5) 군대를 3만 2천 명에서 만 명으로, 다시 3백 명으로 줄였다 (7:2-8). 그는 나팔과 항아리, 횃불로 미디안 사람들을 내쫓았다(7:16-22). (6) 에브라임 사람들이 오렙과 스엡을 죽였다(7:24-8:3). (7) 숙곳과 브누엘 사람이 기드온의 군대에게 떡을 주지 않자 복수했다 (8:5-9, 14-17). (8) 다볼에서 자기 형제들의 죽음을 갚기 위해 미디안의 왕 세바와 살문나를 죽였다 (8:18-21). (9) 금 에봇을 만들어 백성들이 우상 숭배에 빠지게 했다(8:24-27).	미디안, 아말렉, "동방 사람" (6:1, 3, 33, 7:12)	7년(6:1)	40년(8:28)
(6) **아비멜렉** 므낫세 지파, 기드온이 첩에게서 낳은 아들	삿 8:33-9:57, 삼하 11:21	(1) 막내 요담을 제외하고, 이복형제 70명을 모조리 죽였다(9:5). (2) 자기를 대적해 모의를 꾸민 가알을 물리쳤다(9:26-41). (3) 세겜을 포위하여 진멸했다(9:42-49). (4) 데베스에서 한 여인이 맷돌 위짝을 아비멜렉의 이마에 던졌다. 그러자 병기 잡은 소년에게 칼로 자신을 죽이라고 했다(9:50-54).	내전		아비멜렉이 이스라엘을 3년 간 다스렸다(9:22).

Nelson's Complete Book of Bible Maps and Charts © 1993 by Thomas Nelson, Inc.

사사 통치기(기원전 1375-1050년)

사사와 지파	성경 구절	주요 사건들	압제자	압제 기간	평화로운 기간
(7) **돌라** 잇사갈 지파, 부아의 아들	삿 10:1-2	(1) 돌라는 아마 잇사갈 지파의 유력한 집안의 후손이었을 것이다 (창 46:13, 민 26:23).			23년(10:2)
(8) **야일** 므낫세 지파, 길르앗 사람	삿 10:3-5	(1) 모세와 여호수아 시대에 자신을 구별했던 야일의 후손일 것이다(민 32:41, 신 3:14, 수 13:30, 왕상 4:13, 대상 2:21). (2) 서른 명의 아들은 순회 재판관들이었다(10:4).			22년(10:3)
(9) **입다** 므낫세 지파, 길르앗 사람, 길르앗이 기생에게서 낳은 아들(11:1)	삿 10:6-12:7, 히 11:32	(1) 길르앗이 기생에게서 낳은 아들이다(11:1). 그는 앙심을 품은 이복형제들에게 쫓겨 돕 땅으로 도망갔다(11:2-3). (2) 길르앗의 장로들이 입다를 데리고 와서 미스바에서 족장으로 삼았다(11:4-11). (3) 암몬 왕에게 전갈을 보내어, 그들이 땅을 되찾겠다고 하기에는 너무 오랜 시간 이 흘렀다고 말한다. 이스라엘이 그 땅에 거한지 3백 년이나 흘렀기 때문이다 (11:26). (4) 입다가 암몬을 진압하고 20여개의 성읍을 정복했다(11:32, 33). (5) 자기의 딸을 하나님께 제물로 바쳐, 어리석은 서약을 지켰다(11:31-40). (6) 암몬과 싸울 때 같이 싸우자고 요청하지 않았다는 이유로 공격해 온 에브라임 지파를 물리쳤다(12:1-6).	블레셋(10:7), 암몬(10:7) 에브라임 지파와 내전(12:4)	18년(10:8)	6년(12:7)
(10) **입산** 유다 혹은 스불론 지파, 베들레헴 사람 (수 19: 15)	삿 12:8-10	(1) 30명의 아들과 30명의 딸이 있었고, 그들을 결혼시켰다. 이는 그의 부와 사회적 명망을 나타낸다(12:9). (2) 유대인의 전통에서는 입산을 유다 베들레헴의 보아스와 같은 인물로 본다.			7년(12:9)
(11) **엘론** 스블론 지파	삿 12:11, 12	(1) 엘론에 대해 알려진 사실은 그가 스불론 땅 아얄론에 장사되었다는 것뿐이다. 유명한 단 지파의 영토인 아얄론과는 다른 지역이다(12:12).			10년(12:11)
(12) **압돈** 에브라임 지파(12:15), 힐렐의 아들	삿 12:13-15	(1) 압돈의 부와 탁월성은 40명의 아들과 30명의 손자들이 어린 나귀를 탔다는 사실에서 알 수 있다(12:14). (2) 그는 비라돈의 원주민이었고 나중에 그 곳에 장사되었다(12:13, 15).			8년(12:14)
(13) **삼손** 단 지파(13:2), 마노아의 아들	삿 13:1-16:31, 히 11:32	(1) 하나님의 사자가 삼손의 출생을 알려 준다. 그는 나면서부터 나실 인으로 구별된다(13장). (2) 맨손으로 사자를 죽였다(14:5, 6). (3) 아스글론에서 블레셋 사람 30명을 죽였다(14:19). (4) 여우 3백 마리를 잡아 두 마리씩 묶어 꼬리 사이에 횃불을 붙여 블레셋의 곡식밭으로 들여보냈다(15:1-8). (5) 나귀 턱뼈로 블레셋 사람 1천 명을 죽였다(15:14-19). (6) 가사의 성문을 떼어 날랐다(16:1-3). (7) 들릴라의 유혹에 넘어가 포박되어 가사에 투옥되었다(16:4-22). (8) 다곤 신전을 무너뜨려 약 3천 명의 블레셋 인과 함께 죽었다(16:23-31).	블레셋(13:1)	40년(13:1)	20년 (15:20, 16:31)

룻기

룻기는 고통스러운 사사 시대를 배경으로 펼쳐진 사랑과 헌신과 구속의 이야기이다. 이스라엘 민족과 이스라엘의 하나님께 따르기 위해 자신의 이교적 유산을 다 버린 한 모압 여인의 이야기이다. 이스라엘 민족이 하나님을 신실하게 섬기지 않던 시대에 그녀는 신실했기 때문에, 하나님은 그녀에게 새 남편과 아들을 주실 뿐 아니라 다윗과 그리스도의 족보에 오르는 특권을 주신다.

저자

룻기의 저자는 본문에 명시되어 있지 않다. 유대 전승은 사무엘이 기록했을 것이라고 하지만, 룻기 4장 17절과 22절에 다윗이 등장하기 때문에 바람직한 견해가 아니다. 사무엘은 다윗이 즉위하기 전에 죽었기 때문이다. 룻기는 아마도 왕정 시대 초기에 기록되었을 것이다. 다윗의 아들 솔로몬이 계보에 언급되지 않은 것으로 보아 룻기는 다윗의 재위 기간에 기록되었을 것이다. 저자가 확실하지는 않지만 심오한 영적 가치와 문학적인 아름다움을 과소평가해서는 안 된다.

기록 연대

기록 연대가 확실하지 않지만, 룻기 이야기 자체는 사사 시대 후반에 일어난 것으로(기원전 약 1100년) 약 12년의 기간을 다룬다. 이 시기는 이스라엘의 역사 중 반역과 부도덕이 판치는 황량한 시대였지만, 룻의 이야기는 이와는 대조적으로 정직과 공의의 오아시스와 같다.

주제와 문학적 구조

익명의 저자가 짧지만 아름다운 룻기의 이야기를 정성스럽게 다듬었다. "룻기 한눈에 보기"에서 설명하는 것처럼, 이 이야기는 이 책의 한 가운데(2장 끝 부분)에서 만나는 평행 요소들을 중심으로 대칭 구조를 이룬다.

이런 구조는 몇몇 중요한 주제를 돋보이게 한다. 가장 두드러진 것은 구속이라는 주제이다. 룻기에서 친족을 의미하는 히브리어 단어인 **고엘**(*goel*)이 13번 나오는데, "구속하는 사람"을 뜻한다. 보아스는 룻과 결혼하여 가계(家系)를 이을 뿐 아니라, 나오미의 땅을 되사서 기업 무를 자의 책임을 수행한다. 보아스의 이 일시적인 구속은 하나님의 구속 사역을 가리키며, 하나님의 구속 사역은 그리스도가 자신을 내어 주사 "모든 불법에서 우리를 구속하신 것"(딛 2:14)에서 절정에 이른다.

룻기의 다른 주요 용어는 언약에 대한 충성을 의미하는 "인애"이다(1:8, 2:20, 3:10). 룻과 보아스는 "사람이 각기 자기의 소견에 옳은 대로 행하"는(삿 21:25) 시대에 언약의 공의와 충성이 무엇인지를 보여 준다. 이들의 충성스런 모습은 하나님이 그의 백성과 맺은 언약 관계를 지키시는 모습을 설명할 때 쓴 것과 같은 단어로 표현된다.

하나님의 섭리도 강조한다. 비록 이 책이 평범한 상황에 처한 평범한 사람들을 묘사하지만, 하나님의 신비로운 손길이 그들을 인도하시고, 이스라엘의 위대한 왕 다윗(4:22)의 길을 준비하는데 하나님께서 그들의 비범한 믿음을 사용하셨다. 하나님의 이름은 룻기 총 85절 가운데 23번 나온다. 하나님 백성의 삶에 의미 없는 사건은 하나도 없다. 언제나 하나님이 간섭하시기 때문이다.

룻기 한눈에 보기

초점	사랑을 증명한 룻		사랑 보상받은 룻	
관련구절	1:1 ---------------- 1:19	--------------------3:1	---------------------4:1	-------------- 4:22
구분	나오미와 함께하기로 결정한 룻	나오미를 돌보려고 헌신하는 룻	보아스에게 구속을 요청하는 룻	보아스의 구속으로 보상받는 룻
주제	룻과 나오미		룻과 보아스	
	가족의 죽음	룻이 나오미를 돌봄	보아스가 룻을 돌봄	가족의 출생
장소	모압	베들레헴 들판	베들레헴 타작 마당	베들레헴
기간	약 12년			

룻기의 사건이 일어난 시기

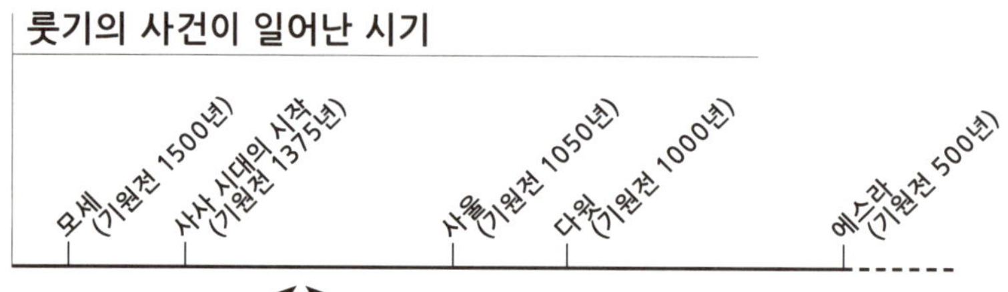

룻기 개요

1부 사랑을 증명한 룻(1:1-2:23)

2부 사랑을 보상받는 룻(3:1-4:22)

이방인에서 왕가의 조상으로

룻기는 사해 동쪽 지역인 모압 땅에서 시작하는데, 엘리멜렉의 집안은 자기들의 고향인 유다의 기근을 피해 이곳으로 이주했다. 아브라함의 조카 롯의 후손인 모압 사람들은 그모스와 여러 이방신을 섬겼다. 성경은 모압 사람들이 이스라엘을 대적하여 싸웠다고 수차례에 걸쳐 기록한다(삿 3:12-30, 삼상 14:47, 삼하 8:11, 12, 왕하 3:4-27). 룻기의 사건은 이스라엘과 모압의 첫 번째 싸움이 있은 지 약 2세기 후, 즉 두 번째 싸움이 일어나기 약 80년 전의 일이다.

엘리멜렉과 두 아들이 죽자 나오미와 모압 여인 룻이 과부가 되어 조상들의 땅 유다 베들레헴으로 돌아왔다. 거기에서 그들은 가족의 기업을 회복하기 원했다.

룻의 이야기

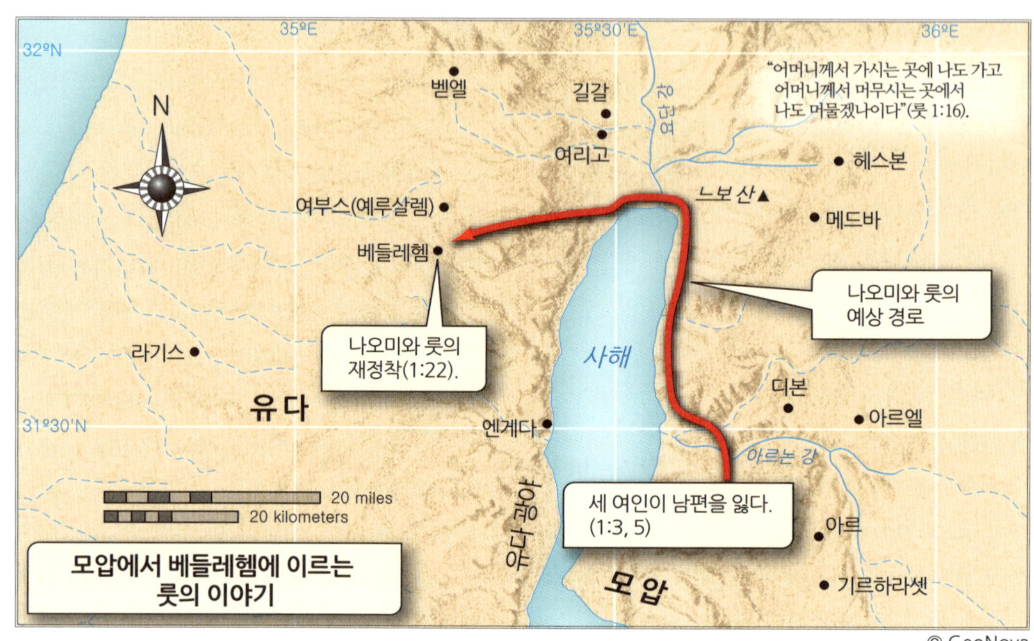

룻, 구속의 예시

엘리멜렉과 나오미는 베들레헴에 조상 대대로 기업을 갖고 있던 유다 지파다. 하지만 나오미의 남편과 아들이 죽자, 그녀는 "계대 결혼"(繼代結婚, leviratic marriage)과 "땅을 무르는 것"(the redemption of the land)의 두 법률 관습만으로는 기업을 되찾을 수 없었다. "땅을 무르는 것"은 저당이나 가난 때문에 판 땅을 그 집안의 기업으로 유지하기 위해, 근족(近族)이 다시 사주어야 할 의무가 있다는 관습이다(레 25:25-28). "계대 결혼"은 죽은 남자의 가장 가까운 친족이 그 과부와 결혼해서 후손을 잇는 관습이었다(신 25:5-10). 이렇게 낳은 자손은 전 남편의 이름과 유산을 물려받는다. 그러나 나오미는 출산할 수 있는 나이가 지났기 때문에, 며느리 룻이 대신 결혼하여 아들을 낳아 가문을 이어야 했다. 보아스는 이 두 가지 의무를 받아들였다. 기업 무를 자(고엘)로서 그는 추가로 요구하는 모든 땅을 법적으로 깨끗하게 되찾았고, 책임이 있는 남자 친척으로서 룻과 결혼하여 그 가족의 이름을 이을 아들을 낳았다.

기업 무를 자 또는 고엘은 그리스도의 사역을 보여 주는 중요한 개념이다. 고엘은 반드시 (1) 그가 구속하는 사람과 혈연관계여야 하며(신 25:5, 7-10, 요일 1:14, 롬 1:3, 빌 2:5-8, 히 2:14, 15) (2) 값을 지불할 수 있어야 하고(룻 2:1, 벧전 1:18, 19) (3) 구속하려는 의지가 있어야 한다(룻 3:11, 마 20:28, 요 10:15, 18, 히 10:7).

기업 무를 자	
구약의 자격	그리스도의 성취
1. 혈연관계	갈 4:4, 5, 히 2:16, 17
2. 재산이 필요함	고전 6:20, 벧전 1: 18, 19
3. 무르고자 하는 의지	요 10: 15-18, 요일 3:16

뛰어난 후손들

룻기에는 10명의 이름이 나오는 족보가 실려 있는데(4:18-22), 이는 다윗 왕가의 조상들이다. 이렇게 룻기는 다윗 왕의 선조 가운데 유대인과 이방인이 함께 연합한 중요한 연결 고리에 초점을 맞추어, 이 다윗 왕을 통해 예수 그리스도가 오셨다는 구속 사건을 일깨워 주며 끝맺는다(고전 2:5-15, 마 1:1, 눅 3:31-33). 또 룻기의 배경인 유다 베들레헴도 같은 성읍에서 태어난 룻의 후손, 예수 그리스도를 상기시켜 준다(눅 2:7).

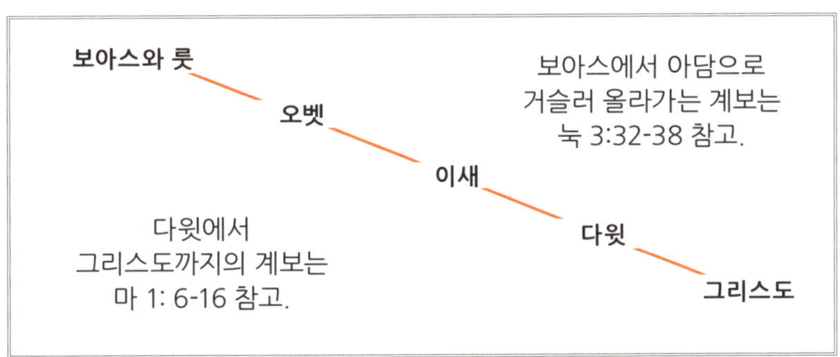

룻의 가계도

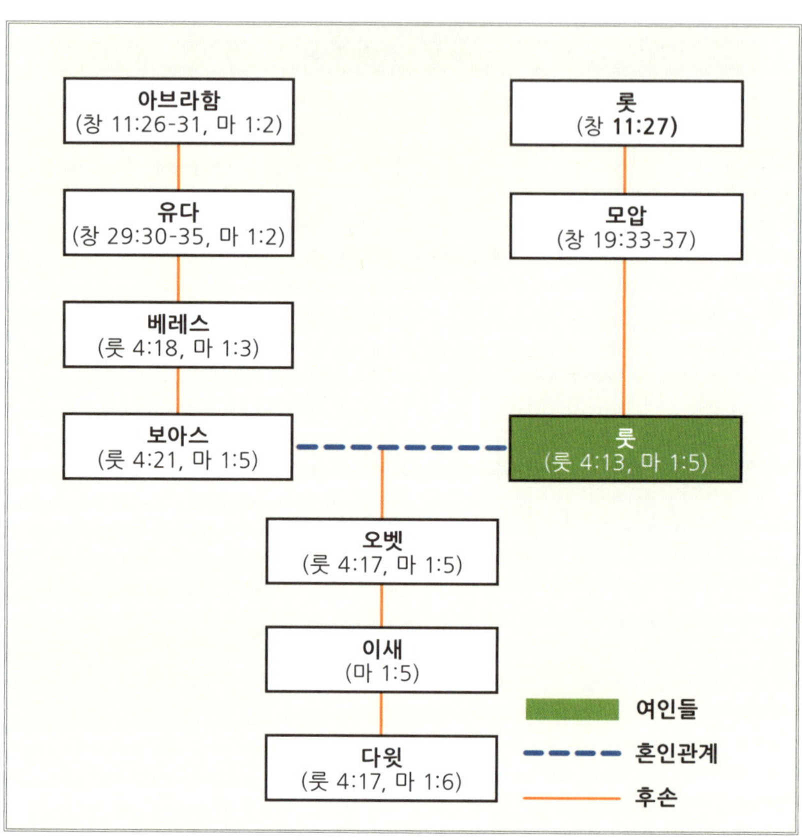
아브라함
(창 11:26-31, 마 1:2)
유다
(창 29:30-35, 마 1:2)
베레스
(룻 4:18, 마 1:3)
보아스
(룻 4:21, 마 1:5)
롯
(창 11:27)
모압
(창 19:33-37)
룻
(룻 4:13, 마 1:5)
오벳
(룻 4:17, 마 1:5)
이새
(마 1:5)
다윗
(룻 4:17, 마 1:6)
여인들
혼인관계
후손

사무엘상

사무엘상은 이스라엘의 지도력이 사사에서 왕으로 넘어가는 과도기를 그린다. 선지자이자 마지막 사사인 사무엘, 이스라엘의 첫 왕인 사울, 왕으로 기름 부음을 받지만 아직 사울의 후계자로서 인정받지 못한 다윗이 사무엘상의 중요 인물들이다.

사무엘서는 히브리 성경에서는 한 권이지만, 헬라어로 번역할 때 두 권으로 나뉘었다. 실제로 연속된 하나의 이야기를 인위적으로 구분한 것이긴 하지만, 70인 역(헬라어 구약 성경)과 영어 번역본에서 사무엘서는 두 권으로 되어 있다.

저자

사무엘상의 저자는 확실치 않다. 유대의 전통은 선지자 사무엘이 그의 이름을 따라 이 책을 기록했으며, 사무엘이 죽은(25:1) 후에 선지자 갓과 나단이 내용을 보충했다고 주장한다. 그렇긴 해도 이 책에는 저자가 누군지 나와 있지 않다. 성경 본문은 사무엘이 어떤 기록들을 남겼다는 것(10:35)과 사무엘, 나단, 갓과 같은 예언자들이 다윗 왕의 많은 행적들을 연대순으로 기록했다고 말한다(대상 29:29). 구약의 선지자들은 일반적으로 자기 시대의 역사가로서 역할을 수행하기 때문에, 사무엘서는 익명의 자료들뿐 아니라, 사무엘과 갓과 나단의 책을 익명의 저자가 편집했을 가능성도 있다.

기록 연대

이스라엘의 남북 왕국 분열을 전제로 하는 구절이 있고(27:6), 사마리아가 멸망했다는 구절은 없기 때문에, 아마도 기원전 931년 왕국 분열과 기원전 722년 사마리아의 멸망 사이에 사무엘서를 최종 구성했을 것이다. 사무엘서는 분열 왕국의 초기, 아마도 기원전 900년경에 작성되었을 것이다.

사무엘의 출생부터 사울의 죽음(기원전 약 1105-1011년)까지 94년의 기간에 일어난 사건들을 담는다. 이 책 내용은 대부분 사울과 다윗이 반복해서 블레셋과의 충돌한 사건을 다룬다.

주제와 문학적 구조

사무엘상은 사사 지배 하의 신권 정치에서 왕 지배 하의 군주제로 넘어가는 중대한 과도기를 기록한다. 이 책은 사무엘(1-7장), 사울(8-31장), 다윗(16-31장), 이렇게 세 명의 핵심 인물로 전개된다.

이스라엘 백성들이 왕이 세워지기를 점점 더 바라면서, 왕정이 시작되고 지속되는 중 여러 인물들이 어떤 구실을 했는지를 그린다. 왕정은 정치적인 문제이기보다는 궁극적으로 신학적인 문제로 묘사된다. 하나님이 계속해서 이스라엘의 진정한 왕이시다. 지상의 왕은 하나님 앞에서 민족을 대표하며, 궁극적으로 하나님께 책임을 맡는다. 이 책은 기름부음 받은 왕이 하나님의 뜻에 자신을 맡기고 그분의 율법에 순종하는지 불순종하는지 여부가 정치적 성패를 결정한다는 것을 분명히 보여 준다.

왕정의 시작을 알려 주면서 사무엘상은 또 사울을 대신하기 위해서 하나님이 선택하신 이스라엘의 위대한 왕 다윗을 소개한다. 결코 완전하지는 않았지만, 다윗은 하나님의 마음에 합한(13:14) 사람으로 입증된다. 사무엘하 7장 4절에서 17절에는 다윗 언약의 성립을 기록하는데, 이 언약에서 하나님은 다윗에게 그의 왕국의 보좌가 영원히 설 것이라고 약속하신다. 이 약속은 다윗의 후손이신 예수님의 영원한 통치로 성취되었다.

다윗은 구약에 나타난 인간으로 오실 그리스도의 원형에 해당한다. 다윗은 베들레헴에서 태어나 목자로 일했으며, 이스라엘의 왕으로 다스렸다. 그는 메시야로 오실 그 왕의 전신이다. 신약은 특별히 그리스도를 "육신으로는 다윗의 혈통에서 나셨고"(롬 1:3) "다윗의 뿌리요 자손"(계 22:16)이라고 소개한다.

사무엘은 또 죄의 결과를 강조한다. 사무엘상 15장은 사울에서 다윗으로 넘어가는 비극적인 왕권 이양을 기록한다. 사무엘상에 기록된 세 지도자의 교체에서 볼 수 있는 것처럼, 하나님은 죄 때문에 그분의 복을 한 사람에게서 거두어 다른 사람에게 주신다. "왕이 여호와의 말씀을 버렸으므로 여호와께서도 왕을 버려 왕이 되지 못하게 하셨나이다"(15:23).

사무엘상 한눈에 보기

초점	사무엘		사울		
관련구절	1:1 ---- 4:1 ---- 8:1 ---- 13:1 ---- 15:10 ---- 31:13				
구분	엘리에서 사무엘로, 첫 번째 지도권 이양	사무엘의 사사 직분	사무엘에서 사울로, 두 번째 지도권 이양	사울 통치기	사울에서 다윗으로, 세 번째 지도권 이양
주제	사사들의 쇠퇴		왕들을 세움		
	엘리	사무엘	사울		다윗
장소	가나안				
기간	약 94년				

Nelson's Complete Book of Bible Maps and Charts © 1993 by Thomas Nelson, Inc.

사무엘상의 사건이 일어난 시기

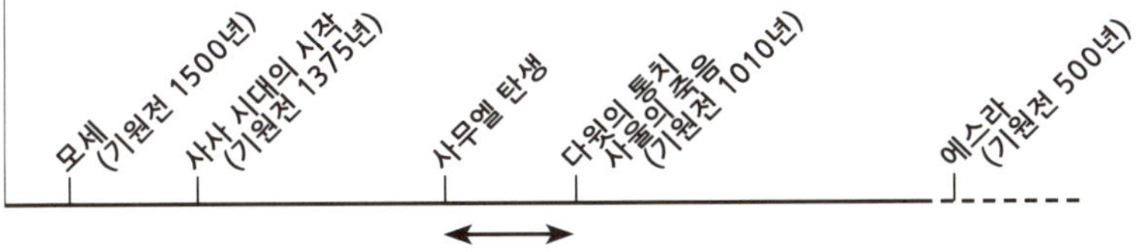
모세 (기원전 1500년)
사사 시대의 시작 (기원전 1375년)
사무엘 탄생
다윗의 통치 사울의 죽음 (기원전 1010년)
에스라 (기원전 500년)

사무엘상 개요

1부 마지막 사사, 사무엘(1:1–7:17)

1. 엘리에서 사무엘로, 첫 번째 국가 지도력 이양 1:1–3:21

1) 새로운 지도자의 탄생 1:1–2:11

2) 새로운 지도자의 필요성 2:12–2:36

3) 엘리에서 사무엘로 지도력 이양 3:1–18

4) 사무엘을 이스라엘의 새로운 지도자로 인정 3:19–21

2. 사무엘의 사사 직분 4:1–7:17

1) 사무엘의 지도력이 필요한 이스라엘 4:1–6:21

2) 사무엘의 지도력 하에 이룬 승리의 업적 7:1–17

2부 첫 번째 왕, 사울(8:1–31:13)

1. 사무엘에서 사울로, 두 번째 국가 지도력 이양 8:1–12:25

1) 지도력 이양의 원인들 8:1–9

사무엘

사무엘의 이야기는 엘리가 이스라엘의 사사이자 선지자이던 혼란스런 시대의 후반에 시작한다. 사무엘의 출생과 어린 나이에 하나님의 부르심을 받는 내용이 1장에서 3장까지 나온다. 사무엘은 하나님께 잘 응답하였기 때문에(3:10), "여호와의 말씀이 희귀"한 때(3:1)에 선지자로 확정되었다.

엘리의 악명 높은 두 아들이 성막이 있던 실로에서 타락한 행위를 일삼아서 블레셋과의 중요한 싸움에서 이스라엘은 패배했다(4:1-11). 언약궤를 적에게 빼앗겼고, 엘리와 그의 두 아들이 죽자 제사장의 권위가 무너졌으며, 하나님의 영광이 성막을 떠났다(4:21). 사무엘은 마지막 사사이자 첫 선지자로서 활동하기 시작했다(행 3:24). 그가 선지자로 사역하자(7:3-17), 이스라엘은 회복되어 언약궤를 되찾고 블레셋을 격퇴했다.

사무엘이 늙고 그의 아들들이 사사의 직무를 곧게 수행하지 않자, 백성들은 "모든 나라와 같이"(8:5) 왕을 요구했다. 사무엘은 백성들에게 왕정의 위험을 경고했지만 하나님의 명령을 좇아 사울을 왕으로 기름 부었다(10:1). 하나님이 사울의 불순종으로 사울을 버리셨을 때, 하나님은 사무엘에게 다윗을 이스라엘의 다음 왕으로 기름 부으라고 명하셨다(16:1-13). 이 일이 있은 후에, 나이든 사무엘은 자기 고향 라마로 돌아가 사울 통치기 후반 즈음에 죽었다(25:1).

사무엘은 선지자이자 제사장이며 사사라는 점에서 그리스도의 원형이다. 사무엘은 백성들에게 매우 존경받았고, 하나님께서는 그를 사용하셔서 이스라엘을 새로운 역사의 자리로 인도하셨다.

사무엘의 생애와 사역

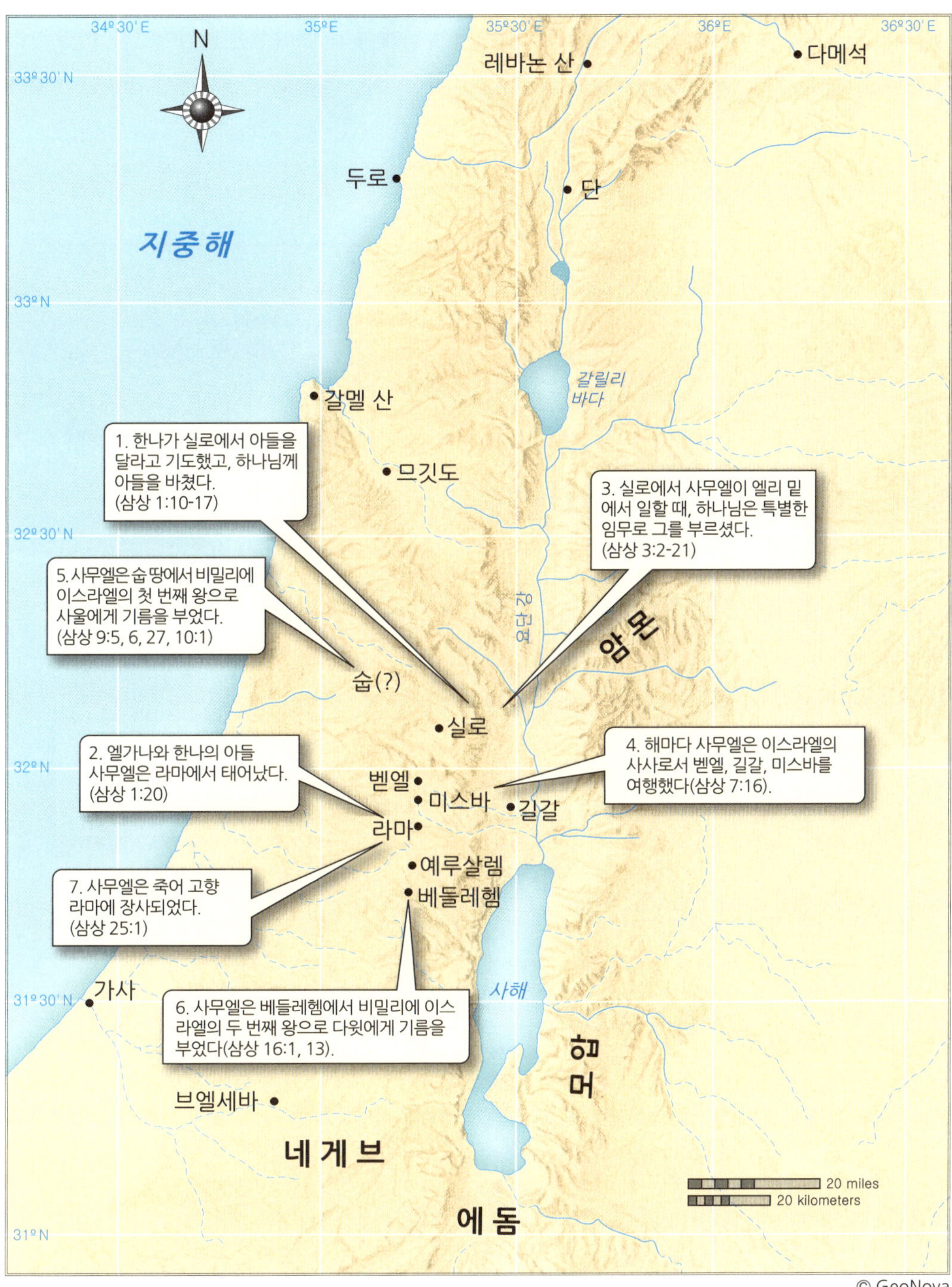
34º 30' E
35º E
35º 30' E
36º E
36º 30' E
33º 30' N
33º N
32º 30' N
32º N
31º 30' N
31º N
N
레바논 산
다메석
두로
단
지중해
갈릴리 바다
갈멜 산
므깃도
1. 한나가 실로에서 아들을 달라고 기도했고, 하나님께 아들을 바쳤다. (삼상 1:10-17)
3. 실로에서 사무엘이 엘리 밑에서 일할 때, 하나님은 특별한 임무로 그를 부르셨다. (삼상 3:2-21)
5. 사무엘은 숩 땅에서 비밀리에 이스라엘의 첫 번째 왕으로 사울에게 기름을 부었다. (삼상 9:5, 6, 27, 10:1)
요단강
암몬
숩(?)
실로
2. 엘가나와 한나의 아들 사무엘은 라마에서 태어났다. (삼상 1:20)
4. 해마다 사무엘은 이스라엘의 사사로서 벧엘, 길갈, 미스바를 여행했다(삼상 7:16).
벧엘
미스바
길갈
라마
예루살렘
베들레헴
7. 사무엘은 죽어 고향 라마에 장사되었다. (삼상 25:1)
가사
사해
6. 사무엘은 베들레헴에서 비밀리에 이스라엘의 두 번째 왕으로 다윗에게 기름을 부었다(삼상 16:1, 13).
모압
브엘세바
네게브
에돔
20 miles
20 kilometers

빼앗긴 언약궤

언약궤는 이동이 가능한 보물 상자로, 성막과 성전에서 가장 신성한 물건이었다. 이것은 하나님의 임재와 이스라엘과 맺은 하나님의 언약을 상징한다. 언약궤가 전쟁에서 그들을 지켜줄 것이라고 믿고, 이스라엘 군대는 언약궤를 블레셋과 전투 중이던 곳으로 옮겼다. 블레셋 군대가 이 언약궤를 강탈해 갔는데, 혹독한 재앙이 연이어 그들에게 덮치자 되돌려주려고 애썼다.

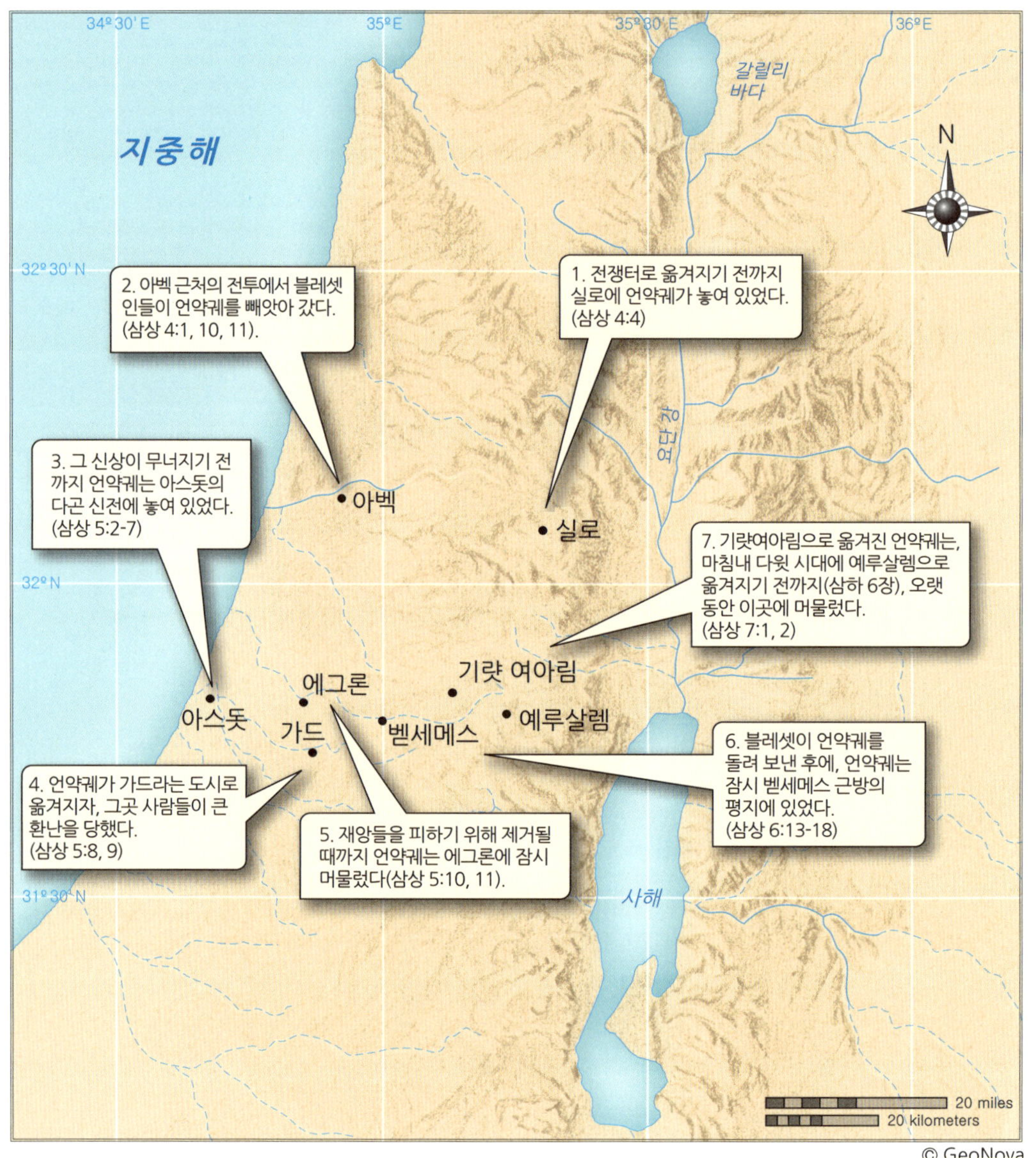

엘라 골짜기

블레셋

이 시기 중 대부분, 호전적인 블레셋 사람들이 지중해 연안 지역을 지배했다. "팔레스타인"이라는 단어에서 이름을 딴 이 민족은, 그리스와 그레데 섬에서 서쪽까지 이르는 지역 출신의 침략자들이었다. 가나안의 블레셋 인은 자기들이 지배하던 가나안 원주민들의 문화와 종교를 그대로 따랐다. 따라서 구약에 나오는 블레셋의 우상들은 실제로 가나안의 신들이다(예를 들면, 5:2-5).

블레셋 인은 주로 해안 평야 지역에 살았고, 많은 이스라엘 지파들은 산간 지역에 살고 있어서 호전적인 블레셋 사람이 이 지역을 완전히 장악하지는 못했다. 중동지역에서 일찍이 철기를 사용했기 때문에 블레셋 사람은 초기에 이 지역을 지배했다(13:19-22). 이런 블레셋 사람이 위협하자, 이스라엘은 그들을 이끌 왕을 열망하게 되었다. 사울 왕은 하나님께 불순종해서 블레셋과 싸워서 제한된 군사적 성공을 얻는데 그쳤고, 길보아 산 전투에서 죽었다. 이후 다윗이 마침내 그들을 정복할 수 있었을 때, 자신의 제국을 설립할 수 있는 길이 열리기 시작했다.

블레셋의 위협

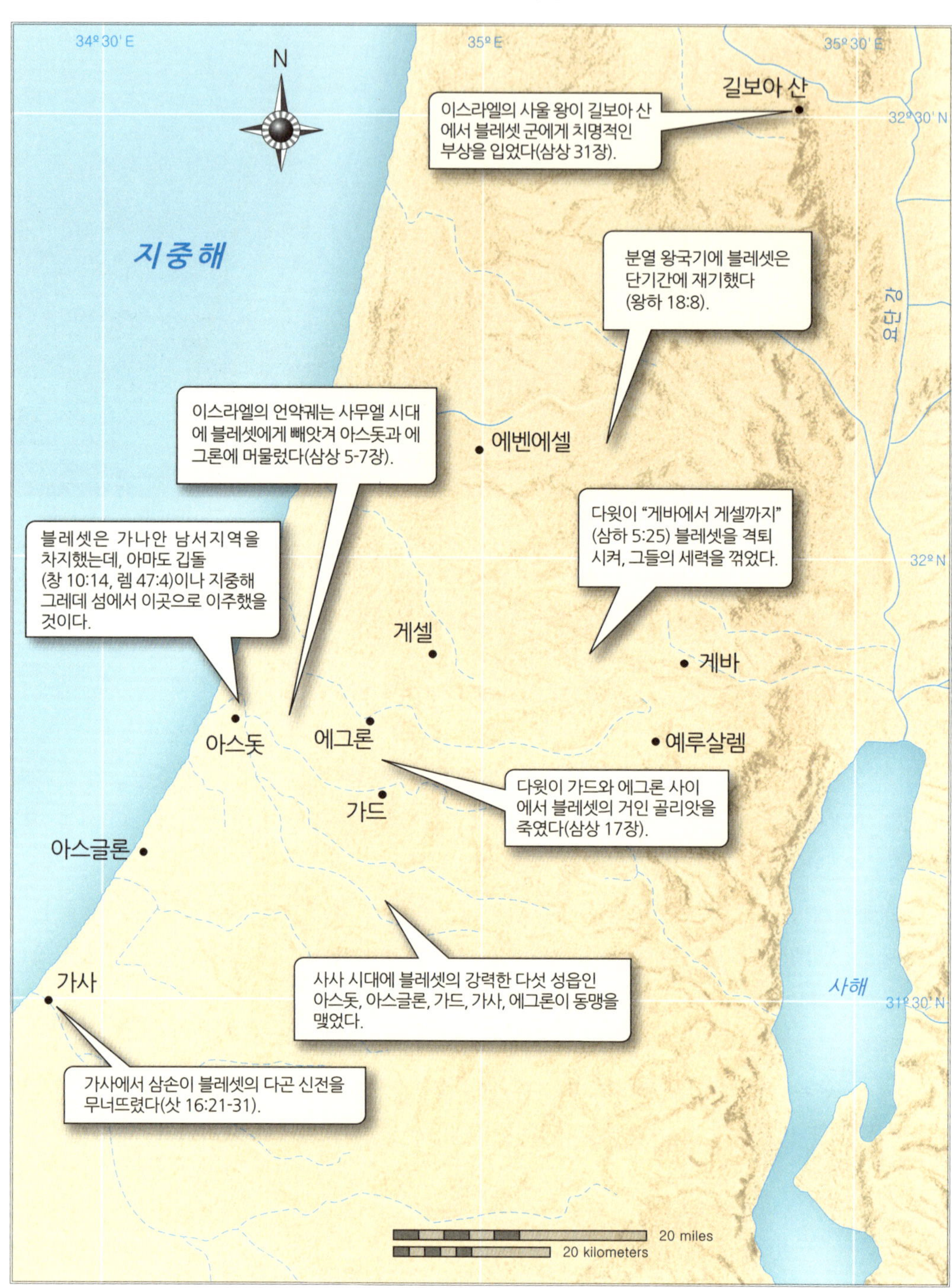
34º 30' E
35º E
35º 30' E
32º 30' N
32º N
31º 30' N
N
지중해
길보아 산
이스라엘의 사울 왕이 길보아 산에서 블레셋 군에게 치명적인 부상을 입었다(삼상 31장).
분열 왕국기에 블레셋은 단기간에 재기했다 (왕하 18:8).
요단 강
이스라엘의 언약궤는 사무엘 시대에 블레셋에게 빼앗겨 아스돗과 에그론에 머물렀다(삼상 5-7장).
에벤에셀
다윗이 "게바에서 게셀까지" (삼하 5:25) 블레셋을 격퇴시켜, 그들의 세력을 꺾었다.
블레셋은 가나안 남서지역을 차지했는데, 아마도 갑돌 (창 10:14, 렘 47:4)이나 지중해 그레데 섬에서 이곳으로 이주했을 것이다.
게셀
게바
아스돗
에그론
예루살렘
가드
다윗이 가드와 에그론 사이에서 블레셋의 거인 골리앗을 죽였다(삼상 17장).
아스글론
가사
사사 시대에 블레셋의 강력한 다섯 성읍인 아스돗, 아스글론, 가드, 가사, 에그론이 동맹을 맺었다.
사해
가사에서 삼손이 블레셋의 다곤 신전을 무너뜨렸다(삿 16:21-31).
20 miles
20 kilometers

사울

구약에 나오는 가장 비극적인 인물 중 한 명인 사울에 관한 이야기는, 시작은 좋지만 비참한 실패로 끝난다. 왕을 요구하는 이스라엘에게 하나님이 응답하셔서(10:1), 선지자 사무엘이 사울에게 기름을 붓는다. 사울은 초기에는 군사적으로 성공을 누리지만(11:1-11), 사무엘이 없을 때 무엄하게도 하나님께 희생 제사를 드리려 했기 때문에 블레셋을 이기지 못했다(13:8-14). 사무엘은 이 죄 때문에 사울의 왕국이 지속되지 못할 것이라고 경고했다. 아말렉을 전멸하지 않은 사울의 실패는(15:9) 하나님의 명령에 대한 직접적인 불순종이었기 때문에, 결국 하나님은 목동 다윗을 사울의 후계자로 세워 사무엘을 보내 그에게 기름을 부었다(16:1-13).

하나님에게 버림받고, 악신에게 고통당하며, 다윗의 성공에 놀란 사울은 거듭 다윗을 죽이려 하면서 서서히 광기의 나락으로 떨어진다. 사울의 군사적 상황이 악화되자, 절망 속에서 그는 신접한 여인을 통해 사무엘의 영과 의논하려는 시도도 한다(28:7-25). 이튿날 사울은 블레셋과 싸우기 위해 전쟁터로 나갔고 심한 부상을 입어 생명을 잃는다(31:1-6).

사울 왕의 쇠퇴와 몰락	
원인	결과
희생 제사를 드리려는 무엄한 시도	왕권의 상실을 예언(13:14)
어리석은 저주	요나단에게 저주가 임함(14:24, 44)
아말렉 왕 아각과 가축 떼를 남김	왕국의 상실(15:28)
하나님과 교제가 끊김	응답 받지 못하는 기도(28:6)
신접한 여인을 방문함	죽음을 예고(28:19)
스스로 목숨을 끊음	왕조의 종말(31:4, 6)

사울의 가계도

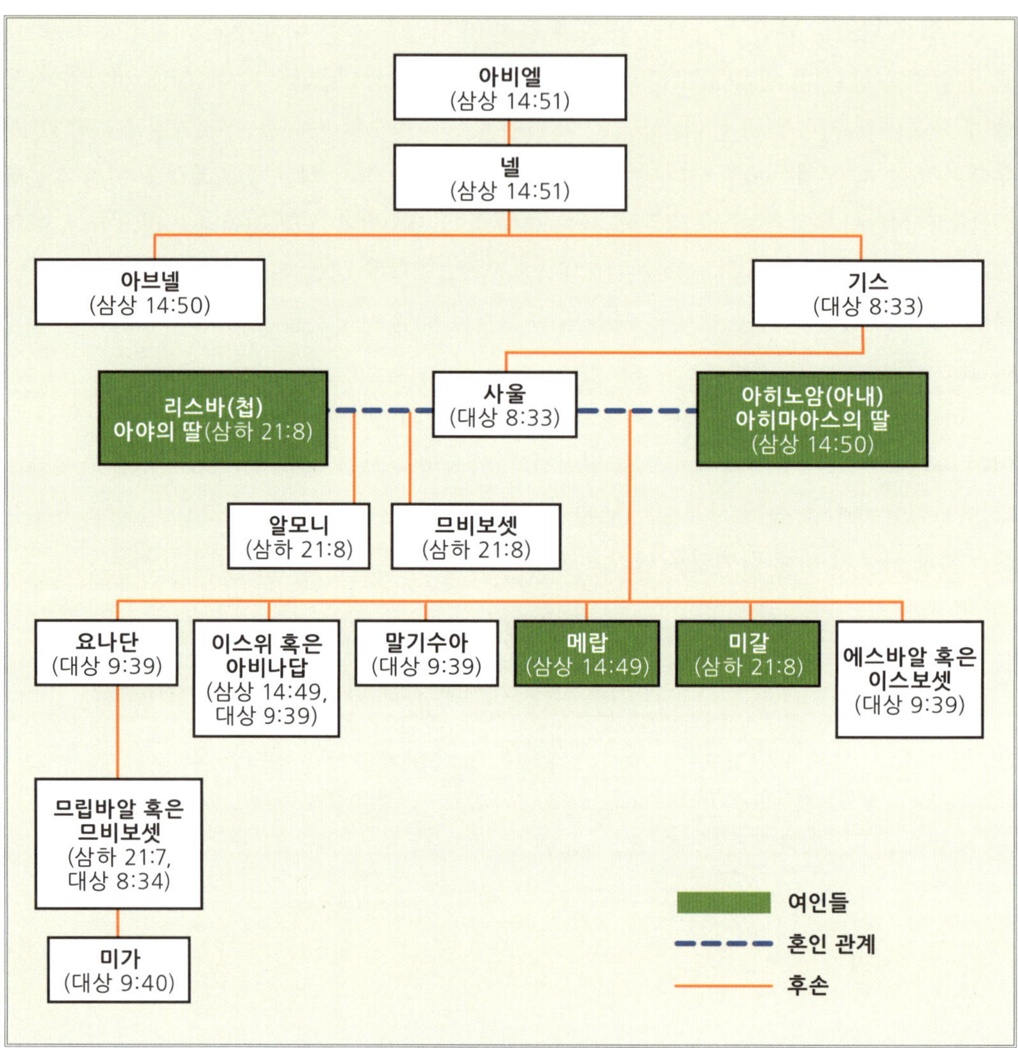
아비엘
(삼상 14:51)
넬
(삼상 14:51)
아브넬
(삼상 14:50)
기스
(대상 8:33)
리스바(첩)
아야의 딸(삼하 21:8)
사울
(대상 8:33)
아히노암(아내)
아히마아스의 딸
(삼상 14:50)
알모니
(삼하 21:8)
므비보셋
(삼하 21:8)
요나단
(대상 9:39)
이스위 혹은
아비나답
(삼상 14:49,
대상 9:39)
말기수아
(대상 9:39)
메랍
(삼상 14:49)
미갈
(삼하 21:8)
에스바알 혹은
이스보셋
(대상 9:39)
므립바알 혹은
므비보셋
(삼하 21:7,
대상 8:34)
미가
(대상 9:40)
여인들
혼인 관계
후손

사울의 군사 정벌

이스라엘 연합 왕국의 첫 번째 왕, 사울의 주요 임무는 적들을 정벌하는 것이었다. 처음에 그는 몇몇 전투에서 승리를 거뒀다. 하지만 다윗이 자신의 권력을 위협한다고 생각하고 그를 없애려는 일에 관심을 쏟으면서 그의 군사 정벌은 수렁에 빠져 진전이 없었다. 사울과 아들들은 결국 블레셋 군대에게 죽임을 당한다.

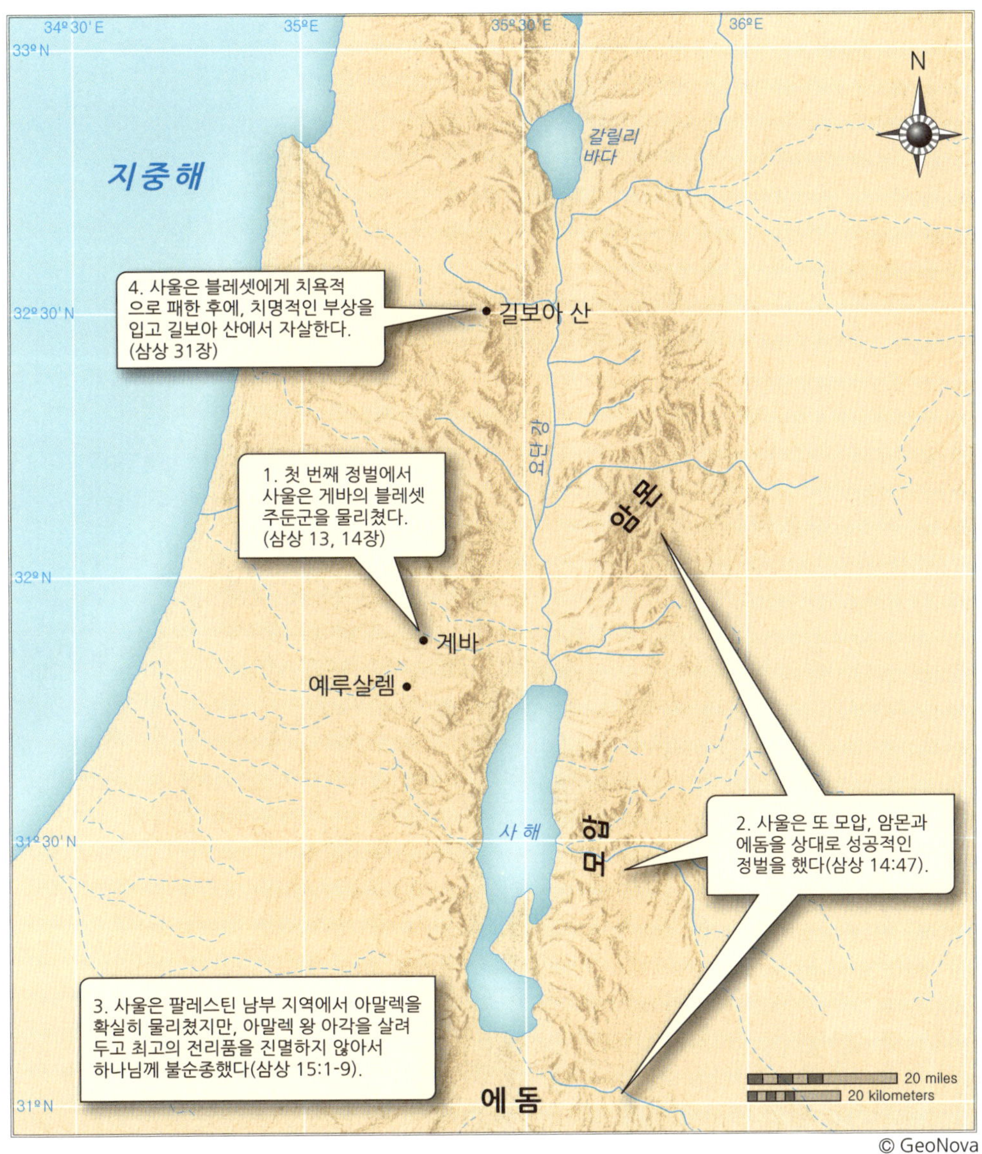

© GeoNova

다윗이 왕이 되기 전

소고 근처에서 다윗은 거인 골리앗을 무찌른다(17장). 한편 사울은 목동 출신의 군인 다윗에게 불같이 분노하여, 다윗은 그를 피해 아둘람으로 도망한다. 다윗은 가족을 모압의 안전한 곳으로 옮긴 후에, 현재 맛사다로 알려진 곳에 강력한 요새를 세운다(22:4). 거기에서 그는 북쪽 아벡에서 남쪽 아말렉까지 활약한다.

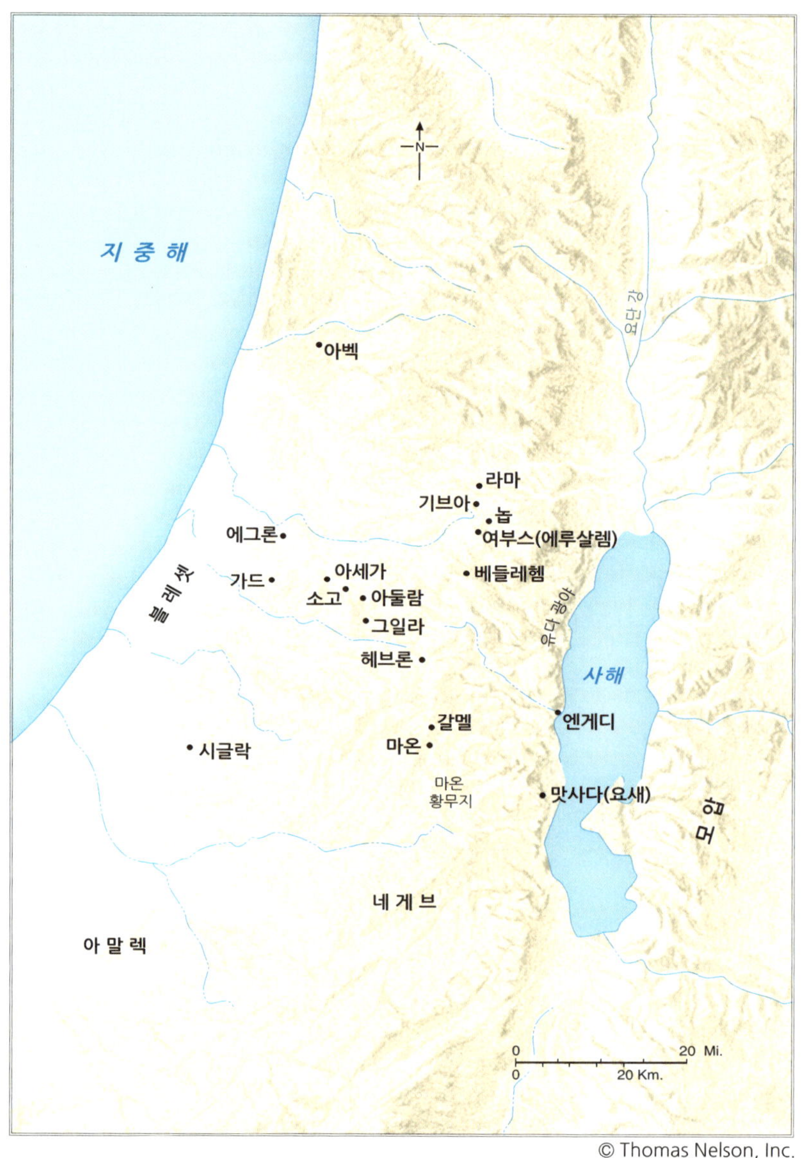

사무엘하

사무엘하는 유다의 영토를 시작으로 마침내 이스라엘 전체를 다스리는 다윗 통치의 절정기에 대한 기록이다. 사무엘하는 다윗의 왕위 등극, 간음과 살인죄, 그 죄로 인해 가족과 국가에 임한 심판의 결과를 차례로 보여 준다.

사무엘상하는 원래 히브리 성경에서는 하나의 연속된 이야기지만, 헬라어 번역본과 라틴어 번역본을 따라 영어 번역본들은 사무엘서를 두권으로 나눈다.

저자

사무엘상과 마찬가지로 사무엘하의 저자도 확실치는 않지만, 아마도 나단과 갓(대상 29:29)과 같은 선지자들이 기록한 연대기를 익명의 선지자가 편집해서 기록했을 것이다. 편집자는 이 선지자들이 기록한 자료 외에도 "야셀의 책"(1:18)이라는 자료도 참고했을 것이다.

기록 연대

사무엘상하를 기록한 때는, 솔로몬이 죽고 왕국이 분열된 이후(기원전 931년), 사마리아가 몰락하고 북 왕국이 앗수르의 포로가 되기(기원전 722년) 이전의 어느 시기이다. 아마도 분열 왕국 초기인 기원전 900년 무렵에 기록했을 것이다.

사무엘하는 40년에 걸친 다윗의 통치기에 있던 주요 사건들을 기록한다. 다윗의 헤브론 통치는 기원전 1011년에 시작하여 기원전 1004년에 끝났다. 다윗은 기원전 1004년부터 971년까지 33년 간 유다와 이스라엘의 통일 왕국을 통치했다.

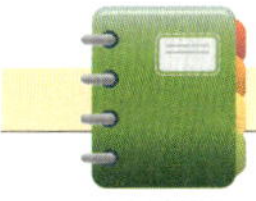

주제와 문학적 구조

사무엘하는 다음 세 부분으로 나뉜다. 다윗의 승리(1-10장), 다윗의 죄(11장), 다윗의 재난(12-24장)이다.

사무엘하의 중심인물은 다윗이며, 그를 중심으로 이야기가 전개된다. 이 책에 기록된 핵심 진리는, 하나님께 순종하면 복을 받고 불순종하면 재난과 심판이 따른다는 신명기의 주제와 같다. 1장에서 10장에서는 다윗의 순종에 대한 보상으로 그의 통치가 유다를 시작으로 이스라엘 전역까지 미치는 것을 그린다. 11장에 기록된 다윗의 간음과 살인죄는 이 책의 전환점을 이룬다. 범죄한 이후 다윗의 삶에는 어린 아들의 죽음, 자식들 간에 벌어진 근친상간과 살인, 왕권에 대한 반역과 같은 고난과 불행이 연속해서 나타난다.

사무엘하의 구성 전개

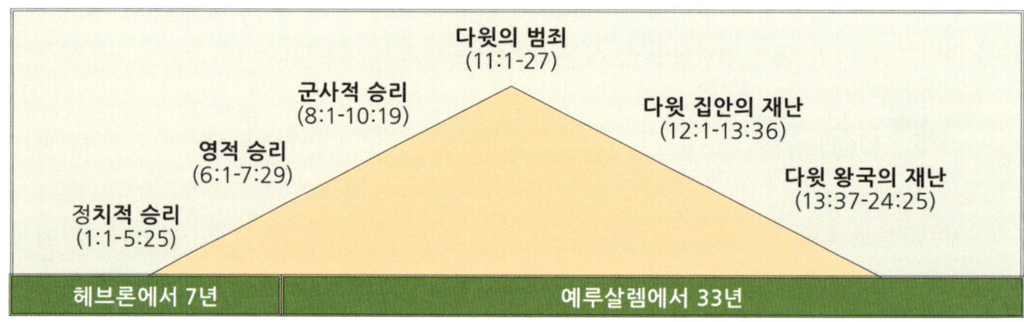

사무엘하는 하나님에 대한 순종과 불순종이 한 사람의 삶에 직접적인 결과를 가져온다는 것을 보여 주지만, 하나님은 세상에 복을 주시고 우리를 구속하시려는 큰 목적을 성취하시기 위해 이 땅을 다스리실 것이라는 사실도 증명한다. 이에 대한 예로, 다윗이 밧세바와 범한 죄 때문에 모든 비극들이 뒤따르지만, 솔로몬은 바로 밧세바에게서 태어난다.

하나님의 장기적인 구속의 목적은 7장 4절부터 17절에 하나님이 다윗과 맺은 언약에서 분명히 드러난다. 이 언약에서 하나님은 다윗에게 영원한 왕국과 왕권과 후손을 약속하신다. 이스라엘의 북 왕국에는 9개의 다른 왕조가 있었지만, 유다에는 오직 하나의 왕조, 다윗의 계보만 있었다. 영원한 왕조에 대한 약속은 다윗의 보좌에 앉으실(사 9:7, 눅 1:32) “다윗의 아들”(마 21:9, 22:45)이신 그리스도를 통해 성취된다.

다윗의 생애

34º30' E
35ºE
35º30' E
36ºE
33º30' N
33º N
32º30' N
32º N
31º30' N
31º N
시돈
다메섹
두로
단
N
지중해
20 miles
20 kilometers
갈릴리 바다
갈멜 산
므깃도
요단 강
3. 사울 군대의 군인이었던 다윗은 엘라 골짜기에서 골리앗을 죽였다. (삼상 17:19, 45-50)
2. 다윗은 수도 기브아에 있는 사울 왕의 궁전에서 수금을 탔다(삼상 16:23).
암몬
욥바
엘라
기브아
놉
7. 온 이스라엘의 왕으로서 다윗은 예루살렘에서 통치했다(삼하 5:1-5).
4. 사울은 다윗이 자기 아들 요나단의 친구임에도 불구하고, 다윗에게 화를 내게 되었다. 다윗은 놉, 가드, 그일라, 그 밖의 다른 지역에 숨어 지냈다. (삼상 19-23장)
가드
예루살렘
베들레헴
1. 이새의 막내 아들 다윗이 베들레헴에서 태어나 거기에서 아버지의 양들을 돌보았다. (삼상 17:12, 15)
그일라
기브아
사 해
가사
블레셋
5. 다윗은 헤브론에 수도를 정하고 유다의 왕이 되었다(삼하 2:1-4).
모 압
브엘세바
6. 다윗은 에돔, 모압, 암몬 족속들, 아말렉 족속들, 블레셋 족속들을 정복했다. (삼하 8:11-12)
네 게 브
에 돔

사무엘하 한눈에 보기						
초점	다윗의 승리			다윗의 범죄	다윗의 재난	
관련구절	1:1 ----------- 6:1 -------------- 8:1 ------------- 11:1 ----------------- 12:1 ------- 13:37 ------24:25					
구분	정치적 승리	영적 승리	군사적 승리	간음과 살인	다윗 집안의 재난	왕국의 재난
주제	성공			죄	실패	
	순종			불순종	심판	
장소	헤브론	예루살렘				
기간	7년 반	33년				

사무엘하 개요

1부 다윗의 승리(1:1–10:19)

1. 다윗의 정치적 승리 1:1–5:25
- 1) 헤브론에서 유다를 통치하는 다윗 1:1–4:12
- 2) 예루살렘에서 통치하는 다윗 5:1–25

2. 다윗의 영적 승리 6:1–7:29
- 1) 언약궤를 옮김 6:1–23
- 2) 다윗 언약의 성립 7:1–29

3. 다윗의 군사적 승리 8:1–10:19
- 1) 대적과 싸워 이긴 다윗 8:1–12
- 2) 다윗의 공의로운 통치 8:13–9:13
- 3) 암몬과 시리아와 싸워 이긴 다윗. 10:1–19

2부 다윗의 범죄(11:1–27)

1. 간음 11:1–5

2. 살인 11:6–27
- 1) 밧세바와 동침하지 않는 우리아 .11:6–13
- 2) 우리아의 살인을 명령하는 다윗 11:14–25
- 3) 다윗과 밧세바의 결혼 11:26–27

3부 다윗의 재난(12:1-24:25)

예루살렘 동쪽 기드론 골짜기에 위치한, 압살롬의 기념물이라 잘못 불리는 이 묘(墓)는 압살롬이 죽고 수세기가 지난 후 지어졌다.

다윗 왕국의 확장

사무엘하는 다윗 왕국이 유다에서 시작해 온 이스라엘은 물론, 마침내 모압, 암몬, 욥바와 수리아까지 영토를 확장했다고 기록한다.

다윗이 유다의 왕권을 쥘 무렵, 사울의 아들 이스보셋과 다윗의 장군 아브넬이 충돌했다(3-4장). 이스보셋과 아브넬이 죽자, 이스라엘은 다윗을 왕으로 인정하였고(5:1-5), 다윗은 이스라엘의 중심에 수도를 건설하고자 했다. 그 때 다윗은 시온 산에 위치한 여부스 사람의 요새를 함락하고, 다윗 성이라 칭했는데(5:6-10), 바로 이 성이 이스라엘 백성의 오랜 회합의 장소이자 하나님을 예배하는 예루살렘 성의 근간이다.

예루살렘을 함락한 후, 다윗은 블레셋(8:1, 21:15-22), 모압(8:2), 욥바와 수리아(8:3-8), 암몬(10:6-14), 수리아(10:15-19)와 싸워 완전히 승리했다.

다윗 성

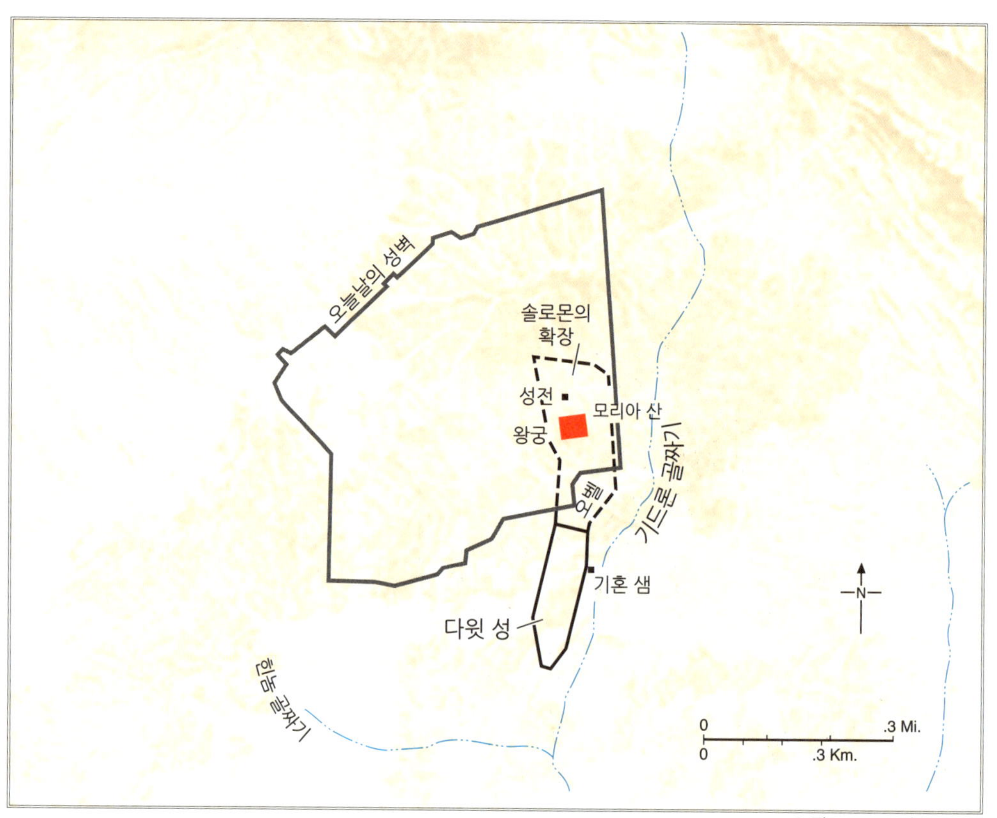

다윗의 왕국

하맛
(소바)
지중해
페니키아
다메섹
두로
단
므깃도
벧산
세겜
요단강
이 스 라 엘
욥바
벧엘
랍바
여리고
아스돗
(암몬)
블레셋
가드
예루살렘
아스글론
사해
가사
헤브론
랍비아
브엘세바
(모압)
소알
보스라
가데스 바네아
(에돔)
N
0
60 Mi.
0
60 Km.
엘랏

다윗의 집안

다윗 언약에서 다윗의 혈통이 계속 이어질 것이라 약속했지만, 다윗의 대가족은 사무엘하 후반부에서 잇따른 비탄과 재난의 근원이 되었다. 다윗의 간음(12:15-23)에 대한 심판으로 밧세바가 낳은 어린 아들이 죽고, 암논이 다말을 근친상간하며, 곧이어 압살롬이 암논을 살해하는(13:1-36) 재난들이 닥쳤다. 가장 충격적인 사건은 압살롬이 반역을 도모해 다윗을 예루살렘에서 쫓아내고, 아버지의 아내들을 취하며, 다윗의 왕국을 거의 강탈한 일일 것이다(15:7-18:33).

다윗이 일부다처제를 취했기 때문에 여러 아내와 첩이 낳은 많은 자식들이 음모를 꾸미고, 적대적인 행동을 취했다. 일부다처제가 당시에는 일반적이었다 하더라도 이는 하나님의 율법을 어기는 것이기 때문에(창2:24), 결코 좋은 결과를 얻을 수 없었다.

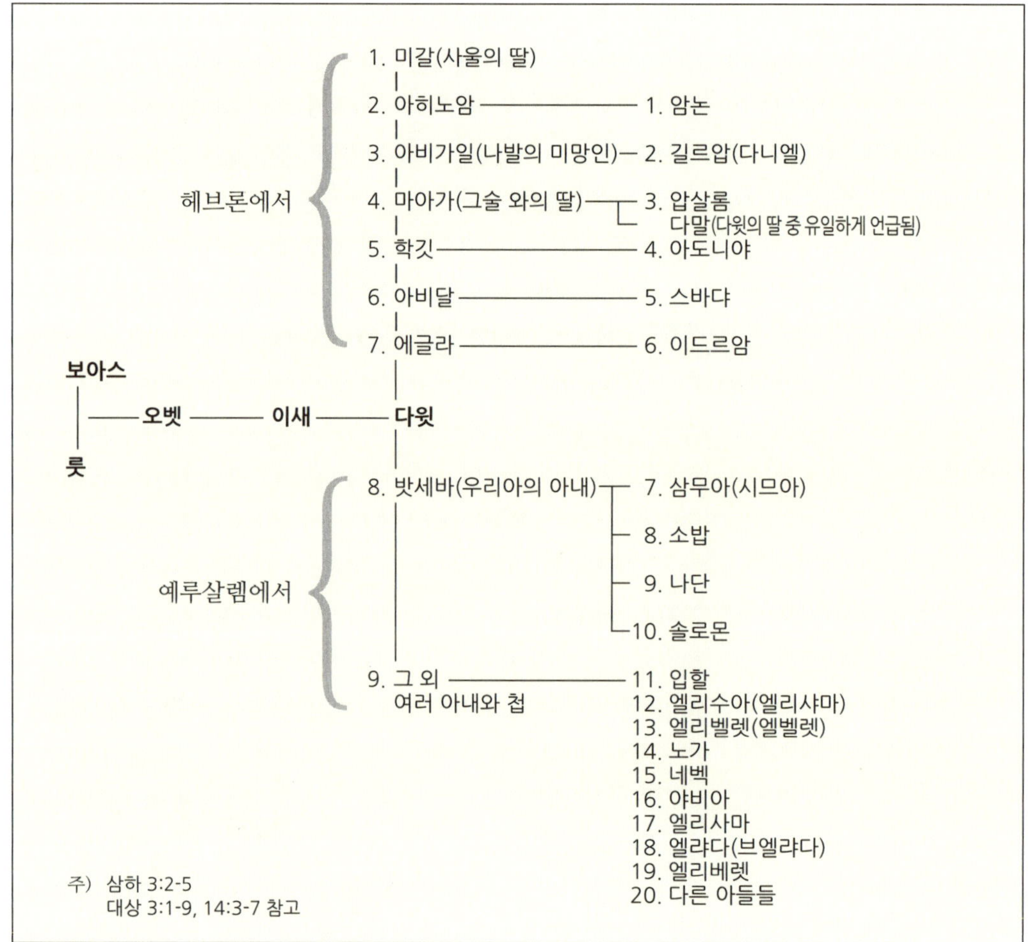

다윗의 승리		
다윗은 하나님의 마음에 합한 사람이었다(삼상 13:14). 즉, 그는 자신의 의지를 완전히 하나님의 뜻에 맡겼다. 하나님께서는 그분에게 헌신한 종, 다윗을 사용하셔서 선택하신 민족 이스라엘을 위하여 위대한 일들을 행하셨다.		
유다 왕(2:4)	이스라엘 왕(5:3)	예루살렘 정복(5:7)
언약궤 되찾음(6:12)	다윗 언약(7:16)	블레셋 격퇴(8:1)
모압 격퇴(8:2)	암논 격퇴(10:16)	수리아 격퇴(10:19)

다윗에게 임한 재난	
원인	결과
간음(11:4)	밧세바가 아들을 낳는다(11:5).
우리아를 죽임(11:17)	책망을 받고, 회개하지만, 아이가 죽는다(12:10, 13, 19).
암논의 근친상간(13:14)	암논이 살해당한다(13:28, 29).
왕위를 빼앗는 압살롬(16:15, 16)	압살롬이 살해당한다(18:14, 15).
인구조사(24:2)	온 이스라엘에 온역이 퍼진다(24:15).
다윗 집안의 역사를 통해 불순종하는 삶은 재난의 삶이 된다는 원칙을 볼 수 있다.	

열왕기상

열왕기상의 전반부에는 다윗의 후계자이자 아들인 솔로몬의 생애를 기록한다. 그가 다스리는 동안 이스라엘은 엄청나게 영토를 확장하고, 최고의 명성을 얻는다. 솔로몬이 예루살렘에 세운 성전은 유례없이 화려했고, 성전 건축과 여러 위대한 업적으로 인해 그는 세계적인 명성과 존경을 받았다. 그러나 그의 생애 후반 무렵부터 하나님을 향한 열정이 점차 사라졌는데, 그 이유는 이방인 아내들이 그의 마음을 바꾸었기 때문이다. 결국 마음이 나뉜 솔로몬은 분열된 왕국을 남겼다. 열왕기상은 양국의 백성들과 왕들이 불순종하는 두 개의 매우 유사한 역사를 추적하여 기술한다.

사무엘서와 마찬가지로 열왕기서도 원래 하나의 책이었다. 구약 헬라어 번역본인 70인역에서 처음 두 개로 나누었고, 그 후에 이것을 따라 라틴어 번역본인 불가타 성경과 영어 번역본들도 열왕기서를 두 권으로 나누었다.

저자

유대 전승에서는 선지자 예레미야를 저자로 간주하지만, 열왕기상하의 저자는 확실하지 않다. 분명한 것은 다양한 자료들에서 왕들의 행적을 찾아 모아서 선지자적 관점으로 기록했다는 점이다.

저자는 세 개의 주요 자료를 언급한다. "솔로몬의 사적에 관한 책"(11:41)에는 연대기와 자서전적인 자료, 성전 자료에서 발췌한 기록들이 실려 있는 것 같다. "이스라엘 왕들의 연대기"(14:19, 15:7)에는 각 왕들의 정치적 활동과 공식적인 기록 자료가 있었던 것 같다. 마지막으로 "유다 왕들의 연대기"(14:29, 15:7)는 왕실 자료로 보관한 공식적인 기록들이었다.

기록 연대

히브리어 문법과 문체, 책의 내용을 보면 바벨론 포로기에 이 책을 완성했음을 알 수 있다. 왕들에 대한 기록은 기원전 561년 이후에 종결되는데, 이 시기에 마지막으로 기록한 사건이 일어났기 때문이다(왕하 25:27-30). 고레스 왕과 기원전 539년에 그가 내린 칙령에 대해 언급되어 있지 않기 때문에, 아마도 이 시기 이전에 열왕기서를 썼을 것이다.

열왕기상은 솔로몬이 즉위한 기원전 971년부터 기원전 851년 아하시야 통치가 끝나는 때까지 120년간 일어난 일을 기록한다. 가장 주목해야할 시기는 이스라엘이 남 유다와 북 이스라엘 두 왕국으로 분열된 기원전 931년이다.

주제와 문학적 구조

열왕기상은 뚜렷하게 두 개 부분으로 나뉜다. 1장에서 11장까지 솔로몬 치하의 연합 왕국에 대한 부분과 12장에서 22장에 이르는 분열 왕국에 대한 기록이다.

열왕기상은 두 왕국의 정치와 경제가 쇠퇴하게 된 영적이고 도덕적인 원인들을 선지자적인 관점에서 평가한다. 이 책은 자료를 너무 선별해서 기록하였기 때문에 왕들의 전기로 보기는 어렵다. 예를 들어, 오므리는 정치적인 관점에서 보면 북 왕국의 가장 중요한 통치자 중 한 명이지만, 도덕적으로 부패했기 때문에 그의 업적은 단 여덟 구절밖에 없다(16:21-28). 언약에 충실하고 하나님의 율법에 순종하면 복을 받지만, 배교하면 하나님의 심판을 받는다는 사실을 가르치려는 목적으로 왕들의 삶을 보여 주는 것이다.

열왕기상의 전반부는 솔로몬 통치기에 누린 번영을 다룬다. 솔로몬은 여러 측면에서 그리스도의 원형이다. 전설적인 지혜를 지닌 솔로몬을 통해 "하나님으로부터 나와서 우리에게 지혜"가 되신 그리스도 예수(고전 1:30)를 볼 수 있다. 솔로몬의 명성, 영광, 부, 명예는 하나님 나라에 계신 그리스도를 예시한다. 솔로몬은 지혜와 지식으로 나라를 다스려서 평화를 유지했고, 칭송을 받았다. 그러나 솔로몬의 영광에도 불구하고, 인자는 후에 재림을 말씀하시며 "솔로몬보다 더 큰 이가 여기 있"(마 12:42)다고 하신다.

열왕기서는 엘리야와 엘리사의 선지자 사역을 매우 강조하는데, 이들은 선지자들의 사역 초기와 여러 예언서를 기록하던 시대를 이어 주는 구실을 했다.

솔로몬 왕국

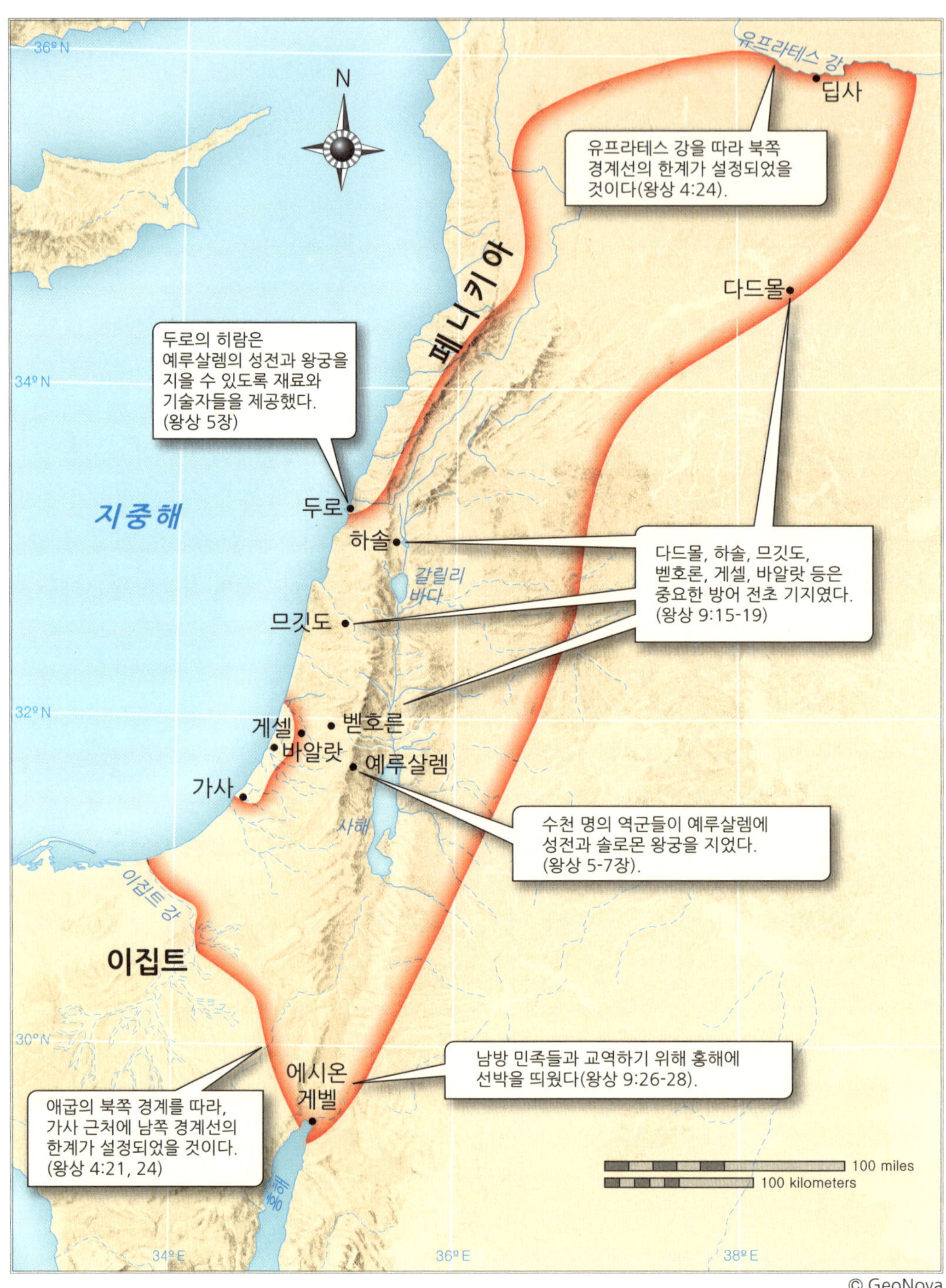
유프라테스 강
딥사
유프라테스 강을 따라 북쪽 경계선의 한계가 설정되었을 것이다(왕상 4:24).
페니키아
다드몰
두로의 히람은 예루살렘의 성전과 왕궁을 지을 수 있도록 재료와 기술자들을 제공했다. (왕상 5장)
지중해
두로
하솔
갈릴리 바다
다드몰, 하솔, 므깃도, 벧호론, 게셀, 바알랏 등은 중요한 방어 전초 기지였다. (왕상 9:15-19)
므깃도
게셀
벧호론
바알랏
예루살렘
가사
사해
수천 명의 역군들이 예루살렘에 성전과 솔로몬 왕궁을 지었다. (왕상 5-7장).
이집트 강
이집트
에시온 게벨
남방 민족들과 교역하기 위해 홍해에 선박을 띄웠다(왕상 9:26-28).
애굽의 북쪽 경계를 따라, 가사 근처에 남쪽 경계선의 한계가 설정되었을 것이다. (왕상 4:21, 24)
홍해
100 miles
100 kilometers
36º N
34º N
32º N
30º N
34º E
36º E
38º E

솔로몬 당시 12개 행정구역

© GeoNova

열왕기상 한눈에 보기					
초점	연합 왕국			분열 왕국		
관련구절	1:1 ------------ 3:1 ------------9:1 -------------12:1 ------------ 15:1 ------------ 16:29------22:53					
구분	솔로몬 왕국 수립	솔로몬의 번영	솔로몬의 쇠퇴	왕국의 분열	여러 왕국의 통치	아합 왕과 엘리야
주제	솔로몬			여러 왕		
	평화로운 왕국			혼란스런 왕국들		
장소	예루살렘 : 연합 왕국의 수도			사마리아 : 이스라엘의 수도 예루살렘 : 유다의 수도		
기간	약 40년			약 90년		

Nelson's Complete Book of Bible Maps and Charts © 1993 by Thomas Nelson, Inc.

열왕기상의 사건들이 일어난 시기

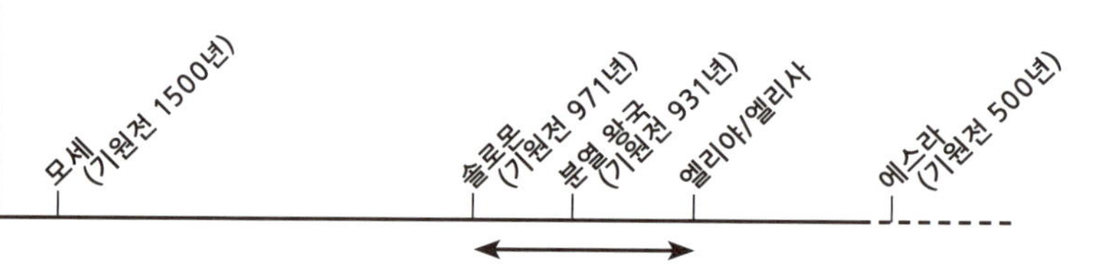

열왕기상 개요

1부 연합 왕국(1:1–11:43)

1. 솔로몬 왕 즉위 1:1–2:46
- 1) 왕으로 임명된 솔로몬 1:1–53
- 2) 왕위를 다지는 솔로몬 2:1–46

2. 솔로몬 왕의 번성 3:1–8:66
- 1) 지혜를 구하는 솔로몬 3:1–28
- 2) 이스라엘을 통치하는 솔로몬 4:1–34
- 3) 성전과 솔로몬 왕궁의 건축 5:1–8:66

3. 솔로몬 왕의 쇠퇴 9:1–11:43
- 1) 다윗 언약의 번복 9:1–9
- 2) 언약에 불순종한 솔로몬. 9:10–11:8
- 3) 언약을 파기한 솔로몬에게 내린 징벌. 11:9–40
- 4) 솔로몬의 죽음 11:41–43

2부 분열 왕국(12:1-22:53)

1. 왕국의 분열 12:1-14:31
1) 분열의 원인 12:1-24
2) 여로보암의 이스라엘 통치 12:25-14:20
3) 르호보암의 유다 통치 14:21-31
2. 유다를 통치한 두 왕 15:1-24
1) 아비얌의 유다 통치 15:1-8
2) 아사의 유다 통치 15:9-24
3. 이스라엘을 통치한 다섯 왕 15:25-16:28
1) 나답의 이스라엘 통치 15:25-31
2) 바아사의 이스라엘 통치 15:32-16:7
3) 엘라의 이스라엘 통치 .16:8-14
4) 시므리의 이스라엘 통치 16:15-20
5) 오므리의 이스라엘 통치 16:21-28
4. 아합의 이스라엘 통치 16:29-22:40
1) 아합의 죄 16:29-34
2) 엘리야의 사역 17:1-19:21
3) 아람과의 전쟁 20:1-43
4) 나봇을 살해함 21:1-16
5) 아합의 죽음 21:7-22:40
5. 여호사밧의 유다 통치 22:41-50
6. 아하시야의 이스라엘 통치 22:51-53

솔로몬 통치 하의 예루살렘

예루살렘 성은 솔로몬의 통치기에 상당히 확장되었다. 열왕기상 3장 1절에 따르면 솔로몬은 "예루살렘 주위의 성벽" 건축을 마쳤다. 솔로몬이 성의 크기를 약 13,500평에서 39,200평으로 확장한 고고학적 증거도 있다. 게다가 예루살렘 성의 전체 인구도 몇 배 증가했다. 솔로몬 집안이 는 것도 인구 성장의 한 요인이 되었다. 그는 아내가 700명, 첩이 300명이나 있었다(11:3). 솔로몬의 자식들이 몇인지 성경에 기록되어 있지 않지만 분명히 매우 많았을 것이다.

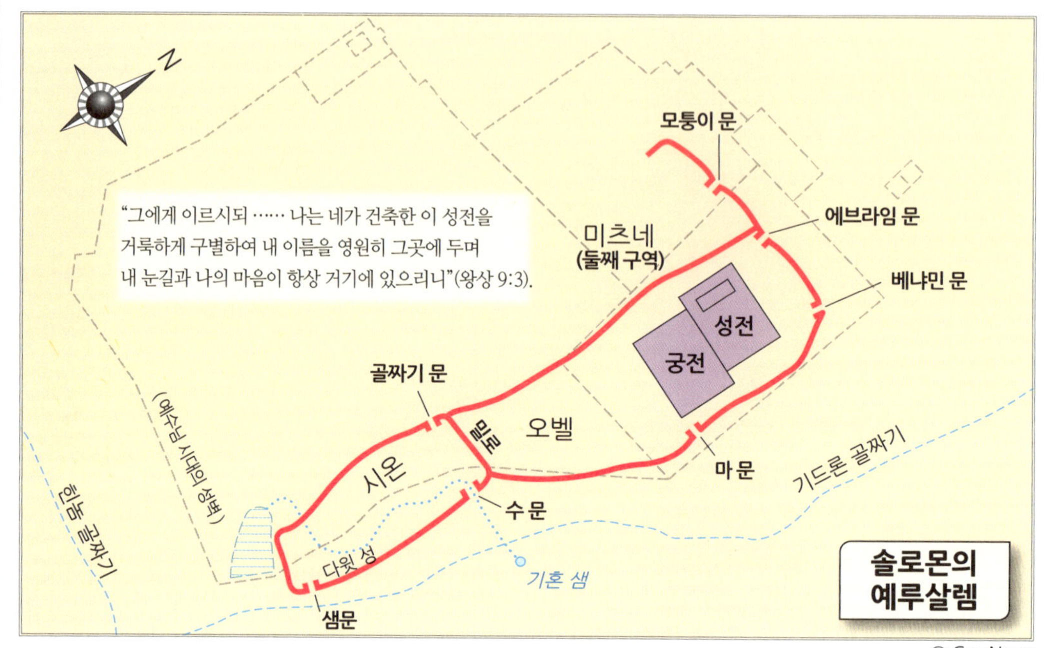

© GeoNova

솔로몬의 성전 건축 계획

솔로몬이 남긴 가장 큰 유산은 성전 건축이다. 다윗 왕이 성전을 건축하기 원했지만 하나님께서 그가 너무 많은 피를 흘렸다는 이유로 금하셨다(대상 28:3). 그래서 그 임무는 평화의 사람, 솔로몬에게 맡겨졌다. 솔로몬은 재위 40년 봄에 성전 건축을 시작해(기원전 966년) 7년 후에 완공했다(6:1-38). 성전은 성막의 두 배 규모지만, 성막과 비슷했다. 성전은 길이 27미터, 폭 9미터였으며 그 안에 성소와 지성소가 있었다. 성막과 마찬가지로 성전은 동쪽을 향했으며 지성소는 정남향에 위치했다.

솔로몬의 성전

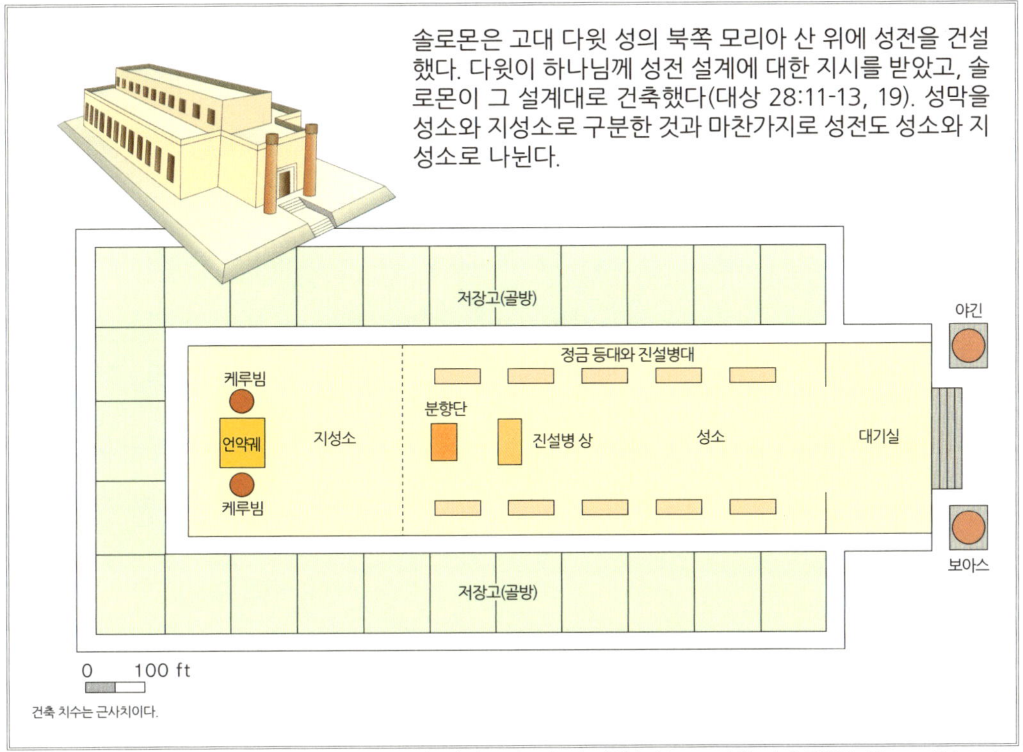

분열 왕국

솔로몬이 죽자 연합 왕국의 영광은 서서히 쇠퇴했다. 그의 아들 르호보암은 어리석게도 솔로몬 시대의 무거운 세금을 감해 달라고 요구하는 이스라엘 백성의 대표들에게 포학한 말로 대답했다(12:1-24). 르호보암은 남 유다를 다스렸고, 여로보암은 북 이스라엘의 왕이 되었다.

분열 왕국

이스라엘과 유다로 분열된 왕국
"우리가 다윗과 무슨 관계가 있느냐 이새의 아들에게서 받을 유산이 없도다 이스라엘아 각각 너희의 장막으로 돌아가라 다윗이여 이제 너는 네 집이나 돌보라"(대하 10:16).
34º 30' E
35ºE
35º 30' E
36º E
33º N
32º 30' N
32º N
31º 30' N
헤르몬 산
다메섹
아람(수리아)
두로
리타니 강
단
게데스
훌라 호수
하솔
페니키아
악고
갈릴리 바다
아스다롯
갈멜 산
아르묵 강
다볼 산
지중해
기손 강
모레 산
에드레이
므깃도
길르앗 라못
다아낙
길보아 산
벧산
이블르
아베스 길르앗
N
사마리아
디르사
요단 강
와디 파리아
에발산
브누엘
마하나임
그리심 산
세겜
숙곳
얍복 강
아벡
욥바
실로
이 스 라 엘
암 몬
벧엘
랍바(암만)
게셀
여리고
아스돗
아얄론
헤스본
예루살렘
느보 산
메드바
가드
베들레헴
아스글론
마레사
헤브론
사해
디본
가사
라피아
그랄
유 다
아르논 강
블레셋
모 압
브엘세바
길하레셋
피난처
도시
확실하지 않은 지역
20 miles
20 kilometers
에 돔

므깃도에 있는 여섯 방 문 유적

엘리야 선지자

엘리야 선지자는 길르앗의 디셉 출신이다. 디셉의 정확한 위치는 확실치 않다. 그의 출생과 혈통에 대한 언급도 없으며, 아마도 그의 가족은 이스라엘 사람이 아닐 수도 있다. 그의 이름의 뜻은 "여호와는 나의 하나님"인데, 이는 삶의 좌우명이기도 했을 것이다. 그는 이스라엘 민족에게 오직 여호와만이 하나님이라는 확신을 깨우쳐 주기 위해 선지자 임무를 수행했다. 엘리야는 "허리에 가죽 띠를 띤"(왕하 1:8) 고독한 모습으로 묘사된다. 엘리야가 살던 시대는 아합이 통치하던 때로 이스라엘이 공공연하게 바알을 숭배했다.

엘리야는 제일 먼저 아합의 종교적인 죄악 때문에(17:1) 진실한 하나님께서 끔찍한 가뭄을 내리실 것이라고 그에게 선포했다. 엘리야의 이 예언은 폭풍과 다산을 상징하는 가나안 신 바알에 직접적으로 도전한 것이다.

엘리야가 사역을 마쳤을 때, 죽지도 않고 장사되지도 않았다. 후계자인 엘리사와 이야기를 나누던 중 갑자기 불 수레와 회오리바람이 그를 하늘로 데리고 올라갔다(왕하 2:1-12). 말라기 4장 5절에서는 엘리야를 "주님의 날"을 예고하는 자이자 메시야를 알리는 자로 언급하며, 세례 요한의 사역으로 이 예언이 성취된다(마 11:7-14, 눅 1:17).

엘리야의 생애

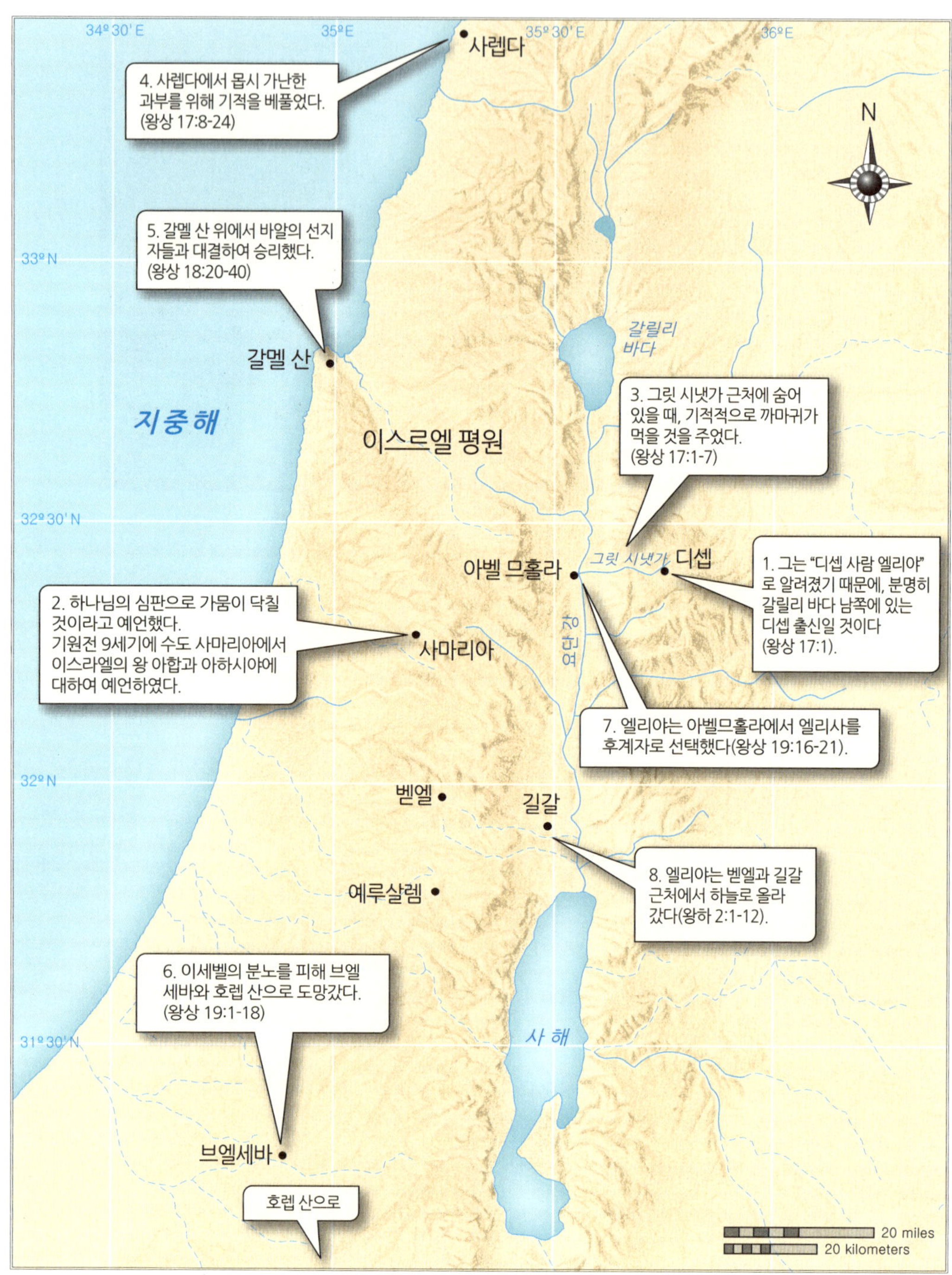

© GeoNova

엘리야와 엘리사가 사역한 곳

이스라엘 갈릴리 위쪽 하초르에 있는 아합 시대 요새

엘리야와 엘리사

갈멜 산에서 엘리야는 450명에 이르는 바알 선지자들을 죽이며 승리했다(18:20-40). 엘리야는 그의 고향 근처 그릿 시냇가(17:1-7)에서부터 과부와 그 아들의 생계를 도와주는 기적을 행한 사렙다, 그리고 멀리 남쪽 시나이 반도의 호렙 산에 이르기까지 가나안 전역에서 사역을 펼쳤다. 사마리아에서 엘리야는 이스르엘 사람 나봇에게 아합이 불의한 일을 한 것을 비난했다(21:17-29). 여리고 근처 요단강을 건너기 위해 강물을 갈랐으며 곧이어 불 수레를 타고 하늘로 올라갔다(왕하 2:1-12).

엘리사는 요단강에서 문둥병자인 나아만을 고쳤고(왕하 5:1-19), 아람 군대를 눈멀게 하여 사마리아에서 쫓아냈다(왕하 6:8-23). 다메섹에서는 아람 왕 벤하닷이 죽을 것과 하사엘이 왕위를 계승할 것을 예언했다.

열왕기하

열왕기하는 열왕기상에서 시작된 두 왕국의 충돌 과정과 포로기의 비극적인 역사 드라마를 계속 보여준다. 저자는 먼저 한 왕국의 역사를 이야기하고, 이어 같은 시기의 또 다른 왕국의 역사를 기술하면서 이스라엘과 유다의 통치 군주들의 자취를 조직적으로 좇는다.

19명의 악한 왕들이 계속 북 이스라엘을 다스렸고, 결국 앗수르에 의해 포위당했다. 남 유다의 상황은 이보다 조금 나아서 간혹 신실한 왕들이 즉위하여 선대(先代) 왕들의 악행을 개선했지만, 죄가 의를 훨씬 압도했으며, 결국 바벨론에게 정복당했다.

사무엘서나 역대기와 같이 열왕기도 원래 한 권이었다. 그러나 헬라어 번역본과 라틴어 번역 초판본을 따라 영어 번역본에서도 이 책을 두 권으로 나눈다.

저자

열왕기상의 "저자"를 보라.

기록 연대

열왕기서는 바벨론 포로기에 기록되었다.

1장에서 17장에서는, 기원전 853년 이스라엘의 아하시야 왕 즉위 때부터 기원전 722년 사마리아가 몰락하고 이스라엘이 앗수르의 포로로 끌려간 때까지, 131년 동안의 이야기를 다룬다. 18장에서 25장에서는, 히스기야 왕이 즉위한 기원전 715년부터 여호야긴이 바벨론에서 풀려난 기원전 560년까지, 155년간 일어난 사건들을 담는다. 연합 왕국은 기원전 1043년부터 931까지 112년 동안 존속했고, 이후 북 이스라엘은 기원전 931년부터 722년까지 209년 간 나라를 유지했고, 남 유다는 북 이스라엘보다 136년 더 왕국을 지켜서 기원전 586년까지 존속했다. 이스라엘 왕정기가 지속된 이 457년 동안 세계 권력도 바뀌었다. 팔레스타인에 대한 지배권을 두고 애굽과 앗수르가 겨루던 중 앗수르가 강대국으로 부상했고, 그 후 쇠퇴하여 결국 바벨론에게 멸망당했다.

주제와 문학적 구조

열왕기하 1장에서 17장까지는 분열 왕국의 역사를, 18장에서 25장까지는 남은 왕국 유다의 역사를 기술한다. 열왕기상과 마찬가지로 열왕기하도 저자가 남 왕국과 북 왕국 사이를 번갈아 서술하기 때문에 이야기를 따라가기가 쉽지 않다.

열왕기하는 단지 이스라엘과 유다의 정치, 사회적 주요 사건만을 편집한 책은 아니다. 오히려 신학적 목적으로 선별한 역사를 담고 있다. 저자는 도덕적으로나 종교적으로 중요한 사건과 사람들을 선별하여 강조하며, 하나님이 보내신 사자들의 경고에 통치자들과 백성들이 귀 기울이지 않았기 때문에 왕국이 쇠퇴하고 멸망했다고 가르친다. 민족의 영적 상태가 정치, 경제 상황을 결정한다. 열왕기서는 바벨론 유수 중인 유대인들에게 남북 왕국이 멸망한 이유를 설명하려고 기록한 언약사(covenant history)로서의 의미가 가장 크다.

열왕기하에 나타나는 하나님은 그분의 계획과 목적을 백성들에게 드러내시는 역사의 주관자이시다. 하나님이 인간사를 주관하시고 순종하는 자에게는 복을 주시지만, 불순종하는 자는 훈계하신다. 그러나 백성의 불순종조차도 하나님의 구속 목적을 가로막을 수는 없다. 모든 의구심에도 불구하고, 다윗 언약의 계보는 보전되고(11:1-16), 다윗 왕가의 후계자인 여호야긴이 감옥에서 풀려나고, 앞날에 대한 희망을 암시하면서 열왕기하는 끝을 맺는다(25:27-30).

여호와의 선지자들은 열왕기서에서 매우 중요한 구실을 한다. 하나님은 왕들에게 언약적 책임을 상기시키려고 선지자들을 보내신다. 북 왕국에서 활동한 엘리야와 엘리사의 사역이 가장 두드러지지만, 후대에 사역한 많은 선지자들도 소개한다. 선지자들이 선포한 예언과 기적들이 성취될 때, 하나님의 말씀이 얼마나 확실한지 분명히 드러난다.

열왕기하 한눈에 보기						
초점	분열 왕국			잔존 왕국		
관련구절	1:1 -------------- 9:1 --------------------- 17:1 -------- 18:1 ----------- 22:1 --------- 25:1 -- 25:30					
구분	아하시야와 여호람 왕 시대의 엘리사의 사역	10명의 이스라엘 왕과 8명의 유다 왕	이스라엘의 멸망	히스기야 왕과 2명의 악한 왕	요시야 왕과 4명의 악한 왕	유다 멸망
주제	이스라엘과 유다			유다		
	아하시야에서 호세아까지			히스기야에서 시드기야까지		
장소	앗수르에 포로로 끌려가는 이스라엘			바벨론에 포로로 끌려가는 유다		
기간	131년(기원전 853-722년)			155년(기원전 715-560년)		

열왕기하의 사건이 일어난 시기

- 모세(기원전 1500년)
- 엘리사가 사역을 시작함(기원전 853년)
- 이스라엘이 앗수르로 끌려감(기원전 722년)
- 유다가 바벨론으로 끌려감(기원전 587년)
- 에스라(기원전 500년)

열왕기하 개요

1부 분열 왕국(1:1–17:41)

1. 아하시야의 이스라엘 통치 . . . . .왕상 22:51–왕하 1:18
- 1) 아하시야에 대한 영적인 평가 . . . . 왕상 22:51–53
- 2) 아하시야 통치기의 정치 상황 . . . . .왕하 1:1
- 3) 아하시야의 죽음 1:2–18

2. 여호람의 이스라엘 통치 2:1–8:15
- 1) 엘리야에서 엘리사로 선지자 직분 이양. 2:1–25
- 2) 여호람에 대한 영적인 평가 3:1–3
- 3) 여호람 통치기의 정치 상황 3:4–27
- 4) 엘리사의 사역. 4:1–8:15

3. 여호람의 유다 통치. 8:16–24

4. 아하시야의 유다 통치 8:25–9:29
- 1) 아하시야에 대한 영적인 평가 8:25–27
- 2) 아하시야 통치기의 정치 상황 8:28–9:26

2부 잔존 왕국, 유다(18:1-25:30)

엘리사 선지자

부유한 집안 출신인 엘리사는 엘리야에 의해 후계자로 기름 부음을 받은 후, 그를 따르며 수종했다(왕상 19:19-21). 엘리사는 엘리야가 불 수레와 회오리바람을 타고 하늘로 올려 간 후 사역을 시작해서 오랫동안 선지자 임무를 수행했다(왕하 2:11). 하나님의 도우심이 필요하다는 것을 스스로 깨닫고서, 엘리야에게 주신 영감의 갑절을 요구했다(2:9).

엘리야처럼 엘리사도 이스라엘의 정치 사건에 깊이 관여했다. 이스라엘 왕들에게 회개를 촉구한 것은 물론이고, 왕에게 기름 붓는 일에도 관여하며, 군사적인 문제에 관해서도 예언했다. 엘리사는 여러 번 적의 계략을 이스라엘 왕에게 미리 알려 주었다(6:12). 왕은 엘리사를 "이스라엘의 병거와 마병"이라고까지 불렀고(13:14), 이스라엘이 승리하는 데 엘리사가 매우 중요한 몫을 한다는 사실을 잘 알았다.

엘리사는 기적을 일으키는 위대한 선지자이자, 궁핍한 사람들을 도와주는 사역자로도 유명했다. 잃은 도끼를 물에 뜨게 했고(6:1-7), 배고픈 사람들을 먹였으며(4:42-44), 아람 사람 나아만 장군의 문둥병을 고치고(5:1-19), 수넴 여인의 죽은 아들을 살리는(4:8-37) 기적을 행하여 백성을 측은히 여기는 이스라엘의 친구와 같은 면모를 보여 주었다.

세례 요한의 원형인 엘리야(마 11:14, 17:10-12, 눅 1:17)가 강력한 예언적 선언을 감당한 사역자라고 한다면, 엘리사는 우리에게 그리스도를 생각나게 하는 인물이다. 엘리야는 백성들과 떨어져 살며 율법, 심판, 회개를 강조했다. 하지만 엘리사는 백성들 가운데 살면서 은혜, 생명, 소망을 선포했다

엘리사의 사역

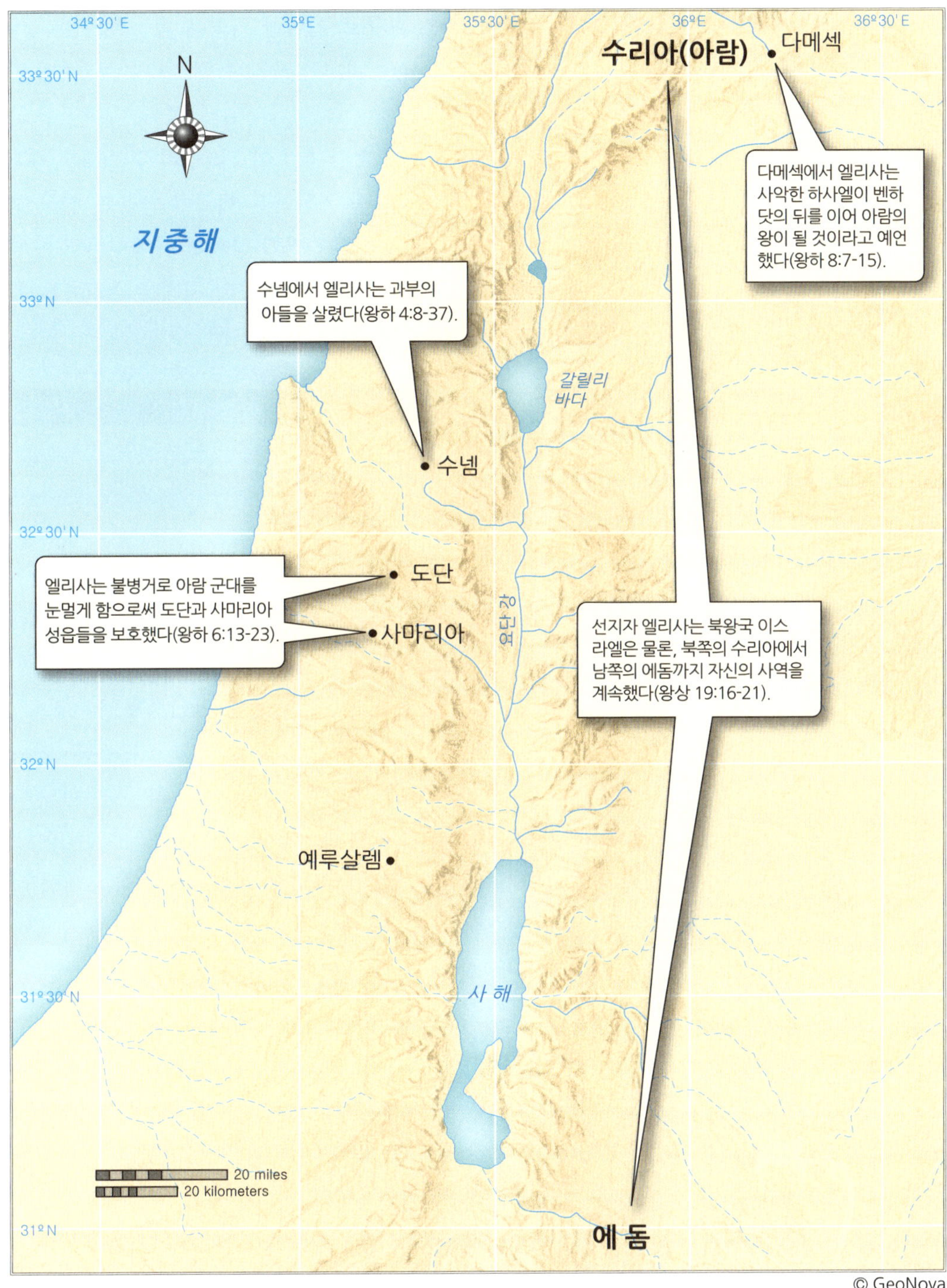
34º 30' E
35ºE
35º 30' E
36ºE
36º 30' E
33º 30' N
33º N
32º 30' N
32º N
31º 30' N
31º N
N
지중해
수리아(아람)
다메섹
다메섹에서 엘리사는 사악한 하사엘이 벤하닷의 뒤를 이어 아람의 왕이 될 것이라고 예언했다(왕하 8:7-15).
수넴에서 엘리사는 과부의 아들을 살렸다(왕하 4:8-37).
갈릴리 바다
수넴
도단
사마리아
엘리사는 불병거로 아람 군대를 눈멀게 함으로써 도단과 사마리아 성읍들을 보호했다(왕하 6:13-23).
요단강
선지자 엘리사는 북왕국 이스라엘은 물론, 북쪽의 수리아에서 남쪽의 에돔까지 자신의 사역을 계속했다(왕상 19:16-21).
예루살렘
사 해
20 miles
20 kilometers
에 돔

수리아의 통치자들

엘리야와 엘리사가 사역하는 동안, 북 이스라엘을 주로 위협한 외적은 북동쪽의 수리아였다. 아람이라고도 하는 수리아는 사울 왕 때부터(삼상 14:47) 기원전 732년 앗수르에게 멸망당하기 전까지, 이스라엘과 군사적으로 대립했다.

다윗과 솔로몬 왕국이 유프라테스 강까지 확장되던 기간에는 이스라엘이 수리아를 지배했지만, 아합이 다스리던 무렵에는 지속적으로 이스라엘을 위협하는 세력이 되었고, 결국 아합은 그들과 싸우던 중 죽었다(왕상 20:1-34, 22:29-40). 수리아가 장기간 사마리아를 포위했을 때 하나님의 도움으로 가까스로 벗어났으며(6:24-7:20), 요아스 왕 시대에 수리아는 예루살렘을 위협하기까지 했다(12:17-18).

왕	연대	성경 구절
헤시온(르손)	기원전 약 990-930년	왕상 11:23, 25, 15:18
다브림몬	기원전 약 930-885년	왕상 15:18
벤하닷 1세	기원전 약 885-860년	왕상 15:18, 20
벤하닷 2세	기원전 약 860-841년	왕상 20장, 왕하 6:24, 8:7, 9, 14
하사엘	기원전 약 841-801년	왕상 19:15, 17, 왕하 8장, 9:14, 15, 10:32, 12:17, 18, 13:3, 22, 24, 25
벤하닷 3세	기원전 약 807-780년?	왕하 13:3, 24, 25
르신	기원전 약 780?-732년	왕하 15:37, 16:5, 6, 9 (사 7:1, 4, 8, 8:6, 9:11 참고)

예후 왕의 검은 오벨리스크

앗수르는 기원전 약 900년에서 700년 구약의 역사 동안 세계를 지배하는 강국이었다. 앗수르의 강력한 왕 살만에셀 3세는 기원전 859년부터 824년까지 재위했으며, 군사적인 승리를 기록한 거대한 기념비를 세웠다. 검은 오벨리스크로 알려진 이 인상적인 고고학 유물에는 이스라엘의 왕 예후(기원전 841-814년 재위)가 살만에셀에게 공물을 바치는 모습이 조각되어 있다.

앗수르의 니므롯 왕궁 외곽에 세운 이 기념비의 길이는 180센티미터가 넘는다. 살만에셀의 수많은 정벌을 기념하는 비문과 일련의 그림들이 정교하게 새겨져 있다. 이 오벨리스크에는 성경에 언급되지 않은 사건도 있는데, 예후가 살만에셀에게 절하고, 수많은 이스라엘 노예들과 시종들이 앗수르 왕에게 바칠 선물을 들고 서 있는 모습도 새겨져 있다.

구약 시대에 앗수르와 같은 강대국들은 약소국을 적의 공격에서 보호해 주겠다는 구실로 강제 조공을 자주 부과했다.

선지자 엘리사에게 기름 부음을 받고 왕이 된 후, 예후는 아합 왕조를 모조리 죽이며 통치의 위협 요소들을 제거했다(왕하 9-10장). 통치자로서 예후는 이스라엘 땅에서 바알 숭배를 제거하는데 실패한 연약한 왕이었다.

검은 오벨리스크는 값진 고고학 유물이다. 이 유물을 통해 당시 이스라엘의 연대기뿐 아니라, 예후 통치기를 추정하는데 도움을 얻을 수 있었다. 또 오벨리스크에는 당시 이스라엘 왕이 어떤 모습이었는지도 나타난다. 오벨리스크에 새겨진 이스라엘 왕의 모습은 고고학자들이 유일하게 발견한 이스라엘 왕의 형상이나 그림이다.

산헤립의 기둥

산헤립의 기둥이라 부르는 기념비는 과거 앗수르의 흥미로운 인공물이다. 이 기념비에는 이스라엘의 중요한 역사적 사건인, 기원전 690년 경 앗수르의 왕 산헤립(기원전 705-681년 재위)이 예루살렘을 포위한 사건(사 36-37장)에 대해 성경과 다른 설명을 보여 준다.

이 진흙 기둥의 높이는 38센티미터로, 앗수르 군대가 예루살렘과 유다의 히스기야 왕을 공격한 사건을 기록한 앗수르 문서를 잘 보존하고 있다. "유대인 히스기야는 나의 지배에 순종하지 않았다"고 기둥에 쓰여 있다. "나는 46개의 강한 성읍들과 벽으로 둘러싸인 성채를 포위했고, 그곳에 접경한 무수히 많은 작은 성읍들을 포위한 후 정복했다. …… 나는 그(히스기야)의 왕궁이 있는 예루살렘을 포위하여 그를 둥지 안 새처럼 포로로 만들었다."

산헤립이 예루살렘을 포위한 것은 역사적인 사실로 입증되었지만, 흥미롭게도 그 포위가 어떻게 끝났는지는 설명하지 않았다. 그래서 많은 역사가들은 예루살렘 포위 전략이 결과적으로는 실패했다는 의혹을 제기한다. 앗수르 사람은 오직 승리의 기록만을 남기지 패배한 사실은 절대로 언급하지 않기 때문이다.

성경에는 산헤립이 하나님의 개입으로 예루살렘 포위에서 결정적으로 패배했다고 설명한다. 하나님의 천사가 밤중에 앗수르 군인 수천 명을 죽였다(왕하 19:35). 몇몇 학자들은 하나님께서 적을 심판하기 위해 끔찍한 전염병을 퍼뜨렸다고 말한다.

고대 세계의 통치자들은 이런 기둥에 자신의 업적을 기록하여 기념비로 세웠다. 이런 돌과 진흙 문서들은 수세기 동안 고대 도시의 돌 조각이나 유적지 안에 보존되었다. 이 문서들은 성경 시대 생활상에 대해 귀중한 통찰을 제공하며, 많은 경우 성경에 나오는 사건들에 관한 귀중한 추가 정보를 제공하거나 역사적 사실 여부를 확증해 주기도 한다.

앗수르의 왕들

열왕기하 15장 19절은 성경에서는 처음으로 앗수르의 왕을 직접 언급한다. "불루"(성경에서는 "불")는 디글랏빌레셀 3세(기원전 745-727년)가 바벨론을 정복한 후, 그에게 붙여진 바벨론 식 이름이다. 디글랏빌레셀이 기원전 743년에 벌인 정벌로 이스라엘까지 이르자, 그는 므나헴에게 조공을 요구했다. 앗수르 왕에게 조공을 바침으로써 므나헴은 앗수르의 봉신이 되었다.

디글랏빌레셀 3세가 기원전 727년에 죽자, 그의 아들 살만에셀 5세가 왕위를 계승하였으며, 이스라엘의 호세아는 이 기회에 앗수르에 조공을 바치는 일을 중단하려고 했다. 그러나 호세아는 어리석게도 애굽과 손을 잡았다. 당시 애굽은 너무 약하고 분열되어 있어서 호세아에게 적절한 지원을 제공할 수 없었다. 기원전 725년에 살만에셀 5세는 이스라엘을 공격했으며 기원전 725년부터 722년까지 사마리아 성을 포위했다. 포위 당한지 3년 만에, 사마리아는 함락되었고 북 이스라엘의 통치는 끝이 났다.

앗수르 나시르팔 2세	기원전 883-859년
살만에셀 3세	기원전 858-824년
삼시 아다드 5세	기원전 823-811년
아다드 니라리 3세	기원전 810-783년
살만에셀 4세	기원전 782-773년
앗수르 단 3세	기원전 772-755년
앗수리 니라리 5세	기원전 754-745년
디글랏 반레셀 3세	기원전 745-727년
살만에셀 5세	기원전 727-722년
사르곤 2세	기원전 722-705년
산헤립	기원전 705-681년
에살핫돈	기원전 681-669년
앗수르바니팔	기원전 668-627년

열왕기하 18장 17절에서 37절에는 앗수르 왕 산헤립(기원전 705-681년 재위)의 군사행동이 나오는데, 산헤립은 사르곤 2세의 아들로서 그다지 유능한 왕이 아니었다. 유다의 히스기야는 두로, 애굽과 함께 반(反) 앗수르 동맹에 가담했다(대하 32:1-8). 기원전 701년에 산헤립은 이 반역 세력들을 짓밟기 위해 진군했으며 유다의 성읍들을 치러 왔다.

앗수르의 이스라엘과 유다 정벌

기원전 734년부터 732년까지 디글랏빌레셀 3세는 유다를 침략하기 위해 한 번, 이스라엘을 침략하기 위해 두 번 군사행동을 취한다.

앗수르의 이스라엘 정벌

기원전 725년, 살만에셀 5세가 이스라엘을 침략하여 사마리아까지 정벌했다. 사르곤 2세는 기원전 722년에 사마리아를 점령했다.

앗수르의 유다 정벌

산헤립은 해안 평야를 따라 라기스를 향해 남진했으며, 기원전 701년에 예루살렘 앞에 진을 쳤다.

앗수르 제국(기원전 650년)

이 위대하고 잔인한 제국은 비옥한 초승달 지역 전체를 지배했는데, 예루살렘과 유다는 이 위협적인 앗수르 군대가 예기치 않게 패배하고 나서야 비로소 앗수르의 완전한 지배에서 벗어날 수 있었다(왕하 19장).

히스기야 재위 기간의 예루살렘

예루살렘 성읍은 히스기야 시대에 더 확장되어 면적이 183,600여 평에 이르렀다. 산헤립에 대항하여 예루살렘의 방위를 강화하려는 노력으로, 히스기야는 기혼 샘에서 성 안으로 물을 적절히 끌어올 수 있는 수도관을 건설하도록 명령했다. 이 터널은 거의 550미터 거리로 단단한 바위에 구멍을 뚫어 만들었다. 이 터널은 옛 성의 남동쪽 귀퉁이 안쪽만 보였다. 옛 성은 후에 실로암 못이 있던 자리로 알려진 곳이다. 열왕기하 20장 20절과 역대하 32장 30절에 언급된 이 수도관은 기술적으로 매우 뛰어났다. 왜냐하면 일꾼들이 손도구로 양쪽 끝에서 작업해서 중간 지점에서 정확히 만나서 연결했기 때문이다.

© GeoNova

바벨론의 왕들

기원전 612년 바벨론의 나보폴라살 왕이 니느웨에서 승리하고, 기원전 605년 느부갓네살 2세가 갈그미스에서 승리하면서 앗수르의 고대 근동 지역 통치는 막을 내렸다. 느부갓네살은 앗수르를 도우러 온 애굽을 격퇴한 후, 즉시 유다의 왕 여호야김과 그 지역의 다른 왕들에게 복종을 강요했다. 이 무렵(기원전 605년), 다니엘을 포함한 예루살렘의 젊은이들이 바벨론으로 끌려갔다.

여호야김이 반역하자, 기원전 597년에 느부갓네살은 예루살렘을 다시 함락했다. 성전을 약탈하고, 성전 보물들을 바벨론으로 가져갔다. 기원전 589년 시드기야의 반역으로 예루살렘은 세 번째 바벨론에 의해 포위되었고, 기원전 587년 혹은 586년 7월에 함락되었다.

느부갓네살의 아들 에윌므로닥은 2년밖에 바벨론을 다스리지 못했다. 그는 유다 왕 여호야긴을 바벨론의 감옥에서 석방했으며, 바벨론 왕궁에서 특권적인 위치를 주었다(25:27-30).

나보폴라살	기원전 626-605년	네리글릿살	기원전 560-556년
느부갓네살	기원전 605-562년	라바시마르둑	기원전 556년
에윌므로닥	기원전 562-560년	나보니두스 (벨사살이 부섭정으로 다스림)	기원전 555-539년

분열 왕국							
남 유다(기원전 931-586년)				북 이스라엘(기원전 931-722년)			
왕	기록 연대	관련구절	선지자	왕	기록 연대	관련구절	선지자
(1) **르호보암** 솔로몬의 아들 17년	기원전 931-913년	왕상 14:21-31 대하 9:31-12:16	스마야 대하 11:2-4, 12:5-7, 15 선견자 잇도 대하 12:15	(1) **여로보암 1세** 느밧의 아들 22년	기원전 931-910년	왕상 11:26-40, 12:1-14:20 대하 10:1-11:4, 11:13-16, 13:2-20	실로 사람 아히야 왕상 11:29-39, 14:1-18 유다 출신 하나님의 사람 왕상 13:1-32 왕하 23:15-18 벧엘의 늙은 선지자 왕상 13:11-32 왕하 23:18 선견자 잇도 대하 9:29
(2) **아비얌**(아비야) 르호보암의 아들 3년	기원전 913-911년	왕상 15:1-8 대하 13:1-14:1	선견자 잇도 대하 13:22	(2) **나답** 여로보암의 아들 2년	기원전 910-909년	왕상 15:25-31	
(3) **아사** 아비얌의 아들 41년	기원전 911-870년	왕상 15:9-2 대하 14:1-16:14	오뎃의 아들, 아사랴 대하 15:1, 8 하나니 대하 16:7-10	(3) **바아사** 아히야의 아들 24년	기원전 909-886년	왕상 15:16-22, 27-29, 32-34, 16:1-7	하나니의 아들, 예후 왕상 16:1-7
				(4) **엘라** 바아사의 아들 2년	기원전 886-885년	왕상 16:8-14	
				(5) **시므리** 엘라의 병거 담당 장관 7일	기원전 885년	왕상 16:9-12, 15-20	
				(6) **오므리** 엘라의 군대 장관 12년	기원전 885-874년	왕상 16:16-18, 21-28	
(4) **여호사밧** 아사의 아들 25년	기원전 870(873)-848년	왕상 22:41-50 대하 17:1-21:1	하나니의 아들, 예후 대하 19:2-3 야하시엘 대하 20:14-17 엘리에셀 대하 20:37	(7) **아합** 오므리의 아들 22년	기원전 874-853년	왕상 16:29-22:40 대하 18:1-34	엘리야 왕상 17-21장, 왕하 1:2 엘리야의 시종, 엘리사 왕상 19:19-21 이믈라의 아들, 미가야 왕상 22:8-28 대하 18:7-27
(5) **여호람**(요람) 여호사밧의 아들 8년	기원전 848(853)-841년	왕하 8:16-24대하 21:1-20	**오바댜** 엘리야 대하 21:12-15	(8) **아하시야** 아합의 아들 2년	기원전 853-852년	왕상 22:51-왕하 1:18 대하 20:35-37	익명의 선지자들 왕상 18:4, 13, 20:28, 35-43 엘리야의 승천 왕하 2:1-18 엘리사
				(9) **요람**(여호람) 아합의 아들 12년	기원전 852-841년	왕하 3:1-9:26	엘리사

남 유다(기원전 931-586년)				북 이스라엘(기원전 931-722년)			
왕	**기록 연대**	**관련구절**	**선지;자**	**왕**	**기록 연대**	**관련구절**	**선지자**
(6) **아하시야**(여호아하스) 여호람의 아들 1년	기원전 841년	왕하 8:25-9:29 대하 22:1-9		(10) **예후** 님시의 아들(또는 손자) 아합의 군대 장관 28년	기원전 841-814년	왕하 9:1-10:36	엘리사
아달랴 여왕 아합의 딸 아하시야의 어머니 6년	기원전 841- 835년	왕하 11:1-20 대하 22:10- 23:21					
(7) **요아스**(여호아스) 40년	기원전 835- 796년	왕하 11:21- 12:21 대 하 24:1-27	**요엘**	(11) **여호아하스** 예후의 아들 17년	기원전 814-798년	왕하 13:1-9	엘리사
(8) **아마샤** 요아스의 아들 29년	기원전 796- 767년	왕하 14:1-20 대하 25:1-28	익명의 선지자들 대하 25:7-9, 15, 16	(12) **여호아스**(요아스) 여호아하스의 아들 16년	기원전 798-782년	왕하 13:10-13, 25, 14:8-16 대하 25:17-24	엘리사의 죽음
(9) **웃시야**(아사랴) 아마샤의 아들 52년	기원전 767(792) -740년	왕하 15:1-7 대하 26:1-23	**이사야** 웃시야가 죽은 해에 부르심을 받았다. 스가랴 대하 26:5	(13) **여로보암 2세** 요아스의 아들 41년	기원전 782(793)- 753년	왕하 14:23-29	**요나** **아모스** **호세아**
				(14) **스가랴** 여로보암 2세의 아들 6개월	기원전 753-752년	왕하 15:8-12	**호세아**
				(15) **살룸** 야베스의 아들 1개월	기원전 752년	왕하 15:10, 13-15	**호세아**
(10) **요담** 웃시야의 아들 16년	기원전 740(750) -731년	왕하 15:32-38 대하 27:1-9	**이사야** **미가**	(16) **므나헴** 가디의 아들 10년	기원전 752-742년	왕하 15:14, 16-22	**호세아**
				(17) **브가히야** 므나헴의 아들 2년	기원전 742-740년	왕하 15:23-26	**호세아**
(11) **아하스** 요담의 아들 16년	기원전 731(735) -715년	왕하 16:1-20대 하 28:1-27	**이사야** **미가**	(18) **베가** 르말랴의 아들 20년	기원전 740(752)- 732년	왕하 15:25, 27-31, 16:5 대하 28:5, 6 사 7:1	**호세아** **선지자 오뎃** **대하 28:9-11**
(12) **히스기야** 아하스의 아들 29년	기원전 715(729) -686년	왕하 18:1- 20:21 대하 29:1- 32:33 사 36:1-39:8	**이사야** **미가**	(19) **호세아** 엘라의 아들 9년	기원전 732-722년	왕하 15:30, 17:1-6, 18:9-10	**호세아**

분열 왕국

남 유다(기원전 931-586년)

왕	기록 연대	관련구절	선지자
(13) **므낫세** 히스기야의 아들 55년	기원전 686(696)-642년	왕하 21:1-18대하 33:1-20	나훔 익명의 선지자들 왕하 21:10, 대하 33:18
(14) **아몬** 므낫세의 아들 2년	기원전 642-640년	왕하 21:19-26 대하 33:21-25	
(15) **요시야** 아몬의 아들 31년	기원전 640-609년	왕하 22:1-23:30 대하 34:1-35:27	**예레미야** **스바냐** 여선지자 훌다 왕하 22:14-20, 대하 34:22-28
(16) **여호아하스**(살룸) 요시야의 아들 3개월	기원전 609년	왕하 23:31-34 대하 36:1-4 렘 22:1-12	**예레미야**
(17) **여호야김**(엘리아김) 요시야의 아들 11년	기원전 609-598년	왕하 23:34-24:7 대하 36:4-8 렘 22:13-23, 26, 36	**예레미야** **하박국** **다니엘** 스마야의 아들, 우리야 렘 26:20
(18) **여호야긴**(고니야) 여호야김의 아들 3개월	기원전 598-597년	왕하 24:8-17 대하 36:9-10 렘 22:24-30, 52:31-34	**예레미야** **다니엘**
(19) **시드기야**(맛다니야) 요시야의 아들 11년	기원전 597-586년	왕하 24:17-25:7 대하 36:11-21 렘 39:1-10, 52:1-11	**예레미야** **다니엘** **에스겔**

기원전 586년-예루살렘 멸망
(남 왕국이 바벨론의 포로로 끌려간다.)

북 이스라엘(기원전 931-722년)

기원전 722년-사마리아 멸망
(북 왕국의 열 지파가 앗수르에 포로로 끌려간다.)

주 :
* 괄호 안의 이름은 또 다른 이름을 나타낸다.
** 괄호 안의 연도는 공동 재위 기간이며, 아들이 아버지와 함께 다스린 시기다.
*** 굵은 글씨로 표시한 선지자는 구약 성경을 쓴 선지자들이다.

유다를 정벌한 느부갓네살

기원전 605년부터 586년까지 유다는 계속 바벨론의 침략을 받아 고통을 당했다. 서쪽에서 예루살렘을 침공한 것이 결정타였다.

연대기 문제

세 가지 요인 때문에 열왕기의 연대 측정이 매우 어렵다. (1) 남 왕국에서 특별히 시행된 제도로서, 아버지 생전에 아들이 공식적으로 즉위하여 일정 기간 아버지와 아들이 공동으로 재위하는 체제가 있었다. (2) "즉위년" 체제(이에 따르면 왕위를 물려받아 왕이 된 그 해는 즉위 원년으로 계산하지 않았다)와 "비 즉위년" 체제(이에 따르면 왕위를 물려받아 왕이 된 그 해의 나머지를 즉위 원년으로 계산했다)를 모두 사용했다. (3) 날짜를 세는 방법으로 신성한 달력(첫째 달인 니산 월로 시작하는 달력)과 일반 달력(일곱째 달인 티슈리 월로 시작하는 달력) 모두를 사용했다. 히브리 왕들의 연대기를 조화시키는 문제가 복잡해서 많은 사람들이 성경의 연대는 분명히 모순적이며, 정확히 측정할 수 없다는 절망적인 결론을 내리기도 했다. 그러나 오늘날에는 연대기 문제가 기본적으로 해결되었고, 성경의 연대는 신뢰할 만하고 정확한 것으로 증명되었다.

역대상하

게셀에 있는 묘석

역대상하는 사무엘하에서 열왕기하에 묘사된 이스라엘 역사와 동일한 시기에 대해 다른 관점으로 서술한다. 열왕기가 바벨론의 포로로 끌려간 상황에서 이스라엘의 역사를 말한다면, 역대기는 포로 생활에서 약속의 땅으로 돌아온 사람들이 포로기 이후의 관점에서 유대인의 역사를 제시한다.

사무엘이나 열왕기와 마찬가지로 역대상하도 원래 하나의 책이었다. 처음에 70인 역(구약의 헬라어 번역본)의 번역자들이 두 권으로 나누었다. "역대기"라는 이름은 제롬이 라틴어 번역본 불가타성서(서기 385-405년)에서 **크로니코룸 리베르**(*Chronicorum Liber*)라고 부른 것에서 유래했다. 제롬은 "신성한 역사 전반에 관한 연대기"라는 의미에서 이 제목을 붙였다.

저자

저자와 연대가 본문에 기록되어 있지 않지만, 유대 전승에서 말하는대로 에스라가 기록한 것이 맞을 것이다. 그렇지만 통상적으로는 이 책의 저자를 단순히 "연대기 기록자"라고 말한다. 어떤 사람들은 역대기를 에스라와 느헤미야가 함께 기록했다고 생각한다. 왜냐하면 역대기의 마지막 절(대하 36:22-23)이 에스라 1장 1절에서 3절까지 반복되기 때문이다.

기록 연대

본문 내용을 보면 기원전 5세기 경 기록했을 것이라고 추측할 수 있다. 포로기 이후의 연대가 강조되는 이유는 스룹바벨 이후의 여섯 세대에 관한 언급(대상 3:17-21)과 "다릭"으로 알려진 페르시아 동전(대상 29:7)에 대한 언급 때문이다.

역대기는 성경의 다른 어떤 책들보다도 광범위한 기간을 다룬다. 역대상의 계보와 서술의 범위는 아담에서 시작하여 다윗의 죽음까지 이른다. 역대하는 솔로몬부터 포로기까지 다윗 왕조의 몰락을 자세히 설명한다.

주제와 문학적 구조

역대기는 70년의 바벨론 포로기를 보내고 예루살렘을 재건하기 위해 돌아온 자들에게 쓴 것이다. 귀환한 포로들은 원래 종교적이고 민족적인 유업을 이은 유다 출신이었기 때문에, 남 유다의 역사가 초기 족장들과 단절되지 않음을 보여주는 것으로 묘사된다.

역대기는 제사장적인 관점으로 기록되었다. 사울의 시대부터 기원전 538년 고레스 칙령으로 이스라엘 민족이 귀환하기까지, 유다의 제사장 예배를 중심으로 주요 역사적인 주제들을 다룬다. 이 종교적 관점의 역사는 하나님이 그의 백성과 맺은 약속과 신실하심, 하나님이 하신 말씀의 능력, 하나님 백성의 삶에서 예배가 차지하는 중심적 역할을 묘사한다.

예루살렘 성전은 역대상하의 통일된 주요 주제이다. 사무엘이나 열왕기에서 발견되는 수많은 내용들이 역대기에는 빠져 있는데, 사무엘이나 열왕기는 성전이라는 주제를 전개하지 않기 때문이다. 예를 들면, 유다의 성전 재건자, 아사, 여호사밧, 요아스, 히스기야, 요시야의 통치에 대해서는 중요하게 다루지만, 북 이스라엘의 왕들은 예루살렘의 성전 예배를 거절했기 때문에 생략되었다. 성전은 백성 가운데 임재하시는 하나님을 상징하며 그 백성들의 지고한 소명을 상기시킨다. 성전은 그들의 과거와 미래를 영적으로 연결한다.

다윗 언약(대상 17:3-15)의 수령자인 다윗의 왕조와 계보는 역대기에서 중요하다. 역대상 1장에서 9장까지의 족보는 유다와 베냐민 지파를 강조하며 치우쳐 서술되는데, 그 이유는 역대기가 북 왕국과는 관련이 없고, 남 왕국과 다윗 왕가에만 연관되어 있기 때문이다. 역대기는 수세기에 걸쳐 다윗의 혈통을 이으며 언약을 지키시는 하나님을 증명한다. 줄곧 제사장적 관점을 유지하기 때문에, 레위 지파에게 특별한 관심을 기울인다.

사무엘하와 마찬가지로 역대상 전체에서 다윗의 생애를 집중적으로 다룬다. 역대상은 다윗의 재위 기간에 일어난 중요한 사건들(10-29장)을 살펴보기 전에, 다윗 왕가의 족보를 소개한다(1-9장).

사무엘서—열왕기	역대기
선지자적 관점	제사장적 관점
정치사	종교사
전쟁을 중요하게 다룸	성전을 중요하게 다룸
두 나라의 기록	유다의 기록
이스라엘 역사의 지속	다윗 계보의 지속
인간의 실패	하나님의 신실하심

<table>
<tr><th colspan="8">역대상 한눈에 보기</th></tr>
<tr><th>초점</th><th>다윗 왕조의 계보</th><th colspan="6">다윗의 통치</th></tr>
<tr><td>관련구절</td><td colspan="7">1:1 ------------ 10:1 ----------- 13:1 ------------- 18:1------------- 21:1 ------------28:1 ---- 29:30</td></tr>
<tr><td>구분</td><td>다윗의 계보와 이스라엘</td><td>다윗의 왕위 계승</td><td>언약궤를 되찾음</td><td>다윗의 승리</td><td>성전 건축 준비</td><td colspan="2">다윗의 말년</td></tr>
<tr><td rowspan="2">주제</td><td>족보</td><td colspan="6">역사</td></tr>
<tr><td>선조</td><td colspan="6">활동</td></tr>
<tr><td>장소</td><td colspan="7">이스라엘</td></tr>
<tr><td>기간</td><td>수천 년</td><td colspan="6">약 33년</td></tr>
</table>

역대상의 사건이 일어난 시기

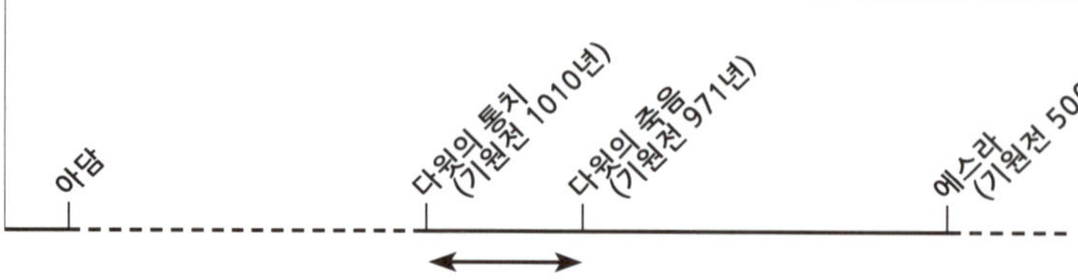

역대상 개요

1부 다윗 왕조의 족보(1:1–9:44)

1. 아담에서 아브라함까지 1:1–27

1) 아담에서 노아까지 1:1–4

2) 노아에서 아브라함까지 1:5–27

2. 아브라함에서 야곱까지 1:28–54

1) 아브라함에서 이삭까지 1:28–34

2) 이삭에서 야곱까지 1:35–54

3. 야곱에서 다윗까지 2:1–55

1) 야곱의 아들들 2:1–2

2) 유다의 아들들 2:3–55

4. 다윗에서 포로기까지 3:1–24

1) 다윗의 아들들 3:1–9

2) 솔로몬의 아들들 3:10–24

5. 12지파의 족보 4:–8:40

1) 유다의 족보 4:1–23

2) 시므온의 족보 4:24–43

3) 르우벤의 족보 5:1–10

4) 갓의 족보 5:11–22

5) 므낫세의 족보 5:23–26

6) 레위의 족보 6:1–81

7) 잇사갈의 족보 7:1–5

8) 베냐민의 족보 7:6–12

9) 납달리의 족보 7:13

2부 다윗의 통치(10:1-29:30)

역대하는 솔로몬이 왕위에 오른 때부터(1-9장) 이야기를 시작한다. 1장에서 9장까지 솔로몬 왕국의 웅장함을 이야기하지만, 성전 건축과 봉헌을 설명하는 것을 중심으로 다룬다. 10장에서 36장에서는 다윗 왕조의 역사를 이야기하는데, 특별히 성전 예배의 역사에 주목한다. 성전 재건을 명령하는 바사 왕 고레스 칙령으로 역대하는 끝을 맺는다.

역대기에 대한 기타 성경 도표나 지도나 학습 도구들은 사무엘서나 열왕기 부분에서 찾아서 참고하면 된다.

역대하 한눈에 보기

초점	솔로몬의 통치			유다 왕들의 통치		
관련구절	1:1-----------2:1----------- 8:1 ----------- 10:1----------14:1 ---------------------36:1 ---- 36:23					
구분	솔로몬의 취임	성전 완공	솔로몬 통치기의 영화	왕국의 분열	아사, 여호사밧, 요아스, 히스기야, 요시야의 개혁	유다의 멸망
주제	성전 건축			성전 파괴		
	명성			재앙		
장소	유다					
기간	약 40년			약 393년		

역대하의 사건이 일어난 시기

모세 (기원전 1500년)
솔로몬 통치 (기원전 971년)
분열 왕국 (기원전 931년)
바벨론 유수 (기원전 587년)
고레스 칙령 (기원전 538년)
에스라 (기원전 500년)

역대하 개요

1부 솔로몬의 통치(1:1-9:31)

2부 유다 왕들의 통치(10:1-36:23)

3. **아사의 통치** **14:1-16:14**
   1) 아사에 대한 평가 14:1-8
   2) 구스에게 승리 14:9-15
   3) 아사랴의 권면 15:1-7
   4) 아사의 개혁. 15:8-19
   5) 아람에게 승리 16:1-6
   6) 하나니의 책망. 16:7-10
   7) 아사의 죽음. 16:11-14
4. **여호사밧의 통치** **17:1-20:37**
   1) 여호사밧에 대한 평가 17:1-6
   2) 제사장들과 레위인들의 교훈 17:7-9
   3) 왕국의 확장. 17:10-19
   4) 아합과 동맹을 맺음 18:1-19:4
   5) 여호사밧의 개혁 19:5-11
   6) 모압과 암몬에게 승리 20:1-30
   7) 여호사밧의 통치 요약 20:31-34
   8) 여호사밧의 죄와 죽음. 20:35-37
5. **여호람의 통치** . . . . **.21:1-20**
   1) 여호람에 대한 평가 21:1-7
   2) 에돔과 립나의 배반 21:8-11
   3) 엘리야의 경고. 21:12-15
   4) 블레셋과 아라비아의 침략. 21:16-17
   5) 여호람의 죽음 21:18-20
6. **아하시야의 통치** **22:1-9**
7. **아달랴의 통치** **22:10-23:15**
8. **요아스의 통치** **23:16-24:27**
   1) 여호야다의 개혁 23:16-21
   2) 요아스에 대한 평가 24:1-3
   3) 성전 보수. 24:4-14
   4) 여호야다의 죽음 24:15-16
   5) 여호야다의 아들을 살해함 24:17-22

성전

예루살렘에 위치한 성전은 유대 민족의 종교적 삶의 중심이었다. 유일하신 참 하나님을 예배하기 위해 봉헌된 이 신성한 곳에서, 제사장들은 이스라엘 민족의 죄를 속하려고 하나님께 희생 제사를 드렸다. 성전에서 제사를 드리며 유대인들은 자신들의 창조자의 율법과 가르침을 따라 살기로 서약하였다.

성전을 짓기 전에는 성막에서 예배했다. 이스라엘 역사 중 상당 기간, 성막은 이스라엘 민족이 광야 생활을 할 때(출 40장), 그들과 동행하며 이곳저곳으로 이동했다. 하지만 그들이 약속의 땅에서 정착하자, 하나님은 그의 종 다윗에게 성전을 건축하도록 명하셨다. 예배를 위해 봉헌되었으며 성막에 비해 더 화려했던 이 건축물은 그들의 수도에 영구적인 고정물이 되었다(대상 28장).

유대 천 년의 역사 동안 세 개의 성전이 예루살렘에 세워졌다. 이 세 개의 성전은 같은 장소, 즉 모리아 산으로 알려진 예루살렘 동쪽에 있는 언덕에 세워졌다(대하 3:1).

첫 번째 성전은 기원전 960년 경 솔로몬 왕이 건축했는데, 성전 입구에 두 개의 돌기둥이 양쪽에 있고, 계단이 10개이며, 약 3미터 높이에 세웠다. 수천 명의 일반 노동자들과 숙련된 기술자들이 이 건축에 참여했다(왕상 6-7장, 대하 3:4). 바벨론 사람들이 기원전 586년 예루살렘을 함락하면서 이 성전은 파괴되었다. 그러나 바사 왕 고레스가 유대 백성들의 예루살렘 귀환을 허락했을 때, 그는 같은 자리에 이 성전을 재건하도록 허가했다(스 1장). 스룹바벨의 성전이라고 알려진 이 건축물은 선지자 학개와 스가랴의 촉구로 기원전 약 515년에 완성했다(스 6:13-15).

수세기 후에, 팔레스타인의 로마 총독 헤롯 대왕은 유대인들을 달래기 위해서 돌과 황금으로 만들어 화려하게 장식한 흰 색깔의 세 번째 성전 건축을 명령했다. 이 성전이 예수님께서 자신의 부활을 말씀하시며 언급하신 그 건축물이다(요 2:19-20). 예수님께서 예언하신 것처럼, 이 성전은 예수님이 부활하여 승천하신 지 약 40년 후(서기 약 70년)에 로마에 의해 파괴되었다.

솔로몬의 성전에는 성전 안뜰과 성전 바깥뜰이 있었다고 구약에서 설명한다. 성전 안뜰에 있었던 주요 기구들은 (1) 번제에 사용한 놋단(왕상 8:22, 64, 9:25) (2) 제사장들의 정결 예식을 위한 놋바다(왕상 7:23-26) (3) 등에 놋바다를 받치고 있는, 놋으로 만든 소 12마리이다(왕상 7:25).

성전 안뜰은 성소로 알려진 곳인데, 거기에는 금으로 만든 분향단, 진설병을 놓는 상, 다섯 벌의 등대(燈臺), 희생 제사에 사용하는 도구들이 있었다(왕상 7:48-50). 이곳을 넘어가면 지성소가 나오는데, 오직 대제사장만 들어갈 수 있도록 엄격히 제한된 장소였다. 대제사장도 일 년에 오직 한 번 속죄일에, 자신의 죄를 속하고 난 후 민족의 죄를 속하기 위해서만 들어갈 수 있었다(레 16장). 이 지성소에는 십계명을 새긴 돌 판이 담긴 언약궤가 있었다. 지성소에 구름이 가득 덮이면 하나님이 임재하셨음을 분명히 알 수 있었다(왕상 8:5-11).

예수님은 몇 가지 점에서 성전과 관련이 있다. 예수님은 성전을 존중하셨으며 성전을 "내 아버지의 집"이라고 말씀하셨다(요 2:16). 희생 제물을 팔아서 "기도하는 집"을 더럽히는 상인들을 성전에서 내쫓을 만큼 성전을 향한 열심히 있었다(막 11:15-17). 예수님은 하나님의 집을 귀하게 여겼지만, 다른 한편 자신이 성전보다 위대하다고 가르치기도 하셨다(마12:6).

예수님이 성전보다 위대하다는 사실은, 그분이 돌아가시자 성소의 휘장이 위에서 아래로 찢어지면서 분명히 드러났다(마 27:51). 성전의 휘장은 유대인 대제사장을 제외하고는 어떤 사람도 들어가지 못하도록 지성소 앞에 걸려 있었다. 찢어진 휘장은, 우리를 위한 예수 그리스도의 희생적 죽음으로 모든 성도가 하나님의 아들 예수 그리스도를 통해 담대히 하나님께 다가갈 수 있음을 상징한다.

주를 위해 수감된 사람들

인물	상황
요셉 (창 39:7-23, 41:1-5)	보디발의 아내가 성적으로 유혹했지만 거절한 결과 거짓 고소를 당해 감옥에 갇힌다. 결국 하나님의 계획으로 지도자의 위치에 오른다.
삼손 (삿 16:21-31)	애인 들릴라에게 속아 힘의 비밀을 누설했으며 그 결과 블레셋에게 체포되었고, 블레셋 사람들은 그를 전리품으로 끌고 다녔다. 하나님께서 복수할 힘을 주셔서 블레셋에서 복수하는 과정에서 목숨을 잃는다.
미가야 (왕상22:1-38)	아합이 전쟁에서 승리할 것이라고 거짓 예언하는 다른 선지자들의 무리에 가담하지 않아서 감옥에 갇힌다. 아합은 전쟁에서 죽었다.
하나니 (대하16:7-10)	하나님의 선견자로서 아사 왕이 수리아를 의지하는 것을 꾸짖었고 그 때문에 옥에 갇혔다.
예레미야 (렘 37-38장)	유다가 갈대아 인들의 포위를 견디지 못할 것이라고 예언했으며 그 후 탈영했다는 이유로 옥에 갇혔다. 후에 시드기야 왕에게 경고를 반복했고 구덩이에 던져졌다. 세 번째 시드기야에게 경고했으며 나라가 바벨론의 수중에 넘어가기 전까지 감옥의 뜰에 있었다.
세례 요한 (마 14:1-12)	헤롯 안디바와 그의 이복형제의 아내이자 조카딸인 헤로디아의 결혼을 반대했기 때문에 옥에 갇혔다. 나중에 헤로디아의 책략으로 사형당했다.
베드로와 요한 (행 4:1-21)	한 사람을 기적적으로 치유한 후, 예수를 따르는 새 운동의 대변자라는 이유로 옥에 갇혔다. 예수에 대해 가르치지 말라는 엄중한 경고를 받고 풀려났으나 즉각 이 금지조치를 무시하였다.
바울과 실라 (행 16:16-40)	빌립보의 젊은 여자를 귀신과 그의 주인들의 손아귀에서 풀어주었으며, 그 때문에 모함을 받아 맞고 옥에 갇혔으나 기적적으로 풀려났다. 후에 그들의 로마 시민권으로 자신들의 권리를 주장하였다.
바울 (행 21:30-28:31)	적대적인 유대인들에게 습격당했고, 로마 군인들에게 구조되었으며 지방 총독에게 심리를 받았다. 결국 로마제국의 죄수로 수감된 채 로마로 이송되었다.

성경에 나오는 성전들

성전	연대	설명	관련구절
성막 (움직이는 성전)	기원전 약 1444년	모세가 하나님에게서 자세한 설계를 받았다. 하나님이 지명하신 장인들이 건설했다. 나답과 아비후가 더럽혔다.	출 25-30장 출 35:30-40:38 레 10:1-7
솔로몬의 성전	기원전 966-586년	다윗이 계획했다. 솔로몬이 건설했다. 느부갓네살이 파괴했다.	삼하 7:1-29 왕상 8:1-66 렘 32:28-44
스룹바벨의 성전	기원전 516-169년	스룹바벨이 구상했다. 스룹바벨과 유대인 장로들이 건설했다 안티오쿠스 에피파네스가 더럽혔다.	스 6:1-22 스 3:1-8, 4:1-14 마 24:15
헤롯의 성전	기원전 19년-서기 70년	헤롯 왕이 재건했다. 로마가 파괴했다.	막 13:2, 14-23 눅 1:11-20, 2:22-38, 2:42-51, 4:21-24 행 21:27-33
현재의 성전	현재	성전은 성도의 마음속에 있다. 메시야가 재림하실 때까지 성도의 몸이 하나님의 유일한 성전이다.	고전 6:19, 20 고후 6:16-18
요한계시록 11장의 성전	환란기	환란기에 적그리스도가 세우고, 더럽히고 파괴한다.	단 9:2 마 24:15 살후 2:4 계 17:18
에스겔(천년 왕국)의 성전	천년 왕국	선지자 에스겔이 환상을 보았다. 메시야가 천년 왕국 시기에 건축한다.	겔 40:1-42:20 슥 6:12, 13
그리스도가 임재하는 영원한 성전	영원한 왕국	가장 위대한 성전 ("주 하나님 곧 전능하신 이와 및 어린양이 그 성전이심이라") 영적인 성전	계 21:22 계 22:1- 21
헬라어로 **히에론**(*hieron*)은 예배 장소로, 주로 하나님께 민족적인 예배를 하기위해 지은 신성하고 거룩한 공간이다.			

에스라

에스라서는 70년의 포로생활이 끝난 후 하나님의 백성이 약속의 땅으로 돌아온다는 약속을 하나님께서 어떻게 성취하시는지 보여줌으로써 역대하의 이야기를 잇는다. 바벨론에서 이스라엘이 "제2의 출애굽"을 한 사건은 단지 바벨론을 떠나기로 선택한 남은 자들에 국한된 이야기이기 때문에 출애굽 사건보다는 덜 인상적이다. 에스라서는 바벨론에서 돌아온 두 번의 귀환 이야기와 관련이 있다. 첫 번째 귀환은 성전을 재건하기 위해 스룹바벨이 이끌었으며(1-6장), 두 번째 귀환은 백성들의 영적 상태를 재건하기 위해 에스라의 지도 하에 이루어졌다(7-10장).

히브리어 원본과 헬라어 성경 70인 역에서는 에스라서와 느헤미야서를 한 권으로 취급한다. 라틴어 번역본과 마찬가지로 영어 번역본에서는 두 권으로 나눈다.

저자

에스라가 특정 저자로 언급되지 않지만, 가장 유력하다. 유대 전승(탈무드)도 이 책을 에스라의 저작이라고 여기고 있으며, 이 책의 일부는 에스라의 일인칭 관점으로 기록되어 있다(7:28-9:15). 역대기처럼 제사장을 강력하게 강조한다. 에스라는 엘르아살, 비느하스, 사독의 계보를 잇는 제사장 가문 아론의 직계 후손이었다(7:1-5).

기록 연대

이스라엘 백성들은 기원전 605년, 597년, 586년 세 번에 걸쳐 포로로 끌려간 것처럼, 세 번에 걸쳐 귀환했다. 기원전 약 538년에 스룹바벨의 인도로 1차 귀환했다. 상당한 시간이 흐른 후 기원전 약 520년에서 516년까지 성전을 재건하는 것으로 이 귀환이 마무리되었으며, 이 때 선지자 학개와 스가랴가 성전 재건을 격려했다. 기원전 약 458년 아닥사스다 왕 7년에 에스라가 2차 귀환을 주도했다. 기원전 약 444년 아닥사스다 왕 20년에 느헤미야가 마지막 귀환을 이끌었다. 연대기적으로, 에스더서의 사건은 1차 귀환과 2차 귀환 사이인 기원전 483년에서 473년, 10년에서 12년 동안에 일어났다.

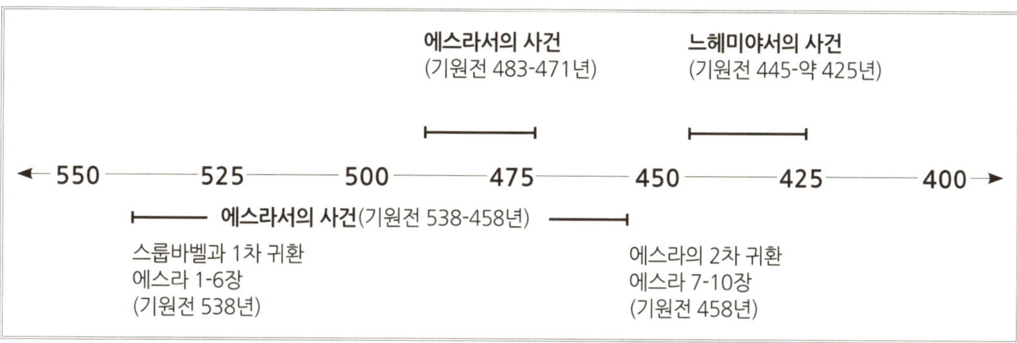

에스라가 실제 저자이자 편집자라면, 그는 아마 7장에서 10장의 사건이 일어난 기원전 457년과 느헤미야가 예루살렘에 도착한 기원전 444년 사이에 이 책을 썼을 것이다. 에스라서에 해당하는 기간에, 인도에서는 부처가(기원전 약 560-480년), 중국에서는 공자가(기원전 551-479), 그리스에는 소크라테스가(기원전 470-399년)가 있었다.

주제와 문학적 구조

에스라서는 바벨론에서 돌아온 처음 두 번의 귀환에 대한 이야기이다. 1차 귀환은 스룹바벨이, 2차 귀환은 10년 후 에스라가 이끌었다. 에스라서는 1장에서 6장의 성전을 재건하는 내용과 7장에서 10장 백성의 개혁, 두 부분으로 나눌 수 있다.

재건이 에스라서의 기본 주제이다. 스룹바벨과 에스라는 성전을 재건한 것은 물론이고, 예루살렘에 돌아온 자들의 영적, 도덕적, 사회적 삶을 재건하려고 애썼다. 여러 반대와 어려움을 무릅쓰고 이 두 가지를 다시 세우려고 노력했다.

성전과 백성의 삶을 재건하는 것은 타민족과 이방 신앙과 결별하고, 동시에 하나님의 백성이라는 이스라엘의 특별한 정체성과 믿음을 재확인해야 가능하다. 바사 제국의 통치를 받는 상황 속에서 이 일을 시도했는데, 바사 제국은 제국 내의 여러 종교들을 하나로 통합하려는 종교 정책을 주로 시행했다. 제국 내 여러 민족들은 자신들의 독특한 문화를 유지하도록 장려 받았지만, 종교적 배타주의는 허용되지 않았다. 이러한 환경에서, 유대인들은 유일하신 하나님의 특별한 계시를 소유하고 있다는 모든 권리를 포기해야 하는 엄청난 시련을 겪었다. 더구나 주위 이방 문화와 자신들을 구별하기 위해 마련한 여러 행동양식들도 포기해야 하는 대단한 시험도 있었다. 이런 상황에서, 이방 종교의 영향력을 모두 없앤 성전 예배를 재설립하는 것과, 타민족과 통혼한 백성을 정화시키는 일이 모두 필요했다.

강력한 제국의 포로가 된 상황 가운데에서 자신의 백성을 주권적으로 보호하신 방법을 통해 하나님의 신실하심이 잘 드러난다. 이스라엘 백성은 포로기에 번성했으며, 하나님은 그들이 요구하는 것에 공감하여 고토를 재건하라고 장려하는 이교도 왕을 세우셨다. 하나님은 또 귀환과 재건을 이끌 열정적이고 유능한 지도자도 세워 주셨다.

에스라 한눈에 보기

초점	성전의 재건		백성의 개혁	
관련구절	1:1 ----------------3:1 ----------------------7:1		---------------------- 9:1 ---------------- 10:44	
구분	예루살렘으로 1차 귀환	성전 건축	예루살렘으로 2차 귀환	백성의 개혁
주제	스룹바벨		에스라	
	49,897명 1차 귀환		1,754명 2차 귀환	
장소	바사에서 예루살렘으로		바사에서 예루살렘으로	
기간	22년(기원전 538-516년)		1년(기원전 458-457년)	

에스라의 사건이 일어난 시기

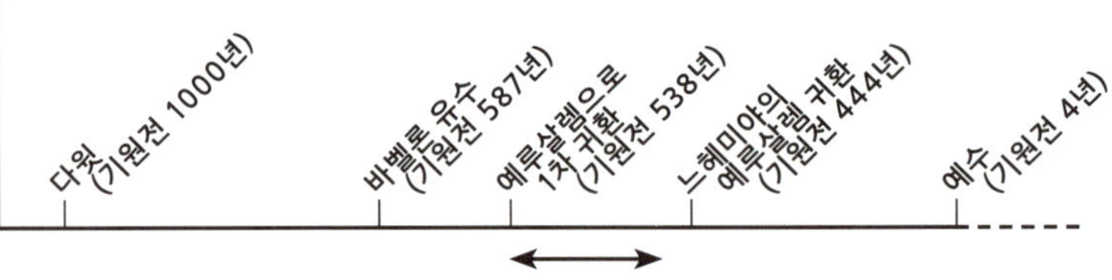

에스라 개요

1부 하나님의 성전 재건 (1:1-6:22)

1. 스룹바벨 인도 하의 1차 귀환 1:1-2:70
   1) 고레스 칙령 1:1-4
   2) 이스라엘과 고레스의 예물 1:5-11
   3) 귀환한 인구를 조사 2:1-63
   4) 귀환 완료 2:64-70
2. 성전 건축 3:1-6:22
   1) 성전 기초 공사 3:1-13
   2) 성전 건축의 중단 4:1-24
   3) 성전 완성 5:1-6:18
   4) 유월절 기념 6:19-22

2부 하나님 백성의 개혁 (7:1-10:44)

포로 귀환

바사의 고레스가 기원전 539년에 바벨론을 점령했을 때, 정부는 포로로 끌려온 민족들을 온건하게 통치했으며, 유다에게 고토로 돌아가는 길이 열리기 시작했다. 고레스의 등극과 승리는 이사야 44장 28절에서 45장 4절의 예언이 성취된 것이었다. 기원전 538년에서 537년 스룹바벨 인도 하의 1차 귀환, 기원전 458년 에스라 인도 하의 2차 귀환, 기원전 444년 느헤미야 인도 하의 3차 귀환으로 남은 백성들이 고토로 돌아왔다.

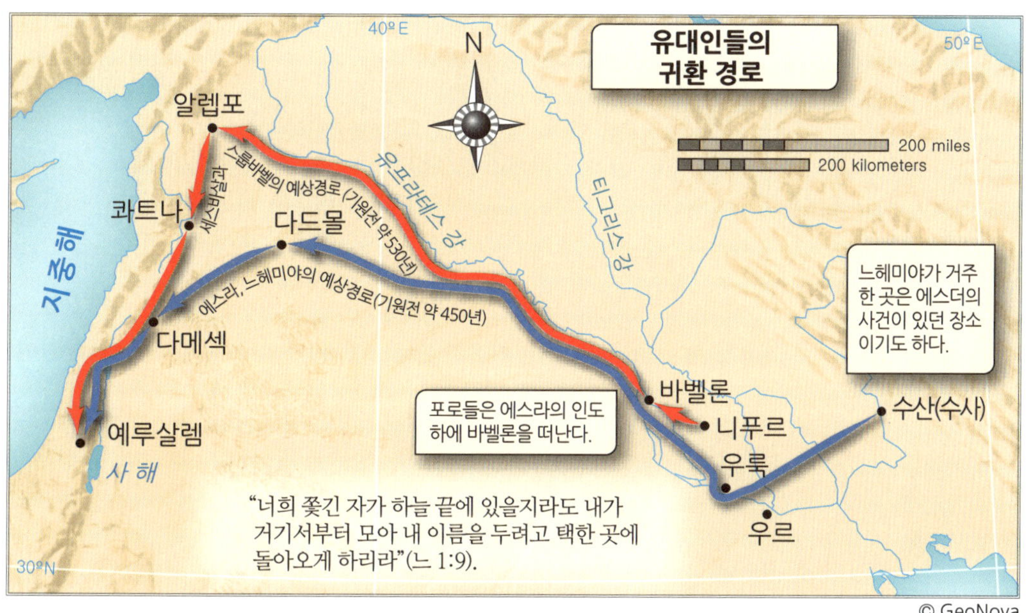

© GeoNova

느헤미야

느헤미야는 에스라와 동시대 사람이고, 바사 왕궁에서 왕의 술잔을 드는 자였는데, 바벨론 유수 이후 세 번째이자 마지막으로 예루살렘 귀환을 이끌었다. 바사 왕에게 그의 고향으로 돌아가도 좋다는 허락을 받은 후, 느헤미야는 자신의 동포들에게 무너진 성벽을 재건하자고 도전한다. 반대에도 불구하고 단 52일 만에 성벽 재건을 완공했다. 신실한 삶과 뛰어난 지도력으로 백성들의 영적 부흥과 삶을 개혁하는 과업은 수년이나 걸렸다.

느헤미야서는 에스라서를 보충한다. 느헤미야서는 기원전 5세기 중엽 유다와 예루살렘에서 벌어진 종교 및 사회 개혁에 대한 추가 정보를 제공한다. 이 책의 오늘날 제목은 1장 1절에 나오는 주인공 느헤미야에서 유래한다. 원래 히브리 성경에서는 에스라와 한 권으로 묶여 있는데, 라틴어로 번역될 때 두 권으로 나누어졌다.

저자

히브리 성경에서는 에스라서와 느헤미야서를 한 권으로 취급하기 때문에, 그리고 두 책의 문체와 견해가 매우 유사하기 때문에, 많은 학자들이 에스라서와 느헤미야서를 원래 같은 사람이 편집했으며, 아마도 에스라일 것이라고 생각한다. 1장 1절에 서술된 "느헤미야의 말이라"는 내용은 매우 중요하다. 일인칭으로 서술된 느헤미야의 이야기가 이 주장을 뒷받침하고 있다. 에스라가 이 책을 편집했다면, 분명 느헤미야의 기록을 직접 인용했을 것이다.

느헤미야는 아닥사스다 왕의 술잔을 드는 자로서 책임이 막중한 자리에 있었다. 이는 단지 음료를 담당하는 사람이라기보다는 왕의 개인적인 조언자에 더 가깝다. 왕이 결국 그를 유다의 총독으로 삼았다는 것을 볼 때 느헤미야는 상당한 행정 능력을 갖춘 사람이었을 것이다. 술관원은 주로 거세된 남자였으며, 그렇기 때문에 느헤미야의 가족에 대한 언급이 없을 것이다.

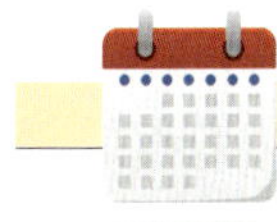

기록 연대

느헤미야는 그와 동시대인인 에스라의 사역과 밀접한 관련이 있다. 에스라는 제사장으로서 영적인 부흥을 위해 애썼으며, 느헤미야는 총독으로서 물리적이고 정치적인 재건을 위해 노력하면서 백성들의 도덕적인 개혁을 이끌었다. 그들은 포로기 이후 남은 자들의 삶을 재건하는 일에 효과적인 팀으로 사역한 것이다. 구약의 마지막 선지자인 말라기도 이 시기에 사역했는데, 영적이고 도덕적인 방향을 추가로 제시해 주었다.

느헤미야서는 기원전 444년 바벨론 포로에서 돌아온 3차 귀환을 둘러싼 사건에 초점을 맞춘다. 느헤미야는 유다의 총독으로 두 번 일했다. 그의 1차 총독 재임 기간은 12년이었고(5:14), 그가 바벨론으로 돌아가면서 끝났다(13:6). 그러고 나서 느헤미야는 "며칠 후에" 예루살렘으로 돌아왔다. 거의 그렇게 보이는데, 만약 왕이 아직 아닥사스다 1세였다면, 느헤미야는 왕이 죽기 전인 기원전 424년 이전에 두 번째 임기를 시작했을 것이다. 따라서 느헤미야서는 아마 기원전 430년과 420년 사이에 기록되었을 것이다.

주제와 문학적 구조

느헤미야서는 구약에서 마지막으로 하나님의 백성의 역사를 설명하는 책으로, 이것은 약속된 메시야가 탄생하기 약 400년 전이다. 느헤미야서는 크게 두 부분으로 나뉜다. 성벽의 재건(1-13장)과 백성의 회복(8-13장)이다.

에스라서가 유다의 종교적인 회복을 다루는 반면, 느헤미야서는 주로 유다의 정치 및 지리적 회복에 초점을 맞춘다. 느헤미야서의 초반부는 예루살렘의 성벽 재건에 대단한 관심을 기울이는데, 이는 예루살렘이 유다의 영적인 중심이자 정치적인 중심이기 때문이다. 성벽이 없다면 예루살렘은 도시라고 보기 어려울 정도였다.

다른 구약과 마찬가지로 느헤미야서에서도 그의 백성과 맺은 하나님의 언약이 매우 두드러진다. 구약은 이스라엘의 역사를 언약에 신실했는지, 불순종했는지의 관점에서 다룬다. 느헤미야 9장 1절에서 10장 39절은 이방인과 통혼하지 않고 하나님의 명령을 지키겠다는 백성 스스로의 언약 갱신 의식을 기록한다.

성벽을 재건하는 과정에 대한 포괄적인 이야기에서 자기 백성을 신실하게 돌보시는 하나님의 모습이 빛을 발한다. 반대세력이 매우 강했음에도 불구하고 성벽 재건을 완수할 수 있었다. 느헤미야가 예루살렘에서 직면했던 사마리아와 암몬 족속의 집중적인 반대뿐 아니라, 바사 왕이 성벽 재건을 허락했을지도 의문이다. 거의 압도적인 난관에도 불구하고, 52일 만에 성벽 재건을 마쳤으며, 느헤미야의 적들도 그것이 하나님의 역사임을 인정했다 (6:15-16).

느헤미야 한눈에 보기				
초점	성벽 재건		백성의 회복	
관련구절	1:1 --------------------3:1	-----------------------8:1	----------------------11:1	-------------- 13:31
구분	성벽 재건 준비	성벽 재건	언약의 갱신	언약에 순종함
주제	정치적		영적	
	건축		가르침	
장소	예루살렘			
기간	19년(기원전 444-425년)			

Nelson's Complete Book of Bible Maps and Charts © 1993 by Thomas Nelson, Inc.

느헤미야의 사건이 일어난 시기

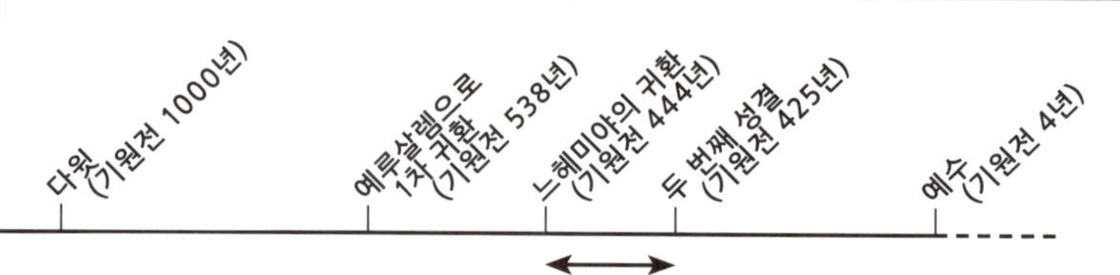

느헤미야 개요

1부 성벽 재건(1:1-7:73)

1. 성벽 재건 준비 1:1-2:20
   1) 무너진 성벽의 발견 1:1-3
   2) 느헤미야의 중보기도 1:4-2:8
   3) 예루살렘에 도착한 느헤미야 2:9-11
   4) 성벽 재건 준비 2:12-20
2. 성벽 재건 3:1-7:73
   1) 건축자들의 기록 3:1-32
   2) 재건에 대한 반대 4:1-6:14

2부 백성의 회복(8:1-13:31)

바사의 왕들

에스라서의 사건들은 기원전 약 538년 고레스 왕 재위 기간(기원전 약 538년)에 시작된다. 느헤미야서의 사건들은 바사 왕 아닥사스다 1세의 재위 기간(기원전 465-424년)과 들어맞는다. 에스더는 아닥사스다의 계모였으며, 그가 느헤미야를 왕의 술관원으로 지명하도록 조정했을 가능성이 있다. 느헤미야는 아닥사스다 왕 20년에 바사를 떠났으며(2:1), 아닥사스다 왕 32년에 바사로 돌아왔고(13:6), 다시 "며칠 후"(13:6), 아마 기원전 약 425년에 예루살렘으로 돌아갔다.

고레스	캄비세스	스메르디스	다리오 1세	크세르크세스 1세 (아하수에로)	아닥사스다 1세	크세르크세스 2세	다리오 2세
559-530년	530-522년	522년	522-486년	(486-465년)	465-424년	424년	423-404년

← 575 —— 550 —— 525 —— 500 —— 475 —— 450 —— 425 —— 400 →

종 느헤미야

바사 왕이 귀히 여기는 충신 느헤미야는 왕의 독살을 방지하는 술관원이었다. 왕의 술을 선택하고 맛보는 느헤미야의 임무는 그에게 항상 왕을 접할 수 있는 기회를 주었다. 느헤미야는 또 하나님과 유대 백성의 귀중하고 충성된 종인 것을 스스로 입증했다.

종은 ……	하나님이 …… 하시기 때문에
백성을 위해 **기도한다**(1:4).	그분의 언약을 **지키신다**(1:5).
백성을 위해 **계획을 세운다**(2:6-8).	그의 심중에 계획을 **품게 하신다**(2:12).
백성을 위해 적에게 **굴하지 않는다**(4:9, 23).	적의 계획을 **빗나가게 하신다**(4:15, 20).
백성들이 연합하도록 **호소한다**(5:10, 11).	그 연합을 **기뻐하신다**(5:9, 13).
거짓을 인식하며 **신실함을 지킨다**(6:2, 8, 12).	열방 중에 그의 이름을 **선포하신다**(6:16).

느헤미야의 성벽 재건 사업

느헤미야서에는 예루살렘 성의 지리적인 경계표가 많이 언급되어 있다(3:12-18, 12:27-39). 스룹바벨, 에스라, 느헤미야에 의해 재건된 포로기 이후의 예루살렘은 기원전 586년 바벨론에게 함락 당할 당시보다 축소되었으며 그다지 웅장하지도 않았다.

느헤미야 시대의 예루살렘

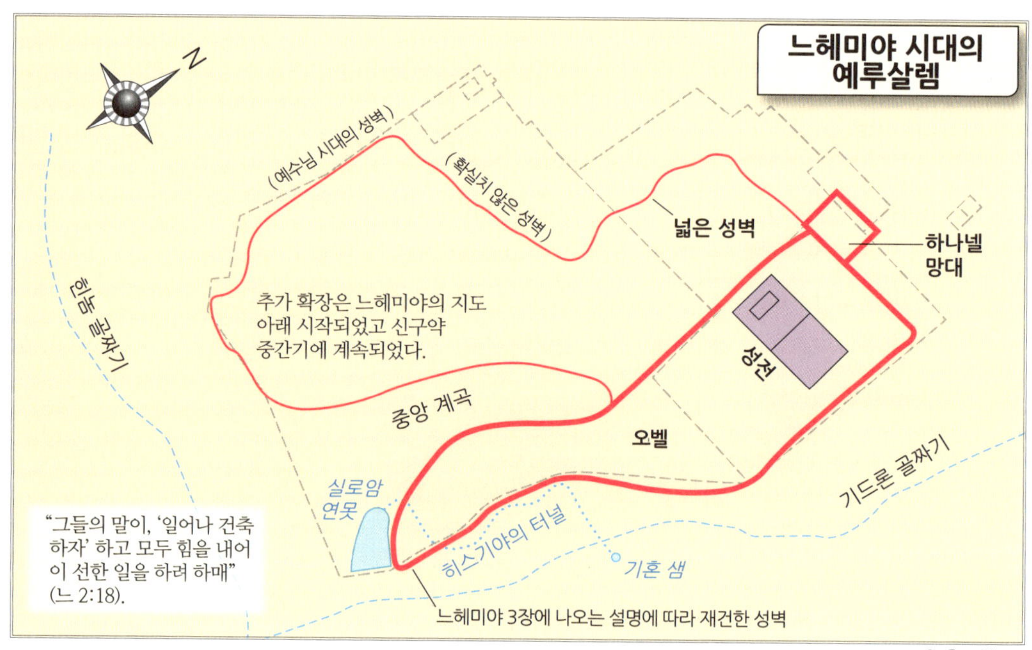

에스더

비록 하나님이라는 이름은 단 한 번도 나오지 않지만, 그분의 백성을 위한 하나님의 섭리와 보호의 손길은 에스더서를 통해 분명히 드러난다. 유대인을 말살하려는 하만의 음모로 하나님의 백성이 심각한 위험에 처했는데, 에스더의 용기와 그녀의 친척 모르드개의 지혜로운 모략으로 이 음모는 와해되었고, 그 결과 유대인들은 놀라운 구원을 경험한다. 유대인의 부림절은 하나님의 신실하심을 기념하는 절기가 되었다.

저자

저자가 누구인지 에스더서 본문에는 분명한 기록이 없지만, 바사의 관습, 수산 궁, 아하수에로 왕의 재위 기간에 있었던 사건들에 대해 상세하게 아는 것을 보면, 이 시기에 바사에서 살던 사람이 썼을 것이다. 유다 민족주의와 유다 민족에 대해 아주 잘 알고 있는 것을 보면, 저자가 유대인일 가능성도 있다. 에스라와 느헤미야가 저자라는 견해도 있지만, 에스더서의 문체는 에스라서와 느헤미야서의 문체와 아주 다르기 때문에, 어떤 견해도 추측에 불과하다.

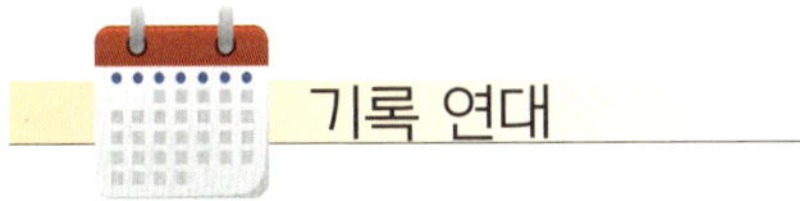

기록 연대

에스더서에 기록된 사건은 기원전 483-473년에 일어난 것이며, 이 기간은 스룹바벨이 이끈 1차 귀환과 에스라의 2차 귀환 사이의 시기로, 에스라 6장과 7장의 기간과 들어맞는다. 저자가 아하수에로 왕을 과거 시제로 말하고 있는 점은(1:1), 이 책이 아닥사스다 1세의 재위 기간인 기원전 465-424년 경 기록된 것을 암시한다. 언어학적으로는, 이 책이 기원전 5세기 후반부나 4세기 초에 속하는 것으로 보인다.

주제와 문학적 구조

역사적으로 이 책은 바벨론 포로기간 중 유대인 역사의 단편을 보여준다. 에스더서는 팔레스타인으로 돌아가기보다는 바사에 남기로 선택한 유대 민족에 대한 유일한 성경 이야기이다.

에스더서의 역사적 특성을 의심할 이유는 거의 없지만, 에스더서는 상당한 실력으로 위기와 구원의 복잡한 구성을 제시하고 있는 매우 정교한 문학 작품이다. 에스더서는 두 개의 주요 부분으로 나눌 수 있다. 바로 유대인에게 닥친 위협(1-4장)과 유대인의 승리(5-10장)이다.

신학적으로 보면, 하나님의 이름이나 심지어 "하나님"이라는 단어조차 본문에서 발견할 수는 없지만, 하나님이 그분의 백성을 섭리적으로 보호하신다는 주제가 이 책 전반에 깔려 있다. 하나님은 그 백성을 연단하시지 포기하지는 않으신다. 이스라엘의 하나님은 역사의 주관자이시며, 그분의 섭리는 에스더서의 모든 장에 분명히 드러난다. 에스더는 "우연히" 왕비로 선택되었으며, 그녀의 사촌 모르드개는 "우연히" 왕을 암살하려는 음모를 저지하였고, 왕은 "우연히" 적절한 시기에 모르드개의 상소문을 읽었다. 하지만 이 책은 아무것도 우연히 일어나지 않았으며, 하나님은 아브라함의 자손과 맺으신 약속을 지키시기로 결심하셨고 분명히 다스리고 계신다는 것을 암시한다.

에스더서에서는 하나님의 백성이 어떻게 반응했는지도 중요하게 다룬다. 유대인에게 닥친 어려움은 모르드개가 하나님 외의 다른 신을 경배하려고 하지 않았기 때문에 생긴다. 모르드개는 자신과 민족의 생명을 구하기 위해서라도 하나님에 대한 헌신을 포기하지 않았을 것이다.

에스더서에는 축제라는 주제가 매우 두드러진다. 총 10회의 잔치가 언급되어 있으며, 이야기의 결정적인 전개가 전형적으로 축제일에 일어난다. 예를 들면, 와스디가 왕에게 불순종한 사건, 이스라엘 백성을 구하려는 에스더의 시도, 하만의 음모가 드러나고 처형당한 일 등이 모든 사건들이 축제일에 발생했다. 이는 에스더서에서 유다 부림절의 기원을 설명하려는 중요한 목적을 부각시키기 위함이다(9:18-32).

에스더 한눈에 보기

초점	유대인에게 닥친 위협		유대인의 승리	
관련구절	1:1 ------------------ 2:21 --------------------- 5:1		----------------------- 8:4 ----------------- 10:3	
구분	왕비로 간택된 에스더	음모를 꾸미는 하만	하만에게 승리한 모르드개	대적들에게 승리한 이스라엘
주제	아하수에로의 축제		에스더의 축제와 부림절	
	심각한 위험		위대한 구원	
장소	페르시아			
기간	10년(기원전 483-473년)			

Nelson's Complete Book of Bible Maps and Charts © 1993 by Thomas Nelson, Inc.

에스더서의 사건이 일어난 시기

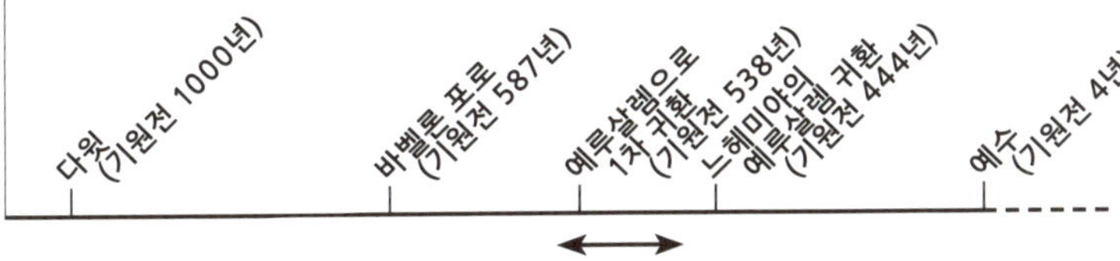

다윗(기원전 1000년)
바벨론 포로(기원전 587년)
예루살렘으로 1차 귀환(기원전 538년)
느헤미야의 예루살렘 귀환(기원전 444년)
예수(기원전 4년)

에스더 개요

1부 유대인에게 닥친 위협(1:1–4:17)

1. 왕비로 간택된 에스더 1:1–2:20
1) 왕비 와스디가 쫓겨남 1:1–22
2) 에스더가 왕비가 됨 2:1–20

2. 음모를 꾸미는 하만 2:21–4:17
1) 왕을 살해할 음모를 폭로하는 모르드개 2:21–23
2) 유대인을 살해할 음모를 꾸미는 하만 3:1–4:17

2부 유대인의 승리(5:1–10:3)

1. 하만에게 승리한 모르드개 5:1–8:3
1) 승리의 서막 5:1–6:3
2) 왕이 모르드개를 높임 6:4–14
3) 모르드개를 죽이려고 준비한 교수대에 달리는 하만 7:1–10
4) 하만의 집을 관리하게 된 모르드개 8:1–3

2. 대적들에게 승리한 이스라엘 8:4-10:3

1) 이스라엘의 승리를 위한 준비 8:4-17

2) 대적들에게 승리하는 이스라엘 9:1-16

3) 이스라엘의 축제 9:17-10:3

에스더서에 등장하는 바사의 풍습

에스더서는 기원전 5세기, 아하수에로(크세르크세스) 왕 재위 기간에 바사 제국의 수도 수산(수사)에서 있던 사건을 기록한다. 다리오 1세는 유대인에게 원하면 고국으로 돌아가도록 허락했는데 그가 사망하고 그의 아들 아하수에로가 왕이 되었다. 아하수에로는 왕비 와스디가 불순종하자, 그녀를 쫓아내고 에스더와 결혼했다.

바사 왕궁의 축제는 그들의 화려함과 부귀를 보여 준다. 에스더서에는 침대나 긴 의자에 기대어 음식을 먹는 바사의 관습을 묘사되어 있다. 모든 식기는 금으로 만들어졌고 "잔의 모양이 각기 달랐다"(1:7).

바사의 왕은 특별한 법으로 보호를 받았다. 에스더 1장 14절은 "왕을 대면하는" 일곱 대신을 언급한다. 이들은 왕의 조언자인 가장 높은 귀족이었다. 왕이 부른 사람만 왕을 방문할 수 있었는데, 이는 암살로부터 그를 보호하기 위함은 물론이고, 왕의 엄위를 의미하는 것이다. 에스더는 아하수에로가 부르지도 않았는데 그에게 나아가야한다는 것이 두려웠다. 그렇게 왕을 방문하면 사형을 당할 수 있기 때문이다(4:11).

바사 제국은 우편 제도가 잘 정비되어 있었다(3:13). 공문서는 왕의 반지(8:8)로 인증했다. 고대 바사의 문서는 두 가지 방식으로 봉인했다. 파피루스에 쓴 것이면 인장 반지로, 점토판에 쓴 것이면 원통형 돌 도장으로 봉했다. 왕궁이 있던 도시 페르세폴리스에서 발굴된 물건들 중에 크세르크세스 왕이 소유하던 원통형 돌 도장이 있었다.

에스더서는 또 "바사와 메대의 법률"에 대해서도 언급한다(1:19). 이 구절은 바사 제국을 엄한 법으로 다스렸음을 말한다. 한 번 공포된 법은 왕이라 할지라도 바꾸거나 철회할 수 없었다.

구약의 여성들

에스더는 구약에 나오는 두드러지는 여성 중 한 명으로서, 하만의 음모로 멸망할 위기에 처한 이스라엘 백성을 구한 바사의 유대인 포로였다(에 1-10장).

다음은 구약에 등장하는 여성들이다(신약에 나오는 여성의 목록은 341쪽에 있다).

이름	설명	성경 구절
고멜	선지자 호세아의 음탕한 아내	호 1:2, 3
나오미	룻의 시어머니	룻 1:2, 4
다말	다윗의 딸	삼하 13:1
드보라	가나안 족속을 격퇴한 선지자	삿 4:4
들릴라	삼손을 속인 블레셋 여자	삿 16:4, 5
디나	야곱의 외동딸	창 30:21
라합	이스라엘의 정탐꾼을 숨겨준 기생, 예수의 조상	수 2:3-11, 마 1:5
라헬	야곱의 아내	창 29:28
룻	보아스의 아내, 오벳의 어머니, 예수의 조상	룻 4:13, 17, 마 1:5
미리암	모세의 누이, 선지자	출 15:20
밧세바	다윗의 아내, 솔로몬의 어머니	삼하 11:3, 27
사라	아브라함의 아내, 이삭의 어머니	창 11:29, 21:2, 3
십보라	모세의 아내	출 2:21
오르바	룻의 형님	룻 1:4
요게벳	모세의 어머니	출 6:20
이세벨	아합 왕의 사악한 아내	왕상 16:30, 31
하갈	사라의 여종, 이스마엘의 어머니	창 16:3-16
하와	첫 번째 여자	창 3:20
한나	사무엘의 어머니	삼상 1장

유대인의 축제

아달 월(거룩한 달력의 마지막 달)에 제정된 부림절은, 이스라엘 백성을 구하고 하나님의 구원의 통로가 되기 위해 자신의 위치와 생명을 잃을 위험을 감수한 에스더의 영웅적인 행위를 기념하는 절기이다. 이 절기는 적의 파멸을 기념하는 것이 아니라, 유대인들이 적의 압제에서 "놓인" 것을 기념한다. 부림절에는 하나님의 섭리로 유대 민족을 보호하시고 구속하신 것에 대해 감격하며 축하한다.

유대인의 절기				
절기	유대력 월	일	현대의 월	관련구절
유월절	니산	14일	3-4월	출 12:1-14, 마 26:17-20
*무교절	니산	15-21일	3-4월	출 12:15-20
칠칠절	니산 혹은 시반	16일 6일	3-4월 5-6월	레 23:9-14 민 28:26
* 오순절 (보리 추수기)	시반	6일(보리추수 후 50일)	5-6월	신 16:9-12, 행 2:1
나팔절(로쉬 하샤나)	티슈리	1, 2일	9-10월	민 29:1-6
속죄일(욤 킵푸르)	티슈리	10일	9-10월	레 23:26-32, 히 9:7
* 장막절 (초막절 혹은 수장절)	티슈리	15-22일	9-10월	느 8:13-18, 요 7:2
수전절(하누카)	기슬르	25일(8일간)	11-12월	요 10:22
부림절	아달	14, 15일	2-3월	에 9:18-32
* 중요한 세 절기에는 모든 이스라엘 남자가 예루셀렘 성전을 방문해야한다(출 23:14-19).				

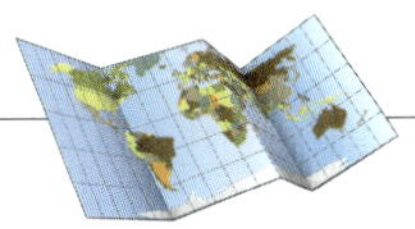

지혜 문학

구약의 지혜 문학은 시편의 일부와 욥기, 잠언, 전도서로 구성된다. 지혜에 해당하는 히브리 단어는 "삶에 필요한 기술"로 번역되는데, 이는 유대인들이 지혜를 매우 실제적인 용어로 간주하기 때문이다. 지혜 문학은 도덕 행위와 매일의 삶에 지침을 제공한다.

히브리의 지혜 문학은 다른 문화의 지혜서와 달리 하나님이 중심이다. "여호와를 경외하는 것이 지식의 근본이거늘 미련한 자는 지혜와 훈계를 멸시 하느니라"(잠 1:7). 이와 대조적으로 이집트의 지혜서는 현인(賢人)의 지혜와 삶의 고초를 받아들이기 위한 자기 훈련에 초점을 맞춘다.

구약의 지혜 문학은 크게 (1) 실천적인 진리들을 표현하는 일반적인 격언 (2) 영적인 의미를 지닌 수수께끼 혹은 비유 (3) 인생의 문제에 대한 토론으로 구분할 수 있다.

잠언은 바른 태도와 경건한 행동을 고양하기 위해 지혜로운 격언과 여러 소견을 제시한다. 전도서는 하나님 없는 인생은 공허하다는 철학적인 논의를 제시한다(전 1:2, 14). 욥기는 인간의 고통과 악의 문제를 고전적인 방식으로 검토한다. 인간은 하나님께서 드러내기로 정하신 것만 이해할 수 있다는 것이 욥기의 결론이다(욥 28:20-28).

1, 4, 10, 14, 18, 19, 37, 49, 73, 90, 112편을 포함한 많은 시편이 지혜 문학에 포함된다. 이 시편에서는 경건한 사람들은 고통을 당하는데 악한 사람들은 번성하는 문제를 반복해서 제기한다. 하지만 지혜로운 시편 기자는 자주 "진실로 악을 행하는 자들은 끊어질 것이나 여호와를 소망하는 자들은 땅을 차지하리로다"(시 37:9)는 후렴구로 돌아간다.

다윗을 이어 이스라엘의 왕이 된 솔로몬은 지혜롭기로 유명했다. 하나님은 솔로몬 통치 초기에 꿈속에 나타나셔서 그가 제일 바라는 것이 무엇인지 물어 보셨다(왕상 3:3-15). 그는 지혜를 구했다. 잠언에 있는 수많은 격언들은 분명히 솔로몬이 기록했다.

욥기

이스라엘의 족장 시대를 배경으로 하는 욥기는 부와 가족과 건강 등 모든 것을 잃고 "왜?"라는 질문과 씨름하는 한 사람의 이야기를 전한다. 욥기는 천상에서 벌어진 하나님과 사탄의 논쟁에서 시작하여, 지상에서 벌어진 욥과 친구들 사이에 벌어진 세 번의 논쟁을 거쳐서, 욥의 문제에 대한 하나님의 판단으로 극적으로 마무리된다. 결국 욥은 자신의 삶에 대한 하나님의 주권을 깨닫고, 시험을 당하기 전에 소유한 것보다 더 많은 복을 받는다.

"욥"이라는 이름은 고대 근동의 문헌에 등장하는데, 그는 전설적인 현자(賢者)로 여겨진다. 욥의 가계(家系)에 대한 언급이 없기 때문에, 어떤 학자들은 중요한 신학적인 문제를 논하기 위해 가상의 인물을 설정한 것으로 생각하기도 한다. 하지만 성경이 일반적으로 역사적인 사건에 근거하는 것을 생각하면 이런 견해는 신빙성이 없다.

저자

저자가 누구인지 본문에 나오지 않는다. 하지만 본문의 내용을 살펴보면 성숙한 영적 통찰력으로 인간 실존의 가장 잔혹하고 난해한 문제들을 다루는 심오한 사상가가 이 책의 저자임을 알 수 있다. 또 저자는 훌륭한 교육을 받았으며, 지혜 문학의 주제와 본질, 이방 문화에 익숙한 사람이다.

기록 연대

욥기의 기록 연대는 두 가지 문제와 연관이 있다. 욥기 내용의 배경이 되는 연대와 욥기의 기록 연대이다. 욥기에 나오는 사건들이 정확히 언제 일어났는지 알 수 없지만, 다음 몇 가지 사실에 근거해서 기록 연대를 족장 시대(기원전 2000-1800년)라고 주장한다. 이스라엘의 역사나 성경의 율법이 언급되지 않았다는 사실, 욥이 100년도 넘게 살았다는 사실(42:16), 욥이 가족의 제사장 구실을 했는데 이는 모세의 율법에서 금지된 것이라는 사실(1:5), 욥이 가축으로 부를 축적한 사실(1:3) 등이다.

욥기의 기록 연대에 대해서는 족장 시대(이스라엘의 조상 시대)부터 포로기 이후까지 폭넓게 제시된다. 오늘날 학자들은 대부분 욥기의 기록 연대를 솔로몬 왕조와 포로기 사이로 추정한다. 어떤 학자들은 욥기와 이사야서의 몇몇 부분이 연결된다고 주장하며, 이 두 권은 같은 시기에 기록되었을 것이라고 추측한다.

주제와 문학적 구조

욥기는 세 부분으로 나눌 수 있다. 욥의 고난(1-2장), 욥의 논쟁(3-37장), 욥의 회복(38-42장)이다. 욥기의 문학적 구조는 대칭적이다. 일련의 시(詩)적인 논쟁(3:1-42:6)을 가운데에 두고, 산문적인 서론(1-2장)은 욥을 소개하고, 욥에게 있는 하나님에 대한 확신을 드러내며, 그를 경제적, 육체적, 감정적으로 몰락시킨 비극을 자세히 소개한다. 욥의 회복을 그리고 있는 결론(42:7-17)도 산문인데, 이는 서론과 균형을 이룬다.

욥기의 기본적인 질문은 "만약 하나님이 사랑하시고 전능하시다면 왜 의로운 사람이 고통을 겪는가?"이다. 고통 자체가 중심 주제는 아니다. 그보다 욥이 그의 고통으로 무엇을 배우는가에 초점이 있다. 그가 배운 것은 모든 피조물에 대한 하나님의 주권이다. 3장에서 37장까지는 하나님께서 무고한 사람들이 고통당하는 것을 허락하시는지에 대한 논쟁이다. 의로운 행동과 건강, 번영이 직접적으로 연관된다는 세 친구의 답변은 부적절한 것으로 밝혀진다. 하나님은 의인을 순전케 하기 위해 고통을 사용하실 수 있다는 엘리후의 주장은 욥기의 목적에 근접하기는 하지만 완전하지는 않다. 마침내 하나님께서 욥과 직접 대화하시면서 하나님이 주권자이며, 그분이 무슨 선택을 하든지 경배할 가치가 있음을 알려 주신다. 욥은 하나님이 어떤 분이신지 더 폭넓게 이해함으로써, 역경이 있더라도 하나님은 분명 선하시고 전능하신 분이심을 믿어야 함을 배웠다.

욥은 구속자를 인정하며(19:25-27), 중재자에게 소리 높여 외친다(9:33, 25:4, 33:23). 욥기를 통해 우리는, 우리의 고통에 동참하신 그리스도께서(히 4:15) 우리의 어떤 문제와 질문을 완전하게 해결하셨는지 알 수 있다. 그리스도는 신자의 생명이며 구속자이고 중재자이자 변론자이다.

욥기 한눈에 보기							
초점	욥의 고난	욥의 논쟁					욥의 구원
관련구절	1:1 ---------------- 3:1	---------- 15:1	--------- 22:1	-------- 27:1	------- 32:1	-------- 38:1	----- 42:17
구분	하나님과 사탄의 논쟁	첫 번째 논쟁	두 번째 논쟁	세 번째 논쟁	욥의 마지막 변론	엘리후의 해답	하나님과 욥의 논쟁
주제	갈등	논쟁					회개
	산문	시					산문
장소	우스(북 아라비아)						
기간	족장 시대(기원전 약 2000년)						

시가서와 지혜서에 기록된 사건들이 일어난 시기

(이 책들이 기록되었을 때 성취되지 않은 예언은 포함하지 않았다.)

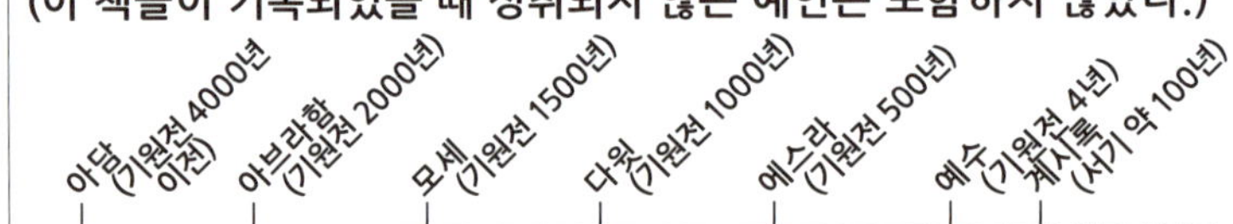

욥의 사건이 일어난 시기

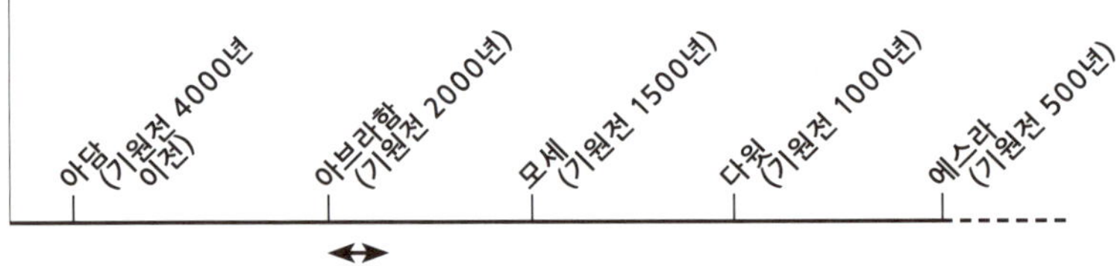

욥기 개요

1부 욥의 고난(1:1-2:13)

1. 욥의 형편 1:1-5
2. 사탄의 첫 번째 공격 1:6-22
3. 사탄의 두 번째 공격 2:1-10
4. 욥의 친구들이 찾아옴 2:11-13

2부 욥의 논쟁(3:1-37:24)

3부 욥의 회복(38:1-42:17)

사탄과 욥의 친구들

욥기에서는 인간의 신실한 순종과 하나님의 축복 사이의 관계에 대해 여러 번 논쟁한다. 사탄과 욥의 친구들은 모두 신실한 순종과 축복이 직접적인 관계가 있다고 간주한다. 사탄은 하나님이 축복하시기 때문에 인간이 순종한다고 주장하고, 욥의 친구들은 인간이 순종하면 하나님이 축복하시고 벌을 받는 것은 불순종했기 때문이라고 주장한다. 이런 그릇된 견해와 달리, 욥기는 고통을 받는 사람들 중에는 성인(聖人)들도 있고, 복을 주시든 그렇지 않든 하나님은 모든 피조물에게 언제나 사랑과 경배를 받으실 만한 분이며, 충분히 다 이해할 수 없지만 하나님은 고통을 허락하실 때 항상 목적을 갖고 계시다는 점을 가르친다.

사탄의 신학과 욥의 친구들 대조	
사탄	친구들
만약 욥이 하나님께 복을 받는다면, **그러면** 그는 신실한 것이다.	**만약** 욥이 신실하다면, **그러면** 하나님께서 축복하실 것이다.
또는	또는
만약 욥이 하나님에게 복을 받지 못한다면, **그러면** 그는 신실하지 않은 것이다. (사탄은 하나님이 자신을 따르도록 인간들을 매수했다고 비난한다.)	**만약** 욥이 신실하지 않다면, **그러면** 하나님께서 벌할 것이다.

욥에게 질문하시는 하나님

욥기 후반부에 나오는 하나님의 말씀(38–41장)에서 인간의 고통과 하나님의 주권에 대한 문제의 진정한 답을 발견할 수 있다. 이 말씀은 이따금 마치 하나님께서 답은 하지 않으시고 욥에게 순종만을 강요하는 것인 양 잘못 해석된다. 하나님의 무한하심과 인간의 유한함을 깨닫고 욥은 회개한다. 선하신 하나님이 만유를 주관하시는데 인간이 왜 고통을 겪는지 완전하게 설명할 수 없는데, 그 이유는 하나님의 본질과 권능은 창조세계를 넘어서고 인간의 지식도 한계가 있기 때문이다. 그렇기 때문에 하나님의 주권과 선하심이 인간이 겪는 고통과 양립할 수 없다는 사실이 증명되는 것은 아니다. 욥은 하나님의 방법을 때로 이해할 수 없지만 그분은 항상 신뢰할 수 있는 분이라는 것을 깨닫고 마침내 안식한다.

하나님께서 근엄하게 질문하시자 욥은 비로소 겸손해질 수 있었다.	
하나님의 질문	**욥의 반응**
첫째, 욥의 무지(38:1-40:2) • 그는 창조의 순간에 없었다. • 그는 자연의 힘을 설명할 수 없다.	욥은 그의 무지를 인정하고 잠잠해진다(40:3-5).
둘째, 욥의 연약함(40:6-41:34) • 그는 하나님의 방식을 파기할 수 없다. • 그는 자연의 힘을 다스릴 수 없다.	자신이 주제넘게 굴었음을 인정하고 회개한다(42:2-6).

시편

시편은 성경 중에 가장 길고, 가장 폭넓게 사용되는 책일 것이다. 시편은 매우 개인적이고 실제적인 방식으로 인간 경험 전반을 탐구한다. 이스라엘 역사의 긴 시간을 거치며 기록되었고, 축제, 전쟁, 평화, 심판, 메시야 예언, 찬양, 슬픔과 같은 광범위한 주제를 담는다. 현악기의 반주에 맞추어 노래로 부르도록 만들어져서 성전 찬양에 활용되었고, 유대 백성의 경건 생활 안내서로도 활용되었다.

시편은 오랜 시간 모아서 "찬양의 책"이란 뜻의 **세페르 테힐림**(*Sepher Tehillim*)이라는 제목으로 편찬했다. 거의 모든 시편들이 하나님을 찬양하는 내용을 담고 있기 때문이다. 70인 역에서는 악기 반주에 맞춰 부르는 시라는 뜻에서, 헬라어 **프살모이**(*Psalmoi*)라는 제목을 붙였다. 이 단어에서 영어 단어 "예배용 시편"(psalter)과 "시편"(psalm)이 유래한다.

저자

성경 중에 시편만큼 많은 저자가 기록한 책은 없다. 73개의 표제에는 다윗이 저자로 나와 있으며, 신약에서 시편 2편과 95편이 다윗의 저작으로 추가된다. 다윗이 지은 75개의 시편, 음악 예배를 이끌었던 제사장 아삽이 지은 12개의 시편, 노래하는 자와 노래 만드는 자들의 모임을 이끌던 고라의 자손이 지은 10개의 시편이 있으며, 그 밖에 솔로몬, 모세, 에스라 사람 헤만, 에스라 사람 에단이 지은 시편이 있다. 50개의 시편은 저자가 밝혀지지 않았지만, 유대 전승은 그 중 몇 편을 에스라가 지었다고 전한다.

기록 연대

시편은 원래 개인적인 시였다. 시간이 흐르는 동안 이 시편들이 모여 작은 책이 되었고, 현재 시편은 이러한 작은 책 다섯 권으로 이루어졌다. 가장 처음 쓴 개인적인 시편은 모세가 쓴 시편 90편일 것이다. 시편 137편이 가장 마지막에 쓴 것인데, 기원전 6세기 이후에 썼을 것이다. 많은 시편이 다윗의 시대나 다윗 직후에 기록되고 수집되었지만, 시편의 최종 편집은 아마도 에스라와 느헤미야 시대인 기원전 5세기 후반이 되어서야 완료되었을 것이다(기원전 450-425년).

주제와 문학적 구조

시편은 실제로 다섯 권의 책으로 구성되어 있고, 각 책은 짤막한 찬양으로 끝난다. 시편을 유형별로 분류하기 위해 수많은 체계가 개발되었는데, 이 체계들은 대부분 내용이나 각 시편에 나타나는 삶의 상황을 근거로 한다. 애도 시편, 감사 시편, 취임 시편, 순례 시편, 왕의 시편, 지혜 시편, 저주 시편으로 나누는 것이 일반적이다.

시편의 시는 탁월하다. 히브리 시의 가장 명백한 특징 중 하나는, 한 줄이나 한 행이 다른 줄이나 행과 대구를 이루는 것이다. 히브리 대구법의 가장 중요한 네 가지 유형은 (1) 2행 시구에서, 2행이 1행의 뜻을 반복하는 동의어적 대구법(예를 들어 3:1, 24:1) (2) 2행의 의미가 1행과 대립되는 대조적 대구법(예를 들어 1:6, 90:6) (3) 2행이 1행의 생각을 더 발전시키는 종합적 대구법(예를 들어 1:1, 19:7) (4) 1행의 생각을 2행에서 주로 직유를 사용해 묘사하는 상징적 대구법(예를 들어 42:1)이다. 9개의 시편은 알파벳 순서로 나열하거나, 앞 글자를 모으면 하나의 단어가 되는 형태이다(시 9, 10, 25, 34, 37, 111, 112, 119, 145편). 후자의 시편에서 이어지는 각 행이나 연이 히브리어 철자 순서로 시작한다. 시편 119편이 전형적인 예인데, 8행이 한 연(聯)을 이루고 각 연이 모두 같은 철자로 시작한다.

시편 한눈에 보기

권	1권(1-41편)	2권(42-72편)	3권(73-89편)	4권(90-106편)	5권(107-150편)
주요 저자	다윗	다윗과 고라	아삽	무명	다윗과 무명
시편 수	41	31	17	17	44
기본 내용	예배 노래	국가적 관심사에 대한 찬양		찬양송	
모세 오경과의 유사한 주제	창세기 : 인간 창조	출애굽기 : 구원과 구속	레위기 : 예배와 성소	민수기 : 광야와 방랑	신명기 : 말씀과 찬양
송영	41:13	72:18, 19	89:52	106:48	150:1-6
편집자	다윗	히스기야 혹은 요시야		에스라 혹은 느헤미야	
편집 연대	기원전 약 1020-970년	기원전 약 970-610년		기원전 약 430년까지	
저술 기간	약 1000년(기원전 약 1410-430년)				

시편을 구성한 시기

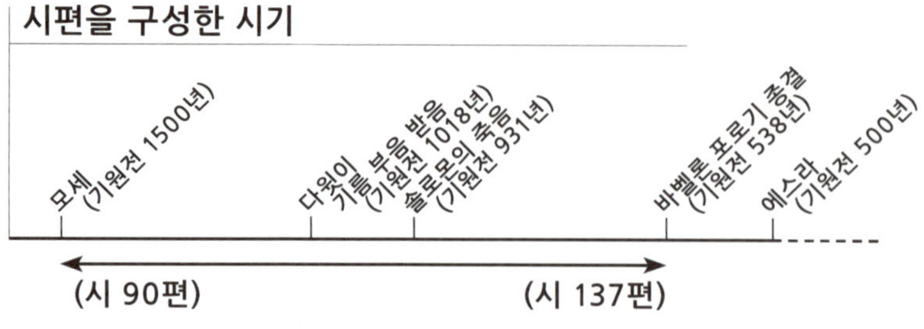

시편 개요

1권 시편 1-41편

1. 두 가지 대조적인 삶의 방식
2. 기름 부음 받은 주님의 대관식
3. 패배하기 직전에 승리함
4. 구원을 간구하는 저녁 기도
5. 인도하심을 구하는 아침 기도
6. 하나님의 자비를 구하는 기도
7. 악은 분명히 심판하심
8. 하나님의 영광과 사람의 통치
9. 대적들에 대한 승리를 찬양
10. 하나님의 심판을 간구
11. 사람의 아들들을 시험하시는 하나님
12. 하나님의 순전한 말씀
13. 지금 응답해주시기를 하나님께 구하는 기도
14. 무신론자의 특징
15. 경건한자의 특징
16. 하나님을 신뢰하는 자가 누리는 영원한 삶
17. "주의 날개 그늘 아래 나를 감추소서"
18. 하나님의 구원을 감사함
19. 하나님의 일하심과 말씀
20. 말과 병거가 아니라 하나님을 신뢰하라
21. 왕의 승리
22. 십자가의 시편
23. 목자이신 하나님에 대한 시편
24. 영광의 왕에 대한 시편
25. 가르침을 구하는 기도
26. "여호와여 나를 시험하시고 나를 살피소서"
27. 여호와를 의지하고 두려워하라
28. 기도에 응답하신 것을 기뻐함
29. 하나님의 권능의 음성
30. 극적인 구원을 찬양함
31. "용기를 가지라"
32. 용서받은 자의 축복
33. 모든 인생의 마음과 행위를 살피시는 하나님
34. 여호와를 바라보라
35. 하나님의 도우심을 간구함
36. 놀라운 하나님의 인자
37. "주 안에서 쉬라"
38. 무거운 죄의 짐
39. 사람의 날 수에 한계가 있음을 알라
40. 하나님의 뜻을 행하는 기쁨
41. 가난한 자를 돕는 축복

2권 시편 42-72편

42. 여호와를 찾으라
43. "하나님 안에서 소망을 품으라"
44. 하나님의 구원을 바라는 기도
45. 위대한 왕의 시편
46. "하나님은 우리의 피난처이고 힘이시다"
47. 하나님이 모든 열방을 지배하실 것이다
48. 시온 산의 찬양
49. 재물로는 구속받을 수 없다
50. 주님이 모든 민족을 심판하실 것이다
51. 죄의 고백과 용서
52. 주님이 간사한 자를 심판하실 것이다
53. 무신론자의 모습
54. 여호와는 우리를 돕는 자이다
55. "너의 짐을 주께 맡겨 버리라"
56. 환난 가운데 있는 두려움
57. 위기 속에서 드리는 기도
58. 악한 재판관들은 심판 받을 것이다
59. 강포한 자들로부터 구원받기를 간구함
60. 민족의 구원을 위한 기도
61. 억눌릴 때의 기도
62. 하나님을 바라라
63. 하나님을 신뢰하라
64. 하나님의 보호를 바라는 기도
65. 자연을 통해 공급하시는 하나님
66. 하나님이 하신 일을 기억하라
67. 하나님이 이 땅을 통치하실 것이다
68. 하나님은 고아들의 아버지다
69. 하나님이 가까이 오시기를 간구함
70. 가난한 자들과 도움이 필요한 자들을 위한 기도
71. 노인을 위한 기도
72. 메시야의 통치

3권 시편 73-89편

73. 영원을 바라보는 관점
74. 하나님의 언약을 기억해 달라고 요청함
75. "하나님은 재판관이다"
76. 하나님의 영광스런 능력
77. 억눌릴 때 하나님의 위대함을 기억하라
78. 우리의 불신에도 불구하고 계속되는 하나님의 인도
79. 예루살렘을 더럽힌 자들에 대한 복수
80. 하나님의 자비를 구하는 이스라엘의 간구
81. 이스라엘에게 순종을 요구하시는 하나님
82. 이스라엘의 불의한 재판관들을 책망함
83. 이스라엘의 적들을 멸하기를 간구함
84. 하나님과 더불어 사는 기쁨
85. 부흥을 위한 기도
86. "주여, 당신의 길을 가르치소서"
87. 영광스런 시온, 하나님의 도성
88. 가장 깊은 고통 가운데 부르짖음
89. 고통 중에 하나님의 약속을 주장함

4권 시편 90-106편

90. "우리에게 우리의 날 수를 가르치소서"
91. "전능하신 자의 그늘" 안에 거함
92. 하나님을 찬양하는 것이 좋다
93. 하나님의 위엄
94. 복수는 오직 하나님에게 속한 것
95. 예배하라는 부름
96. 하나님의 영광을 선포하라
97. 기뻐하라! 주께서 다스리신다
98. 새 노래로 여호와를 송축하라
99. "여호와 우리 하나님을 높이라"
100. "기쁨으로 여호와를 섬기라"
101. 거룩한 생활의 약속
102. 억눌린 성도의 기도
103. 너희 모든 백성들아, 여호와를 송축하라!
104. 창조를 말하는 시편
105. 기억하라, 하나님은 약속을 지키신다
106. "우리가 범죄하였습니다"

5권 시편 107-150편

107. 하나님은 간절히 바라는 영혼을 만족시키신다
108. 일찍 일어나 하나님을 찬양하라
109. 비방 당하는 자의 노래
110. 제사장이면서 왕이시고, 영원한 재판장인 주가 오심
111. 하나님의 자비로운 돌보심을 찬양함
112. 하나님을 경외하는 자의 복
113. 자기를 낮추시는 하나님의 은혜
114. 출애굽을 찬양함
115. 주께만 영광을 돌림
116. 하나님이 행하신 일로 하나님을 사랑함
117. 모든 민족의 찬양
118. 사람보다 하나님을 신뢰하는 것이 낫다
119. 말씀에 대한 찬양 시
120. 환난 중에 부르짖음
121. 하나님은 우리를 지키시는 자
122. "예루살렘의 평화를 위한 기도"
123. 하나님의 자비를 간구함
124. 하나님은 우리 편이시다
125. 여호와를 신뢰하고 영원히 거하라
126. "눈물을 흘리며 뿌리는 자는 기쁨으로 거두리로다"
127. 자녀는 하나님의 기업이다
128. 하나님을 경외하는 집 안에 내리는 축복
129. 핍박받는 자의 탄원
130. "내 영혼이 주를 기다립니다"
131. 아이 같은 믿음
132. 다윗의 하나님을 신뢰하라
133. 형제가 연합하는 아름다움
134. 저녁에 하나님을 찬양하라
135. 하나님이 위대한 일을 행하셨다!
136. 하나님의 자비는 영원하다
137. 바벨론 포로 중에 흘리는 눈물
138. 하나님은 나의 기도에 응답하셨다
139. "나를 살피소서 주님!"

140. 폭력에서 나를 보호하소서
141. "내 입에 파수꾼을 세우소서"
142. "내 영혼을 돌보는 자가 없습니다"
143. "나를 가르쳐 주의 뜻을 행하게 하소서"
144. "사람이 무엇이관대"
145. 하나님의 위대한 행위를 증거함
146. "방백들을 의지하지 말라"
147. 하나님은 마음이 상한 자를 고치신다
148. 모든 피조물들아 하나님을 찬양하라
149. "여호와께서 자기 백성을 기뻐하신다"
150. "여호와를 찬양하라"

시편의 유형

시편은 예배하는 자의 생각을 하나님에 대한 찬양과 경배에 초점을 맞추게 하는 기도와 시, 찬양을 모은 것이다. 이 책의 여러 부분은 고대 이스라엘의 예배에서 찬송가로 사용되었다. 150개의 시편들은 다음 유형별로 구분할 수 있다.

1. **개인과 공동체의 탄원 시편**, 혹은 하나님의 구원을 간구하는 기도이다. 이 유형의 시편은 3-7편, 12편, 13편, 22편, 25-28편, 35편, 38-40편, 42-44편, 51편, 54-57편, 59-61편, 63편, 64편, 69-71편, 74편, 79편, 80편, 83편, 85편, 86편, 88편, 90편, 102편, 109편, 120편, 123편, 130편, 140-143편이다. 이 시편들은 자포자기와 절망의 순간에 있는 신자들에게, 바로 그 때 우리에게 하나님의 도움이 필요하다고 말한다.
2. **감사 시편**으로서, 하나님의 은혜로운 행동을 찬양하는 내용이다. 이 주제는 시편 8편, 18편, 19편, 29편, 30편, 32-34편, 36편, 40편, 41편, 66편, 103-106편, 111편, 113편, 116편, 117편, 124편, 129편, 135편, 136편, 138편, 139편, 146-148편, 150편에 등장한다. 우리가 입으로 말하는 모든 기도에는 감사의 요소가 있어야 한다. 이 시편들은 우리에게 하나님의 복을 일깨워주고, 우리가 진심으로 감사를 표현할 수 있도록 돕는다.
3. **취임 시편**으로서, 하나님의 주권적 통치를 묘사한다. 이 유형의 시편은 47편, 93편, 96-99편이다. 이 시편들을 읽으면 우리는 하나님이 전능한 창조자이며 모든 피조세계를 다스리는 분이심을 깨닫는다.
4. **순례 시편**으로서, 예배자들이 유대인의 절기를 기념하려고 예루살렘을 향해 여행할 때 불렀다. 순례 시편은 43편, 46편, 48편, 76편, 84편, 87편, 120-134편이다. 이 시편들은 우리가 하나님을 경외하는 예배의 분위기를 조성하는데 도움이 될 수 있다.

5. **왕의 시편**으로서, 하늘에 계신 이스라엘의 왕을 묘사할 뿐 아니라, 이 땅에 있는 왕의 통치를 표현한다. 이 주제는 2편, 18편, 20편, 21편, 45편, 72편, 89편, 101편, 110편, 132편, 144편에서 뚜렷하다. 이 시편들은 우리에게 매일 그리스도를 우리 삶의 주권자로 모셔야 한다고 알려준다.
6. **지혜 시편**으로서, 예배자에게 지혜와 의로움에 이르는 길을 가르쳐 준다. 1편, 37편, 119편이 지혜 시편이다. 이 시편들은 우리가 삶의 방향과 하나님의 뜻을 찾는 결정의 시기에 특히 도움을 준다.
7. **저주 시편**으로서, 예배자가 그의 대적들에게 하나님의 진노와 심판이 임하기를 호소한다. 이 주제는 시편 7편, 35편, 40편, 55편, 58편, 59편, 69편, 79편, 109편, 137편, 139편, 144편에 등장한다. 이 시편들은 악행을 저지른 사람들을 향해 우리의 감정을 솔직히 드러내도록 하며, 이런 감정을 극복하고 용서하도록 우리를 이끈다.

시편에 나타나는 하나님의 모습	
하나님의 모습	관련구절
방패	3:3, 28:7, 119:114
바위	18:2, 42:9, 95:1
왕	5:2, 44:4, 74:12
목자	23:1, 80:1
재판장	7:11
피난처	46:1; 62:7
요새	31:3; 71:3
원수 갚는 자	26:1
창조자	8:1, 6
구원자	37:39, 40
치료자	30:2
보호자	5:11
공급자	78:23-29
구속자	107:2

메시야 시편

많은 시편들이 특별히 다윗의 아들이며 약속된 메시야로 수세기 후에 오신 예수 그리스도의 삶과 사역을 예견한다. 시편에서는 다양한 형태로 메시야 예언을 하며, 여러 방식으로 그리스도를 언급한다. (1) 전형적인 메시야 시편이 있다. 그 시편의 주제는 그리스도의 여러 면모를 담고 있다(시 34:20, 69:4, 9). (2) 전형적인 예언적 시편이 있다. 시편 기자는 자신의 현재 경험을 설명하지만, 그것은 시편 기자의 생애 이후 그리스도 안에서 역사적으로 성취된다(시 22편). (3) 간접적인 메시아 시편이 있다. 이 시편을 기록할 때는 일반적으로 왕 또는 다윗 왕조를 언급하지만, 결국 그리스도 안에서 성취된다(시 110편). (4) 순수한 예언적 시편이 있다. 다윗의 다른 후손을 가리키는 것이 아니라, 오직 그리스도만을 언급한다(시 110편). (5) 취임 시편이 있다. 여호와의 오심과 그의 왕국이 성취되는 것을 예견하는데, 이는 그리스도의 오심으로 성취될 것이다(시 96-99편).

시편	묘사	성취
2:7	하나님의 아들	마 3:17
8:2	어린이들에게 찬양을 받으심	마 21:15, 16
8:6	만물의 통치자	히 2:8
16:10	죽음에서 부활하심	마 28:7
22:1	하나님에게 버림받음	마 27:46
22:7, 8	대적의 비웃음	눅 23:35
22:16	손과 발이 못 박힘	요 20:27
22:18	옷을 위해 제비를 뽑다	마 27:35, 36
34:20	뼈가 꺾이지 않음	요 19:32, 33, 36
35:11	거짓 증인들에게 고소당함	막 14:57
35:19	이유 없이 미움 받음	요 15:25
40:7, 8	하나님의 뜻 안에서 기뻐함	히 10:7
41:9	친구에게 배신당함	눅 22:47
45:6	영원한 왕	히 1:8
68:18	하늘로 오르심	행 1:9-11
69:9	하나님의 집을 향한 열심	요 2:17
69:21	쓸개와 초를 받음	마 27:34
109:4	원수들을 위한 기도	눅 23:34
109:8	배반자의 직분을 다른 자가 취함	행 1:20
110:1	그의 원수들을 다스림	마 22:44
110:4	영원한 제사장	히 5:6
118:22	성전의 머릿돌	마 21:42
118:26	주의 이름으로 오심	마 21:9

잠언

잠언은 하나님의 백성이 일상 속에서 겪는 실제적인 문제들을 성공적으로 다루는데 도움이 되는 하나님의 가르침을 제공한다. 이는 하나님, 부모, 자녀, 이웃, 정부와 어떻게 관계를 맺을 것인가에 관한 가르침이다. 잠언의 주요 저자인 솔로몬은 삶의 문제들을 다루는데 필요한 상식과 하나님의 관점을 뚜렷하게 기억할 수 있도록, 시, 비유, 간결한 질문, 짧은 이야기, 지혜로운 금언 등을 혼합해서 사용한다.

이스라엘의 대표적인 현인(賢人)인 솔로몬이 주요 저자이기 때문에, 이 책의 히브리어 제목은 "솔로몬의 비유"란 뜻의 **미쉴레 쉘로모**(*Mishle Shelomoh*)이다. 영어 번역본의 제목은 라틴어 번역본의 제목인 "잠언서"란 뜻의 **리베르 프로베르비오룸**(*Liber Proverbiorum*)에서 유래했다.

저자

솔로몬이 기록한 세 부분의 서두에 그의 이름이 등장한다. 그는 1장에서 9장까지, 10장 1절에서 22장 16절까지, 25장에서 29장까지 세 부분을 기록했다. 열왕기상 4장 32절에는 솔로몬이 3,000개의 잠언을 지었다고 나오는데, 그중 약 800개가 잠언에 기록되었다. 그런데 솔로몬이 이 잠언들을 직접 썼다기보다 모아서 편집한 것 같다(전 12:9).

잠언 22장 17절에서 24장 34절은 "지혜로운 말들"(22:17, 24:23)로 구성된다. 그 중 일부는 아메네모프의 지혜서(The Wisdom of Amenemope)와 상당히 유사하다. 아메네모프의 지혜서는 기원전 1000년과 600년 사이에 살았던 것으로 추정되는 한 애굽인이 공공 업무에 관한 가르침을 기록한 문서이다. 애굽의 전통적인 지혜 문학이 히브리 문학에서 나온 격언들을 채용했을 가능성이 있다. 덧붙여, 잠언에는 야게의 아들 아굴이라는 알려지지 않은 인물과(30:1) 르무엘 왕(31:1)이 받은 신탁도 있다.

기록 연대

솔로몬의 잠언은 기원전 931년 전에 기록되었으며, 25장에서 29장에 실린 그의 잠언은 약 230년 후 히스기야가 수집했다. 이것을 고려할 때, 히스기야가 통치하던 시기 전에 완성되지는 않았으며, 기원전 5세기 즈음에 완성된 것으로 보는 게 적절하다.

이런 지혜 문학이 이스라엘에만 있던 것은 아니다. 고대 근동의 다른 나라에서도 발견된다. 기원전 2700년 초기 애굽에서도 지혜 문학을 기록한 예가 발견되었다. 이스라엘의 지혜 문학과 문체가 유사하기는 하지만, 이 나라들의 잠언과 금언들은 하나님의 의로운 기준들을 따르지 않기 때문에 내용은 이스라엘의 지혜 문학과 같을 수가 없다.

주제와 문학적 구조

잠언서는 여섯 부분으로 나눌 수 있다. 잠언의 기록 목적(1:1-7), 젊은이에게 주는 잠언(1:8-9:18), 솔로몬의 잠언(10:1-24:34), 히스기야의 신하들이 필사한 솔로몬의 잠언(25:1-29:27), 아굴의 잠언(30:1-33), 르무엘 왕의 잠언(31:1-31)으로 구분된다.

잠언은 기록 목적을 분명히 밝힌 몇 안 되는 성경 중 하나이다. 그 목적은 도덕적인 안목과 신중함을 전수하고(1:3-5), 명철과 지각능력을 키워주기 위한(1:2, 6) 것이다. 잠언에서 말하는 "지혜"는 문자 그대로 살아가는 "기술"이다. 지혜는 영리함이나 지성을 넘어선다. 그보다 지혜는 의를 실천하는 것과 도덕적인 수완과 관련이 있다. 잠언은 삶의 모든 영역에서 가장 근본적인 기술, 즉 하나님 앞에서 의를 실천하는 삶을 다룬다.

고대 근동의 전형적인 잠언들과 마찬가지로, 잠언서의 많은 부분들이 가정생활에서 생겨났다. "아들"이라는 용어가 잠언에 44개의 구절에 등장하고, "아버지"는 15개의 구절, "어머니"는 11개의 구절에 등장한다. 당시 솔로몬은 일부다처제를 취했으면서도, 남편과 아내에게 일부일처제 안에서 즐겁게 연합하라고 당부한다. 부모들에게는 자녀들을 신앙으로 훈련하고 양육하는 일에 함께하라고 충고한다. 또 가정의 질서를 파괴하는 죄가 무엇인지 솔직하게 밝힌다.

많은 잠언이 지혜와 어리석음을 대조해서 보여 준다. 지혜는 하나님에게서 나온 것이고 많은 유익이 있기 때문에 어리석음보다 훨씬 좋은 것이다. 미숙하거나 주관이 없는 사람에서 거만하게 하나님의 길을 조롱하는 사람들에 이르기까지 여러 종류의 어리석은 자의 모습이

나온다. 어리석은 자는 정신적으로 부족한 것이 아니라, 자기 충족적인 모습으로 나타나며, 마치 하나님이 없는 것처럼 살아간다.

잠언 8장에서 지혜는 인격화되고, 완전한 것으로 나타난다. 여기서 지혜는 신성하며(8:22-31), 생물학적이고 영적인 생명의 근원이며(8:35, 36), 의롭고 도덕적이고(8:8, 9), 지혜를 얻으려는 모든 사람들에게 유익하다(8:1-6, 32-35). 이 지혜는 "지혜와 지식의 모든 보화가 감추어져 있는" 그리스도로 성육신했다(골 2:3, 고전 1:30 참고).

지혜는 잠언에서 인격화되어 하나님의 역동적인 말씀으로 역사한다.
신약에서는 예수님이 곧 지혜이자 하나님의 말씀이다.

지혜의 기원	지혜가 가르치는 것	지혜의 가치
하나님 안에(22절) 만세 전부터(23절) 만물이 있기 전에(23-30절)	명철(5, 12절) 이해(5절) 가장 선한 것(6절) 진리(7절) 악을 미워함(7절) 의(8절) 지식(12절) 근신(12절) 여호와를 경외함(13절)	부와 명예를 가져옴(18절) 금과 은보다 더 위대함(19절) 지혜로운 자는 복을 받음(32, 34절) 생명을 얻음(35절) 어리석은 자는 사망을 사랑함(36절)

잠언 한눈에 보기

초점	잠언의 목적	젊은이를 위한 잠언	솔로몬의 잠언	솔로몬의 잠언 (히스기야)	아굴의 잠언	르무엘의 잠언
관련구절	1:1 ----------- 1:8	------------ 10:1	------------ 25:1	------------- 30:1	----------31:1	------ 31:31
구분	목적과 주제	아버지의 권면	솔로몬의 잠언 첫 번째 모음	솔로몬의 잠언 두 번째 모음	숫자를 사용한 잠언	현숙한 아내
주제	서론	지혜의 원리			결론	
	지혜를 찬양	지혜의 가르침			지혜에 대한 여러 비유	
장소	유다					
기간	기원전 약 950-450년					

잠언 기록, 편집 시기

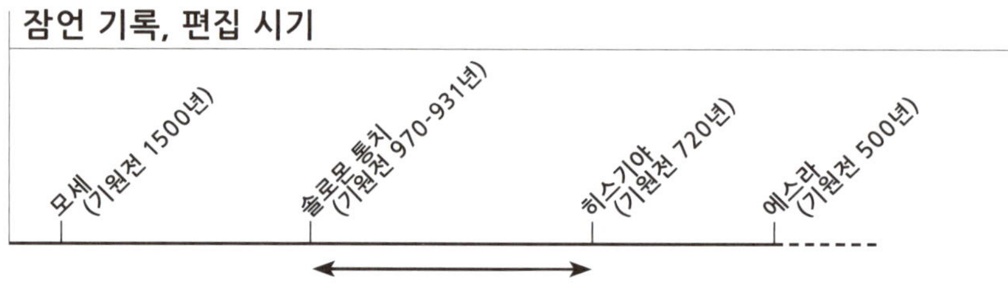

잠언 개요

성경에 등장하는 유명한 스승들	
모세	하나님의 율법을 처음으로 가르친 이스라엘의 지도자다(신 4:5).
브살렐과 오홀리압	성막을 건축할 때 다른 이들을 가르치도록 부름 받은, 재능 있는 장인들이다(출 35:30-35).
사무엘	백성들에게 "선하고 의로운 길"을 가르친 왕정 시대 이전의 이스라엘의 마지막 사사이다(삼상 12:23).
다윗	아들 솔로몬에게 성전을 짓고 지휘하도록 준비시켰다(대상 28:9-21).
솔로몬	문학, 식물학, 동물학을 포함한 수많은 주제들을 가르친 지혜가 뛰어난 왕이다(왕상 4:29-34).
에스라	스스로 율법을 지키면서 다른 사람들에게 가르치기도 하던 학사 겸 제사장이다(스 7:10).
예수	랍비(선생님)라 불렸으며(요 1:38과 마 9:11, 26:18, 요 13:13을 비교하라), 구원의 기쁜 소식을 전파했다(엡 4:20-21).
바나바	안디옥 교회의 선생이었고(행 13:1), 회심한 사울에게 계속 영향을 주었다(9:26-30).
가말리엘	청년 사울을 가르쳤던 유명한 유대인 랍비다(행 22:3).
바울	초대 교회에서 가장 유능했던 선생으로서, 로마 제국 전역에서, 특히 안디옥(행 13:1)과 에베소의 두란노 서원에서(19:9) 가르쳤다.
브리스길라와 아굴라	재능 있는 젊은 설교자 아볼로에게 하나님의 길을 가르친 성도들이다(행 18:26).
아볼로	이집트의 알렉산드리아 출신으로 유능한 교사였으며, 그의 가르침은 에베소에서 복음을 위한 길을 닦았다(행 18:24-26).
디모데	에베소 교회의 목사이자 교사이다(딤전 1:3, 딤후 4:2).
디도	그레데 섬에 있는 교회의 목사이자 교사이다(딛 2:1-15).

전도서

전도서는 심오하면서 의문의 여지가 많은 책이다. 이 책은 특별히 우리가 사는 이 땅이 불의와 불합리함으로 둘러싸여 있기 때문에 삶의 의미와 만족을 치열하게 추구해야한다고 기록한다.

"전도서"(Ecclesiastes)라는 명칭은 "회중"이란 뜻의 헬라어 단어 **에클레시아**(*ekklesia*)에서 유래했고, "회중 앞의 연설자"라는 뜻이다. 이 헬라어 제목은 영어로 "설교자" 혹은 "교사"를 뜻하는 히브리어 제목 **코헬레트**(*Qoheleth*)를 번역한 것이다.

저자

"다윗의 아들 예루살렘 왕 전도자의 말씀"이라는 첫 구절로 시작하기 때문에, 전도서는 전통적으로 솔로몬이 노년에 썼을 것이라고 여겨진다. 이 책에 고루 퍼져 있는 비관적인 어조는, 그 당시 솔로몬의 영적인 상태와 일치한다(왕상 11장 참고). 하지만 많은 학자들은 이 책의 연대를 솔로몬 이후 시대로 잡는다. 전도서에 나타나는 히브리인들의 삶이 포로기나 포로기 이후의 모습이며, 배교한 솔로몬이 하나님의 말씀을 기록했다는 신학적인 문제가 야기되기 때문이다. 만약 솔로몬이 전도서를 편찬하지 않았다면, 이 책은 에스라 시대에 만들어졌을 것이다(기원전 약 450년).

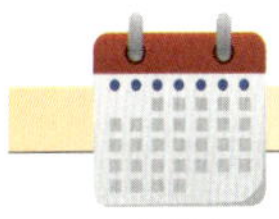

기록 연대

전도서의 저작 연대는 저자와 밀접한 관련이 있으니 위의 내용을 참고하자.

주제와 문학적 구조

전도서의 문학적 구조는 복합적이다. 다양한 문학 유형을 한 곳에 모은 것처럼 보이며, 모두 대략 같은 주제를 말한다. 지혜로운 조언도 있고, 사색적이고 명상적인 부분도 있다. 이 책의 3분의 1 이상은 시이지만, 이야기도 포함한다.

전도서는 종합해서 개요를 잡기가 매우 어렵기 때문에 다음 몇 가지 대안들이 제시되었다. 이 책에서는 세 부분으로 나누는 접근방식을 택한다. (1) 모든 것이 헛되다는 명제(1:1-11) (2) 모든 것이 헛되다는 근거(1:12-6:12) (3) 헛된 삶을 어떻게 살 것인지에 대한 조언(7:1-12:14)으로 나눈다.

전도서는 “모든 것이 헛되다”(1:2)는 논지를 예를 보여주며 설명하려는 목적이 있다. 이는 잠언서와는 대조적이다. 잠언서에서는 지혜로운 선택은 좋은 결과를 낳고, 어리석은 선택은 나쁜 결과를 낳는다는 생각과 함께, 인생은 근본적으로 논리적인 일관성이 있다는 낙관론적인 확신한다. 그러나 전도서에서는 인생이 늘 그렇지만은 않음을 인정한다. 전도서가 단순히 잠언을 반박하는 것은 아니다. 다르기는 해도 꼭 필요한 통찰력으로 오히려 잠언서의 내용을 보충한다. 인생에는 설명하기 어려운 신비가 있고 손쉬운 해결책을 제시할 수 없는 경우도 많다. 해답이 없더라도 하나님을 경외하고, 그의 명령을 지키면서 인생을 누리는 것이 가장 최선의 길이다(3:12, 12:13).

해결하기 어려운 문제들을 남겨두고, 인생의 의미와 일관성에 대해 심오한 질문들을 제기한다. 그 질문들은 오직 그리스도 안에서만 궁극적으로 해결될 수 있을 뿐이다. 그리스도만이 궁극적인 만족과 기쁨과 지혜를 주실 수 있기 때문이다.

전도서 한눈에 보기							
초점	명제 : “모든 것이 헛되다”		논증 : “삶이 헛되다”		조언 : “하나님을 경외하라”		
관련구절	1:1 ---------- 1:4 ----------- 1:12 --------- 3:1 ------------- 7:1 ------------- 10:1 ----------- 12:9 ------- 12:14						
구분	헛된 것에 대한 소개	헛된 것에 대한 예	성경으로 논증	관찰로 논증	악한 세상에 대처하는 법	불확실성에 대한 조언	결론 : 하나님을 경외하고 순종하라
주제	세상의 헛됨을 선언		예를 들어서 헛됨을 증명함		헛된 세상에 대한 조언		
	주제		설교		요약		
장소	우주 : “해 아래”						
기간	기원전 약 935년 또는 약 450년						

전도서 개요

1부 "모든 것이 헛되다"(1:1-11)

2부 "모든 것이 헛되다"에 대한 논증(1:12-6:12)

3부 헛된 삶을 사는 방법에 대한 조언(7:1-12:14)

하나님에게서 오는 지혜

전도서의 저자는 이 책을 마치면서, 하나님은 우리가 살면서 행한 것들에 대해 그 책임을 물으신다고 말한다. "해 아래" 사는 삶은 하나님의 관점으로 심판을 받을 것이다. 이렇게 전도서는 긍정적이고 힘을 북돋아 주는 말로 끝맺는다. 왜냐하면 하나님 앞에서 책임이 있다는 것은 곧 우리의 인생 경로가 영원한 의미를 지닌다는 뜻이기 때문이다. 삶이 분명히 무익하다는 것을 자주 주목하고 경험하지만, 그럼에도 저자는 독자들에게 믿음으로 하나님의 주권과 선하심과 정의를 붙들고, 그분이 선물로 주신 삶의 모든 부분을 누리라고 권한다.

지혜의 길	
하나님 없이는 "모든 것이 헛되다"	
하나님 없는 배움	냉소(1:7, 8)
하나님 없는 위대함	슬픔(1:16-18)
하나님 없는 쾌락	실망(2:1, 2)
하나님 없는 노동	인생에 대한 혐오(2:17)
하나님 없는 철학	공허함(3:1-9)
하나님 없는 영원	불만족(3:11)
하나님 없는 삶	우울(4:2, 3)
하나님 없는 종교	공포(5:7)
하나님 없는 부	재난(5:12)
하나님 없는 존재	좌절(6:12)
하나님 없는 지혜	절망(11:1-8)
지혜는 하나님을 경외하는 것, 즉 그분의 명령에 진지하게 순종하는 것이다.	
하나님을 경외함	만족(12:13, 14)

Nelson's Complete Book of Bible Maps and Charts © 1993 by Thomas Nelson, Inc.

아가

아가서는 비유와 동양적인 이미지가 풍부한 솔로몬의 사랑 노래이다. 아가서는 솔로몬 왕이 포도원을 지키는 한 여인에게 구애하여 결혼하는 이야기를 서술하며, 결혼으로 맺어진 사랑의 기쁨과 슬픔을 그린다. 이 책은 세 명의 주인공, 즉 신부, 왕, 합창단(예루살렘의 딸들)이 등장하는 드라마의 장면처럼 구성된다.

이 책은 첫 구절 때문에, "노래 중의 노래"(Song of Songs)와 "솔로몬의 노래"라는 제목으로 알려졌다. 라틴어 번역본은 이 책을 "노래들"이라는 뜻의 **칸티클레스**(*Canticles*)라고 칭한다.

저자

어떤 사람들은 이 책의 저자가 솔로몬이라는 것을 부정하고, 1절 "솔로몬의"라는 구절을 그가 이 책을 쓴 것이 아니라 그에게 봉헌되었다는 의미로 생각한다. 하지만 이 책은 전통적으로 솔로몬이 쓴 것으로 알려진다. 솔로몬이 저자라면, 아가는 그가 지은 1,005개의 노래 중 하나이다(왕상 4:32).

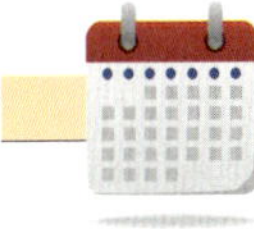

기록 연대

솔로몬이 저자라면, 이 책은 기원전 10세기에 기록되었을 것이다. 유대 전승은 이 책이 솔로몬 통치 초기, 즉 그가 정치적 방편이자 관능적인 탐닉을 위해 과도하게 처첩을 두던 시기 이전에 기록했다고 생각한다(6:8 참고). 솔로몬의 저작이라는 것을 반대하는 사람들은, 이 책의 일부 히브리어 문법 구조를 볼 때 비교적 후기 연대에 쓴 책인 것 같다고 주장하면서, 기록 연대를 포로기 이후로 추정한다.

정확한 기록 연대가 언제든, 아가서는 솔로몬 시대의 상황을 반영하며, 솔로몬 시대의 영화가 이 작품의 핵심적인 상징이다.

주제와 문학적 구조

전도서와 마찬가지로 이 작은 책도 쉽게 개요를 잡을 수 없기 때문에 다양한 틀이 사용된다. 이 책에는 화자가 갑자기 바뀌는 대목이 많고, 화자가 동일 인물도 아니다. 1장 1절에서 5장 1절까지는 사랑의 시작이라 볼 수 있고, 5장 2절에서 8장 14절까지는 그 사랑이 깊어진 것을 볼 수 있다.

아가서는 셈족(族)의 지혜 문학 유형으로 잠언서와 여러 면에서 유사하다. 대부분의 히브리 시와 마찬가지로 아가서도 비슷한 문맥에서 하나의 생각을 서술하고 다시 서술하는 대구법이 특징이다. 아가서의 핵심 이미지는 포도주, 정원, 입맞춤, 다양한 향기와 과일인데, 이것들은 교외나 전원생활을 보여준다. 특이하게도 이 책에는 하나님의 이름이 직접적으로 나타나지 않는다.

아가서의 목적과 문학 형태에 대해 다양한 이해가 있는데, 세 가지 기본적인 접근 방식으로 분류할 수 있다. 비유적인 관점에서 이 책은 하나님과 이스라엘 또는 그리스도와 교회의 관계를 묘사하는 시로 이해할 수 있다. 세부 묘사들은 더 깊은 영적인 진리를 상징하는 것으로 본다. 예형론(豫形論)적 관점은, 역사적인 근거들을 인정하고, 부수적인 모든 내용이 아니라 중요한 요점에서만 유비(類比)를 찾는 점에서 비유적 관점과 다르다. 예형론적 관점을 지지하는 사람들은 솔로몬과 술람미 여인의 사랑을 인정하지만, 이를 넘어서 더 고상하고 신성한 비유적 의미를 생각하면서 영적인 의미가 더 중요하다고 생각한다. 문학적 관점은, 겉으로 보이는 노래 가사를 가치 있게 다룬다. 문학적 관점을 취하는 몇몇 사람들은 이 시가 영적인 가르침이나 신학적인 내용은 없고, 단지 인간의 낭만적 사랑을 표현하는 세속적인 사랑 노래일 뿐이라고 주장하기도 한다. 그러나 문학적으로 해석한다고 해서 이 책에 영적인 묘사나 적용이 없다고 말할 수는 없다.

이 시는 결혼한 사람들의 이상적인 사랑의 관계를 묘사하는 것으로 이해할 수도 있다. 남편과 아내의 육체적인 사랑에서도 결혼의 신성한 의미를 볼 수 있음을 알려 준다.

아가 한눈에 보기

초점	사랑의 시작		사랑이 깊어짐	
관련구절	1:1 ---------- 3:6 ----------	5:2	---------- 7:11 ----------	8:14
구분	사랑에 빠짐	사랑으로 연합함	사랑의 갈등	사랑이 자라남
주제	구혼 기간	결혼	문제	발전
	사랑을 키움	사랑의 성취	사랑의 좌절	사랑의 신실함
장소	이스라엘			
기간	약 1년			

Nelson's Complete Book of Bible Maps and Charts © 1993 by Thomas Nelson, Inc.

전도서와 아가서의 사건이 일어난 시기

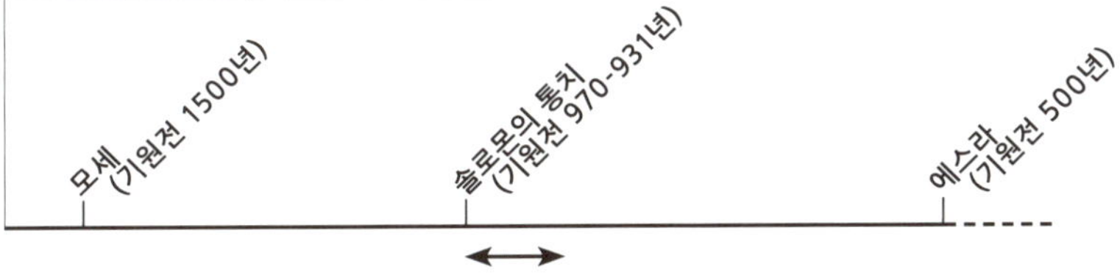

아가 개요

1. **사랑의 시작** 1:1-5:1
   1) 사랑에 빠짐. 1:1-3:5
   2) 사랑으로 연합함 3:6-5:1
2. **사랑이 깊어짐** 5:2-8:14
   1) 사랑의 갈등. 5:2-7:10
   2) 사랑이 성숙함 7:11-8:14

지리적인 위치

아가서 본문에서 북쪽 레바논과 시리아부터 남쪽 애굽까지 15개 지역을 언급한다. "술람미 여인"이라는 용어는 왕의 연인을 뜻하는데, 6장 13절에 단 한 번 등장한다. 이는 잇사갈 지파의 영역인 갈릴리 호수 남서쪽에 있는 수넴 마을에서 유래한 명칭인 듯하다.

아가서에 나오는 지역들

© GeoNova

성경에 나오는 연인들

솔로몬과 그의 신부는 사랑에 빠진 사람들의 애정 어린 모습과 낭만을 전형적으로 보여준다(2:16). 성경에는 이 외에도 많은 낭만적인 사랑 이야기가 있다.

이삭과 리브가 (창 24:1-67)	아버지가 아들의 아내를 찾아 주자, 젊은 연인은 깊은 사랑에 빠진다.
야곱과 라헬 (창 29:1-30)	야곱은 라헬을 아내로 맞이하기 위해 장인 밑에서 14년을 일한다.
보아스와 룻 (룻 3-4)	법적인 절차로 모압 출신 과부와 베들레헴의 부유한 지주가 한 가정을 이루어 그들의 후손 중에 왕이 태어난다.
엘가나와 한나 (삼상 1-2)	아이가 없는데도 남편은 아내를 사랑하며, 그녀는 결국 하나님의 축복으로 아들을 낳고, 그 아들은 온 이스라엘을 다스리는 위대한 사사가 된다.
다윗과 미갈 (삼상 18:20-30)	질투심 많은 사울 왕이 미갈의 순전한 사랑을 이용하지만, 다윗은 블레셋을 치고 왕의 사위가 된다.
솔로몬과 술람미 여인 (아가)	두 연인의 헌신과 기쁨을 아름답고 낭만적인 시로 노래한다.
호세아와 고멜 (호 1:1-3:5)	하나님께서 선지자 호세아에게 음란한 신부를 찾아와서, 그녀의 음행에도 불구하고 관계를 회복하라고 말씀하신다.
그리스도와 교회 (엡 5:25-33)	그리스도의 신부인 교회를 죄에서 구원하시려고 그리스도께서 교회를 자신의 몸처럼 사랑하고 섬기시며, 이는 모든 인간 남편들이 따라야할 본이다.

선지서

구약의 참 선지자들은 하나님의 충성스러운 종이자 대적들에게 우상 숭배를 깨닫게 하는 사람들이었다. 선지자들은 하나님의 말씀으로 사악한 왕과 왕자들과 맞서다가 자주 생명의 위협을 겪었고, 혼신을 다해 죄인들에게 회개하고 주님께 돌아오라고 호소했다.

이스라엘의 역사에는 민족과 열방에 하나님의 말씀을 전한 여러 인물들에 대한 긴 역사가 있다. 아브라함이 한 죄인을 위해 중보했을 때, 그는 선지자 임무를 감당한 것이다(창 20:7). 그러나 하나님이 처음으로 선지자로 불러 명하신 사람은 모세였다(출 3:1-4:17). 사실상 모세는 구약의 선지자 중 가장 위대한 사람이다(민 12:6-8). 그가 감당한 선지자의 소임은 후대 선지자들의 전형이 되었다. 모세가 하나님과 관계를 맺은 방식이나 하나님의 뜻을 전할 때 쓴 어휘가 다른 선지자들에게 표준이 되었다. 일반적으로 하나님은 “보내라”, “가라”, “말하라”, “내가 반드시 …… 하리라”와 같은 용어들을 선지자들에게 사용하셨고, 선지자 자신은 청중들에게 자주 “들어라”, “주께서 이같이 말씀하신다”하고 권고하였다.

하나님, 선지자, 청중의 관계에 몇 가지 특징적인 요소들이 있다. (1) 하나님의 권위는 선지자와 청중들 위에 있다. (2) 간혹 처음에 반항하기도 하지만, 선지자들은 하나님께 순종한다. (3) 선지자들은 주권자인 하나님의 대리인으로서 권위를 갖는다. (4) 청중에게 언약을 순종할지 불순종할지 선택하라고 요구한다. (5) 선지자는 기도의 형식으로 하나님께 보고한다.

예언서는 대부분 히브리의 시 양식으로 되어 있다. 선지자들이 시라는 문학 형식을 선택한 까닭은 나오지 않지만, 적어도 다음과 같은 몇 가지 이유가 있는 것 같다. (1) 시는 의지와 감정을 강력하게 표현할 수 있다. 선지자들은 단순히 백성들에게 전하는 것에 그치지 않고, 그들을 감화시켜 실천하게 하고 싶었다. (2) 상징과 심상을 강조하기 때문에, 시는 때때로 선지자들이 전하는 핵심 메시지에 담긴 하나님의 신비와 하나님의 성품을 전달하기에 산문보다 더 적합하다. (3) 시는 모든 세부 사항을 반드시 묘사하지 않고도 미래에 일어날 사건들의 의미를 말할 수 있다.

성경의 선지자들을 주로 장래 일을 예언하는 자로 생각하는 것은 옳지 않다. 선지자들의 설교에 있어서 확실히 예언이 핵심이기는 하지만, 가장 중요한 소임은 백성들을 불러서 하나님께 철저히 순종하고 그분만을 의지하도록 하는 일이다. 예언적 메시지는 하나님이 그 백성과 맺으신 언약과, 각 선지자가 처한 특별한 역사적 상황에 따라 결정되었다. 이스라엘을 유일하신 참 하나님을 경배하는 거룩한 나라로 만들기 위해 언약을 맺었지만 이스라엘의 역사는 하나님을 향한 끝없는 반역으로 특징지어진다. 그리고 이 반역에 따라 선지자가 메시지를 구성하고 전달하는 방법이 결정되었다. 자주 이 메시지들은 언약을 파기한 백성들에게 하나님께서 소송을 제기하는 형식을 취한다. 예언적인 소송은 전형적으로 다음과 같은 특징이 있다. (1) 하나님의 법정에 소환됨 (2) 혐의 제기 (3) 판결문의 선언 (4) 다가올 형벌 묘사 (5) 회복의 약속이다.

역사서에 언급된 많은 선지자들과 여선지자들이 있기는 하지만, 왕정기(기원전 1050-586년)에 사역한 가장 중요한 선지자들은 사무엘, 엘리야, 엘리사다. 소위 "성경을 저술한 선지자들"은 우리에게 16권의 선지서를 남겼다. 이사야, 예레미야, 에스겔, 다니엘은 "대선지서"로 칭하고, 다소 짧은 12권의 선지서들은 "소선지서"라고 부른다. 분량에 따라 분류한 것이지 책의 질이나 중요도에 따른 것은 아니다.

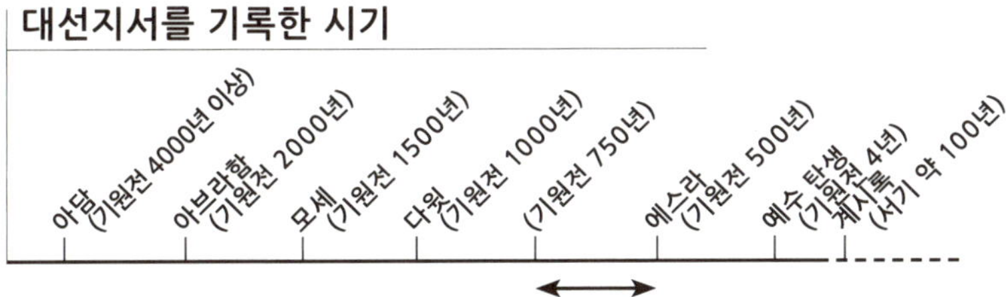

선지서

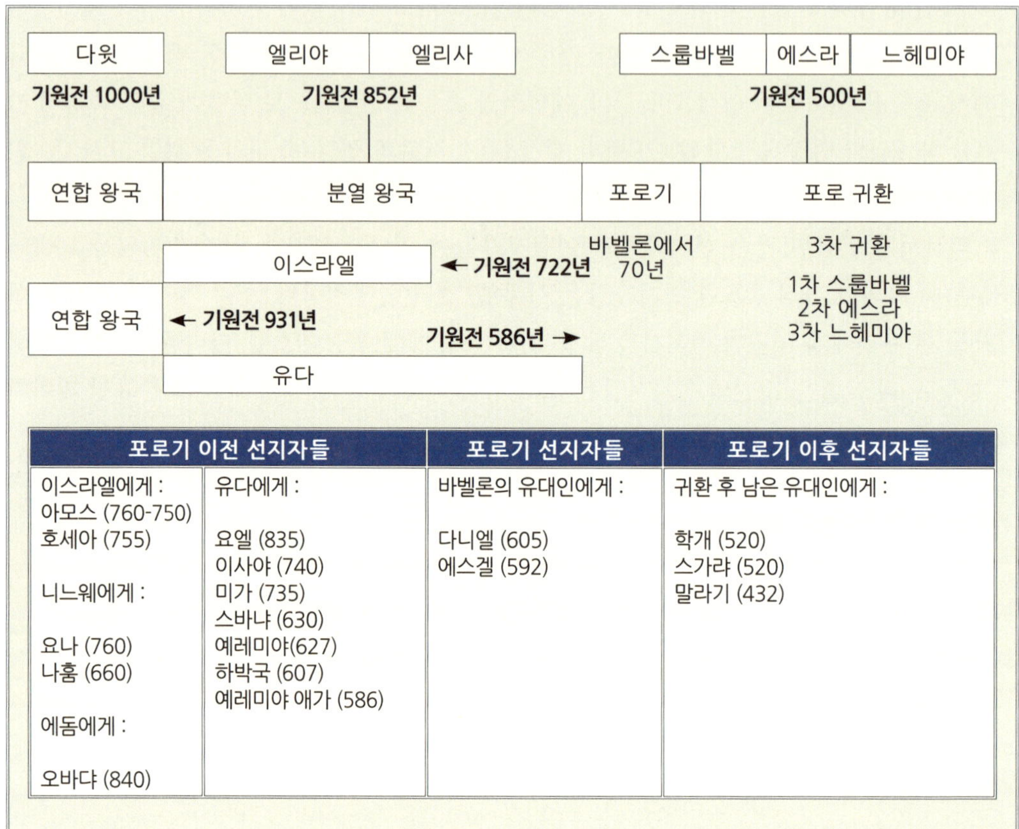

포로기 이전 선지자들		포로기 선지자들	포로기 이후 선지자들
이스라엘에게 : 아모스 (760-750) 호세아 (755) 니느웨에게 : 요나 (760) 나훔 (660) 에돔에게 : 오바댜 (840)	유다에게 : 요엘 (835) 이사야 (740) 미가 (735) 스바냐 (630) 예레미야(627) 하박국 (607) 예레미야 애가 (586)	바벨론의 유대인에게 : 다니엘 (605) 에스겔 (592)	귀환 후 남은 유대인에게 : 학개 (520) 스가랴 (520) 말라기 (432)

Nelson's Complete Book of Bible Maps and Charts © 1993 by Thomas Nelson, Inc.

선지자들의 고향

34º 30' E
35º E
35º 30' E
36º E
33º N
32º 30' N
32º N
31º 30' N
선지자들의 고향
"그러나 여호와께서 그들에게 선지자를 보내사 다시 여호와에게로 돌아오게 하려 하시매 선지자들이 그들에게 경고하였으나 듣지 아니하니라"(대하 24:19).
N
갈릴리
요나는 가드헤벨에서 태어났다.
갈릴리 바다
기손 강
지중해
야르묵 강
호세아는 이스라엘에서 태어났다.
엘리야는 디셉에서 태어났다.
엘리사는 아벨므홀라에서 태어났다.
사마리아
요단 강
길르앗
얍복 강
사무엘이 하나님께 바쳐진 후 실로에서 자랐다.
나훔은 엘고스에서 태어났다.
사무엘이 사역했던 지역
벧엘
길갈
미스바
사무엘은 라마에서 태어났다.
예레미아는 아나돗에서 태어났다.
유다
이사야, 에스겔, 다니엘, 요엘, 스바냐, 학개, 스가랴, 말라기는 예루살렘에서 태어났다.
블레셋
미가가 가드모레셋에서 태어남.
아모스는 드고아에서 태어났다.
사 해
아르논 강
모 압
세렛 시내
20 miles
20 kilometers

이사야

이사야서는 종종 "선지자들의 왕자"라고 불린다. 이사야서의 장엄한 흐름과 공의와 구속의 주제를 강력하게 표현하기 때문인데, 메시야와 메시야 시대에 대한 위대한 예언에서 절정을 이룬다. 이러한 의미에서 이사야서는 성경의 축소판이라 할 수 있다. 처음 39장까지는 유다와 주변 국가들의 부도덕과 우상 숭배에 관한 심판의 메시지로 가득 차 있다. 그러나 나머지 66장까지는 희망과 위로의 메시지를 선포한다. "여호와는 구원이시다"라는 의미의 히브리어 **예샤이아**(*yeshaiah*)에서 비롯된 **이사야**라는 이름은 이 책의 내용을 적절히 요약한다.

저자

아모스의 아들, 이사야가 저자로 알려져 있다. 다른 저자가 있을 가능성은 암시조차 없다. 이사야서의 통일성에 대해 현대 여러 학자들이 문제를 제기한다. 학자들은 이사야 1장부터 39장까지는 이사야 자신의 작품이지만, "제2 이사야"라고 불리는 40장부터 55장까지는 바벨론에서 무명의 선지자가 썼고, "제3 이사야"라고 불리는 56장부터 66장까지는 팔레스타인에서(기원전 약 460-445년) 또 다른 무명의 선지자가 기록했다고 주장했다. 이사야서를 문체, 역사, 신학의 중요한 차이에 따라 1장에서 39장까지와 40장에서 66장까지로 나누고, 더 나아가 40장에서 66장까지를 바벨론 포로기를 반영하는 부분과 포로기 이후를 반영하는 두 부분으로 각각 나누어야 한다고 주장한다.

이사야서의 통일성에 반대하는 몇 가지 주목할 만한 주장들이 있지만, 한편 이에 반대하는 강력한 주장들도 이사야서의 문학적 통일성에 근거해서 전개된다. 각 부분들마다 약간 차이가 있지만, 차이점들보다는 이사야서 전체에 걸친 문장 양식의 유사성들이 훨씬 더 두드러진다는 주장이다. 여기에는 사상, 이미지, 수사법, 독특한 표현들, 지방색 등의 유사성들도 포함된다. 전반부가 다소 간결하고 이성적인 서술인 반면, 후반부는 화려하고 감성적인 것이 사실이지만, 이것은 심판과 위로라는 서로 상이한 주제를 다루고 있기 때문이라고 보는 것이 더 옳다.

이사야 선지자가 바벨론 포로와 고레스 통치 하의 귀환을 예언할 수 없었을 것이라는 생각 때문에, 이사야서의 일부를 아모스의 아들 이사야가 살던 시대 이후에 기록되었다는 주장이 있다. 그러나 이러한 주장은 장래 일을 예언하는 것은 불가능하다는 독단적인 가정에 기초한 것이다. 이런 이론은 메시야에 관한 예언들이 있었고, 그 예언들이 그리스도의 삶으로 성취되었다는 것을 설명할 길이 없다. 모든 것이 예언되고 성취된 것을 생각하면, 다수의 저자가 기록했다는 이론보다는 한 명의 저자가 기록했다는 생각이 그나마 무리가 적을 듯하다.

이런 이유로, 웃시야, 요담, 아하스, 히스기야의 통치 기간에 예루살렘에서 예언했던 아모스의 아들 이사야가 그의 이름을 딴 이사야서의 저자라고 전통적으로 지지하는 것이 합당하다. 이사야는 뛰어난 유대인 가문에서 태어났고, 인상적인 어휘와 문체를 보면 그가 잘 교육 받은 사람인 것이 뚜렷이 드러난다. 이사야는 왕실과 긴밀한 관계를 유지했다. 그러나 외세와 동맹하는 것을 반대하는 그의 권면은 언제나 잘 수용되지는 않았다. 그의 아내도 역시 선지자였으며, 그는 적어도 두 아들의 아버지였다(7:3, 8:3). 이사야는 거의 예루살렘에서 살았다. 유대의 구전(口傳)은, 악한 왕 므낫세의 통치 동안 박해자들이 이사야를 두 번 톱질했다고 말한다.

기록 연대

이사야는 기원전 약 740부터 680년까지 오랫동안 사역했다(1:1). 이사야서는 분명히 이 시기에 기록한 예언서를 포함한다. 그는 웃시야 왕 통치(기원전 790-739년) 말기에 사역을 시작했으며, 요담(기원전 739-731년), 아하스(기원전 731-715년), 히스기야(기원전 715-686년) 왕의 통치기 동안 계속 사역했다. 37장 38절에 산헤립의 죽음(기원전 681년)을 기록한 것을 보면 이사야는 히스기야 왕보다 몇 년 더 살았음을 알 수 있다. 히스기야는 기원전 686년 사악한 아들 므낫세에게 왕위를 계승했고, 므낫세는 여호와께 드리는 예배를 폐지하고 이사야의 사역을 심하게 훼방했다.

이사야가 활동하던 때에, 앗수르는 디글랏빌레셀의 통치 아래 힘을 키우고 있었다. 그는 동쪽 정벌을 끝낸 후 서쪽으로 눈을 돌려 지중해 연안을 따라 북 이스라엘(기원전 722-21년)을 비롯한 많은 작은 나라들을 정복했다. 이사야는 주로 남 유다에서 사역했지만, 동시대에 살던 호세아와 미가와 마찬가지로 북 이스라엘의 마지막을 예언하기도 했다. 남 유다도 형제인 북 이스라엘의 죄를 좇고 있었다. 사마리아와 북 이스라엘이 멸망한 후, 그는 당시 가장 직접적으로 유다를 위협하던 앗수르가 아닌 바벨론에 의해 유다가 심판 받을 것이라고 경고했다.

주제와 문학적 구조

이사야서는 세 부분으로 나눌 수 있다. 즉, 심판의 예언(1-35장), 역사적 삽화 또는 에피소드(36-39장), 위안과 위로의 예언(40-66장)이다.

이사야는 다윗과 솔로몬 통치 하의 "황금기" 이후 이스라엘이 가장 번성했던 시기에 메시지를 선포했다. 농업과 상업의 성공으로 번영하고 군사적으로도 승리하여 부도덕, 과음, 우상 숭배, 가난한 자들에 대한 압제, 탐욕, 사람들의 욕망에 영합하는 거짓 선지자들이 출현했다. 이런 상황에 이사야는 (1) 믿음을 통한 구원(7:9, 28:16, 30:15) (2) 하나님의 거룩하심과 윤리적 생활의 필요(6:1-8, 37:23) (3) 인간의 죄와 분명한 하나님의 심판(1-35장) (4) 회개한 남은 자들에게 임하는 구속의 확신(1:9, 19, 10:19-22, 46:3, 4, 65:8-10)을 강조했다.

이사야서의 기본 주제는 "구원이 주께 있다"는 뜻인 이사야의 이름에서 찾을 수 있다. 이사야서에는 "구원"이라는 단어가 26번이나 등장하는데 반해, 다른 선지서에는 모두 합해 7번밖에 등장하지 않는다. 구약 전체에서, 시편을 제외하고 이사야서에서 구원에 관한 예언이 가장 많이 언급된다. 이사야는 예수 그리스도의 영광과 사역의 모든 측면을 설명한다. 예수 그리스도의 성육신(7:14, 9:6), 예수 그리스도의 유년기(7:15, 11:1, 53:2), 그의 온화한 인격(42:2), 그의 순종(50:5), 그의 메시지(61:1, 2), 그의 기적(35:5, 6), 그의 고난과 거절과 대속적 죽음(50:6, 53:1-12), 그리고 그의 승천(52:13)이다.

이사야 한눈에 보기

초점	심판에 대한 예언				역사적 삽입구	위로의 예언		
관련구절	1:1 --- 13:1 --------- 24:1 ------- 28:1 ----------- 36:1 ----------- 40:1 ----------- 49:1 -------- 58:1 ---- 66:24							
구분	…… 에 대한 예언들		…… 에 관한 예언들		히스기야의 구원, 질병, 죄	이스라엘의 구원	이스라엘의 구원자	이스라엘의 영광스런 미래
	유다	열방	주의 날	심판과 축복				
주제	예언				역사	메시야		
	심판				과도기	소망		
장소	이스라엘과 유다							
기간	기원전 약 740-680년							

Nelson's Complete Book of Bible Maps and Charts © 1993 by Thomas Nelson, Inc.

이사야가 예언한 시기

이사야 개요

1부 심판에 대한 예언(1:1–35:10)

2부 역사적 삽입구(36:1–39:8)

3부 위로의 예언(40:1–66:24)

오실 메시야

이사야서에는 메시야에 대한 많은 예언들이 있는데, 11장 1절에서 12절은 장차 오실 메시야와 그의 나라에 관해 정확하게 묘사한다. 그는 다윗의 자손으로 오셔서(마 1:1), 거룩한 성령으로 충만하게 되었다(마 3:16 참고). 그는 인간을 자비와 의로 심판하게 될 것이다(계 19:11). 메시야는 우주적인 위엄을 갖고 다스리는 모습으로 묘사된다. 평화와 화해(사 11:6-9), 이방인을 불러 모으고(11:10), 이스라엘의 신실한 남은 자들을 모으는 것이 메시야 통치의 특징이다(11:11-12).

**이사야는 악한 왕 아하스의 모습과 대조하면서 이상적인 통치자의 자질을 서술한다.
메시야 예수가 오실 때 비로소 이상적인 왕의 임무는 완성된다
"예수 그리스도 당신 안에 하나님의 나라가 있습니다"는 것이 바로 그가 전하려는 메시지이다.**

메시야		그의 나라	
이새의 줄기, 다윗의 혈통	11:1, 10	열방이 그에게 돌아온다	11:10
성령이 그 위에 임한다	11:2	이스라엘의 남은 자들을 모은다	11:11-16
하나님을 경외한다	11:3	하나님의 구원을 기뻐한다	12:1-6
공의로 세상을 심판한다	11:4, 5		

열방에 대한 심판

다른 구약의 선지서와 마찬가지로, 이사야서도 이스라엘을 공격하는 외세와 이스라엘 내부의 신실하지 못한 자들에 대한 일련의 신탁을 포함한다(13-23장). 이사야는 미래에 유다를 멸망시킬 적인 바벨론(13:1-14:23), 앗수르(14:24-27), 블레셋(14:28-32), 모압(15:1-16:14), 수리아와 이스라엘(17:1-11), 모든 열방들(17:12-18:7), 애굽(19:1-20:6), 바벨론과 그 동맹국들(21:1-16), 예루살렘과 예루살렘의 신실하지 않은 지도자들(22:1-25), 두로의 도시(23:1-18)에 심판의 메시지를 전한다.

이사야서의 고난 받는 종

이사야서에는 종의 노래 4개가 있는데(42:1-4, 49:1-6, 50:4-9), 그 노래들의 결론에 해당하는 마지막 노래는 고난 받는 종의 노래(52:13-53:12)이다. 고난 받는 종에 대한 묘사가 위로의 부분인 40장에서 66장의 중심에 자리하며, 종의 구원 사역을 그리는 5개 연으로 이루어져 있다. 모욕을 당하고 높임을 받으며(52:13-15), 거절을 당하고(53:1-3), 대속적인 고난(53:4-6)과, 그의 희생적인 죽음(53:7-9)으로, 하나님과 인간을 화해시키는 속죄와 부활(53:10-12)을 노래한다.

때때로 고난 받는 종의 노래는 전반적으로 이스라엘 백성의 이상적인 인물을 표현한다고 주장하기도 한다. 그러나 이 노래의 주제가 단지 이상적인 사람에 대한 묘사로 격하될 수는 없다. 분명 이 노래는 하나님과 죄인인 인간을 중재하는 실제 인물을 제시하기 때문이다. 게다가, 고난 받는 종과 인간으로 오신 예수 그리스도의 사역 간에 일치하는 것이 많은 것도 간과할 수 없다.

열방에 대한 심판

© GeoNova

성취된 이사야의 예언들	
예언	성취
메시야는 ……	**예수 그리스도는 ……**
처녀에게서 태어날 것이다(사 7:14).	동정녀 마리아에게서 나셨다(눅 1:26-31).
갈릴리에서 사역할 것이다(사 9:1, 2).	이방 땅 갈릴리에서 사역했다(마 4:13-16).
다윗의 보좌를 계승할 것이다(사 9:7).	조상 다윗의 왕위를 받았다(눅 1:32, 33).
그의 길이 예비될 것이다(사 40:3-5).	세례 요한이 예비했다(요 1:19-28).
뺨 맞고 구타를 당할 것이다(사 50:6).	손바닥으로 맞고 구타를 당하셨다(마 26:67).
높임을 받을 것이다(사 52:13).	하나님과 백성들이 그를 높였다(빌 2:9-10).
고난으로 외모가 상할 것이다(사 52:14, 53:2).	가시 면류관을 쓰고, 매를 맞았다(막 15:15-19).
피로 속죄할 것이다(사 53:5).	우리 죄를 속하려고 피 흘리셨다(벧전 1:2).
모두 거절할 것이다(사 53:1, 3).	많은 사람들에게 배척당하셨다(요 12:37, 38).
우리의 죄와 슬픔을 질 것이다(사 53:4, 5).	우리의 죄를 위해 죽으셨다(롬 4:25, 벧전 2:24, 25).
우리의 대속물이 될 것이다(사 53:6, 8).	우리 대신 죽으셨다(롬 5:6, 8, 고후 5:21).
우리의 죄와 형벌을 기꺼이 담당하실 것이다(사 53:7, 8).	우리의 죄에 대해 침묵하셨다(막 15:4, 5, 요 10:11, 19:30).
부자의 무덤에 장사될 것이다(사 53:9).	아리마대 출신 부자 요셉의 무덤에 장사되셨다(마 27:57-60, 요 19:38-42).
그를 믿는 자는 구원을 받을 것이다(사 53:10, 11).	그를 믿는 모든 자는 구원을 받았다(요 3:16, 행 16:31).
범죄자와 함께 죽을 것이다(사 53:12).	죄인 취급당했다(막 15:27, 28, 눅 22:37).
마음이 상한 자를 고칠 것이다(사 61:1, 2).	마음이 상한 자를 고치셨다(눅 4:18, 19).

히스기야 터널

예레미야

노(테베)에 있는 신전

예레미야서는 선지자의 도시 아나돗에서 젊은 시절에 하나님의 부르심을 받은 한 사람이 기록한 선지서이다. 비탄에 잠긴 예레미야 선지자는 가슴이 찢어지는 메시지로, 유대의 목이 곧은 백성의 운명을 40년이 넘도록 선포한다. 동포들에게 멸시와 박해를 받으면서도 긍휼의 눈물을 흘리며 신랄한 예언을 선포한다. 마음이 너무 상한 상태로 기록했기 때문에 이 책도 연대기적으로나 주제별로 정리하기 어려운 형태이다. 하지만 예레미야의 설교와 징조들은 신실하게 하나님의 뜻에 순종하는 것이 재난을 피하는 유일한 길임을 분명하게 선언한다.

저자

예레미야가 저자라고 이 책에 분명히 기록되어 있다(1:1). 그는 사역을 시작할 때부터 여호야김 4년까지 전한 모든 예언을 그의 종 바룩에게 받아쓰게 했으며, 후반부도 저술했다. 열왕기하 24장 18절부터 25장 30절과 거의 같은 내용으로 부록에 해당하는 52장만 예레미야가 쓰지 않았다.

예레미야는 제사장 힐기야의 아들이며, 예루살렘에서 북쪽으로 약 3.2킬로미터 떨어진 아나돗에 살았다. 유다에게 실물 교육을 제공하기 위해 하나님께서 그에게 결혼을 허락하지 않으셨다(16:2). 바벨론의 침략으로 하나님의 심판이 있을 것이라는 그의 달갑지 않은 메시지 때문에 위협을 받고, 감옥에 갇혔다. 예레미야는 바벨론이 예루살렘을 공격했을 때 살아남았다가 나중에 애굽으로 끌려가 그곳에서 죽었다.

기록 연대

36장 1절에서 3절에 따르면, 예레미야가 쓴 부분은 정확히 여호야김 4년(기원전 605년)에 그가 지난 20년간 백성들에게 전한 예언을 기록하라는 하나님의 명령을 받고 기록한 부분이다. 그 자료는 정확히 1장부터 20장까지 해당한다. 나머지 장들은 연대기적 순서보다는 주제에 따른 예언과 역사적인 설명을 담고 있는데, 이는 예레미야가 두 번째 사역을 했던 20년에서 25년 동안의 일을 다룬다.

예레미야는 스바냐, 하박국, 다니엘, 에스겔과 동시대인으로 기원전 약 627년부터 580년에 걸쳐 사역했다. 예레미야는 세 번에 걸쳐서 사역했다. 기원전 627부터 605년까지 그는 유다가 앗수르와 이집트에게 위협을 당할 때에 예언했다. 기원전 605년부터 586년까지 그는 유다가 바벨론에게 위협을 당하고 포위되었을 때에 예언했다. 기원전 586년부터 580년까지 그는 유다가 몰락한 후에 예루살렘과 애굽에서 사역했다.

주제와 문학적 구조

예레미야서가 비록 연대기나 주제별로 쉽게 정리되지는 않지만, 기본적인 메시지는 분명하다. 배반하고 불순종한 이스라엘 백성에게 하나님께서 필연적으로 피할 수 없는 심판을 내리신다는 것이다. 이 책은 네 부분으로 나눌 수 있다. 선지자 예레미야의 소명(1장), 유다에 대한 예언(2:1-45:5), 이방인들에 대한 예언(46:1-51:64), 예루살렘의 함락(52장)이다.

"눈물의 선지자"로 유명한 예레미야는 반역하는 유다에 대한 하나님의 심판을 40년 간 충실히 선포했다. 민족에 대한 동정과 근심 때문에, 그는 백성들의 배반과 임박한 운명을 깊이 슬퍼했다.

예레미야는 신랄한 메시지를 전하는 것과 달갑지 않은 반응을 경험하는 것이 싫어서 자주 예언자의 직분을 그만두기 원했다. 점점 더 심각한 위험에 처하면서도 터무니없는 자신감도 더 커지는 것 같은 백성들을 대면하는 것이 예레미야에게 너무 힘든 일이었다. 백성들은 자신들이 성전과 유일하게 참된 종교를 가지고 있기 때문에, 하나님이 예루살렘을 멸망시키지 않을 것이라고 믿었다. 예레미야는 그들에게 하나님의 언약은 불순종에 대해서는 분명히 처벌을 명하고 있다는 점을 일깨워 주어야만 했다.

그 유명한 새 언약에 대한 부분(30-33장)은 언약에 대한 예레미야의 각별한 관심을 잘 드러내고 있다. 모든 선지자들의 책망과 호소는 하나님과 이스라엘의 언약 관계에 기초하고 있다. 하지만 예레미야는 그들보다 더욱 뚜렷하게 언약 관계에 기초해서 예언한다. 그는 옛 언약의 내용을 비난하지 않는다. 하지만 언약이 계속 유효하려면, 반드시 내면화되어야 한다는 사실을 깨달았다. 그래서 그는 새 언약의 도래를 예언한다. 새 언약은 하나님 백성의 마음에 새겨질 것이다(31:31-34).

예레미야 한눈에 보기

초점	예레미야의 소명	유다에 대한 예언				이방인들에 대한 예언	예루살렘의 멸망
관련구절	1:1 --------- 2:1 -------------- 26:1 --------- 30:1 ------------- 34:1 ----------- 46:1 -------------- 52:1 ------ 52:34						
구분	예언적 사명	유다에 대한 책망	예레미야의 갈등	예루살렘의 미래 회복	예루살렘의 현재 멸망	아홉 국가에 대한 책망	역사적 결론
주제	멸망 이전				멸망	멸망 이후	
	부르심	사역					회상
장소	유다					주변국가	바벨론
기간	기원전 약 627-580년						

Nelson's Complete Book of Bible Maps and Charts © 1993 by Thomas Nelson, Inc.

예레미야가 예언한 시기

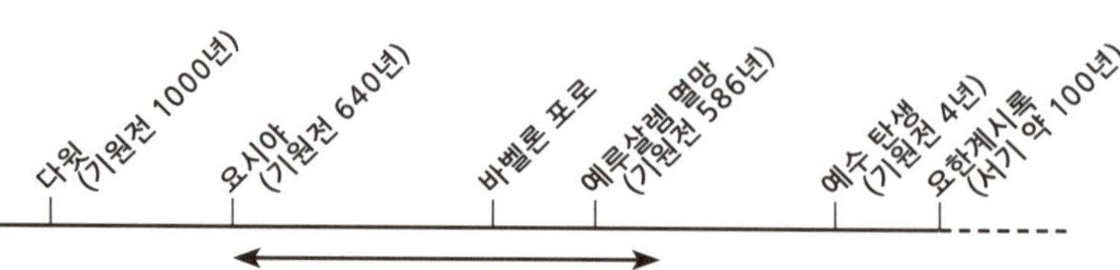

예레미야 개요

1부 예레미야의 소명(1:1-19)

2부 유다에 대한 예언(2:1-45:5)

3부 이방인들에 대한 예언(46:1-51:64)

4부 예루살렘의 멸망(52:1-34)

예레미야의 소명

수많은 다른 선지자들과 마찬가지로(사 6장 참고). 예레미야도 하나님과 대화하면서 부르심을 받았다. 예레미야는 많은 거짓 선지자들과 맞서야했는데, 그때 하나님께서 직접 그를 부르셨다는 사실을 확신하는 것은 매우 중요했다. 하나님이 부르셨을 때 비록 예레미야가 너무 젊었지만, 하나님의 부르심은 그분의 능력으로 결정되는 것이지 나이와 같은 인간의 덧없는 조건으로 결정되는 것이 아니다.

예레미야의 소명	
누구를?	힐기야의 아들(1:1)
어디에서?	베냐민 지파의 땅인 아나돗(1:1)
언제?	요시야가 통치하던 기원전 626년(1:2)
왜?	민족을 위한 선지자로 임명되었다(1:5)
부르심의 시작은?	그가 태어나기 전에 결정되었다(1:5)
예레미야의 대답	"나는 아이입니다"(1:6)
하나님이 그를 훈계하신다	"내가 너와 함께 하겠다"(1:7, 8)
하나님이 그에게 능력을 주신다	"내가 내 말을 네 입에 두었노라"(1:9, 10)
예레미야를 부르신 사건의 극적인 특성은, 하나님께서 임무를 맡기기 위해 사람을 부르실 때는 임무를 감당할 수 있도록 준비시키신다는 원리에서 절정에 이른다. 예레미야처럼 우리는 자신의 연약함과 한계를 늘어놓을 수 있다. 하지만 하나님은 권능으로 임하시겠다고 약속하신다. 예레미야처럼 우리는 두려운 상황을 예상하지만, 하나님은 그분의 구원을 약속하신다. 만약 하나님이 우리를 충분히 도와주시지 못한다면, 임무를 맡기기 위해 우리를 부르시지 않는다.	

예레미야가 애굽으로 간 여정

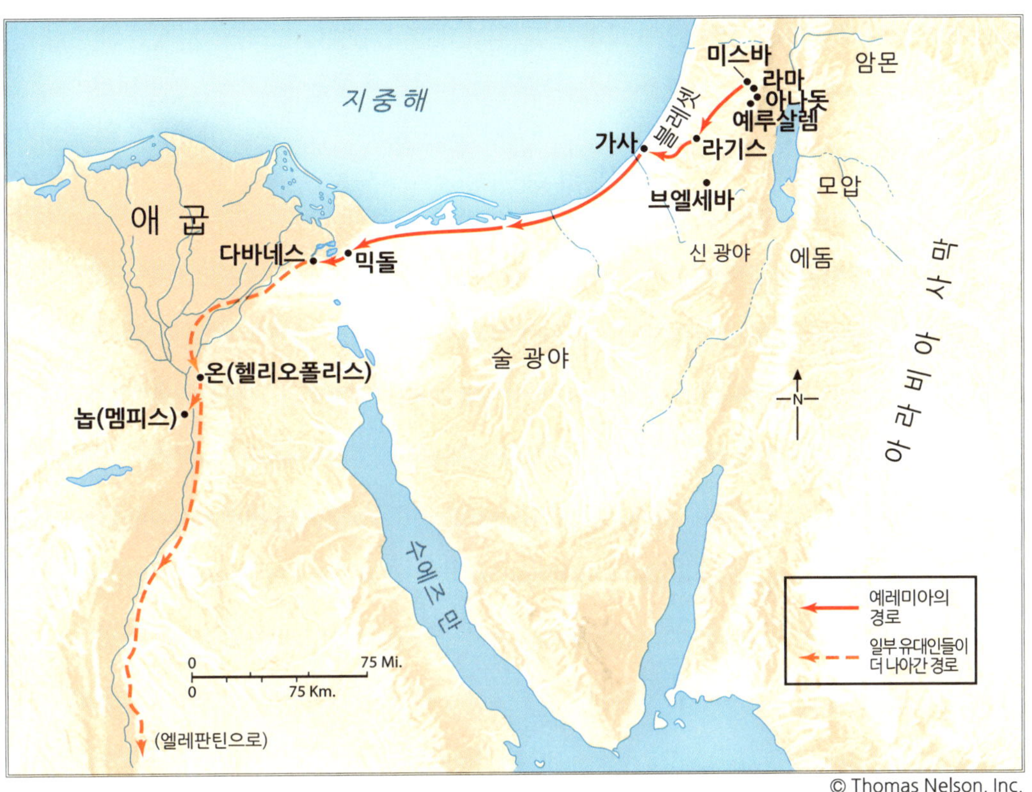

바벨론의 팔레스타인 침략

바벨론은 기원전 612년에 앗수르의 수도 니느웨를 점령했다. 그리고 순식간에 고대 근동을 장악하기 시작했다. 기원전 605년 바벨론 왕 느부갓네살은 갈그미스 전투에서 애굽을 격퇴한 후 팔레스타인을 향해 진격했고, 다니엘과 같은 중요한 인물들을 바벨론으로 강제 이주시켰다. 유다의 왕 여호야김은 바벨론의 봉신(封臣)이 되었지만, 기원전 601년에 예레미야의 경고를 거부하고 바벨론에게 반기를 들었다. 기원전 597년에 여호야긴이 이어 유다의 왕이 되었지만, 3개월 후 느부갓네살이 예루살렘을 함락시키고 그를 바벨론으로 끌고 가서, 시드기야가 대신 나라를 다스렸다. 시드기야는 유다의 마지막 왕이었다. 그는 애굽과 동맹을 시도했지만 결국 기원전 586년에 느부갓네살이 예루살렘을 점령하고 함락시키고 말았다.

예레미야애가

예레미야애가는 한 도시의 장례식을 묘사한다. 한 때는 자랑스러웠지만, 지금은 바벨론 군대의 침략을 받아 폐허로 변한 예루살렘을 눈물 젖은 모습으로 그린다. 다섯 편의 애가 속에서 저자는 수많은 백성이 살육을 당하고, 나머지는 노예가 되고, 소수의 생존자는 비탄과 절망에 빠진 것을 보며 깊은 슬픔을 토로한다.

저자

본문에는 한 번도 이름이 언급되지 않지만, 전통적으로 예레미야가 이 책을 저술했다고 여긴다. 70인 역 성경에서는 예레미야를 저자로 명시한다. 그리고 오리겐(Origen)이나 제롬(Jerome) 같은 초대 교회 교부들도 이에 동의했다. 현재 영어 성경에서 이 책을 예레미야서 다음에 배치한 것은 이를 반영해서 편집한 것이다. 두 책의 문체가 유사한 것도 예레미야가 확실한 저자임을 가리킨다.

기록 연대

저자는 생생하고 격정적인 어조로 거룩한 성, 예루살렘과 성전이 파괴되는 끔찍한 사건을 막 경험했음을 강하게 보여준다. 이 사실은 이 책의 기록 연대가 기원전 586년 직후라는 것을 암시한다.

주제와 문학적 구조

예레미야애가는 슬픔에 가득한 다섯 개의 시로 구성되어 있으며, 다음과 같이 요약할 수 있다. (1) 예루살렘의 파괴 (2) 여호와의 분노 (3) 자비를 구하는 기도 (4) 예루살렘이 포위됨 (5) 회복을 구하는 기도이다.

다섯 개의 시(詩)는 각각 한 장으로 이루어졌으며, 처음 넉 장은 알파벳 순서로 구성된다. 첫째 행 혹은 1연은 알파벳의 첫 글자로 시작하고, 둘째 행 혹은 2연은 알파벳의 두 번째 글자로 시작한다. 계속 이런 방식으로 서술한다. 번역을 할 때 똑같은 방식으로 서술하기는 불가능하다.

3장 19절부터 42절까지와 3장 55절부터 60절까지의 믿음과 소망을 간략하게 드러내는 두 부분을 제외하고, 1장부터 4장까지는 고통과 고뇌가 가득 담긴 애가이다. 5장에서는 앞의 장처럼 격렬하지는 않지만 깊이 상심한 자의 아픈 마음이 표현되어 있다. 시 전반을 통해 사람들은 예레미야의 전형적인 신학적 통찰을 깨닫게 된다. 극명한 대조와 생생한 비교가 자주 반복되며 비유적인 표현이 풍성하다.

예레미야애가 한눈에 보기

초점	예루살렘의 파괴	여호와의 분노	자비를 구하는 기도	예루살렘이 포위됨	회복을 구하는 기도
관련구절	1:1 ---------- 2:1	---------- 3:1	---------- 4:1	---------- 5:1	---------- 5:22
구분	애곡하는 도시	마음이 상한 백성들	고통 받는 선지자	파괴된 왕국	회개하는 민족
주제	슬픔	원인	소망	회개	기도
장소	예루살렘				
기간	기원전 약 586년				

예레미야애가의 사건이 일어난 시기

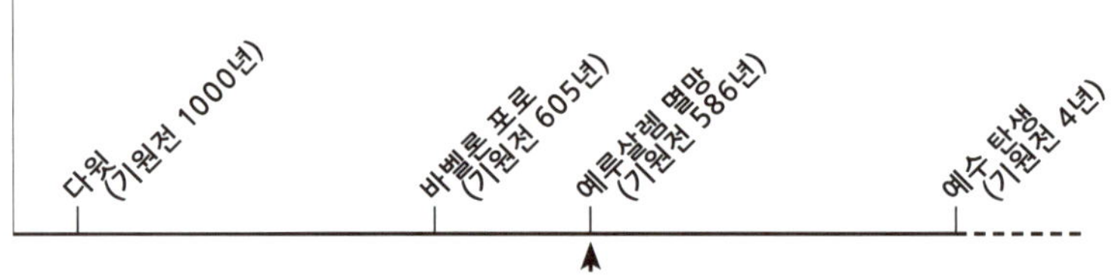

예레미야애가 개요

1. 예루살렘의 파괴 1:1–22
- 1) 선지자 예레미야의 애가 1:1–11
- 2) 예루살렘 성의 애가 1:12–22

2. 하나님의 분노 2:1–22
- 1) 하나님의 분노 2:1–9
- 2) 예루살렘의 고통 2:10–17
- 3) 예루살렘의 호소 2:18–22

회복의 주제

이 책 전체를 통해 저자는 인간이 죄를 깨닫고 하나님 안에서 흔들리지 않는 희망을 품고 기도하면, 하나님께서 그분의 백성을 슬픔과 회개를 지나 소망과 믿음의 길을 따라 그분께 돌아오게 하신다는 메시지를 전한다.

죄 ⟶ 고통(1:8)
슬픔 ⟶ 회개(1:20)
기도 ⟶ 소망(3:19-24)
믿음 ⟶ 회복 (5:21)

에스겔

예루살렘 동쪽 문

바벨론이 예루살렘을 최후 공격하기 전, 바벨론에 포로로 끌려간 에스겔이 포로로 끌려간 백성들에게 하나님의 메시지를 생생하게 전달하기 위해 예언, 비유, 표적, 상징들을 사용해서 이 책을 썼다. 포로로 끌려간 백성들은 마치 뙤약볕 아래 흩어진 마른 뼈 같았지만, 하나님은 그들을 다시 모으시고, 그 민족에게 다시 한 번 생명을 불어넣으실 것이다. 심판에 이어 장차 영광이 뒤따를 것이다.

"에스겔"로 음역된 히브리 이름은 "하나님이 힘을 주신다" 혹은 "하나님이 강하게 하신다"는 의미이다. 이 이름은 에스겔서에만 두 번 나오고 그 밖의 구약에서는 등장하지 않는다.

저자

첫 세 개 구절에서 부시의 아들 에스겔의 이름이 나오는데, 그는 1장부터 3장에 기록된 하나님의 비전을 받은 사람이다. 그 이후 이 책은 줄곧 에스겔 선지자가 1인칭으로 서술한다. 문체의 통일성, 이 책에서만 빈번히 등장하는 에스겔 특유의 문장, 지속적인 관심을 보이는 큰 주제 때문에, 학자들은 대부분 에스겔이 하나님과 대면한 내용을 쓴 것이라고 확신한다.

예레미야와 마찬가지로 에스겔 또한 하나님의 선지자로 부름 받은 제사장이었다. 그의 아내는 예루살렘이 용서받지 못한다는 사실을 포로로 끌려간 유대인들에게 보여주기 위한 표적으로 죽었다(24:16-24). 그는 성전, 제사장 직분, 희생 제사, 하나님의 영광이 성전에 나타나는 **쉐키나**(*Shekinah*)에 대해 관심을 제사장의 관점에서 예언한다. 에스겔은 수없이 놀라운 환상을 받는 특권을 누렸으며, 이를 섬세하고 예술적으로 표현한다.

기록 연대

에스겔은 기원전 597년 느부갓네살이 예루살렘을 두 번째로 함락한 이후, 바벨론에 포로로 끌려갔다. 그는 기원전 593-592년 즈음 첫 번째 환상을 보았을 것이고, 기원전 571-570년에 마지막 말씀을 받았을 것이다. 즉 20년 남짓 사역한 셈이다. 우리가 지금 읽는 이 책은 아마 사역을 마친 후에 완성되었을 것이다. 30년(1:1)은 아마 그가 예언자로 부르심을 받았을 때의 나이일 텐데, 이는 제사장들이 성전을 섬기는 업무에 전념하기 시작하는 나이이다. 포로생활은 에스겔에게 성전의 제사장으로 섬기는 특권을 빼앗았지만, 하나님은 은혜롭게도 그에게 이 책에 기록된 예언 사역을 허락하셨다.

에스겔서는 시대별로 잘 정리되어 있기 때문에 구약 성경 중 연대를 추정하기가 가장 쉬운 책이다. 예언적 계시의 각 부분은 년, 월, 일로 시작한다. 선지자 에스겔은 예레미야, 다니엘과 동시대 사람이었고, 그의 예언 중 일부는 예레미야가 선포한 메시지에 이어 덧붙인 것인 듯하다. 이 책에서 다니엘을 세 번 언급한다(14:14, 20, 28:3).

주제와 문학적 구조

에스겔서는 네 부분으로 나눌 수 있다. 에스겔의 소명과 임무(1-3장), 유다에 대한 심판(4-24장), 이방인들에 대한 심판(25-32장), 이스라엘의 회복(33-48장)이다.

다니엘서나 요한계시록처럼 에스겔서는 "묵시 문학"에 속한다. 상징, 환상, 알레고리, 비유, 상징적 행동이 묵시 문학의 특징이다. 에스겔은 포로로 잡혀 온 동료 유대인들에게 예루살렘에 대한 하나님의 심판이 아직 끝나지 않았음을 인상적으로 표현하기 위해 이와 같은 방법들을 사용한다. 예루살렘의 죄악이 결국 차고 넘쳤고, 하나님이 일하실 시간이 다가왔다. 성전에서 하나님의 영광이 떠나는 것을 통해 하나님의 심판이 확실히 임할 것이 상징적으로 드러난다(8:1-11:25).

또 에스겔은 이스라엘 주변 국가에도 하나님의 심판이 확실히 임할 것이라고 강조한다. 에스겔서는 유다를 둘러싼 나라들을 암몬, 모압, 에돔, 블레셋, 두로, 시돈의 순서로 시계 방향으로 돌아가며, 그들이 유다의 뒤를 좇아 심판을 받을 것임을 전체적으로 보여준다(25-28장). 이방 민족들 중 애굽에 관한 계시도 있는데, 그들이 망하지 않고 나라가 지속되지만 과거의 영광은 절대로 회복하지 못한다는 내용이다(29:15).

예루살렘이 멸망한 후 에스겔은 미래에 이스라엘이 회복될 것에 대해 관심을 옮긴다. 마른 뼈가 가득한 골짜기에 대한 환상(37:1-14)은 하나님의 영으로 이스라엘이 소생할 것임을 생생하게 보여 준다. 에스겔이 환상 중에 훼파된 예루살렘에 돌아가서 성전과 도시, 땅의 회복에 대해 자세한 사항들을 지시받으면서 이스라엘의 회복에 대한 소망이 더 발전된다(40-48장). 새로운 성전 바깥 뜰, 안 뜰, 성전에 대해 세밀하게 묘사한 후(40-42장), 에스겔은 하나님의 영광이 동쪽에서 성전으로 돌아오는 것을 그린다(43:1-12).

이스라엘의 회복에 관한 에스겔의 종말론적인 환상은 분명히 메시야적인 국면을 지닌다. 비록 이 책에서는 에스겔 자신을 지칭하기 위해서이기는 하나, "인자"라는 호칭이 90번 정도 등장한다. 이 호칭은 예수님이 자신을 지칭할 때 애용하셨다. 그래서 에스겔을 그리스도의 원형으로 볼 수도 있다. 동시에 에스겔은 "주님의 영이 그에게 임했을 때"(11:5), 메시야 시대를 예언하는 권한을 위임받았다. 요단 강에서 성령이 예수께 임하신 후, 예수님은 메시야 왕국의 도래를 선포하는 권한을 위임받았다(눅 4:18-19). 게다가, 흩어진 양떼를 모으시는 거룩한 목자이신 주 하나님에 대한 환상(34:11-16)은 선한 목자이신 예수님의 이미지를 떠오르게 한다(요 10:11-16). 왕 같은 제사장, 다윗과 같은 메시야를 모시고 다시 모인 백성들 중에 있는 회복된 성소는 다윗의 장막과 교회의 회복을 예시한다(암 9:11, 행 15:16).

에스겔 한눈에 보기						
초점	에스겔의 소명		유다에 대한 심판	이방인들에 대한 심판	이스라엘의 회복	
관련구절	1:1 -------- 2:1 ---------------- 4:1 ------------------ 25:1 ------------ 33:1 ------------- 40:1 -------- 48:35					
구분	에스겔이 하나님의 영광을 보다	에스겔이 사역에 대한 소명을 받다	표적, 메시지, 비전, 심판의 비유들	주변 국가에 대한 심판	주께 돌아온 이스라엘	이스라엘의 회복에 대한 환상
주제	포위 전(기원전 약592-587년)			포로기(기원전 약586년)	포위 후(기원전 약585-570년)	
	유다의 멸망			유다의 적들	유다의 미래	
장소	바벨론					
기간	기원전 약 592-570년					

에스겔이 예언한 시기

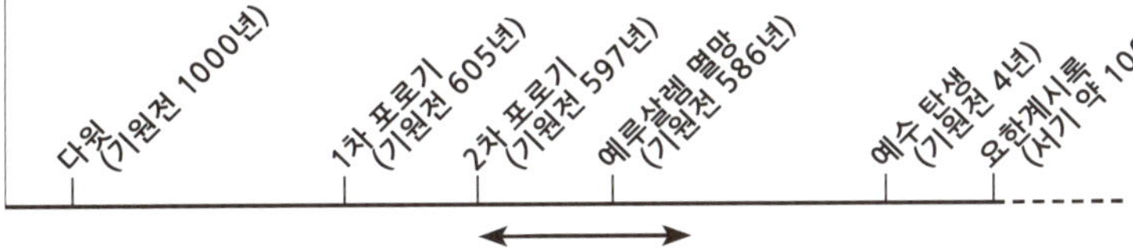

다윗(기원전 1000년)
1차 포로기(기원전 605년)
2차 포로기(기원전 597년)
예루살렘 멸망(기원전 586년)
예수 탄생(기원전 4년)
요한계시록(서기 약 100년)

에스겔 개요

1부 에스겔의 소명(1:1-3:27)

1. 에스겔이 하나님의 영광을 보다 1:1-28
    1) 환상을 본 때 1:1-3
    2) 네 마리의 생물 1:4-14
    3) 네 개의 바퀴 1:15-21
    4) 궁창 1:22-25
    5) 한 사람의 형상 1:26-28
2. 에스겔이 하나님의 말씀에 대한 임무를 받다 2:1-3:27
    1) 이스라엘로 파송된 에스겔. 2:1-3:3
    2) 사역에 관해 지시받는 에스겔 3:4-27

2부 유다에 대한 심판(4:1-24:27)

3부 이방인들에 대한 심판(25:1-32:32)

4부 이스라엘의 회복(33:1-48:35)

에스겔이 예언한 범위

에스겔서의 예언적 환상에서 언급하는 지리적인 범위는 놀랄 만큼 넓다. 바벨론 포로기에 쓴 에스겔의 예언은 이스라엘과 직접 연접해 있는 주변국들을 다룬다(25-32장). 또 다양한 성읍과 고대 지중해 세계의 여러 지역들을 언급한다(예를 들어, 27장). 아마도 로스, 메섹, 두발의 왕이라고 불리는 마곡 땅의 난폭한 이방 통치자인 곡(Gog)에 대한 언급이 가장 흥미진진한 부분일 것이다(38:1-2). 곡과 그의 나라 마곡의 정확한 위치는 확실하지 않다. 그리스와 앗수르 기록의 증언에 따르면 두 발과 메섹이 현대의 터키에 위치했을 것이므로 아마 마곡의 위치도 그곳일 것이다.

에스겔이 예언한 범위

에스겔의 성전

40장에는 새로운 예루살렘 성읍 건축에 대한 자세한 계획이 나온다. 어떤 사람들은 이 예언을 천년 왕국 시대에 예루살렘이나 그 근처에 세울 실제 성읍에 대한 정확한 청사진으로 해석한다. 반면 어떤 이들은 실제 성읍의 청사진이 아닌 이상적인 예배 장소의 순결성과 영적인 생명력, 그리고 그곳에서 예배드릴 사람들의 회복을 강조하는 환상으로 해석한다. 따라서 40장에 나타난 이상은 지상에 실제적으로 세워질 성읍이 아니라, 그 새 성읍의 이름처럼, **주께서 거기 계신다**(48:35)는 진리를 강조한다.

에스겔의 성전

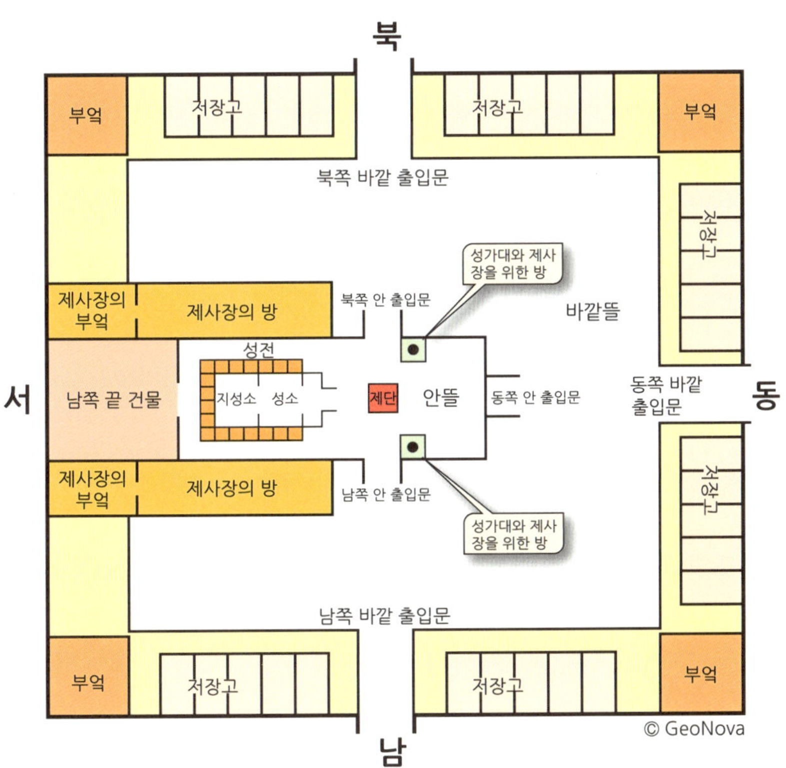

땅의 회복에 대한 에스겔의 비전

회복된 이스라엘의 국경은, 다윗과 솔로몬 통치 하의 경계에 근접한다. 그러나 요단 강 동편 지역, 즉 길르앗과 강 건너편은 이 새로운 영토에 포함되지 않을 것이다. 이곳은 약속의 땅이 아니었다.

역사적으로 여호수아의 지도로 땅을 분배했을 때(수 13-19장)처럼, 지파별로 분배되지는 않는다. 하나님은 회복의 땅에서 무언가 새로운 일을 행하실 것이다.

나라의 중앙인 예루살렘 근방은 종교와 정부를 위해 구별될 것이다.

북쪽지역은 단, 아셀, 납달리, 므낫세, 에브라임, 르우벤, 유다 지파가 차지한다.

남쪽지역은 나머지 다섯 지파, 즉 베냐민, 시므온, 잇사갈, 스불론, 갓이 차지한다.

땅의 회복

하맛
스닷
하살에난
단
브로다
아셀
만수앗
다메섹
납달리
지중해
므낫세
가르나임
므깃도
갈릴리 바다
에브라임
하우란
르우벤
사마리아
요단강
길르앗
유다
암몬
예루살렘
베냐민
시므온
사해
블레셋
모압
잇사갈
스불론
다말
에돔
갓
가데스의 므리바
N
0
60 Mi.
0
60 Km.

에스겔의 생애와 시대

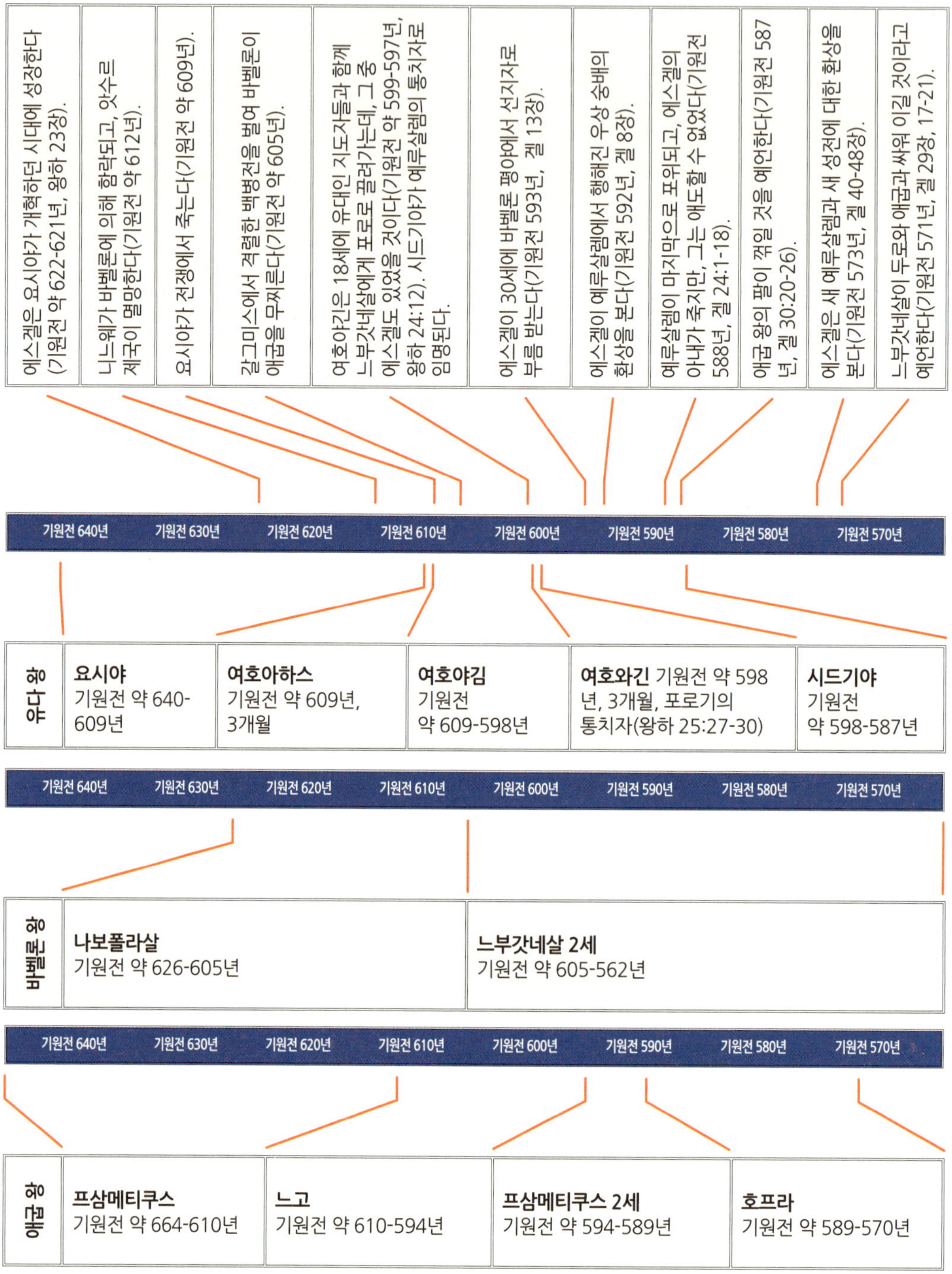

- 에스겔은 요시야가 개혁하던 시대에 성장한다(기원전 약 622-621년, 왕하 23장).
- 니느웨가 바벨론에 의해 함락되고, 앗수르 제국이 멸망한다(기원전 약 612년).
- 요시야가 전쟁에서 죽는다(기원전 약 609년).
- 갈그미스에서 격렬한 백병전을 벌여 바벨론이 애굽을 무찌른다(기원전 약 605년).
- 여호야긴은 18세에 유대인 지도자들과 함께 느부갓네살에게 포로로 끌려가는데, 그 중 에스겔도 있었을 것이다(기원전 약 599-597년, 왕하 24:12). 시드기야가 예루살렘의 통치자로 임명된다.
- 에스겔이 30세에 바벨론 평야에서 선지자로 부름 받는다(기원전 593년, 겔 13장).
- 에스겔이 예루살렘에서 행해진 우상 숭배의 환상을 본다(기원전 592년, 겔 8장).
- 예루살렘이 마지막으로 포위되고, 에스겔의 아내가 죽지만, 그는 애도할 수 없었다(기원전 588년, 겔 24:1-18).
- 애굽 왕의 팔이 꺾일 것을 예언한다(기원전 587년, 겔 30:20-26).
- 에스겔은 새 예루살렘과 새 성전에 대한 환상을 본다(기원전 573년, 겔 40-48장).
- 느부갓네살이 두로와 애굽과 싸워 이길 것이라고 예언한다(기원전 571년, 겔 29장, 17-21).

기원전 640년 기원전 630년 기원전 620년 기원전 610년 기원전 600년 기원전 590년 기원전 580년 기원전 570년

유다 왕	**요시야** 기원전 약 640-609년	**여호아하스** 기원전 약 609년, 3개월	**여호야김** 기원전 약 609-598년	**여호와긴** 기원전 약 598년, 3개월, 포로기의 통치자(왕하 25:27-30)	**시드기야** 기원전 약 598-587년

기원전 640년 기원전 630년 기원전 620년 기원전 610년 기원전 600년 기원전 590년 기원전 580년 기원전 570년

바벨론 왕	**나보폴라살** 기원전 약 626-605년	**느부갓네살 2세** 기원전 약 605-562년

기원전 640년 기원전 630년 기원전 620년 기원전 610년 기원전 600년 기원전 590년 기원전 580년 기원전 570년

애굽 왕	**프삼메티쿠스** 기원전 약 664-610년	**느고** 기원전 약 610-594년	**프삼메티쿠스 2세** 기원전 약 594-589년	**호프라** 기원전 약 589-570년

에스겔에 나오는 비유들

비유는 진리를 인상적인 이야기나 삽화로 포장한 것이다. 비유는 허구적이고, 극적이고, 환상의 산물일 수 있다. 예수님은 비유로 많이 가르치셨다(눅 8:4에 나오는 "예수 그리스도의 비유" 참고). 에스겔을 포함한 구약의 몇몇 선지자들도 마찬가지였다.

1. **포도나무 비유**(겔 15:1-8)
   하나님에게 쓸모가 없어져서 현재 단지 심판 때에 불에 태울 수밖에 없는 이스라엘을 상징한다.
2. **버린 아이 비유**(겔 16장)
   하나님의 사랑과 동정을 배신한 이스라엘을 묘사한다.
3. **독수리와 백향목 비유**(겔 17장)
   시드기야 왕의 어리석음을 묘사하는데, 그의 반역은 느부갓네살의 군대를 불러 예루살렘을 파괴하는 결과를 낳는다.
4. **용광로 비유**(겔 22:17-22)
   하나님이 그의 백성을 정화시키기 위해 포위된 예루살렘에 "불"을 내리실 것을 상징한다.
5. **두 명의 매춘부 비유**(겔 23장)
   영적으로 간음한 이스라엘과 유다를 상징한다.
6. **솥 비유**(겔 24:1-14)
   하나님이 예루살렘의 부정한 것을 제거하시려고 "뜨거운 불을 일으키실" 것임을 상징한다.
7. **파선한 배 비유**(겔 27장) 두로에 임할 심판을 묘사한다.
8. **무책임한 목자 비유**(겔 34장)
   예루살렘의 무가치한 지도자들을 뜻하며, 하나님이 그들을 어떻게 다루실지 보여 준다.
9. **마른 뼈 비유**(겔 37장)
   이스라엘이 영적으로 소생될 것을 상징적으로 보여 준다.
   에스겔 외에, 예레미야와 스가랴도 메시지를 전하기 위해 비유를 사용했다.
   (예레미야 18:1-10절, 스가랴 5:1-4절 참고)

다니엘

다니엘서에는 성경에서 가장 유명한 이야기 세 개가 기록되어 있다. 바로 풀무불 속에 들어간 사드락, 메삭, 아벳느고 이야기, 벨드사살의 향연에 손가락이 나타나 벽에 글씨를 쓴 이야기, 사자굴 속에 들어간 다니엘 이야기이다. 이 이야기뿐 아니라 이 책은 이해하기 어려운 꿈과 환상들, 이것들에 대한 해석을 기록하고 있는 신비한 책이다. 하지만 하나님의 능력과 궁극적인 승리라는 중심 메시지는 명확하다. 이 주제는 다니엘 시대와 마찬가지로 오늘날에도 매우 중요하다.

다니엘의 이름은 "하나님은 나의 심판자"라는 뜻이다. 책의 제목은 저자이자 중심 인물의 이름을 따라 붙였다.

저자

다니엘서의 저자와 기록 연대에 대해서 성경 연구가들은 매우 치열하게 논쟁한다(245쪽의 기록 연대 참고). 다니엘은 자신이 이 책을 썼다고 주장하고(12:4), 7장 2절 이후 계속해서 자서전적인 일인칭을 사용한다. 유대인의 탈무드는 이러한 증언에 동의하며, 그리스도께서도 9장 27절을 인용하면서 이 책을 "선지자 다니엘"의 저작이라고 말씀하셨다(마 24:15).

다니엘은 유대 귀족 출신으로 기원전 605년 느부갓네살이 통치 하의 1차 포로기에 바벨론으로 끌려간 젊은이였다. 그는 포로 생활 초기에 바벨론 왕궁의 대신이 되었고, 느부갓네살 왕에게 조언을 하는 높은 직위에 줄곧 있었다. 느부갓네살 이후 왕은 다니엘을 그다지 주목하지 않았던 것 같다. 하지만 바벨론이 페르시아에게 정복당한 후, 다리오 왕이 통치하던 때에 다니엘은 다시 요직에 오른다.

다니엘은 유명한 성경 인물 가운데서 부정적인 기록이 전혀 없는 몇몇 사람 중 한 명이다. 그의 생애는 믿음, 기도, 용기, 일관성, 타협 없는 태도가 특징이다. "크게 사랑 받은" 사람(9:23, 10:11, 19) 다니엘은 기원전 6세기의 동시대인인 에스겔이 의로움의 본으로 세 번이나 언급했다.

기록 연대

바벨론은 기원전 626년 앗수르에 대항해 반란을 일으켰고, 기원전 612년에 앗수르의 수도 니느웨를 전복했다. 그리고 기원전 605년, 갈그미스 전투에서 애굽을 격퇴한 후에 고대 근동 지역의 지배자가 되었다. 그해 말 바벨론 왕 느부갓네살은 예루살렘을 정복하고, 젊은 다니엘을 포함해 한 무리의 귀족들을 인질로 삼아 바벨론으로 끌고 갔다.

다니엘은 포로기 내내 정부 관리이면서 선지자로 사역했으며, 기원전 539년 메대와 바사가 바벨론을 함락한 이후에도 계속 활동했다. 그는 유대 백성들뿐 아니라 바벨론과 바사 궁전의 이방인들에게도 선지자로서 사역했다. 고레스 원년에 스룹바벨이 유대인의 예루살렘 귀환을 이끌었으며, 다니엘은 적어도 고레스 3년(기원전 536년, 10:1)까지 살면서 사역했다. 이 책의 진술대로라면 다니엘서는 고레스 9년에 쓰여졌다(기원전 약 530년).

다니엘서에 기록된 바벨론 제국을 계승하는 여러 제국들에 대한 광범위한 환상과, 그렇게 꼭 들어맞는 예언은 불가능하다는 확신 때문에, 많은 비평가들은 다니엘서가 6세기가 아닌 2세기 마카비 시대에 쓴 위작이라고 주장해 왔다. 그러나 다니엘서를 6세기에 기록되었다는 사실을 받아들일 만한 강력한 이유가 있다.

미래를 내다보는 예언은 불가능하고, 따라서 7장에서 8장까지 묘사한 여러 제국들에 일어날 연속적인 사건들이 그리스 지배 하인 기원전 2세기에 기록되었다는 주장은, 초자연적 현상을 거부하는 독단적인 입장이다. 더구나 2세기 기록설을 주장하는 사람들은 거기에 묘사된 네 제국을 바벨론, 메대, 바사, 그리스라고 가정한다. 그러나 다니엘은 분명히 메대-바사를 하나의 연합국으로 칭하며, 네 번째 묘사한 제국은 그리스라기보다 2세기 저작설이 주장하는 시기 훨씬 이후에 지배권을 획득한 로마가 더 적합하다.

아람어로 쓴 부분인 다니엘서 2장에서 7장도 후기 아람어로 썼다고 주장하기도 하지만, 최근 연구 결과 다니엘서에서 사용한 아람어가 6세기 아람어와 모순되지 않는 형태로 제국 초기의 아람어에 해당한다는 사실이 밝혀졌다. 게다가 마카비 시대에 기록한 사해 사본 중에 다니엘서 본문이 기록된 조각이 있다는 점을 고려한다면, 이미 다니엘서를 성경으로 널리 받아들이던 마카비 시대에 이 책을 기록했다고 추정하기에는 시간적 여유가 충분하지 않다.

다니엘서에 역사적인 오류들이 있다고 주장하는 이도 몇몇 있었고, 그 오류들을 후기 기록설에 대한 증거로 제시하기도 했지만, 최근에 다니엘서의 역사적 정확성이 검증되었다. 몇 가지 의문들이 남지만, 다니엘서가 6세기에 기록되었다는 것을 부정할 만큼 결정적인 문제는 전혀 없다.

주제와 문학적 구조

"구약의 묵시록"인 다니엘서는 놀랄 만큼 포괄적인 예언 역사의 흐름을 보여 준다. 히브리어로 서론을 쓴 후에, 다니엘은 2장에서 7장까지 이방 국가들의 장래 일을 묘사하기 위해 아람어로 바꾸어 썼다. 그러고 나서 8장부터 12장까지는 이방인의 지배 하에 있는 유대 민족의 미래를 개관하기 위해 다시 히브리어로 썼다.

세계의 역사적인 사건들을 하나님이 통치하신다는 주제가 선명하게 드러나며, 이는 바벨론에 사로잡힌 유대 민족 뿐 아니라 미래 교회에도 위로를 준다. 바벨론, 바사, 그리스, 로마는 나타났다 사라지지만, 하나님은 구속한 백성들을 통해 자신의 왕국을 영원히 세우실 것이다.

이 책은 다니엘을 궁극적인 본으로 삼아 하나님을 위해 자신을 구별하는 삶을 강조하기도 한다. 왕의 음식을 먹지 않겠다는 결정부터(1:8-16) 왕에게 기도하기를 거절하는 것까지(6:4-24), 다니엘이 이렇게 타협하지 않는 모습을 보여주자 하나님께서도 다니엘을 위해 자신의 능력을 보여 주시려고 극적인 기회들을 열어 주셨다.

다니엘 한눈에 보기

초점	다니엘의 개인사	이방인들에 대한 예언 계획				이스라엘을 위한 예언 계획		
관련구절	1:1 --------- 2:1	------------------ 5:1	-----------6:1	------7:1	------8:1	-------------9:1	----------10:1	---12:13
구분	다니엘의 생애	느부갓네살의 환상	벨사살의 환상	다리오 칙령	네 짐승	수양과 숫염소 환상	70주의 환상	이스라엘의 장래에 대한 환상
주제	다니엘의 배경	다른 사람들과 다른 다니엘의 꿈 해석				천사가 다니엘의 꿈을 해석해 줌		
	히브리어	아람어				히브리어		
장소	바벨론 또는 페르시아							
기간	기원전 약 605-536년							

Nelson's Complete Book of Bible Maps and Charts © 1993 by Thomas Nelson, Inc.

다니엘의 예언 경력

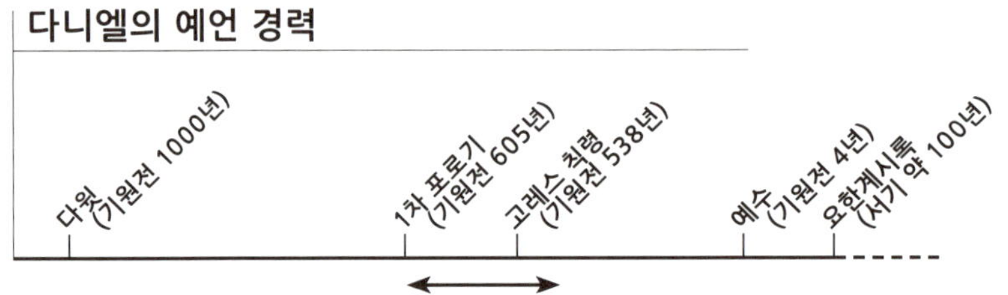

다니엘 개요

1부 다니엘의 개인사(1:1-21)

2부 이방인들을 위한 예언 계획(2:1-7:28)

3부 이스라엘을 위한 예언 계획(8:1-12:13)

다니엘서에 나타난 꿈과 환상

하나님의 백성이 처할 미래의 역사적 상황이 한 신상(2장), 네 짐승(7장), 두 짐승(8장)에 대한 예언적 환상을 통해 전달되고 있다. 2장의 한 신상에 대한 꿈과 7장의 네 마리 짐승에 대한 환상은 모두 하나님의 백성을 지배할 연속되는 네 개의 이방 제국, 즉 바벨론, 메대-바사, 그리스, 로마를 언급한다.

8장에 나오는 환상은 숫양으로 표현되는 메대-바사와, 숫염소로 표현되는 그리스의 지배 하에서 하나님 백성이 겪을 일을 다룬다. 8장 8절의 "큰 뿔"은 알렉산더 대왕을 상징하는데, 그는 33살의 나이로 죽었으며, 네 명의 장군, 즉 8장 8절에 기록된 "뚜렷하게 보이는 뿔 넷"이 그의 왕국을 넷으로 쪼개어 지배했다. 8장 9절의 "작은 뿔"은 예루살렘 성전을 더럽힌 안티오쿠스 4세 에피파네스를 뜻한다.

다니엘서에 나타난 꿈과 환상의 상관관계				
	신상—2장	짐승들—7장	짐승들—8장	이것이 의미하는 왕국
이방 제국	정금 머리	독수리 날개를 가진 사자 같은 짐승		바벨론
	은으로 된 가슴과 팔	곰 같은 짐승	두 개의 뿔을 가진 수양	메대-바사
	놋으로 된 배와 넓적다리	네 개의 날개와 네 개의 머리를 가진 표범 같은 짐승	하나의 큰 뿔, 네 개의 뿔, 하나의 작은 뿔을 가진 숫염소	그리스
	철로 된 종아리, 철과 진흙으로 된 발	열 개의 뿔과 작은 뿔을 가진 짐승같은 형상		로마
	큰 산이 된 돌	메시야와 성도들이 왕국을 받음		하나님의 왕국

다니엘서에 나오는 작은 뿔들

비슷하게 묘사한 것 같지만, 7장 8절에 나오는 작은 뿔과 8장 9절의 작은 뿔은 서로 다르다. 7장 8절의 작은 뿔은 네 번째 왕국, 로마에 대한 문맥에서 등장하지만, 8장 9절의 작은 뿔은 세 번째 왕국, 그리스에 대한 문맥에서 나온다. 두 번째 작은 뿔이 기원전 175-163년에 수리아를 다스리고, 예루살렘을 공격하여 성전을 더럽힌 안티오쿠스 4세 에피파네스를 뜻한다는 것은 일반적으로 합의한다.

7장 8절의 작은 뿔의 정체는 논쟁의 여지가 다소 있다. 많은 해석자들은 이것을 미래에 다시 기승을 부릴 로마제국을 다스리는 적그리스도라고 본다. 다른 해석자들은 이것을 고대 로마 황제 중 한 명으로 해석한다.

7장과 8장의 작은 뿔들은 서로 다른 두 사람이라는 것에 주의해야 한다. 다음은 이것을 분명하게 구별할 수 있는 몇 가지 요인이다.	
7장의 작은 뿔	8장의 작은 뿔
로마에서 일어날 것이다(네 번째 왕국).	그리스에서 일어날 것이다(세 번째 왕국).
뿔이 11개 있고, 10개 중 3개가 뿌리 뽑힐 것이다.	다섯 뿔이 있고 네 뿔 사이에서 한 뿔이 나올 것이다.
하나님의 백성을 42개월 내지 3년 반 동안 박해할 것이다.	하나님의 백성을 2,300일 또는 6년 넘게 박해할 것이다.

알렉산더 대왕의 그리스 제국
(단 2, 7, 8, 11장)

호세아

호세아서는 재앙이 임하기 직전인 북 이스라엘을 위해 기록되었다. 이스라엘이 표면적으로는 번영하고 성장하고 있지만, 도덕적 부패와 영적 간음이 백성들의 삶 속에 두루 퍼져 있었다. 선지자 호세아는 정숙하지 않은 여자와 결혼하라는 하나님의 명령을 받았고, 자신의 삶 속에서 신실하지 못한 하나님의 백성과 하나님의 신실하심에 대한 생생한 예를 발견했다. 호세아는 반복해서 삼중 메시지를 외친다. 하나님은 그 백성의 죄를 몹시 싫어하신다. 심판은 확실히 있다. 그러나 하나님의 사랑은 견고하다.

호세아는 "구원"이라는 뜻으로, 영어 성경에서는 철자가 다른데 이스라엘의 마지막 왕 호세아와 같은 이름이다.

저자

호세아 선지자의 생애에 대해서는 불행한 결혼 생활 외에 알려진 것은 거의 없다. 출생지는 알려지지 않았지만, 북 왕국 이스라엘에 대한 관심과 친숙함을 보면 그가 남 유다가 아닌 북 이스라엘에 살았을 것이다. 그는 브에리의 아들(1:1), 고멜의 남편(1:3), 두 아들과 한 딸의 아버지였다(1:4, 6, 9).

호세아는 그의 백성을 진심으로 긍휼히 여겼고, 아내의 행실로 인해 겪은 개인적인 고통으로 이스라엘의 죄로 슬퍼하시는 하나님에 대한 통찰력을 얻을 수 있었다. 그래서 임박한 심판에 대해 열정적이면서도 부드럽게 전한다.

기록 연대

호세아는 분명히 히스기야 시대 초기에 이 책을 편집했으며, 기원전 약 755년부터 710년까지 사역했다. 호세아가 사역을 시작했을 때, 여로보암 2세(기원전 782-753년)가 이스라엘을 다스리고 있었다. 호세아는 스가랴 통치(기원전 753-752년)부터 호세아 왕(기원전 732-722년)까지 이스라엘의 마지막 여섯 왕의 통치기에 사역했다.

호세아가 사역을 시작하던 당시 이스라엘은 여로보암 2세의 통치 하에서 일시적으로 정치적, 경제적 번영기를 누리고 있었다. 그러나 이스라엘은 디글랏빌레셀 2세(기원전 745-727년)가 앗수르 제국을 확장한 이후에 무너지기 시작했다. 이스라엘의 마지막 여섯 왕은 상대적으로 짧은 기간 재위했는데, 네 명은 살해되었고, 다섯 번째 왕은 앗수르에 포로로 끌려갔기 때문이다. 북 왕국 마지막 시기는 혼란스럽고 국력이 쇠퇴했으며, 호세아가 임박한 심판에 대해 경고해도 이스라엘 백성은 귀 기울이지 않았다.

주제와 문학적 구조

호세아서는 이스라엘과 하나님의 관계를 일방적인 사랑과 신실함에 대한 이야기로 표현한다. 고멜이 호세아와 결혼한 것처럼, 이스라엘은 하나님과 언약을 맺었다. 두 관계 모두 점차 허물어진다. 고멜은 다른 남자를 좇아가고, 이스라엘은 다른 신들을 좇아간다. 이스라엘의 영적 우상 숭배는 고멜의 육체적인 간음으로 묘사된다. 이 책은 두 부분으로 전개된다. 음란한 아내와 신실한 남편(1-3장), 음란한 이스라엘과 신실한 하나님(4-14장)이다.

호세아의 메시지에는 이스라엘이 바알 숭배에 푹 빠져 있음을 반영한다. 바알은 "남편" 혹은 "주인"을 뜻하며, 바알 숭배는 매춘 의식을 포함해 다산을 위해 여러 관련 예식을 행했다. 신실하지 못한 이스라엘은 자주 하나님에게서 돌아서서 다른 연인 바알을 좇았다.

호세아서는 구약 성경 중에서 하나님의 자비에 대해 가장 감명 깊은 표현을 제시한다. 히브리어로 **헤세드**(*hesed*)를 구체적으로 드러내는데, 이는 "자비", "사랑스런 친절", "꾸준한 사랑"으로 다양하게 번역할 수 있다. 헤세드는 결혼 서약에서 잘 보여 주듯이, 언약에 책임을 지는 충성스런 사랑을 내포한다. 하지만 호세아의 메시지에서 알 수 있듯이 하나님의 신실한 사랑은 자신의 백성과 이혼하는 것을 쉽게 허용하지 않는다.

이스라엘의 배교와 호세아의 결혼

하나님과 이스라엘의 관계는 호세아와 고멜의 관계 뿐 아니라 예레미야와 에스겔의 예언에서도 나타난다.

과정	이스라엘의 선지자	호세아의 메시지
약혼	예레미야 2:2	호세아 1:2
결혼	에스겔 16:8-14	호세아 1:3
간음	예레미야 5:7, 에스겔 16:15-34	호세아 3:1
불화	예레미야 3:8-10, 에스겔 16:35-52	호세아 3:3, 4
회복	에스겔 16:53-63	호세아 3:5

호세아 한눈에 보기

초점	음란한 아내와 신실한 남편			음란한 이스라엘과 신실한 하나님			
관련구절	1:1 ------- 2:2 ----------- 3:1 ----------- 4:1 ----------- 6:4 ---------- 9:1 ------------- 11:1 ------ 14:9						
구분	예언적 의미를 지닌 결혼	고멜을 이스라엘에 비유	고멜의 회복	이스라엘의 영적 간음	회개를 거부하는 이스라엘	하나님이 이스라엘을 심판하심	하나님과 관계를 회복하는 이스라엘
주제	호세아의 결혼			호세아의 메시지			
	개인적			민족적			
장소	북 이스라엘						
기간	기원전 약 755-710년						

호세아의 예언 경력

다윗 (기원전 1000년)
분열 왕국 (기원전 931년)
앗수르 포로 (북 이스라엘) (기원전 722년)
바벨론 포로 (남 유다) (기원전 605년)
예수 (기원전 4년)

호세아 개요

이름에 무슨 뜻이 있는가?
(호세아 1장)

다음 도표의 설명처럼 호세아서를 이해하는데 이름이 중요한 몫을 차지한다.

이름	뜻
이스르엘(호 1:4)	하나님이 씨를 뿌리신다.
로루하마(호 1:6)	긍휼을 얻지 못한다.
로암미(호 1:9)	내 백성이 아니다.
호세아(호 1:1, 민 13:16의 여호수아, 마 1:21의 예수와 관련)	여호와는 구원이다.

요엘

시돈에 있는 바다 요새

남 유다에 메뚜기 떼 재앙이 몰아쳤다. 들판이 황폐해지는 것은 시간 문제였고, 선지자 요엘은 이 기회를 잡아 하나님의 메시지를 선포했다. 메뚜기 재앙은 다가오는 주의 날에 대한 전조이다. 이런 관점에서 요엘서는 하나님의 백성에게 다가오는 심판을 경고하고, 회개를 촉구하며, 심판 후에 있을 구원의 날에 대한 소망을 준다.

히브리 이름 **요엘**(*Yo'el*)은 "여호와는 하나님이다"는 뜻이며, 하나님의 주권적 역사를 강조하는 이 책에 걸맞은 이름이다.

저자

성경에 요엘이라는 이름을 가진 사람들이 몇 명 있지만, 선지자 요엘은 이 책에만 나온다. 요엘은 자신을 브두엘의 아들이라고 소개한다(1:1). 그리고 시온과 주님의 집을 빈번히 언급한 것으로 보아, 그는 예루살렘에서 멀지 않은 곳에 살았던 것 같다. 1장 13절, 14절과 2장 17절에 나오는 제사장 직분에 대한 기록 때문에, 어떤 사람들은 요엘이 선지자일 뿐 아니라 제사장이었다고 생각한다. 어쨌든 요엘은 뚜렷하고 간결하며 타협하지 않고 회개를 촉구한 설교자였다.

기록 연대

연대에 대한 언급이 본문에 전혀 없기 때문에 확실한 연대 추정은 어렵다. 하지만 전통적으로 요아스가 일곱 살의 나이로 왕위에 오르고, 제사장 여호야다가 실질적인 통치자 임무를 수행하던 기원전 약 835년으로 추정한다(왕하 11, 12장). 이 시기가 요엘서 본문에 딱 맞는 것으로 보인다. 왜냐하면 제사장직의 영향력이 강력하게 드러나고, 왕에 대한 언급이 없기 때문이다. 이렇게 제사장이 두드러진다는 이유로, 다른 학자들은 요엘서가 포로기 이후에 기록되었다고 주장하기도 한다.

또 요엘과 아모스가 서로 자료를 공유한 증거도 제시한다. 어떤 사람들은 요엘이 아모스에게서 자료를 빌려 왔다고 말하기도 하지만, 8세기의 선지자 아모스가 요엘에게서 빌렸다고 하는 것이 더 타당할 것이다. 게다가 요엘의 문체는 포로기 이후 선지자들보다 호세아와 아모스의 문체와 더 비슷하다. 요엘서에 우상 숭배를 언급하지 않는 것을 보면, 아마도 제사장 여호야다가 섭정하던 요아스 재위 초기에 바알 숭배 정화 운동이 있고 난 후 기록되었기 때문일 것이다. 남 유다 초기의 선지자 요엘은 북 이스라엘의 엘리사와 동시대인이었을 것이다.

주제와 문학적 구조

요엘서는 자주 선지서 중에 가장 빛나는 문학 작품으로 여겨진다. 신중하게 이미지를 잘 전개하는 것, 특히 1장과 2장의 메뚜기 재앙에 대한 묘사와 뚜렷한 구조를 지닌 것이 이러한 주장을 뒷받침한다. 요엘서는 두 부분으로 나눌 수 있다. 주님의 날에 대한 회상(1장), 주님의 날에 대한 전망(2-3장)이다.

이 짧은 책은 "다가오는 주님의 날"이라는 중요한 주제를 전개하는데, 그날에는 하나님을 대적해서 배반했던 백성과 민족 위에 무시무시한 심판이 임할 것이다(1:15, 2:1, 2, 11, 31, 3:14, 18). 그러나 동시에 하나님을 신뢰한 사람들에게 축복이 임하는 때이기도 하다. 메뚜기 재앙, 기근, 격렬한 화재, 적들의 침략, 하늘의 변화와 같은 재앙이 책 전반에 펼쳐져 있기는 하지만 다가올 심판에 대한 선포와 함께 소망의 약속들이 사이사이에 놓여 있다.

요엘 한눈에 보기				
초점	주의 날에 대한 회상		주의 날에 대한 전망	
관련구절	1:1 ---------- 1:13 ----------		2:1 ---------- 2:28 ---------- 3:21	
구분	과거의 메뚜기 재앙	과거의 가뭄	임박한 주의 날	궁극적인 주의 날
주제	역사적 간섭		예언적 간섭	
	유다에 임한 과거의 심판		미래에 임할 유다의 심판과 회복	
장소	남 유다			
기간	기원전 약 835년			

Nelson's Complete Book of Bible Maps and Charts © 1993 by Thomas Nelson, Inc.

요엘의 예언 경력

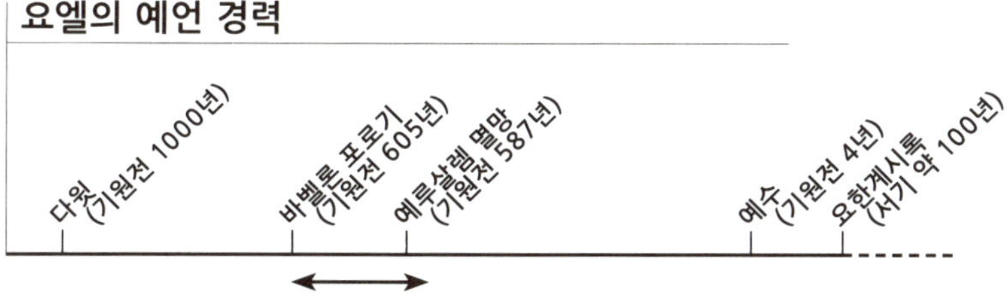

요엘 개요

아모스

아모스서에는 과도하게 사치하고, 자기 탐닉에 빠지며, 가난한 자를 압제하는 이야기가 나오는데, 이는 여로보암 2세가 통치하던 번영과 성공의 시기의 북 이스라엘의 두드러진 특징이었다. 아모스의 심판 메시지는 당시 화려한 치장들과 잘 어울리지 않았지만 하나님께서 주신 통찰력으로, 그는 눈부시게 채색된 겉모습 뒤에 숨은 부패를 보았으며, 이스라엘 민족이 속까지 썩었다고 선언하였다. 아모스는 부와 쾌락을 추구하려고 인간의 필요와 존엄성을 짓밟는 사람들에게 대항해 설득력 있게 증언한다.

"아모스"라는 이름은 "짐을 짊어지다"라는 뜻의 히브리어에서 유래한다. 따라서 "짐" 또는 "짐을 짊어진 자"를 뜻한다. 아모스는 그 이름의 뜻에 걸맞게 반역하는 이스라엘에게 심판을 선언하라는 하나님이 주신 짐을 짊어지고 살았다.

저자

아모스는 제도권 교육을 받은 선지자들이나 제의(祭儀)적인 많은 선지자들처럼 "전문적인" 선지자가 아니었다(7:14). 남 유다의 베들레헴에서 남쪽으로 9.6킬로미터 떨어진 드고아라는 시골 출신으로, 아모스는 하나님의 대언자로서 북 왕국으로 가라는 부르심을 받았다(7:15).

아모스는 양 떼를 치며, 무화과 열매를 재배해서 부수입을 얻던 평범한 사람이었다(7:14). 하나님의 법에 민감한 그는 민족의 가장 큰 제단인 벧엘에서 이스라엘이 변절된 예배를 드리는 것을 보고 충격을 받았다.

기록 연대

1장 1절에 따르면, 아모스는 유다 왕 웃시야(기원전 767-739년)와 이스라엘 왕 여로보암(기원전 782-753년)의 시대에 예언하였다. 따라서 아모스는 기원전 767년에서 753년까지 사역했을 것이다. 7장 9절에서 11절까지의 예언은 여로보암 재위 후반부를 가리키는 것 같다. 그렇다면 저작 시기는 기원전 760-753년 경이라고 추측할 수 있다.

아모스는 요엘과 요나 시대 이후와 호세아, 미가, 이사야 바로 직전에 사역했다. 당시 유다는 웃시야가 통치하던 시기로 풍요롭고 강력한 군사력을 지니고 있었다. 북 이스라엘은 유능한 왕 여로보암 2세가 다스렸다. 경제와 정치적 상황은 이상적이었지만, 번영은 단지 물질주의, 부도덕, 백성들의 불의만 증가시킬 따름이었다. 이 시기에 앗수르, 바벨론, 수리아, 애굽은 상대적으로 약했다. 그러니 이스라엘 백성은 아모스가 예언한 재앙이 다가오는 것을 상상조차 할 수 없었다. 하지만 겨우 30년 후에 재앙이 임했다.

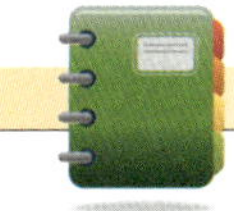

주제와 문학적 구조

아모스는 자신이 시골 출신이라는 점과 선지자로서 전문성이 부족하다는 점을 강조하지만, 생생한 문체와 문학적 특성을 보면 그가 학식 있는 사람임을 알 수 있다. 아모스서는 쉽게 네 부분으로 나뉜다. 8개의 예언(1-2장), 3개의 설교(3-6장), 5개의 환상(7:1-9:10), 5개의 언약(9:11-15)이다.

아모스서는 기본적으로 심판의 메시지를 전한다. 열방들에게 심판을 예언하며, 이스라엘에게 하나님이 심판하신다는 말씀과 환상을 전한다. 아모스는 이스라엘은 물론, 유다를 포함한 주변 7개 국가를 연이어 고소하면서 시작한다(1-2장). 각 이방 국가들은 이스라엘이든 다른 나라든 침략했다는 이유로 심판을 받을 것이다. 열방에 대한 심판이 가르치는 바는, 하나님은 온 우주의 군주이시기에 모든 국가는 다른 민족과 백성들을 학대한 일에 대해 하나님께 반드시 대답을 해야 한다는 것이다.

아모스의 설교는 하나님의 의와 공의를 강조하며, 그 백성도 의와 공의로 관계를 맺을 것을 하나님이 요구하신다는 점을 강조한다. 부자는 가난한 자들을 압제한 일과 종교적인 위선 때문에 책망 받을 것이다. 그저 절기를 지키고 종교 모임에 참석하는 것을 넘어서서 참된 종교는 의로운 삶을 요구하며, 이웃을 대하는 방식으로 하나님과 자신의 관계를 알 수 있다.

아모스는 위로의 말을 기록하면서 책을 마친다. 포로기와 심판 이후에, 하나님은 그의 백성에게 약속의 땅을 회복해 주시고 그들에게 복을 주실 것이다.

아모스 한눈에 보기				
초점	8개의 예언	3개의 설교	5개의 환상	5개의 약속
관련구절	1:1 ------------ 3:1	------------ 7:1	------------ 9:11	------------ 9:15
구분	이스라엘과 주변국들에 대한 심판	이스라엘의 죄 : 현재, 과거, 미래	이스라엘의 심판에 대한 묘사	이스라엘의 회복
주제	심판의 선언	심판의 원인들	미래의 심판	심판 이후의 약속들
	심판			소망
장소	주변 국가들	북 이스라엘		
기간	기원전 약 760-753년			

아모스의 예언 경력

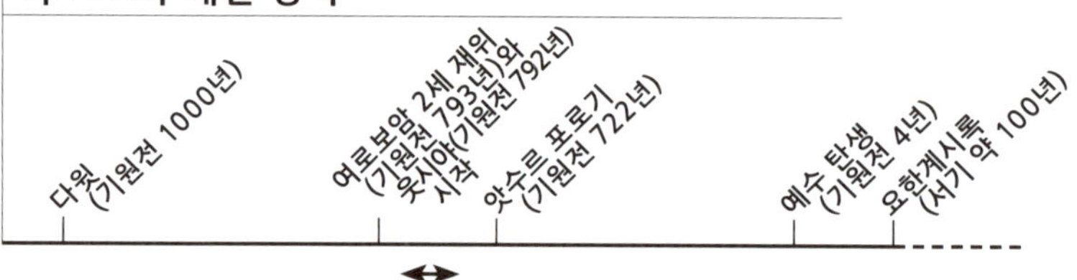

아모스 개요

1. 서론 1:1–2

2. 8개의 심판 1:3–2:16

   1) 다메섹에 임할 심판 1:3–5

   2) 가사에 임할 심판 1:6–8

   3) 두로에 임할 심판 1:9–10

   4) 에돔에 임할 심판 1:11–12

   5) 암몬에 임할 심판 1:13–15

   6) 모압에 임할 심판 2:1–3

   7) 유다에 임할 심판 2:4–5

   8) 이스라엘에 임할 심판 2:6–16

3. 심판에 대한 3개의 설교 3:1–6:14

   1) 첫 번째 설교 : 이스라엘의 현재 3:1–15

   2) 두 번째 설교 : 이스라엘의 과거 4:1–13

   3) 세 번째 설교 : 이스라엘의 미래 5:1–6:14

4. 심판에 대한 5개의 환상 7:1-9:10
   1) 메뚜기 환상. 7:1-3
   2) 불 환상 7:4-6
   3) 다림줄 환상. 7:7-9
   4) 아마샤의 반대(역사적 삽화) 7:10-17
   5) 여름 실과 환상 8:1-14
   6) 주께서 문지방을 치는 환상 9:1-10
5. 이스라엘의 회복에 대한 5개의 언약 .9:11-15

남은 자의 보존

기원전 8세기에, 아모스는 이스라엘의 멸망을 예언한다(8:1-2). 그러나 그는 또 "요셉의 남은 자"에 대한 구원의 가능성을 선언한다(5:15). 다음 도표에서 볼 수 있듯이 하나님은 언제나 그의 백성 중에 남은 자들을 보호하셨다.

사람 혹은 무리	관련구절
홍수 때에 노아와 가족	창 7:1
애굽에 기근이 닥쳤을 때 요셉	창 45:7
자기들의 고향으로 돌아올 이스라엘	신 4:27-31
바알에게 무릎 꿇지 않은 7,000명	왕상 19:18
포로기 이후에 유다의 일부	사 10:20-23
시온을 위해 남은 자	미 2:12, 13
유대인과 이방인 모두를 부르신 교회	롬 9:22-27

오바댜

오바댜서는 총 21절로 구약 중에 가장 짧은 책이다. 오바댜는 야곱의 쌍둥이 형 에서의 자손인 에돔과 이스라엘 백성 간의 극심한 힘겨루기를 다룬다. 이름의 뜻은 "여호와를 경배하는 자" 혹은 "여호와의 종"이며, 에돔에게 유죄를 선고하고, 그들이 하나님의 선택된 백성을 계속 대적했기 때문에 완전히 멸망할 것이라고 예언한다.

저자

오바댜는 아마도 남 유다에서 살던 눈에 띄지 않는 선지자였다. 그의 고향이나 가족에 대해서는 알려진 것이 없다. 하지만 그의 아버지가 1장 1절에 언급되지 않은 것을 보면 왕이나 제사장 가문 출신은 아닌 것 같다.

구약 성경에 오바댜라는 이름을 가진 사람은 13명이다. 그들 중 누가 이 책의 저자인지는 확실히 알 수가 없다.

기록 연대

이 책의 기록 연대에 관한 몇 가지 관점이 있다. 예언의 역사적 배경이 되는 에돔이 이방인과 연합하여 예루살렘을 약탈한 사건(10-14절)은, 여러 사건 중 두 가지일 가능성이 크다. 하나는 여호람(대하 21:8-10, 16, 17 참고)이 다스리던 기원전 약 850년에 일어난 것으로, 당시 유다는 블레셋과 아라비아의 침략으로 위협을 받았고, 그때 에돔이 반란을 일으켰다. 또 다른 사건은 기원전 586년 예루살렘이 바벨론에게 함락되었을 때 에돔도 가담했다는 주장과 관련이 있다. 시편 137편 7절에 의하면, 에돔은 느부갓네살이 예루살렘을 함락시켰을 때 박수 치며 좋아했다. 게다가 오바댜가 예레미야 49장을 인용한 사실에 의해서 이 사건이 기원전 586년에 일어났다는 견해를 지지할 수 있다(1-4절과 렘 49:14-16, 5-6절과 렘 49:9-10, 8절과 렘 49:7, 16절과 렘 49:12). 따라서 이 책의 기록 연대는 기원전 약 840년이나 예루살렘이 멸망한 기원전 586년과 고레스에게 바벨론이 멸망당한 기원전 539년 그 사이 정도로 추정할 수 있다.

주제와 문학적 구조

구약 성서 중에 가장 짧은 책이면서도 오바댜서는 가장 강력한 심판의 메시지를 전한다. 에돔은 긴 역사동안 하나님의 백성을 대적했기 때문에, 심판받을 운명에 처했고, 어떤 구원의 가능성도 없다. 하나님은 에돔을 완전히 멸망시키실 것이며, 남은 자가 하나도 없을 것이라고 말씀하신다. 오바댜서는 하나님이 에돔을 심판하시는 날을 묘사하며 고소, 기소, 선고로 완결된다. 이 상상력 풍부한 정의의 선지자는 이 세상의 심판으로 어떻게 에돔의 자부심을 내동댕이치고, 야곱의 집이 회복될 것인지 묘사한다. 이 짧은 책은 에돔의 심판(1-18절)과 이스라엘의 회복(19-21절)으로 양분할 수 있다.

15절에서 21절까지 주님의 날을 예언하는 주제가 두드러진다. 요엘의 예언처럼, 이 절정의 날에는 심판과 구원이 모두 임한다. 에돔에게 주님의 날은 저주의 선포이지만(15-16절), 유다에게는 구원이다. 그날에 유다는 구원을 받아 축복과 기업을 회복하는 경험을 할 것이다(17-21절).

오바댜 한눈에 보기				
초점	에돔에 대한 심판			이스라엘의 회복
관련구절	1 ---------------------- 10------------------- 15-------------------19--------------------------21			
구분	심판의 예고	심판의 이유	심판의 결과	에돔을 차지할 이스라엘
주제	이스라엘의 패배			이스라엘의 승리
	심판에 대한 예고			정복에 대한 예고
장소	에돔과 이스라엘			
기간	기원전 약 890년 또는 기원전 586-539년			

Nelson's Complete Book of Bible Maps and Charts © 1993 by Thomas Nelson, Inc.

오바댜의 예언 경력

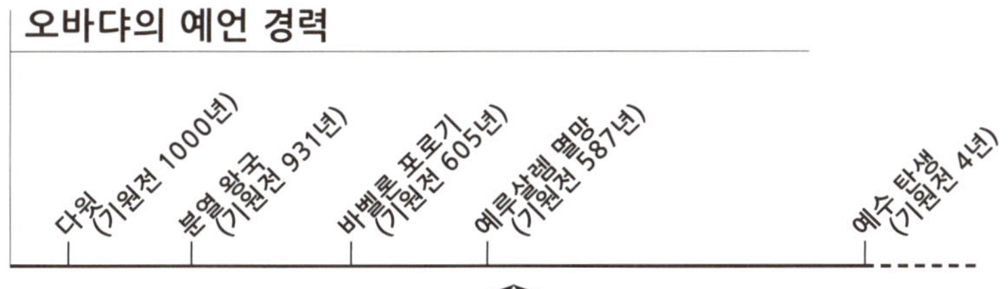

오바댜 개요

요나

이방인을 향한 하나님의 애정 어린 관심은 단지 신약에서만 드러나는 진리는 아니다. 기원전 7세기 이전에 하나님은 히브리 선지자 요나에게 앗수르의 수도 니느웨에 회개의 메시지를 선포하도록 명령하셨다. 그러나 유대인의 민족주의 때문에 선지자와 언약 백성은 전 세계를 구원하시려는 하나님의 의도를 깨닫지 못했다. 요나서 이야기는 성경에서 모든 민족들을 향한 하나님의 사랑과 자비를 가장 선명하게 보여주는 증거이다.

저자

요나서의 저자가 기원전 8세기 북 이스라엘의 선지자인 요나일 것이라는 전통적 견해가 있지만, 아직까지 공인된 저자는 없다. 요나가 스스로 자신의 독특한 경험을 기록했을 것이라는 가정이 가장 그럴듯하다. 요나는 "비둘기"라는 뜻으로, 그는 아밋대의 아들이자 나사렛에서 북으로 약 3.2킬로미터 떨어진 스불론 땅 가드 출신이었다. 요나서는 요나의 생생한 인간성과 실제적이고 역사적인 경험을 담고 있다.

기록 연대

요나는 이스라엘의 여로보암 2세 시대 사람으로, 엘리사 이후에 등장해서 아모스와 호세아 바로 전에 사역했던 선지자이다. 이스라엘은 재 부흥과 번영을 누리던 시기였고, 아마 민족주의적 열정이 매우 높았을 것이다.

잔혹하기로 악명이 자자하던 앗수르는 이 시기에 세력이 다소 약화되었지만, 여전히 위협적인 존재였다. 니느웨의 회개는 아마도 아수르단 3세(기원전 773-755년)의 통치기에 일어났던 것 같다. 두 번의 재앙(기원전 765, 759년)과 일식(기원전 763년) 때문에, 아마도 니느웨 백성들은 요나가 선포하는 심판의 메시지를 받아들일 준비가 되어 있었을 것이다.

어떤 학자들은 요나서가 에스라, 느헤미야, 말라기 등의 유대적 배타주의를 반박하기 위해 바벨론 포로기 이후에 기록되었다고 주장하기도 한다. 그러나 하나님의 계획이 이방인을 포함한다는 가르침은 구약의 요나서에만 있는 것이 결코 아니며(창 9:27, 12:3, 레 19:33, 사 2:2, 욜 2:28-32), 바벨론 포로기 이후에 기록되었다는 그 밖의 주장들은 설득력이 없다.

주제와 문학적 구조

이 책이 어떤 문학 양식인지에 따라 해석이 결정된다. 믿을 수 없을 만큼 큰 물고기가 요나를 삼켰다는 이야기를 보고서, 많은 학자들은 요나서를 신화나 우화(알레고리), 또는 비유의 한 예로 보았다. 하지만 요나서를 역사적인 책과 다르다고 간주할 이유가 거의 없다. 2장의 애가(哀歌)를 제외하면, 그 당시 시 형태의 전설적인 이야기들과 달리 요나서는 직설적인 산문으로 서술되어 있다. 성경은 요나의 이야기를 역사적인 사건으로 표현하고 있으며, 요나의 경험을 예수 그리스도의 부활(마 12:39-41)에 적용한 것을 볼 때 우리는 그 기사를 가장 진지하게 다루어야 한다.

문학적 관점에서 보면, 요나서는 두드러진 대칭 구조를 보여 주며, 지속적인 비교를 요구하는 두 개의 평행주기(parallel cycles)를 통해 전개된다. 게다가, 이 책은 역설이 풍부하다. 선지자의 불순종은 선원들의 놀라운 믿음과 대조 되며(1장), 박 넝쿨에 대한 요나의 속 좁은 반응은 니느웨의 이방인을 향한 하나님의 은혜로운 돌보심과 관심과 대조적이다(4장).

요나서는 요나의 첫 번째 사명과(1-2장) 두 번째 사명(3-4장)으로 나눌 수 있다.

이미 지적한 대로, 요나서를 관통하는 주제는 하나님의 자비가 이방 민족들에게까지 은혜롭게 미치는 것이다. 그러나 다른 중요한 주제들도 분명하다. 폭풍우(1:4), 큰 물고기(1:17), 식물(4:6), 벌레(4:7)를 묘사하면서 생명과 자연과 환경을 다스리시는 하나님의 주권을 분명하게 강조한다.

요나서는 또 이스라엘의 민족주의적 자부심에 도전하며, 이스라엘에게 주신 선교 사명의 본질과 열방에 자비를 베푸시려는 하나님의 의도를 이해하지 못하는 것에 대해 도전한다. 요나의 태도가 바뀌는 모습은 하나님이 이스라엘 전체에게 요구하신 변화를 상징한다.

물고기 뱃속에서 3일을 지낸 요나의 경험은 또 그리스도의 죽음과 장사, 부활에 대한 상징이다(마 12:39-41). 이 대목에서 히브리 관용구 "삼일 낮 삼일 밤"은 첫째 날과 셋째 날의 낮만 해당된다는 점에 주목해야 한다.

요나 한눈에 보기

초점	요나의 첫 번째 사명				요나의 두 번째 사명			
관련구절	1:1	1:4	2:1	2:10	3:1	3:5	4:1	4:4 --- 4:11
구분	첫 번째 소명에 대한 불순종	요나에게 심판이 행해짐	물고기 뱃속에서 기도하는 요나	물고기 뱃속에서 구원 받은 요나	두 번째 소명에 대한 순종	니느웨의 심판이 연기됨	요나의 기도	책망 받은 요나
주제	요나에게 임한 하나님의 긍휼				니느웨에 임한 하나님의 긍휼			
	"나는 가지 않겠습니다"		"가겠습니다"		"제가 여기 있습니다"		"제가 오지 말았어야 했습니다"	
장소	큰 바다(지중해)				큰 성읍			
기간	기원전 약 760년							

Nelson's Complete Book of Bible Maps and Charts © 1993 by Thomas Nelson, Inc.

요나의 예언 경력

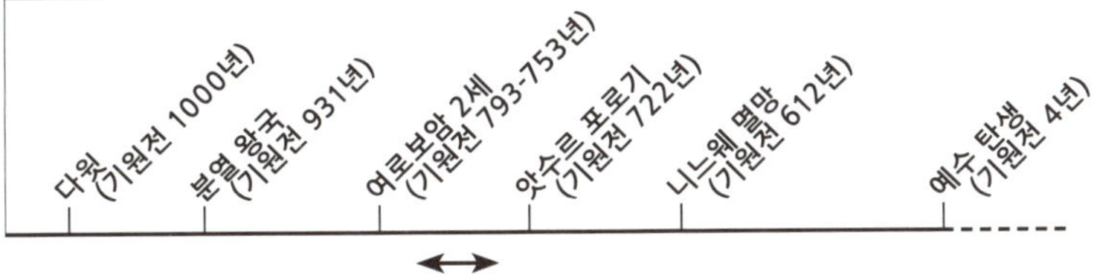
다윗
(기원전 1000년)
분열 왕국
(기원전 931년)
여로보암 2세
(기원전 793-753년)
앗수르 포로기
(기원전 722년)
니느웨 멸망
(기원전 612년)
예수 탄생
(기원전 4년)

요나 개요

1. 요나의 첫 번째 사명 1:1-2:10
- 1) 첫 번째 부르심에 대한 불순종 1:1-3
- 2) 요나에게 심판이 행해짐 1:4-17
- 3) 요나의 기도 2:1-9
- 4) 요나의 구원 2:10

2. 요나의 두 번째 사명 3:1-4:11
- 1) 두 번째 부르심에 대한 불순종 3:1-4
- 2) 니느웨의 심판이 연기됨 3:5-10
- 3) 요나의 기도 4:1-3
- 4) 요나를 책망하시는 하나님 4:4-11

요나서의 지리

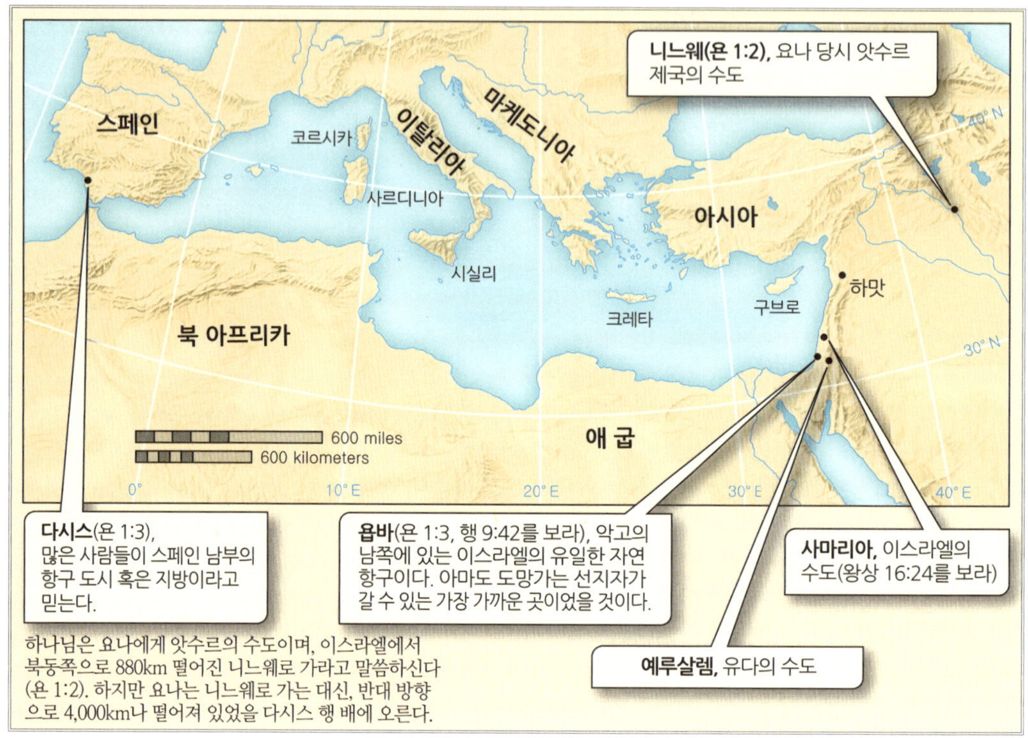

요나와 선원들

1장에는 요나와 선원들 사이의 역설적인 대조가 나타난다. 선원들은 참된 하나님과 이전에 만난 경험이 거의 없는 데도 요나 선지자보다 하나님에 대해 더욱 민감하고, 인간적인 동정심도 많다.

요나	선원들
그는 신실하신 여호와 하나님에 대해 풍부한 역사를 지닌 히브리인이었다.	여호와 하나님을 경험한 적 없는 이방인들이었다.
그는 일신교도였으며 유일하신 참된 하나님을 믿었다(9절).	그들은 다신교도였으며, 많은 거짓 신들을 경배했다.
그는 진실하신 하나님과 올바른 관계를 맺고 있었다.	그들은 참 하나님과 아무 관련이 없었다.
그는 영적으로 둔감했고 하나님을 피해 다른 잘못된 방향으로 가고 있었다(5절).	그들은 영적으로 민감했고, 하나님을 향해 바른 방향으로 움직였으며, 기도했다(5절).
그는 하나님을 알고 있음에도 불구하고, 하나님의 뜻에 무관심했다.	그들은 하나님을 몰랐고, 지식도 전혀 없었지만, 하나님께 관심을 기울였다.
그는 니느웨에 대한 동정심이 없었다(3절).	그들은 요나에를 측은히 여겼다(11-14절).
요나는 배반했기 때문에 훈련받았지만, 멸망당하지는 않았다(17절).	그들은 경배하고 헌신하게 되었다(16절).

요나와 박 넝쿨

박 넝쿨에 대한 요나의 관심과 니느웨를 향한 하나님의 관심이 대조를 이룬다. 하나님은 요나에게 그가 그토록 관심을 쏟은 그 식물을 창조하지도 않았고 생명을 유지시키지도 못한다는 점을 알려 주신다. 그러나 하나님은 수천 명의 니느웨 사람들을 창조하셨고 그들의 생명을 유지시켜 주셨다. 그리고 참새가 떨어질 때도 아시는 하나님은 심지어 그 도시의 소 떼도 염려하신다. 요나의 관점이 하나님의 관점과 동일하지 않아서 그랬던 것은 아니었다.

하나님과 니느웨	요나와 박 넝쿨
하나님은 니느웨 백성들을 돌보셨다.	요나는 한 식물을 돌보았다.
하나님은 이방인의 삶에 관심을 가지신다.	요나는 자신에게 관심이 있었다.
하나님은 니느웨에 있는 모든 것을 만드셨다.	요나는 식물을 창조하지 않았다.
하나님은 니느웨를 돌보셨다.	요나는 식물을 위해 아무것도 하지 않았다.
니느웨 백성들은 영원한 가치가 있다.	식물은 매우 잠깐 존재한다.
하나님의 관심은 예나 지금이나 인간의 생명이었다.	요나는 개인적인 편리와 이기적인 것에 관심이 있었다.
니느웨를 향한 하나님의 관심은 옳은 것이며, 하나님의 사랑을 보여 준다.	요나가 인간보다 식물을 더 아낀 것은 옳지 않다. 이기주의와 생명에 대한 부적절한 관점이다.

미가

가난한 자들이 학대로 고통 받던 때에, 미가서는 개인의 이익을 위해 사회적 지위와 정치 권력을 남용하는 모든 사람을 질책한다. 미가서의 3분의 1은 동족들의 죄악을 폭로하는 내용이다. 다른 3분의 1은 하나님이 곧 내리실 징벌을 그린다. 나머지 부분에서는 한 번의 징계가 지난 뒤에 회복될 것을 소망하는 내용이다. 이 모든 것을 통해 하나님이 자신의 백성에게 요구하시는 의로운 삶이 분명히 드러난다. "공의를 행하고, 인자를 사랑하며, 겸손히 네 하나님과 함께 행하라"(6:8).

저자

"누가 주와 같으랴?"라는 뜻의 이름을 지닌 미가는 호세아, 아모스, 이사야, 요나와 같이 기원전 8세기에 활동한 선지자로, 예레미야 26장 18절에 나온다. 미가의 고향은 예루살렘에서 남서쪽으로 약 32킬로미터 떨어진 가드모레셋이었다(1:14).

미가도 아모스처럼 줄곧 분명한 비전과 생각으로 사역하던 지방 출신 선지자였다. 아모스는 공의에 대한 열정을, 호세아는 사랑의 심장을 은사로 받은 것 같이 미가의 영혼은 소작농들을 억압하는 도시 주민들에 대한 의분으로 불타올랐다. 그의 가르침이 완전히 새롭고 독특하기만한 것은 아니다. 그는 선배이자 동시대를 산 예루살렘의 이사야 선지자가 선포한 위대한 진리를 널리 전했다.

기록 연대

미가서의 첫 구절은 미가가 유다 왕 요담(기원전 739-731년), 아하스(기원전 731-715년), 히스기야(기원전 715-686년)의 시대에 예언했다는 점을 알려 준다. 미가는 유다에 대해 우선적으로 예언하지만, 북이스라엘을 향해서도 설교했고, 사마리아의 멸망을 예언하기도 한다(1:6). 미가는 기원전 722년 이스라엘이 앗수르의 속국이 되기 전에 주로 사역했다. 그는 우상 숭배와 부도덕을 강력하게 고발했는데, 이는 넓게 보면 히스기야의 철저한 종교 개혁에 앞장섰음을 암시한다. 이와 같이 미가는 기원전 약 735년에서 기원전 710년까지 예언했다.

미가가 사역하는 동안, 이스라엘은 기원전 722년에 멸망하기까지 안팎으로 무너지고 있었다. 당시 앗수르 제국은 그 세력이 절정에 달했고, 유다에게 끊임없는 위협을 가했다. 바벨론은 여전히 앗수르의 통치 하에 있었기 때문에 장차 유다가 바벨론의 속국이 된다는 미가의 예언(4:10)은 일어날 것 같지 않았다.

주제와 문학적 구조

미가서는 자유로운 구조이기 때문에 분석하기가 다소 어렵다. 그래도 확실하게 중요한 주제들은 분명히 드러난다. 사마리아의 멸망은 확실하며 유다의 멸망도 그리 멀지 않았다. 사람들은 사악한 일을 도모하며, 그들의 행위를 심판하시는 하나님을 조금도 두려워하지 않고 가난한 자들을 압제한다. 유다의 정치와 종교 지도자들도 매우 부패했다(3장). 하나님은 백성들을 회복시키고 그들을 승리로 이끌 진정한 통치자를 보내실 것이다. 그러나 이 소망은 곧 다가올 심판의 다른 한 면일 뿐이다. 왜냐하면, 그들은 선택받은 하나님의 백성으로서 언약의 책임을 이행하지 않았기 때문이다.

미가서는 세 부분으로 나눌 수 있다. 심판의 예언(1-3장), 회복의 예언(4-5장), 회개의 촉구(6-7장)이다.

메시야가 베들레헴의 한 동네에서 태어날 것이라는 미가 5장 2절의 예언은 구약의 모든 메시야 예언 중 가장 분명하고 중요한 예언이다. 또한 2장 12절에서 13절, 4장 1절에서 8절, 5장 4절에서 5절까지는 세계를 다스리는 그리스도의 의로운 통치를 생생하게 묘사한다.

미가 한눈에 보기

초점	심판에 대한 예언		회복에 대한 예언			회개의 촉구		
관련구절	1:1 ------- 3:1 ------------ 4:1 --------- 4:6 ----------- 5:2 --------- 6:1 ----- 6:10 -------- 7:7 ------ 7:20							
구분	백성에 대한 심판	지도자에 대한 심판	다가오는 왕국에 대한 약속	포로 귀환에 대한 약속	오실 왕에 대한 약속	하나님의 첫 번째 촉구	하나님의 두 번째 촉구	최종적인 구원에 대한 약속
주제	처벌		약속			용서		
	보응		회복			회개		
장소	유다-이스라엘							
기간	기원전 약 735-710년							

Nelson's Complete Book of Bible Maps and Charts © 1993 by Thomas Nelson, Inc.

미가의 예언 경력

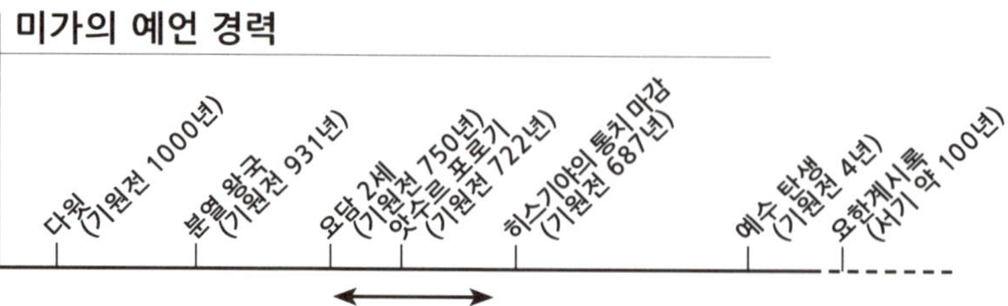

미가 개요

나훔

선지자 나훔은 니느웨 백성을 회개로 이끈 이전 선지자 요나와 대조적으로 앗수르 제국의 수도 니느웨에 멸망을 선포한다. 니느웨 사람들은 자신들의 영적 각성을 잊어버렸고, 폭력과 우상 숭배와 교만의 습관으로 되돌아갔다. 그 결과 바벨론이 니느웨를 파괴해서 니느웨는 흔적조차 남지 않을 것이라는 예언이 아주 구체적으로 그대로 실현되었다.

저자

"나훔"이라는 이름은 "평안" 혹은 "위로"라는 뜻이며, 니느웨가 멸망한다는 그의 메시지는 잔혹한 앗수르 사람에게 고통 받던 유대인들에게 분명히 평안을 주었다.

1장 1절에 의하면 선지자는 "엘고스 사람"이라고 불린다. 엘고스의 정확한 위치는 알수 없지만, 많은 학자들은 엘고스가 예루살렘과 가사 사이에 있는 유다 남부의 한 마을로 나중에 엘케시라고 불린 곳이라고 생각한다. 이러한 의견은 나훔이 남 왕국의 선지자임을 암시하며, 그가 유다의 승리에 관심을 쏟은 이유를 설명한다(1:15, 2:2).

기록 연대

이 책의 메시지가 니느웨의 멸망을 예언하고 있기 때문에, 틀림없이 니느웨가 바벨론에게 멸망한 기원전 612년 전의 어느 시기에 전했을 것이다. 또 이 책은 분명히 애굽의 수도 테베(3장 8절에서 "노아몬"이라고 불렸다)가 앗수르에게 멸망당한 기원전 663년 이후에 기록되었다. 테베는 기원전 654년에 독립을 얻었으나, 나훔은 이 사건을 언급하지 않기 때문에, 아마도 기원전 663년과 654년 사이에 기록되었을 것이다.

주제와 문학적 구조

나훔은 일관되게 앗수르의 수도 니느웨의 멸망을 선포한다. 니느웨가 멸망한 이유들 중에는 앗수르 군대의 비인간적 행위(2:12)와 도시에 만연한 악행들(3:4)이 있다. 하나님의 성품, 특별히 그분의 분노, 거룩함, 정의, 능력 때문에 그의 대적들은 멸망을 피할 수 없다(1:2-10).

이 짧은 책은 세 부분으로 나눌 수 있다. 니느웨의 멸망을 선포함(1장), 니느웨의 멸망을 묘사함(2장), 니느웨 멸망의 정당성(3장)이다.

나훔 한눈에 보기

초점	니느웨의 멸망을 선포함		니느웨의 멸망을 묘사함		니느웨 멸망의 정당성	
관련구절	1:1 ---------- 1:9 ------------ 2:1 ------------ 2:3 ------------ 3:1 ------------ 3:12 -------- 3:19					
구분	하나님이 심판하시는 일반적인 원칙들	니느웨의 멸망과 유다의 구원	선전포고	니느웨의 멸망을 묘사함	니느웨가 멸망한 이유들	니느웨 멸망의 필연성
주제	심판의 선포		심판에 대한 환상		심판에 대한 변명	
	하나님께서 하실 일		하나님께서 심판하시는 방법		하나님께서 심판하시는 이유	
장소	앗수르의 수도 니느웨에 근접한, 유다의 어떤 지역에서					
기간	기원전 약 660년					

Nelson's Complete Book of Bible Maps and Charts © 1993 by Thomas Nelson, Inc.

나훔의 예언 경력

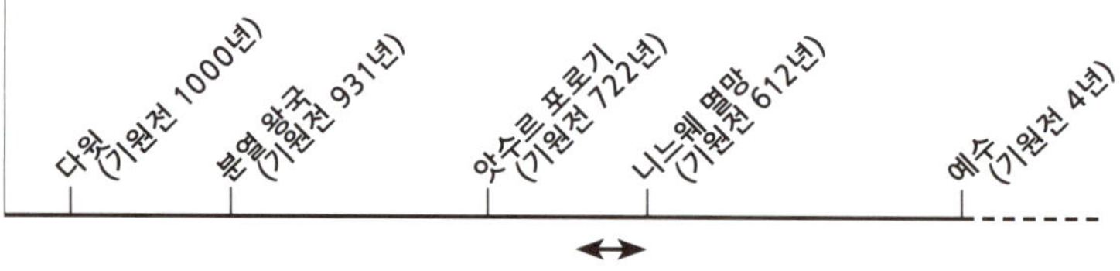

다윗 (기원전 1000년)
분열 왕국 (기원전 931년)
앗수르 포로기 (기원전 722년)
니느웨 멸망 (기원전 612년)
예수 (기원전 4년)

나훔 개요

1. **니느웨의 멸망을 선포함** 1:1-15
   1) 하나님이 심판하시는 일반적인 원칙들 1:1-8
   2) 니느웨의 멸망과 유다의 구원 1:9-15
2. **니느웨의 멸망을 묘사함** 2:1-13
   1) 선전 포고 2:1-2
   2) 니느웨의 멸망 . . . . 2:3-133.
3. **니느웨 멸망의 정당성** 3:1-19
   1) 니느웨가 멸망한 이유들 3:1-11
   2) 니느웨 멸망의 필연성 3:12-19

하박국

선지자 하박국은 유다 민족이 죽음의 고통에 허덕일 때 사역했다. 계속 회개를 촉구했는데도 유다는 고집스럽게 죄악으로 가득한 행실을 바꾸지 않았다. 이런 괴로운 상황이 얼마나 오래 이어질 것인지 물었을 때, 하나님께서 하박국에게 바벨론을 유다를 징계하는 막대기로 쓰시겠다고 말씀하신다. 이 선포에 선지자는 무릎을 꿇고 기도의 자리로 나아간다. 처음에는 이해할 수 없어 당황했지만, 결국 하박국은 어떤 시대든지 의인은 보이는 것이 아니라 믿음으로 살리라는 진리(2:4)를 깨닫는다. 그리고 하나님이 하시는 일을 다 이해하지 못하면서도 그 분의 지혜를 찬양하며 결론을 맺는다.

저자

이 책의 저자는 선지자 하박국이며, 그에 관해서는 이름 외에 알려진 것이 거의 없다. 그의 이름은 "포옹하다" 또는 "포옹하는 사람"을 뜻하는 히브리 단어에서 나왔다. 그가 "선지자"로 불렸다는 사실(1:1, 3:1)은 그가 전문적인 선지자 집단의 일원이었음을 암시한다. 게다가 이 책의 결론에 등장하는 음악적인 기도는 하박국이 아마도 예루살렘의 성전 예배와 관련된 일을 하던 제사장임을 암시한다.

기록 연대

하박국서는 왕의 통치와 관련된 언급이 전혀 없지만, 내적인 증거로 보아 이 책은 요시아 왕의 죽음(기원전 609년)과 바벨론 포로기의 시작(기원전 605년) 사이에 기록되었을 것이다. 하박국은 바벨론이 곧 침략할 것이라는 예언에 대해서만 구체적인 때를 언급한다(1:6, 2:1, 3:16). 백성들이 처한 처참한 상황은(1:2-4) 므깃도 전투에서 요시야가 때 이른 죽음을 당한 이후(기원전 609년)이자 여호야김 왕이 사악하게 통치한 초기(기원전 609-597년)임을 암시한다.

스바냐, 예레미야와 동시대인인 하박국은, 바벨론이 점점 다가온다는 것은 곧 하나님의 심판이 다가오고 있는 것이라며 경고했다. 기원전 605년 느부갓네살이 일만 명의 귀족을 바벨론으로 끌고 감으로써 이 예언이 성취되었다.

주제와 문학적 구조

하박국서는 쉽게 두 부분으로 나눌 수 있다. 하박국의 질문 혹은 당혹스러움(1-2장), 하박국의 찬양(3장)이다.

이스라엘의 불의와 처벌에 대한 필요성을 깨달은 하박국은, 어떻게 거룩하신 하나님이 더 사악한 바벨론을 사용해서 그 자녀들을 징벌하실 수 있는지에 대한 도덕적 곤경에 빠져 당황스러웠다. 하나님의 답변은 두 가지였다. 하나님은 누구나 결국 자신의 죄에 대해 심판하신다는 기본적인 도덕적 성품을 재확인시켜 주신다(2:2-22). 또 하박국에게 하나님의 무한한 영광을 보여 주시는데, 이 환상은 욥기 38장에서 41장까지 내용을 생각나게 한다. 이 두 가지 답변은 하나님에 대한 하박국의 믿음을 재정립하기에 충분했다.

하박국은 또 하나님의 선한 목적들을 하나님의 방식으로 이루시는 하나님의 주권적인 자유를 강조한다. 드러나는 역사적 상황과 상관없이 하나님은 여전히 역사의 주인이요, 열방의 통치자로서 보좌에 앉아 계신다.

하박국서는 선지자가 하는 믿음의 싸움을 묘사하고 있으며, 이것은 하나님 백성의 삶에서 믿음이 중심이라는 점을 부각시킨다. 이 믿음만 있으면 아무리 상황이 열악하더라도 견딜 수 있는데, 3장 16절부터 19절에 이러한 믿음에 대해 아름답게 표현한다.

하박국 한눈에 보기					
초점	하박국의 질문들				하박국의 찬양
관련구절	1:1 ---------- 1:5 ---------- 1:12 ---------- 2:2 ---------- 3:1 ---------- 3:19				
구분	하박국의 첫 번째 질문	하나님의 첫 번째 대답	하박국의 두 번째 질문	하나님의 두 번째 대답	하박국의 찬양
주제	믿음의 혼란				믿음의 승리
	하나님이 무엇을 하시는가				하나님은 누구신가
장소	유다 왕국				
기간	기원전 약 607년				

하박국의 예언 경력

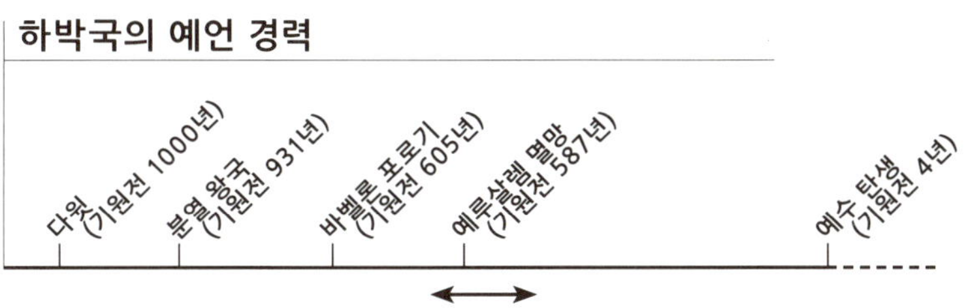

하박국 개요

1. 하박국의 질문들 1:1-2:20
- 1) 하박국의 첫 번째 질문 1:1-4
- 2) 하나님의 첫 번째 답변. 1:5-11
- 3) 하박국의 두 번째 질문 1:12-2:1
- 4) 하나님의 두 번째 답변. 2:2-20

2. 하박국의 찬양 3:1-19
- 1) 하나님의 자비를 구하는 하박국의 기도 3:1-2
- 2) 하나님의 자비를 기억하는 하박국 3:3-15
- 3) 하나님의 구원을 신뢰하는 하박국 3:16-19

믿음으로 살리라

바벨론의 거만한 태도와 하나님께 복종하는 의인의 겸손한 태도가 그저 우연히 비교되는 것처럼 보여 주면서 하박국은 복음의 근본 진리를 진술한다. "의인은 믿음으로 살리라." 바울(롬 1:17, 갈 3:11)과 히브리서의 작가(히 10:38)가 이 구절을 인용하면서 하나님과 사람의 관계에서 믿음이 중요하다고 주장한 선지자의 이 원칙을 바로 적용했다.

자신이 직면한 난처한 질문에 대한 선지자의 답변 : 의인은 믿음으로 살리라	
질문 1	왜 하나님은 이 땅의 악함과 불의에 대해 반응하시지 않는가(1:2-4)?
답변	하나님은 바벨론을 심판의 도구로 사용하겠다고 답하신다(1:5-11).
질문 2	왜 하나님은 사악한 바벨론을 사용하셔서 그들보다 더 의로운 사람들을 심판 하시는가(1:12, 13)?
답변	하나님은 이렇게 계획하셨다(2:2-3). 의인은 하나님 안에서 믿음으로 살 것이다(2:4). 불의한 자에게는 화가 있을 것이다(2:6-20).

스바냐

스바냐는 극심한 죄를 다루는 심판의 날, 곧 주의 날이 곧 온다는 메시지를 거듭해서 선포한다. 이스라엘과 이방 국가들은 곧 하나님의 진노로 전멸될 것이다. 하지만 징계가 지나간 후에는 메시야가 인간으로 오셔서 복을 주실 날이 곧 올 것이다.

저자

일반적으로 선지자의 족보는 그의 아버지 이상으로 올라가지 않는다. 그러나 스바냐는 4대까지 올라가는데, 그것은 히스기야 왕의 현손(습 1:1)으로서 자신이 왕족의 후손임을 나타내기 위함이다. 따라서 그는 요시아 왕과 먼 친척이 되는 셈이며, 다른 친척들에게 메시지를 전한 것이다.

분명히 스바냐는 예루살렘 도성에 살았다. 그는 이 도성을 "그곳"(1:4) 이라고 말하며, 여러 익숙한 지형들을 언급하기 때문이다.

기록 연대

스바냐는 자신이 예언한 시기를 "아몬의 아들 유다 왕 요시아의 시대"(1:1)라고 확언한다. 요시아는 기원전 640-609년까지 통치하였으며, 2장 13절은 니느웨의 멸망을 여전히 미래의 일로 말하고 있다. 따라서 스바냐서의 기록 연대는 기원전 640년과 612년 사이일 것이다.

요시아의 종교 개혁이 기원전 약 628년에 시작되었고, 개혁 이전에 죄악이 편만한 실상을 스바냐가 목록으로 제시하고 있기 때문에(1:3-13, 3:1-7), 스바냐의 시대는 더 정확하게 말하면, 기원전 약 635년에서 625년 경일 것이다. 스바냐의 강력한 예언이 종교개혁을 촉발한 요인이기도 했을 것이다.

주제와 문학적 구조

스바냐서는 전반적으로 다가올 주의 날을 경고하는 무섭고도 우울한 책이다. 죄에 대한 하나님의 진노 때문에, 황폐, 어두움, 멸망이 유다와 열방을 칠 것이다. 스바냐서는 세 번이나 일반적인 것에서 구체적인 것으로 이동한다. 세상에 대한 심판에서 유다를 향한 심판으로(1:1-2:3), 주변 나라에 대한 심판에서 예루살렘에 대한 심판으로(2:4-3:7), 모든 열방에 대한 심판과 정화로부터 이스라엘의 회복으로(3:8-20) 전개된다. 이 책은 크게 두 부분으로 나눌 수 있다. 주의 날에 임할 심판(1:1-3:8)과 주의 날에 임할 구원(3:9-20)이다.

거의 100여년이나 앞선 아모스서의 경우와 마찬가지로, 이 책의 중심 주제는 다가오는 주의 날이다. 주의 날은 두 가지 요소를 지닌다. 유다가 이방 군대에 의해 멸망을 당하는 심판의 메시지와 또 하나님의 백성으로 회복되는 소망의 메시지이다. 스바냐서는 주의 날이 갖는 두 번째 측면을 최종적인 사건, 즉 역사의 종결점으로 본다. 그래서 이 메시지에는 종말을 묘사하는 묵시 문학의 몇몇 특징들도 나타난다.

스바냐 한눈에 보기							
초점	주의 날에 있을 심판					주의 날에 있을 구원	
관련구절	1:1--------1:4---------- 2:4-------------3:1 ------------3:8 ----------- 3:9 ---------- 3:14------3:20						
구분	온 땅에 임할 심판	유다에 임할 심판	유다 주변 나라에 임할 심판	예루살렘 성에 임할 심판	온 땅에 임할 심판	변화의 약속	회복의 약속
주제	진노의 날					기쁨의 날	
	유다에 임할 심판					유다를 위한 회복	
장소	유다와 열방						
기간	기원전 약 630년						

Nelson's Complete Book of Bible Maps and Charts © 1993 by Thomas Nelson, Inc.

스바냐의 예언 경력

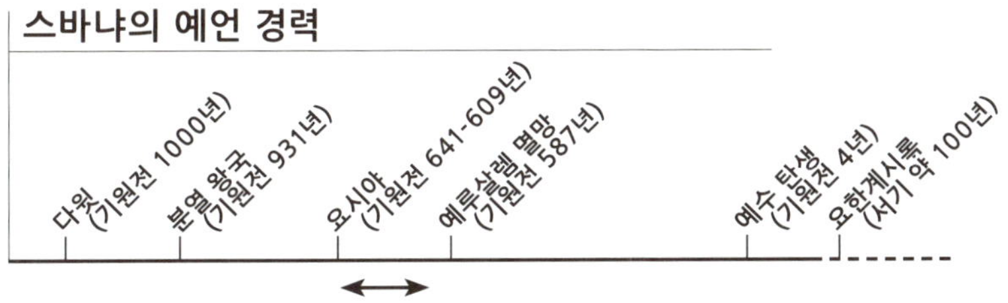

스바냐 개요

1. **주의 날에 임할 심판** 1:1-3:8
   1) 온 땅에 임할 심판 1:1-3
   2) 유다에 임할 심판 1:4-2:3
   3) 주변 나라에 임할 심판 2:4-15
   4) 예루살렘 성에 임할 심판 3:1-7
   5) 온 땅에 임할 심판 3:8
2. **주의 날에 임할 구원** 3:9-20
   1) 변화의 약속 3:9-13
   2) 회복의 약속 3:14-20

학개

학개서는 구약 성경 중에 오바댜서 다음으로 짧지만, 강하고 거리낌 없이 이어지는 4편의 짤막한 설교들에 전하고자 하는 메시지를 분명히 담고 있다. 성전 공사는 중단되고, 백성들은 하나님의 중앙 성소 건축보다는 자신들의 집을 아름답게 꾸미는 것에 더 관심이 있었다. 그들의 우선순위가 잘못되었기 때문에, 장차 그들의 수고는 하나님의 복을 받을 수 없다. 오직 하나님이 그들 앞에 주신 임무를 수행하여 하나님을 우선순위에 둘 때, 하나님의 복의 손이 그들에게 다시 한 번 임할 것이다.

저자

이 책과 에스라 5장 1절, 6장 14절에 나오는 두 번의 언급으로만 학개 선지자에 대해 알 수 있다. 그 구절에서 학개는 자기보다 더 젊은 선지자 스가랴와 함께 성전 재건을 격려하는 사역을 했다.

학개는 스룹바벨과 함께 바벨론에서 귀환했으며, 분명히 예루살렘에 살았다. 어떤 이들은 2장 3절의 의미를 해석하면서, 그는 기원전 586년 첫 번째 성전이 파괴되기 전에 유다에서 태어났으며, 이전의 화려한 성전을 기억하던 몇 안 되는 사람들 중에 하나였다고 주장한다. 이것은 학개가 기원전 520년에 예언할 당시 약 75세였다는 의미이기도 하다. 그러나 그가 포로기에 바벨론에서 태어났을 가능성도 있다.

기록 연대

기원전 538년, 페르시아의 고레스는 유대인들이 그들의 땅으로 돌아가 성전을 재건해도 된다는 칙령을 내렸다. 그리고 기원전 536년, 성전 재건을 시작했다. 귀환한 포로들은 고국 땅에서 사마리아의 강력한 반대에 부딪쳤고, 기원전 534년에 성전 재건 공사를 중단했다. 하나님은 이러한 상황 속에서 선지자 학개와 스가랴를 부르셨고, 그들에게 성전을 완공하기 위해 백성들을 독려하라는 임무를 동일하게 주셨다.

모두 네 편인 학개의 설교는 정확히 기원전 520년에 기록되었는데, 이때는 페르시아의 왕 다리우스 1세(기원전 521-486년) 재위 2년이다. 첫 번째 설교는 히브리의 엘룰 월(8-9월) 첫

날에 기록되었으며, 두 번째 설교는 티슈리 월(9-10월)에, 나머지 두 개의 설교는 기슬르 월(11-12월) 24일에 기록되었다. 나중에 이 메시지들을 편집해서 오늘날의 학개서가 탄생했다.

스가랴, 말라기와 더불어 학개는 포로기 이전 선지자들과 다른 상황에 직면해서 사역해야 했다. 포로기 이전의 선지자들은 하나님과 진정한 관계를 맺으며 말씀에 순종하기보다 육체적인 종교 의식이나 성전 건물에 의존하던 백성들과 대면해서 메시지를 전해야 했다. 이와 달리 포로기 이후의 선지자들은 낙심하고 냉담한 백성들을 상대로 사역을 했다. 이 백성들은 자기들의 종교가 다른 종교와 별반 다를 것이 없다는 생각에 사로잡혀 있었다. 예루살렘의 멸망은 한 때 자부심이 대단했던 백성들을 비참하게 만들었고, 페르시아의 영향을 받아 그들은 모든 종교는 동일한 가치를 지닌다는 견해를 갖고 있었다.

결과적으로, 귀환한 유대인들은 자기들의 유별난 율법과 관습에 세심한 주의를 기울일 이유를 찾지 못했고, 또 성전 재건에 지나친 관심을 기울일 필요도 느끼지 못했다. 물론, 이런 상태는 대단히 위험했다. 얼마 지나지 않아 유대인들은 그들을 둘러싼 이교도 문화에 금세 동화되었을 것이다. 또 하나님이 계시해 주신 유산은 상실되고, 약속된 메시야의 혈통도 단절되었을 것이다. 포로기 이후의 선지자들은 성전을 재건하고 모세 율법을 재정립함으로써, 하나님께 순종하여 자신을 다른 민족과 구별하도록 백성들을 격려하는 임무를 감당했다.

주제와 문학적 구조

학개서의 기본 주제는 분명하다. 남은 자는 반드시 자기들의 우선순위를 재정립해야 하며, 성전을 완공해야 하나님의 복을 기대할 수 있다는 것이다. 네 편의 메시지에 따라 단락을 구분할 수 있다. 제2 성전의 완공(1:1-15), 제2 성전의 영광(2:1-9), 순종에 대한 현재의 복(2:10-19), 언약을 통한 미래의 복(2:20-23)이다.

학개 2장 9절의 약속은 하나님의 구원 계획에서 제2 성전이 얼마나 중요한지 미리 알려준다. 나중에 헤롯 대왕은 이 성전을 확장하고 풍요롭게 만드는데 수년을 보냈으며, 성전은 그리스도께서 예루살렘에 오실 때마다 성육신하신 하나님의 영광으로 가득 찼다.

메시야는 스룹바벨이라는 인물로 그려지고 있으며(2:23), 그는 메시야 계보의 중심이 되어 양쪽 계보를 승인한다.

스룹바벨

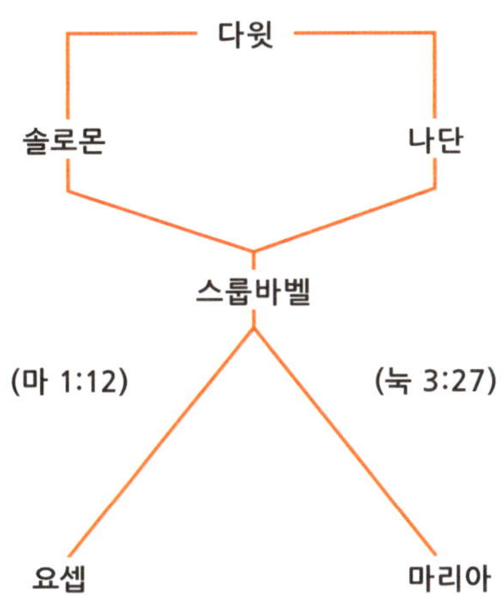

Nelson's Complete Book of Bible Maps and Charts © 1993 by Thomas Nelson, Inc.

학개 한눈에 보기

초점	제2 성전 완공	제2 성전의 영광	순종에 대한 현재의 복	약속을 통한 미래의 복
관련구절	1:1 -------------------- 2:1	---------------------- 2:10	--------------------- 2:20	--------------- 2:23
구분	"너의 소위를 살펴볼지니라…… 내 집은 황무하였도다"	"이 전의 나중 영광이 이전 영광보다 크리라"	"오늘부터는 내가 너희에게 복을 주리라"	"내가 하늘과 땅을 진동시킬 것이요"
주제	하나님의 성전		하나님의 축복	
	첫 번째 책망 (현재)	첫 번째 격려 (미래)	두 번째 책망 (현재)	두 번째 격려 (미래)
장소	예루살렘			
기간	기원전 520년 9월 1일	기원전 520년 10월 21일	기원전 520년 12월 24일	기원전 520년 12월 24일

Nelson's Complete Book of Bible Maps and Charts © 1993 by Thomas Nelson, Inc.

학개가 예언한 시기

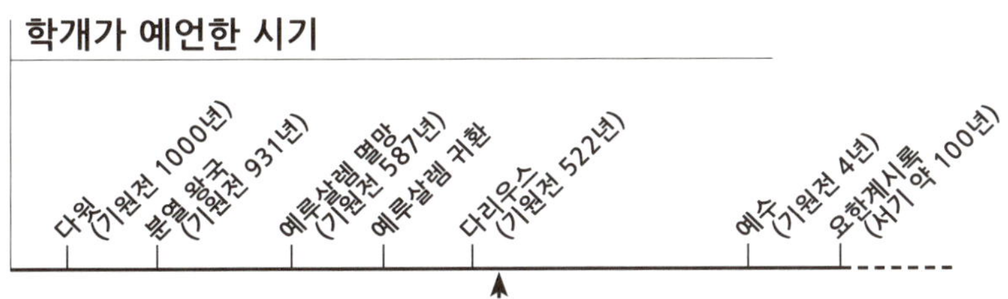

학개 개요

성경에 등장하는 성전들

학개서는 백성들에게 적절한 우선순위를 재정립할 것과 스룹바벨의 지도 아래 성전을 완공하도록 촉구하는 네 편의 짧은 설교로 구성되어 있다. 성경에 등장하는 다양한 성전들과 그 의미는 다음과 같다.

(1) **솔로몬 성전.** 솔로몬이 건축한 이 성전은, 다윗이 "주님을 위한 집"을 지으려던 열망(삼하 7:1-29)을 이룬 것으로서, 다윗은 생애 동안 이 열망을 이룰 수 없었다. 성전은 다윗이 죽은 후에 지어졌으며, 그의 아들이 하나님께 봉헌했다(왕상 8:1상). 이 성전은 기원전 586년 느부갓네살의 군대가 예루살렘을 멸망시킬 때 파괴되었다(렘 32:28-44).

(2) **스룹바벨 성전.** 선지자 스가랴가 사역하던 시기에 지었다. 기원전 516년에 성전을 완공하여 봉헌했다(스 6:1-22). 다윗의 후손인(대상 3:19) 스룹바벨의 지도 아래 성전을 건축했다(스 3:1-8, 4:1-14). 기원전 169년 안티오쿠스 에피파네스에 의해 더럽혀졌다.

(3) **혜롯 성전.** 기원전 19년 헤롯 대왕 시절에 스룹바벨 성전을 복구했다. 거의 90년 동안 거듭 수리하고 확장해서 서기 70년에 완공했지만 로마에 의해 파괴되었다. 이후 예루살렘에는 성전이 없었다.

(4) **현재의 성전.** 주님이 현재 다스리시는 성전이 있다. 고린도전서 6장 19절과 고린도후서 6장 16절부터 18절에 따르면, 현재 주님의 성전은 성도의 마음이다. 여기에서 주님은 메시야가 재림하여 지상 왕국과 천년 성전을 세울 때까지 다스리신다.

(5) **요한계시록 11장의 성전.** 이 성전은 적그리스도가 박해하는 시기에 세워질 것이다. 데살로니가후서 2장 4절에서 다니엘 선지자(단 9:2)와 예수님(마 24:15)이 언급하신 '멸망의 가증한 것'이 이 성전에 설 것이다. 이 성전은 적그리스도의 왕국과 함께 파괴될 것이다(계 17, 18장 참고).

(6) **천년 왕국 성전.** 이는 에스겔 40장 1절부터 42장 20절에 자세히 묘사된 성전이다. 그리고 선지자 스가랴가 6장 12절과 13절에서 기대하는 성전이다. 이 성전은 메시야가 친히 세울 것이며, 메시야는 그 성전에서 천년 왕국의 의로운 제사장이자 왕으로 다스릴 것이다(6:13).

(7) **하나님이 임재하시는 영원한 성전.** 이 성전은 계시록 21장 22절에 나온다. 요한은 "전능하신 이와 및 어린양이 그 성전"이기 때문에 영원한 왕국에는 물리적인 성전이 없을 것이라고 말한다. 이 성전은 모든 성전 중에 가장 위대하다. 그리고 계시록 21장 22절에서 말한 영원한 왕국의 중심이 될 것이다.

스가랴

이스라엘 에일라트 산악(山岳)

성전 재건은 절반 정도 진행하다 중단한 상태로 수십 년이 흘렀다. 하나님께서는 선지자 스가랴를 불러서 이 중요한 과업을 완수하도록 백성을 격려하라고 명하셨다. 스가랴는 백성들을 강하게 질책하며 권면하기보다 성전이 완성되어야만 메시야의 영광이 성전에 거할 것이라는 매우 긍정적인 목표를 제시했다.

저자

스가랴의 이름은 "여호와께서 기억하신다"라는 뜻으로 포로기 이후 선지자이며, 학개와 동시대인이다. "스가랴"라는 이름은 구약에서 29명이나 사용할 만큼 인기 있는 이름이다.

스가랴는 베레갸의 아들이며 잇도의 손자로서, 레위 지파의 제사장 가문에서 태어났다. 그는 바벨론에서 태어났으며, 스룹바벨의 인도 하에 유다 포로들이 귀환했을 때, 할아버지를 따라 팔레스타인에 왔다.

기록 연대

스가랴는 선지자 학개, 총독 스룹바벨, 대제사장 여호수아와 동시대인이었지만, 나이는 그들보다 어렸다. 1장에서 8장까지의 역사적 배경은 학개와 같다(기원전 520-518년). 기원전 520년에 성전 건축을 재개해서 기원전 516년에 완공했다.

9장에서 14장까지의 연대는 명확하지가 않다. 하지만 문체의 차이와 그리스에 대한 내용(9:13)을 고려할 때, 기원전 480-470년 사이에 기록된 것 같다. 그러면 이 시기는 다리우스 1세(기원전 521-486년)가 역사의 무대에서 사라지고, 에스더를 바사의 왕비로 삼은 크세르크세스(기원전 486-464년)가 왕위를 계승한 이후이다.

주제와 문학적 구조

스가랴는 8개의 환상, 4개의 메시지, 2개의 후렴구를 연이어 사용해서, 언약 백성을 향한 하나님의 계획을 그린다. 1장부터 8장까지는 성전을 재건하고 있는 남은 자들을 격려하려고 기록했다. 마지막 9장부터 14장까지는 장차 오실 이스라엘의 메시야를 예견하며 성전이 완공된 후에 기록되었다. 스가랴는 이방인의 통치에서 메시야의 다스림으로, 박해에서 평화로, 부정함에서 거룩함으로 주제를 옮긴다.

마지막 여섯 장에서는 스가랴가 살던 당시 어떤 특정한 역사적 상황에서 일어난 일이 아니라, 장차 도래할 메시야 시대에 대한 여러 사건들을 내다본다. 여기에서 그리스의 발흥, 메시야의 강림과 거절당하심, 메시야의 최종 승리를 예언한다.

스가랴 한눈에 보기

초점	8개의 환상			4개의 메시지	2개의 후렴구	
관련구절	1:1 --------- 1:7 --------6:9		------------ 7:1	------------ 9:1	------------------- 12:1	------------- 14:21	
구분	회개하라는 부름	8개의 환상	왕관을 쓰게 된 여호수아	금식에 대한 질문	첫 번째 후렴구 : 메시야 배척	두 번째 후렴구 : 메시야 통치
주제	그림			문제	예언	
	이스라엘의 운명			이스라엘의 금식	이스라엘의 미래	
장소	예루살렘					
기간	성전을 건축하는 동안 (기원전 520-518년)				성전을 건축한 후 (기원전 약 480-470년)	

스가랴의 예언 경력

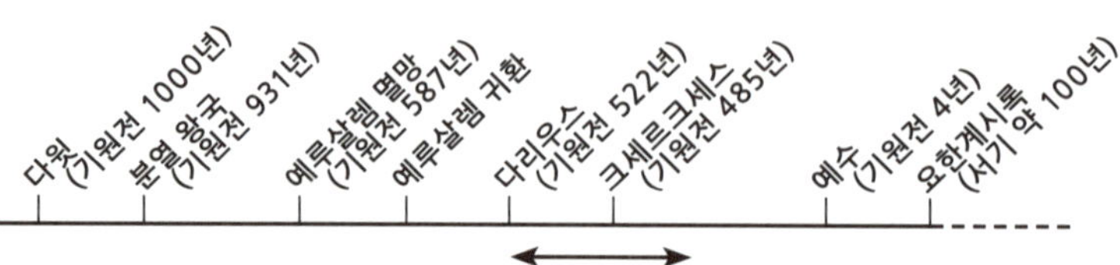

스가랴 개요

1. 회개하라는 부름 **1:1–6**

2. 스가랴의 8개 환상 **1:7–6:8**

1) 화석류 나무 사이에 있는 말들 1:7–17

2) 4개의 뿔과 4명의 장인 1:18–21

3) 다림줄을 손에 잡은 사람 2:1–13

4) 대제사장 여호수아의 정결 3:1–10

5) 정금 등대와 감람나무 4:1–14

6) 날아가는 두루마리 5:1–4

7) 바구니 속의 여인 5:5–11

8) 4대의 병거 6:1–8

3. 왕관을 쓰게 된 여호수아 **6:9–15**

4. 금식에 대한 질문 **7:1–3**

5. 스가랴가 전한 4편의 설교 **7:4–8:23**

1) 위선에 대한 책망 7:4–7

2) 불순종에 대한 회개 7:8–14

3) 이스라엘의 회복 8:1–17

4) 이스라엘의 미래를 기뻐하라 8:18–23

6. 스가랴의 2개의 후렴구 **9:1–14:21**

1) 첫 번째 후렴구 : 메시야를 배척함 9:1–11:17

(1) 주변 국가에 대한 심판 9:1–8

(2) 메시야의 오심 9:9–10:12

(3) 메시야를 배척함 11:1–17

2) 두 번째 후렴구 : 메시야의 통치 12:1–14:21

(1) 이스라엘의 구원 12:1-13:9

(2) 메시야의 통치 14:1-21

스가랴의 환상들

스가랴서에는 생생하지만 신비로운 상징들을 가진 일련의 환상들이 나온다. 그 환상들은 천사가 나타나 해석한 것도 있지만, 어떤 상징들은 설명이 없는 것도 있다. 이러한 환상들은 다른 선지서와 마찬가지로 메시야의 초림과 재림 사역이 뒤섞여 있다. 스가랴는 봉우리 사이에 놓인 골짜기들은 빼고 하나님이 계획하신 봉우리들만 본다.

스가랴의 환상들

스가랴의 환상들은 그 시대에 해당하는 역사적 의미를 지니면서 동시에 모든 시대에 해당하는 의미도 지닌다.
하나님은 자기 백성을 구원하시며 악한 자들은 심판하신다.

환상	의미
화석류 나무 사이에 선 사람과 말들(1:8)	주께서 예루살렘에게 다시 자비를 베푸실 것이다(1:14, 16, 17).
4개의 뿔과 4명의 장인들(1:18-20)	유다를 핍박한 자들은 심판을 받을 것이다(1:21).
다림줄을 손에 잡은 사람(2:1)	하나님은 예루살렘의 둘레를 불로 감싸 보호하는 불 성벽이 될 것이다(2:3-5).
여호수아의 정결(3:4)	나의 종 싹(순)이 구원하러 올 것이다(3:8, 9).
정금 등대와 감람나무(4:2-3)	주께서 그의 영으로 이스라엘을 강건하게 하신다(4:6).
날아가는 두루마리(5:1)	정직하지 않으면 저주를 받는다(5:3).
바구니 안의 여자(5:6, 7)	사악함은 다른 곳에 치워버릴 것이다(5:9-11).
4대의 병거(6:1)	하늘의 영이 온 땅을 심판하실 것이다(6:5, 7).

말라기

남 요르단에 있는 페트라 보물창고(알 카즈네)

느헤미야 시대에 사역한 말라기 선지자는 부패한 제사장, 사악한 풍습, 거짓된 안정감으로 깊이 병든 백성들에게 심판의 메시지를 전한다. 질문하고 대답하는 방식으로 말라기는 결혼, 이혼, 잘못된 예배, 거만함 등이 뒤섞인 백성들의 위선과 불의의 문제를 통렬하게 지적한다.

말라기의 책망 소리가 울려 퍼진 후 400년 동안, 하나님은 침묵하신다. 세례 요한이 오고 나서야(3:1) 비로소 하나님은 선지자의 목소리를 통해 하나님의 백성들과 다시 대화하셨다.

저자

"말라기"라는 이름은 "나의 사자"(使者, messenger)라는 뜻이다. 어떤 사람들은 말라기가 이름이 아니라 책 제목이라고 생각하기도 했지만, 선지서 중에는 그런 방식을 사용한 것이 없기 때문에 별로 신빙성이 없다. 말라기에 대해서는 이 책의 제목 외에는 알려진 것이 없으며, 구약의 마지막 선지자이자 구약의 마지막 책을 기록한 자이다.

기록 연대

말라기의 정확한 연대는 알 수 없지만, 내적인 증거를 사용해서 대략적인 연대를 추정한다. 통치자라는 뜻의 페르시아 용어 **페사흐**(*pechah*, 1:8)가 사용된 것을 볼 때, 이 책이 페르시아가 이스라엘을 다스릴 때에 기록되었음을 알 수 있다. 그리고 희생 제사가 성전에서 드려지고 있었기 때문에, 성전은 재건된 상태였다(1:7–10). 게다가 말라기의 예언은 느헤미야가 직면했던 것과 동일한 문제들에 대해서 말한다. 부패한 제사장(1:6–2:9, 느 13:1–9 참고), 십일조와 봉헌 제물에 대한 무관심(3:7–12, 느 13:10–13 참고), 이교도를 아내로 맞는 통혼(2:10–16, 느 13:23–28 참고) 등이다. 느헤미야는 성벽 재건을 위해 기원전 444년에 예루살렘에 도착했지만, 기원전 432년에 페르시아로 되돌아갔다. 기원전 약 425년 그가 팔레스타인으로 다시 돌아왔을 때, 느헤미야는 말라기에 기록된 여러 죄에 대해 다루었다. 그러므로 말라기는 느헤미야가 없었던 기원전 432–425년 사이에 메시지를 선포한 것 같다.

주제와 문학적 구조

이스라엘 백성은 점차 환멸을 느끼고 의심했다. 내적으로 그들은 하나님의 메시야 약속이 이루어질 것인지 의심하다가 결국 하나님이 섬길 만한 분이신지도 의심했다. 이러한 의심은 껍데기뿐인 예배 의식, 십일조와 제물의 사취, 도덕법과 의식법에 대한 무관심으로 나타났다.

말라기는 이러한 문제들과 이스라엘 백성의 태도에 도전한다. 그리고 백성들에게 새로운 열심과 순종을 요구한다. 말라기서는 세 부분으로 나눌 수 있다. 민족의 특권(1:1–5), 민족의 타락(1:6–3:15), 민족을 향한 약속(3:16–4:6)이다.

말라기 한눈에 보기

초점	민족의 특권	민족의 타락		민족을 향한 약속		
관련구절	1:1 ---------------- 1:6 ----------- 2:10 ----------- 3:16 ---------------- 4:1 ------------ 4:4 -------- 4:6					
구분	민족을 향한 하나님의 사랑	제사장들의 죄	백성들의 죄	기념 책	오실 그리스도	오실 엘리야
주제	과거	현재		미래		
	하나님의 돌보심	하나님의 불만		하나님의 오심		
장소	예루살렘					
기간	기원전 약 432-425년					

Nelson's Complete Book of Bible Maps and Charts © 1993 by Thomas Nelson, Inc.

말라기의 예언 경력

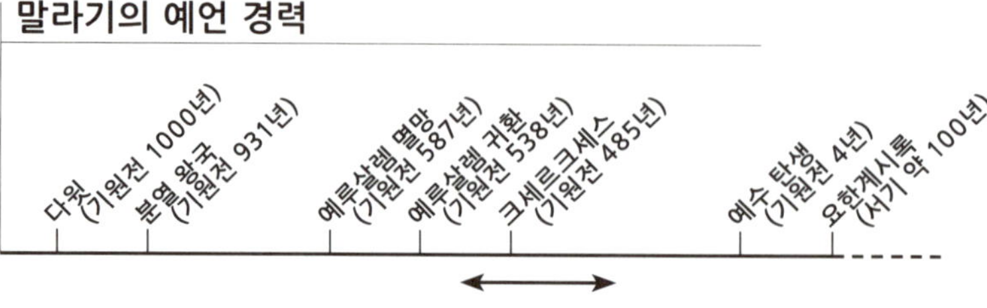

말라기 개요

그리스도의 오심

구약 마지막 책의 마지막 두 장에는 세례 요한과 주님이 오신다는 극적인 예언이 실려 있다. 이스라엘은 400년 후에 "광야에서 외치는 소리"가 "주의 길을 예비할" 때(마3:3, 말 3:1 참고) 요단 강으로 모여들면서 오래 지속된 예언의 침묵이 비로소 깨진다.

그리스도의 오심	
말라기의 예언	신약의 성취
언약의 사자로서 그리스도는 자신의 성전에 오신다(3:1). 그리고 자신의 백성을 깨끗케 하신다(3:3).	그리스도는 성전을 깨끗케 하신다(요 2:14-17). 그리고 자신의 백성을 깨끗케 하신다(히 13:12).
그가 오시면 심판이 일어난다(4:1).	생명책에 이름이 기록되지 않은 자는 불 못에 던져진다(계 20:11-15).
의의 태양으로서 그리스도는 자신의 백성을 치유하신다(4:2).	그리스도는 많은 사람을 치유하신다. 궁극적으로 모든 병자가 나을 것이다(마 12:15, 계 21:4).
앞서 온 사람은 주님의 오심을 예비한다(3:1, 4:5).	세례 요한이 그리스도를 전한다(마 11:10-14).

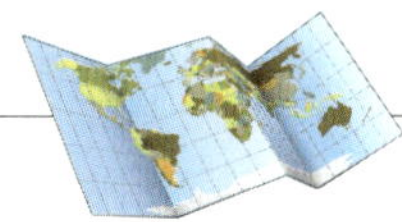

신구약중간기

구약과 신약의 연결 다리

아래의 지도는 기원전 750년 앗수르 제국으로 시작하여 기원전 331-146년 알렉산더의 그리스 제국으로 끝나는, 연이은 4개 제국이 다스리던 팔레스타인 지방의 모습이다. 기원전 323년 알렉산더가 사망한 후, 그의 뛰어난 4명의 장군이 제국을 분할하여 각각 자신의 왕조를 세웠다. 그들 중 두 왕조가 팔레스타인 지방을 다스렸다. 먼저 프톨레미 왕국이 기원전 323년에서 198년까지 이 지역을 다스리다가 셀류쿠스 왕국에게 빼앗겼다. 그 후 기원전 143년에 완전한 독립을 이끈 유대 하스몬 가문(후에 마카비로 불림)의 강력한 혁명이 일어나기 전까지 수리아의 셀류키드가 이 지역을 다스렸다. 기원전 63년 폼페이 장군의 지휘 아래 로마가 이 지역을 차지하자 유대 땅에 살던 유대인들도 나라를 잃었다. 로마는 신약 역사 내내 팔레스타인 전역을 지배했다. 팔레스타인을 장악한 정치권력의 변동을 묘사한 지도도 있다.

연이은 4개의 세계 제국들

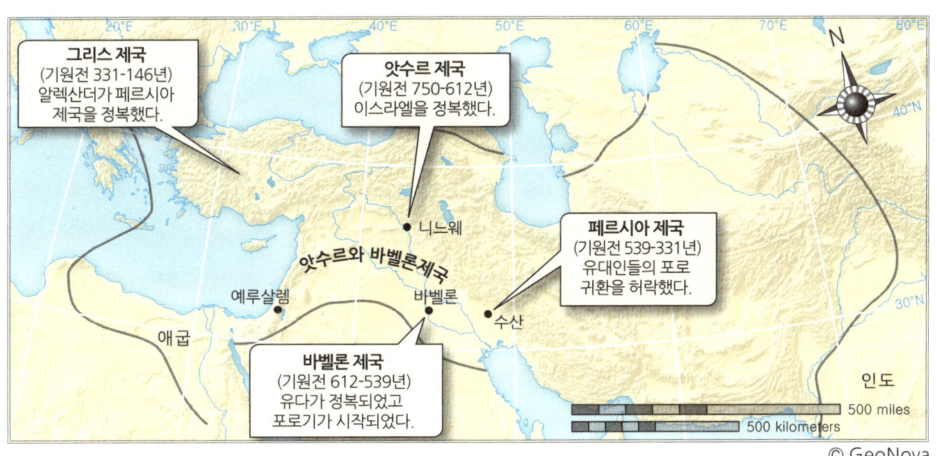

© GeoNova

프톨레미 왕국의 팔레스타인 지배

셀류키드 왕국의 팔레스타인 지배

마카비 통치 하의 팔레스타인 확장

로마의 팔레스타인 통치

버가모
사데
에베소
로 마 제 국
다소
갈그미스
안디옥
니느웨
바르티아 제국
구브로
악메다
시돈
다메섹
두로
실루기아
바벨론
수사
사마리아
예루살렘
우르
펠루시움
멤피스
아 라 비 아
애굽
N
0
200 Mi.
0
200 Km.

신약

에베소에 있는
아르테미스
신전 유적

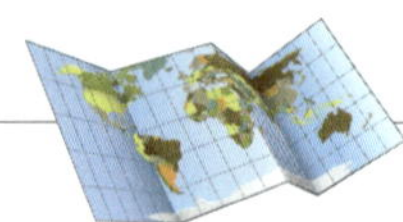

사복음서

사복음서, 즉 마태, 마가, 누가, 요한복음은 예수님의 생애에 대한 책이다. 하지만 전형적인 전기(傳記)는 아니다. 사복음서에는 예수님의 가족 배경, 유년시절, 겉모습에 대한 이야기는 거의 없다. 3년간 행한 그분의 사역만 집중적으로 다루면서 이 3년의 역사를 완전히 재구성할 수 있을 만큼 충분한 정보를 제공하지도 않는다. 그보다는 예수님의 인격과 그의 가르침에 관심을 집중하며, 사복음서 모두 예수님의 죽음과 부활에서 정점에 이르고, 여러 사건들도 그리스도의 죽음, 부활과 연관하여 언급한다.

이 중 마태복음, 마가복음, 누가복음을 공관복음이라고 한다. '공관'(共觀, Synoptic)은 공통적인 관점으로 예수의 생애를 본다는 뜻이다. 복음서들의 기록 목적에 따라서 각기 다른 방식으로 예수 그리스도를 소개한 후에, 세례 요한의 사역, 예수께서 세례 받으시고 시험 당하신 사건, 갈릴리와 유대에서 행하신 예수님의 사역, 예루살렘에서 보낸 마지막 주, 예수님의 죽음과 부활을 기록한다. 공관복음서에서 예수님은 특별히 자신을 '인자'(the Son of Man)로 칭하면서 하나님 나라를 선포한다.

공관복음서의 설명이 비슷하기도 하지만 내용과 특정 사건의 배열순서는 서로 다르다. 또한 각각의 복음서는 예수님의 인격과 사역의 특정한 측면을 강조하려는 목적으로 기록되었다. 마태는 예수님이 구약에서 예언하고 기대하던 진정한 메시야임을 강조한다. 마가는 로마의 그리스도인에게 호소하기 위해 속도감 있게 사건을 서술했으며, 누가의 복음서는 교양 있는 이방인에게 예수님이 모든 민족에게 관심이 있음을 강조하기 위해 기록했다.

요한복음은 공관복음과 여러모로 다르다. 요한복음은 유대 지방에서 행하신 예수님의 초기 사역에 대해 더 많이 언급한다. 또 공관복음은 전형적으로 예수님의 짤막한 가르침을 소개하면서 설명하는 방식인데, 요한은 예수님이 사람들과 나누신 대화 내용을 주제별로 기록한다. 요한복음에서 예수님은 자신을 '하나님의 아들'로 칭하며, 구원을 '영생'이라고 말씀하신다. 요한복음은 공관복음보다 예수님의 생애와 죽음에 대해 신학적으로 숙고한 내용을 더 풍성하게 담고 있다.

왜 사복음서인가?				
복음서	마태복음	마가복음	누가복음	요한복음
대상	유대인	로마인	헬라인	헬라 세계
예수님에 대한 묘사	구약의 예언과 기대를 성취한 메시아이자 왕.	하나님의 아들로 권세가 있는 분.	성령의 능력과 기도로 모든 사람을 섬기고 구원하러 오신, 완전한 사람의 아들.	거룩한 하나님의 아들, 영생을 얻기 위해 믿어야 하는 분(하나님의 "나는 ……이다").
핵심 구절	마 1:1, 16:16, 20:28	막 1:1, 8:27, 10:45, 15:34	눅 19:10	요 20:31
핵심 단어	성취되다	즉시	인자	믿다, 영생

복음서의 사건이 일어난 시기

공관복음서들이 문학적으로 어떻게 연관되는지 쉽게 답할 수 없다. 일반적으로 공관복음서는 윤곽이 비슷하고, 내용도 유사하다. 가끔 거의 똑같이 설명하면서, 또 어떨 때는 아주 다르기도 하다. 이를 '공관복음서 문제'(synoptic problem)라고 하며, 세 복음서의 문학적 관련성을 설명하려고 학자들이 다음과 같이 수많은 이론을 제시한다.

1. 어떤 이들은 세 공관복음의 저자들이, 전해지지 않은 이전 복음서 자료를 인용했다고 주장한다.
2. 다른 이들은 예수님의 행동과 가르침에 관한 구전이 오래 전부터 전해왔으며, 복음서의 저자들은 이 구전에 따라 책을 기록했기 때문에, 공관복음서가 서로 유사하다고 주장한다. 그러나 이 이론은 일찍이 기록된 자료들이 존재했을 가능성(눅 1:1-4 참고)을 입증하지 못했고, 형식과 내용이 분명히 변한 것에 대해서도 충분히 설명하지 못한다.
3. 마가복음이 가장 먼저 기록되었고, 마태와 누가가 복음서를 쓸 때 다른 자료와 함께 마가복음을 참고했을 것이라는 주장이 현재 가장 보편적이다. 마가복음의 우선 기록설을 주장하는 어떤 학자들은 '두 자료 이론'(two-source theory)을 주장하

는데, 이 이론에서 그들은 마태와 누가가 '원천'이란 뜻의 독일어 크벨레(Quelle)의 '큐'(Q)를 인용해 이름을 붙인 다른 자료도 참고했다고 본다. 마태복음과 누가복음에는 있지만 마가복음에는 없는 약 250구절(대개 가르침에 관한 자료)에 대해 해명할 수 있다.

마가의 우선 기록설을 주장하는 다른 이론은 마태와 누가가 마가복음 외에도 다양한 자료들을 참고했다고 생각한다. '네 자료 이론'(four-source theory)에서는 마태복음에만 있는 고유한 내용을 M 문서로, 누가복음의 고유한 내용은 L 문서로 상정한다.

4. 초대 교회 교부들이 폭넓게 지지하던 견해대로, 어떤 이들은 공관복음서 중에 마태복음이 가장 먼저 기록되었다고 주장한다. 마태복음을 참고해서 누가복음을 두 번째로 기록했고, 마태와 누가를 요약, 조합해서 마가복음을 기록했다고 본다. 베드로의 설교도 마가복음에 중요한 영향을 끼쳤다고 주장한다.

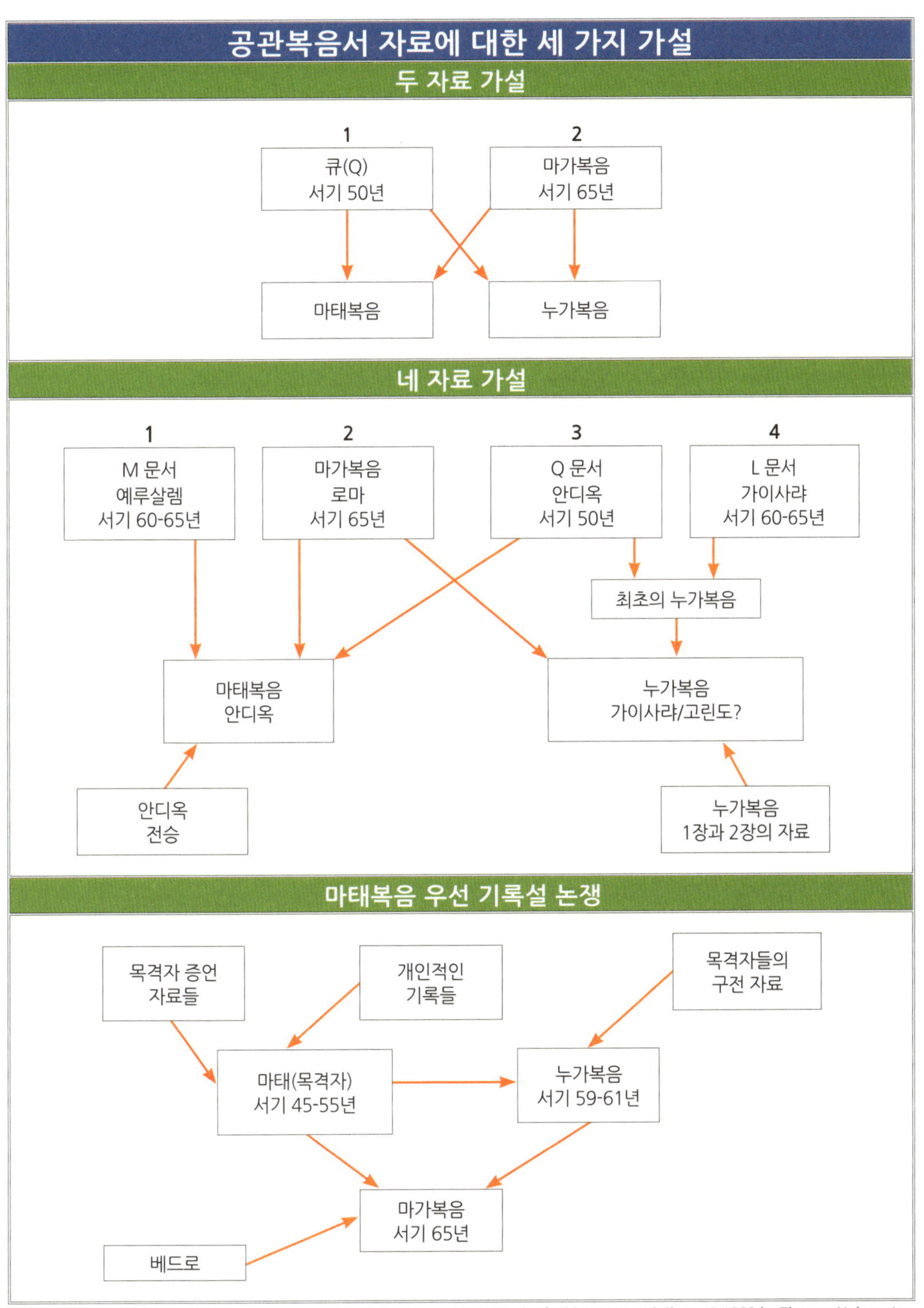
공관복음서 자료에 대한 세 가지 가설
두 자료 가설
1
큐(Q)
서기 50년
2
마가복음
서기 65년
마태복음
누가복음
네 자료 가설
1
M 문서
예루살렘
서기 60-65년
2
마가복음
로마
서기 65년
3
Q 문서
안디옥
서기 50년
4
L 문서
가이사랴
서기 60-65년
최초의 누가복음
마태복음
안디옥
누가복음
가이사랴/고린도?
안디옥
전승
누가복음
1장과 2장의 자료
마태복음 우선 기록설 논쟁
목격자 증언
자료들
개인적인
기록들
목격자들의
구전 자료
마태(목격자)
서기 45-55년
누가복음
서기 59-61년
마가복음
서기 65년
베드로

예수 그리스도의 기적				
기적	마태	마가	누가	요한
1. 문둥병자를 고침	8:2	1:40	5:12	
2. 백부장 하인의 중풍을 고침	8:5		7:1	
3. 베드로의 장모를 고침	8:14	1:30	4:38	
4. 해질 무렵 병든 자들을 고침	8:16	1:32	4:40	
5. 풍랑을 잔잔케 함	8:23	4:35	8:22	
6. 귀신들을 돼지 떼 안으로 보냄	8:28	5:1	8:26	
7. 중풍병자를 고침	9:2	2:3	5:18	
8. 회당장의 딸을 살림	9:18, 23	5:22, 35	8:40, 49	
9. 혈루증 앓는 여인을 고침	9:20	5:25	8:43	
10. 두 소경을 고침	9:27			
11. 귀신들려 말 못하는 사람을 고침	9:32			
12. 손 마른 자를 고침	12:9	3:1	6:6	
13. 귀신들려 눈멀고 벙어리 된 자를 고침	12:22		11:14	
14. 5천 명을 먹임	14:13	6:30	9:10	6:1
15. 바다 위를 걸음	14:25	6:48		6:19
16. 이방 여인의 딸을 고침	15:21	7:24		
17. 4천 명을 먹임	15:32	8:1		
18. 간질병 앓는 소년을 고침	17:14	9:17	9:38	
19. 고기 입에서 성전 세를 얻음	17:24			
20. 두 소경을 고침	20:30	10:46	18:35	
21. 무화과나무를 마르게 함	21:18	11:12		
22. 더러운 귀신을 쫓아냄		1:23	4:33	
23. 귀 먹고 말 더듬는 자를 고침		7:31		
24. 벳세다의 소경을 고침		8:22		
25. 악의에 찬 무리를 피함			4:30	
26. 물고기를 잡게 함			5:1	
27. 나인 성 과부의 아들을 살림			7:11	
28. 꼬부라져 조금도 펴지 못하는 여자를 고침			13:11	
29. 수종병 든 사람을 고침			14:1	
30. 10명의 문둥병자를 깨끗케 함			17:11	
31. 종의 귀를 회복시킴			22:51	
32. 물로 포도주를 만드심				2:1
33. 열병에 걸린, 왕의 신하의 아들을 고침				4:46
34. 베데스다 연못에서 38년 된 병자를 고침				5:1
35. 날 때부터 소경인 사람을 고침				9:1
36. 죽은 나사로를 살림				11:43
37. 두 번째로 물고기를 잡게 함				21:1

예수 그리스도의 비유

비유	마태	마가	누가
1. 말 아래 두는 등불	5:14-16	4:21, 22	8:16, 17, 11:33-36
2. 지혜로운 자는 반석 위에 집을 짓고 미련한 자는 모래 위에 짓는다.	7:24-27		6:47-49
3. 생베 조각을 낡은 옷에 붙이지 않는다.	9:16	2:21	5:36
4. 새 술은 새 부대에	9:17	2:22	5:37, 38
5. 씨 뿌리는 자	13:3-23	4:2-20	8:4-15
6. 가라지(잡초)	13:24-30		
7. 겨자씨	13:31, 32	4:30-32	13:18, 19
8. 누룩	13:33		13:20, 21
9. 밭에 감춘 보화	13:44		
10. 값진 진주	13:45, 46		
11. 그물	13:47-50		
12. 잃은 양	18:12-14		15:3-7
13. 용서하지 않는 하인(일만 달란트 빚진 자)	18:23-35		
14. 포도원의 품꾼	20:1-16		
15. 두 아들	21:28-32		
16. 악한 포도원 소작인	21:33-45	12:1-12	20:9-19
17. 혼인 잔치	22:2-14		
18. 무화과나무	24:32-44	13:28-32	21:29-33
19. 지혜로운 처녀와 어리석은 처녀	25:1-13		
20. 달란트	25:14-30		
21. 자라나는 씨		4:26-29	
22. 언제 올지 모르는 집주인		13:33-37	
23. 빚 주는 사람과 두 명의 빚진 사람			7:41-43
24. 선한 사마리아인			10:30-37
25. 도움이 필요한 친구			11:5-13
26. 어리석은 부자			12:16-21
27. 깨어 있는 하인들			12:35-40
28. 충성스러운 종과 악한 종			12:42-48
29. 열매 맺지 못하는 무화과나무			13:6-9
30. 큰 잔치			14:16-24
31. 망대를 세우는 것과 전쟁하는 왕			14:25-35
32. 잃은 동전			15:8-10
33. 돌아온 탕자			15:11-32
34. 불의한 청지기			16:1-13
35. 부자와 나사로			16:19-31
36. 무익한 종			17:7-10
37. 재판장에게 끈질기게 강청하는 과부			18:1-8
38. 바리새인과 세리			18:9-14
39. 므나			19:11-27

사복음서의 조화

복음서에 기술된 사건들의 정확한 역사적 연대는 내적 증거로든 외적인 자료로든 설정하기가 어렵다. 역사적 사건과 복음서에 묘사된 사건과의 관계 모두 다소 모호하다. 그러므로 역사적인 연대 설정과 함께, 이 책의 305쪽 "사복음서의 조화"에서 근사치에 가까운 연대를 보여준다.

이런 불확실성에 놀랄 필요는 없다. 복음서들은 예수님에 대한 완벽한 전기가 아니기 때문이다. 복음서의 저자들은 분명히 역사적인 표지를 제공한다. 하지만 그들은 우선적으로 인류의 구원과 예수 그리스도의 사역을 드러내는데 관심을 기울인다. 우리는 복음서에 기술된 역사적 사건들만으로도 충분히 신앙을 가질 수 있지만, 복음서에 기술되지 않는 사건이 훨씬 더 많이 있다(요 21:25 참고).

전통적으로 예수님께서 기원전 1년부터 서기 33년까지 이 땅에 사셨다고 추정한다. 최근에는 예수님의 탄생을 기원전 약 5년에서 6년으로 보는 학자들이 더 많다. 예수님이 죽으신 때는 서기 27년에서 33년의 어느 시점이라고 주장한다. 아마도 서기 30년 유월절 기간일 가능성이 가장 높다.

예수님은 대략 기원전 4년, 헤롯 대왕이 사망하기 1, 2년 전에 태어났을 것이다(마 2:1-23 참고). 일반적으로 서기 약 7년 경 구레뇨(눅 2:2) 통치 하에 인구 조사를 실시했다고 하지만 확실하지 않다. 일부 학자들은 구레뇨가 수리아를 두 번 다스렸거나, 예수님 탄생 무렵 시작한 인구 조사가 구레뇨 시대에 마무리되었다고 주장한다. 누가복음 3장 1절에서는 세례 요한이 "디베료 황제가 통치한 지 열다섯 해"에 사역을 시작했다고 하는데, 이는 계산 방식에 따라 서기 26년이거나 29년 무렵일 것이다. 누가복음 3장 23절에 따르면, 예수님은 "삼십 세쯤" 되셨을 때 사역하기 시작했다. 공관복음서에서는 예수님이 기껏해야 1년 정도 사역했다고 설명하는 한편, 요한복음에서 예수님이 유월절에 예루살렘을 방문한 기록을 보면, 사역 기간이 약 3년 정도임을 알 수 있다. 사역 기간이 2년이라고 주장하는 사람도 있다. 따라서 예수님은 서기 27년에 사역을 시작해서 3년간 사역했다고 하면, 서기 30년 무렵 십자가에 못 박히고 부활하셨다.

사복음서의 조화

연대	사건	장소	마태	마가	누가	요한
예수 그리스도의 소개						
	(1) 누가의 소개				1:1-4	
	(2) 성육신 전의 그리스도					1:1-18
	(3) 예수 그리스도의 족보		1:1-17		3:23-38	
예수와 세례 요한의 탄생, 유아기, 청년기						
기원전 7년	(1) 요한의 탄생 예고	예루살렘(성전)			1:5-25	
기원전 7년 또는 6년	(2) 처녀를 통한 예수 탄생 예고	나사렛			1:26-38	
기원전 약 5년	(3) 엘리사벳이 마리아를 맞이하며 부른 노래	유대 산중의 한 동네			1:39-45	
	(4) 마리아의 송가				1:46-56	
기원전 5년	(5) 세례요한의 탄생, 유아기, 장래 목적	유대			1:57-80	
	(6) 예수 탄생을 요셉에게 알림	나사렛	1:18-25			
기원전 5-4년	(7) 예수 그리스도의 탄생	베들레헴	1:24, 25		2:1-7	
	(8) 천사들의 선포	베들레헴 근처			2:8-14	
	(9) 목자들의 방문과 경배	베들레헴			2:15-20	
	(10) 예수님의 할례	베들레헴			2:21	
기원전 4년	(11) 첫 번째 성전 방문 때 시므온과 안나가 메시야를 알아봄	예루살렘			2:22-38	
	(12) 동방 박사들의 방문	예루살렘과 베들레헴	2:1-12			
	(13) 애굽으로 도망감, 헤롯의 유아 대학살	베들레헴, 예루살렘, 애굽	2:13-18			
	(14) 예수님을 데리고 애굽에서 나사렛으로 돌아옴		2:19-23		2:39	
기원전 4년 이후	(15) 예수님의 유년기	나사렛			2:40, 51	
서기 7-8년	(16) 12세 예수님의 성전 방문	예루살렘			2:41-50	
그 이후	(17) 청소년기에서 성인이 되기까지 18년간의 삶	나사렛			2:51, 52	
세례 요한에 대한 진실들						
서기 약 25-27년	(1) 요한의 사역 시작	유대 광야	3:1	1:1-4	3:1, 2	1:19-28
	(2) 삶과 메시지		3:2-12	1:2-8	3:3-14	
	(3) 예수에 대한 요한의 묘사		3:11, 12	1:7, 8	3:15-18	1:26, 27
	(4) 요한의 담대함		14:4-12		3:19, 20	
예수의 사역 시작						
서기 약 27년	(1) 세례 받으심	요단 강	3:13-17	1:9-11	3:21-23	1:29-34
	(2) 시험 당하심	광야	4:1-11	1:12, 13	4:1-13	
	(3) 처음 제자들을 부름	요단 강 건너				1:35-51
	(4) 처음 행한 기적	갈릴리 가나				2:1-11

연대	사건	장소	마태	마가	누가	요한
서기 약 27년	(5) 가버나움에 첫 번째 유함	(가버나움은 '그의' 도시)				2:12
서기 27년	(6) 첫 번째 성전 정화	예루살렘				2:13-22
	(7) 예루살렘의 환대	유대				2:23-25
	(8) 니고데모에게 중생을 가르침	유대				3:1-21
	(9) 요한과 동역함	유대				3:22-30
	(10) 갈릴리를 향해 떠남	유대	4:12	1:14	4:14	4:1-4
	(11) 야곱의 우물에서 사마리아 여인을 만남	사마리아				4:5-42
	(12) 갈릴리로 돌아옴			1:15	4:15	4:43-45
예수의 갈릴리 사역						
서기 27-29년						
서기 27년	(1) 신하의 아들을 고침	가나				4:46-54
	(2) 나사렛에서 배척을 받음	나사렛			4:16-30	
	(3) 가버나움으로 옮김	가버나움	4:13-17			
	(4) 사람 낚는 어부가 된 네 제자	갈릴리 바다	4:18-22	1:16-20	5:1-11	
	(5) 귀신 들린 자를 안식일에 고침	가버나움		1:21-28	4:31-37	
	(6) 베드로의 장모와 많은 이를 고침	가버나움	8:14-17	1:29-34	4:38-41	
서기 약 27년	(7) 첫 번째 갈릴리 설교 여행	갈릴리	4:23-25	1:35-39	4:42-44	
	(8) 문둥병자를 고침, 그들의 반응	갈릴리	8:1-4	1:40-45	5:12-16	
	(9) 중풍병자를 고침	가버나움	9:1-8	2:1-12	5:17-26	
	(10) 마태를 부르심, 환영만찬	가버나움	9:9-13	2:13-17	5:27-32	
	(11) 비유를 통해 제자들을 변호함	가버나움	9:14-17	2:18-22	5:33-39	
서기 28년	(12) 두 번째 유월절을 지키려고 예루살렘으로 감, 38년 된 병자를 고침	예루살렘				5:1-47
	(13) 이삭을 잘라먹은 것 때문에 안식일 논쟁이 일어남	갈릴리로 가는 길에	12:1-8	2:23-28	6:1-5	
	(14) 손 마른 자를 고쳐서 또 다른 안식일 논쟁이 일어남	갈릴리	12:9-14	3:1-6	6:6-11	
	(15) 무리를 고침	갈릴리 바다	12:15-21	3:7-12	6:17-19	
	(16) 밤새 기도한 후 12사도를 택함	가버나움 근처		3:13-19	6:12-16	
	(17) 산상설교	가버나움 근처	5:1—7:29		6:20-49	
	(18) 백부장 하인을 고침	가버나움	8:5-13		7:1-10	
	(19) 과부의 아들을 살림	나인			7:11-17	
	(20) 세례 요한의 의심을 풀어주심	갈릴리	11:2-19		7:18-35	
	(21) 특권을 가진 자에 임할 화		11:20-30			
	(22) 죄 많은 여인이 예수님께 기름을 부음	시몬의 집 가버나움			7:36-50	
	(23) 두 번째 갈릴리 여행	갈릴리			8:1-3	

연대	사건	장소	마태	마가	누가	요한
서기 28년	(24) 신성모독으로 고소당하심	가버나움	12:22-37	3:20-30	11:14-23	
	(25) 표적을 구하는 자들에게 대답하심	가버나움	12:38-45		11:24-26, 29-36	
	(26) 예수님을 찾는 어머니와 형제들	가버나움	12:46-50	3:31-35	8:19-21	
	(27) 씨 뿌리는 자, 씨, 가라지, 겨자씨, 누룩, 보화, 진주, 그물, 등불과 같은 유명한 비유들	갈릴리 바다 주변	13:1-52	4:1-34	8:4-18	
	(28) 풍랑을 잔잔케 함	갈릴리 바다	8:23-27	4:35-41	8:22-25	
	(29) 거라사의 귀신 들린 자를 고침	갈릴리 해안	8:28-34	5:1-20	8:26-39	
	(30) 야이로의 딸을 살리고 혈루증 앓는 여인을 고침		9:18-26	5:21-43	8:40-56	
	(31) 두 소경이 눈을 뜸		9:27-31			
	(32) 귀신들려 벙어리 된 자를 고침		9:32-34			
	(33) 나사렛에서 두 번째 배척당함	나사렛	13:53-58	6:1-6		
	(34) 12제자 파송		9:35-11:1	6:6-13	9:1-6	
	(35) 헤롯이 두려워서 요한의 목을 벰	갈릴리	14:1-12	6:14-29	9:7-9	
서기 29년 봄	(36) 12제자의 귀환, 외딴 곳으로 가신 예수님, 광야에서 5,000명을 먹임	벳새다 근처	14:13-21	6:30-44	9:10-17	6:1-14
	(37) 물 위를 걸음	갈릴리 바다	14:22-33	6:45-52		6:15-21
	(38) 게네사렛의 병자들을 고침	게네사렛	14:34-36	6:53-56		
	(39) 절정에 오른 인기, 갈릴리를 다님	가버나움				6:22-71, 7:1
서기 29년	(40) 장로들의 전통을 비판함		15:1-20	7:1-23		
	(41) 두로와 시돈에서 제대로 은거하지 못함, 가나안 여인의 딸을 고침	페니키아 두로와 시돈	15:21-28	7:24-30		
	(42) 고통 받는 자들을 고침	데가볼리	15:29-31	7:31-37		
	(43) 4,000명을 먹임	데가볼리	15:32-39	8:1-9		
	(44) 바리새인들의 공격이 심해짐	막달라	16:1-4	8:10-13		
	(45) 제자들의 부주의를 꾸짖고, 소경을 고침		16:5-12	8:14-26		
	(46) 베드로가 주는 그리스도라고 고백함	가이사랴 빌립보 근처	16:13-20	8:27-30	9:18-21	
	(47) 죽음을 예언하는 예수님	가이사랴 빌립보	16:21-26	8:31-37	9:22-25	
	(48) 왕국을 약속하심		16:27, 28	9:1	9:26, 27	
	(49) 변화산 사건	이름 없는 산	17:1-13	9:2-13	9:28-36	
	(50) 간질 병자를 고침	변화산	17:14-21	9:14-29	9:37-42	
	(51) 다시 죽음과 부활을 말씀함	갈릴리	17:22, 23	9:30-32	9:43-45	
	(52) 세금을 내심	가버나움	17:24-27			
	(53) 누가 큰 자인지 다투는 제자들에게 그 의미를 밝히시고, 또 인내, 충성, 용서를 가르치심	가버나움	18:1-35	9:33-50	9:46-62	

연대	사건	장소	마태	마가	누가	요한
서기 29년	(54) 형제들의 충고를 거절하는 예수님	갈릴리				7:2-9
서기 29년 9월 경	(55) 갈릴리를 떠나심, 사마리아인들의 거부		19:1		9:51-56	7:10
	(56) 제자의 대가		8:18-22		9:57-62	
유대와 베뢰아에서 행하신 예수님의 마지막 사역						
서기 29-30년						
서기 29년 10월	(1) 장막절	예루살렘				7:2, 10-52
	(2) 간음죄를 용서함	예루살렘				7:53-8:11
서기 29년	(3) 세상의 빛이신 그리스도	예루살렘				8:12-20
	(4) 바리새인들은 예언에 만족할 수 없어서 선지자를 죽이려고 함	예루살렘 성전				8:12-59
	(5) 날 때부터 소경인 자를 고침, 그에 따른 결과	예루살렘				9:1-41
	(6) 선한 목자 비유	예루살렘				10:1-21
	(7) 70인 파송	아마도 유대			10:1-24	
	(8) 율법사들이 선한 사마리아인의 이야기를 들음	유대(?)			10:25-37	
	(9) 마리아와 마르다가 예수님을 맞이함	베다니			10:38-42	
	(10) 기도에 대한 가르침	유대(?)			11:1-13	
	(11) 바알세불을 힘입어 기적을 행한다는 비난을 받음				11:14-36	
	(12) 율법사와 바리새인들에 대한 심판				11:37-54	
	(13) 위선, 탐심, 염려, 깨어 있을 것에 대해 말씀하는 예수님				12:1-59	
	(14) 회개치 않으면 멸망함				13:1-5	
	(15) 열매 맺지 않는 무화과나무				13:6-9	
	(16) 안식일에 등 굽은 여자를 고침				13:10-17	
	(17) 겨자씨, 누룩 비유	아마도 베뢰아			13:18-21	
서기 29년 겨울	(18) 수전절	예루살렘				10:22-39
	(19) 요단 강 건너편으로 물러남					10:40-42
	(20) 헤롯을 여우라 칭하며, 예루살렘으로 돌아와 가르치기 시작함	베뢰아			13:22-35	
	(21) 바리새인 지도자와 식사하며 수종증 앓는 사람을 고침, 소, 높은 자리, 큰 잔치의 비유				14:1-24	
	(22) 제자에게 요구되는 것	베뢰아			14:25-35	
	(23) 잃어버린 양, 동전, 아들 비유				15:1-32	
	(24) 불의한 청지기, 부자와 나사로 비유				16:1-31	

연대	사건	장소	마태	마가	누가	요한
	(25) 섬김, 믿음, 영향력에 대한 가르침				17:1-10	
	(26) 나사로의 부활	베뢰아에서 베다니로				11:1-44
	(27) 이에 대한 반응, 물러난 예수님					11:45-54
서기 30년	(28) 사마리아와 갈릴리를 거쳐 예루살렘으로 마지막 여행을 시작함	사마리아, 갈릴리			17:11	
	(29) 10명의 문둥병자를 고침				17:12-19	
	(30) 도래할 왕국에 대한 가르침				17:20-37	
	(31) 강청하는 과부 비유, 바리새인과 세리 비유				18:1-14	
	(32) 이혼에 대한 교리		19:1-12	10:1-12		
	(33) 예수님이 아이들을 축복함, 제자들의 반대	베뢰아	19:13-15	10:13-16	18:15-17	
	(34) 부유한 젊은 율법사	베뢰아	19:16-30	10:17-31	18:18-30	
	(35) 포도원 품꾼들 비유		20:1-16			
	(36) 죽음과 부활을 예언함	요단 근처	20:17-19	10:32-34	18:31-34	
	(37) 야고보와 요한의 야심		20:20-28	10:35-45		
	(38) 소경 바디매오를 고침	여리고		10:46-52	18:35-43	
	(39) 삭개오와의 대화	여리고			19:1-10	
	(40) 므나 비유	여리고			19:11-27	
	(41) 마리아와 마르다의 집에 돌아옴	베다니				11:55-12:1
	(42) 나사로를 죽이려는 음모	베다니				12:9-11
예루살렘에서 보낸 예수님의 마지막 주간						
서기 30년 봄						
일요일	(1) 승리의 입성	베다니, 예루살렘, 베다니	21:1-9	11:1-11	19:28-44	12:12-19
월요일	(2) 무화과나무를 저주하고 성전을 정화함	베다니에서 예루살렘으로	21:10-19	11:12-18	19:45-48	
	(3) 희생의 때가 다가옴	예루살렘				12:20-50
화요일	(4) 무화과나무가 시든 것으로 입증함	베다니에서 예루살렘으로	21:20-22	11:19-26		
	(5) 산헤드린 공회가 예수님께 도전하고, 예수님은 두 아들, 포도밭 소작인, 결혼 축제 비유로 답변함	예루살렘	21:23-22:14	11:27-12:12	20:1-19	
	(6) 가이사의 것은 가이사에게	예루살렘	22:15-22	12:13-17	20:20-26	
	(7) 부활에 관한 사두개인의 질문	예루살렘	22:23-33	12:18-27	20:27-40	
	(8) 율법에 대한 바리새인의 질문	예루살렘	22:34-40	12:28-34		
	(9) 예수와 다윗	예루살렘	22:41-46	12:35-37	20:41-44	
	(10) 예수의 마지막 설교	예루살렘	23:1-39	12:38-40	20:45-47	
	(11) 과부의 두 렙돈	예루살렘		12:41-44	21:1-4	

연대	사건	장소	마태	마가	누가	요한
화요일	(12) 예수님이 장래에 관해 말씀함	감람 산	24:1-51	13:1-37	21:5-36	
	(13) 열 처녀, 달란트, 심판의 날 비유	감람 산	25:1-46			
	(14) 예수님이 십자가에서 죽을 날을 알려줌		26:1-5	14:1, 2	22:1, 2	
	(15) 시몬의 집에서 마리아가 예수님의 발에 향유를 부음	베다니	26:6-13	14:3-9		12:2-8
	(16) 유대가 예수를 배반하기로 계약함		26:14-16	14:10, 11	22:3-6	
목요일	(17) 유월절을 준비함	예루살렘	26:17-19	14:12-16	22:7-13	
목요일 오후	(18) 유월절 식사, 제자들이 서로 높아지려는 것을 꾸짖음	예루살렘	26:20	14:17	22:14-16, 24-30	
	(19) 제자들의 발을 씻김	다락방				13:1-20
	(20) 유다의 배신이 드러났고, 유다가 도망감	다락방	26:21-25	14:18-21	22:21-23	13:21-30
	(21) 예수님이 장차 버림받은 것을 말씀하고, 제자들이 충성을 외침	다락방	26:31-35	14:27-31	22:31-38	13:31-38
	(22) 성만찬을 행함	다락방	26:26-29	14:22-25	22:17-20	
	(23) 사도들을 향한 마지막 말씀과 중보기도	예루살렘				14:1-17:26
목-금요일	(24) 겟세마네 동산의 비탄	감람 산	26:30, 36-46	14:36, 32-42	22:39-46	18:1
금요일	(25) 배반, 체포, 제자들의 도망	겟세마네	26:47-56	14:43-52	22:47-53	18:2-12
	(26) 안나스가 행한 첫 번째 심문	예루살렘				18:12-14, 19-23
	(27) 가야바와 의회에 의해 재판을 받고 모욕을 당함	예루살렘	26:57, 59-68	14:53, 55-65	22:54, 63-65	18:24
	(28) 베드로가 예수님을 세 번 부인함	예루살렘	26:58, 69-75	14:54, 66-72	22:54-62	18:15-18, 25-27
	(29) 의회의 유죄 판결	예루살렘	27:1	15:1	22:66-71	
	(30) 유대의 자살	예루살렘	27:3-10			
	(31) 빌라도 앞에 첫 번째 출두	예루살렘	27:2, 11-14	15:1-5	23:1-7	18:28-38
	(32) 헤롯 앞에 선 예수	예루살렘			23:6-12	
	(33) 빌라도 앞에 두 번째 출두	예루살렘	27:15-26	15:6-15	23:13-25	18:39-19:16
	(34) 로마 병사들에게 조롱당함	예루살렘	27:27-30	15:16-19		
	(35) 골고다로 끌려감	예루살렘	27:31-34	15:20-23	23:26-33	19:16, 17
	(36) 십자가에 달린 첫 3시간 동안 일어난 여섯 가지 사건	갈보리	27:35-44	15:24-32	23:33-43	19:18-27
	(37) 십자가 위의 마지막 3시간	갈보리	27:45-50	15:33-37	23:44-46	19:28-30
	(38) 예수님 죽음으로 일어난 사건들		27:51-56	15:38-41	23:45, 47-49	
	(39) 예수님의 장례	예루살렘	27:57-60	15:42-46	23:50-54	19:31-42

연대	사건	장소	마태	마가	누가	요한
금-토요일	(40) 봉인된 무덤	예루살렘	27:61-66		23:55, 56	
	(41) 여인들이 지켜봄	예루살렘		15:47		
부활에서 승천까지						
서기 30년						
첫날 새벽 (일요일, '주의 날')	(1) 여인들의 무덤 방문	예루살렘 근처	28:1-10	16:1-8	24:1-11	
	(2) 베드로와 요한이 텅 빈 무덤을 봄				24:12	20:1-10
	(3) 예수님이 막달라 마리아에게 나타남	예루살렘		16:9-11		20:11-18
	(4) 예수님이 다른 여인들에게 나타남	예루살렘	28:9, 10			
	(5) 부활을 보고한 파수꾼		28:11-15			
일요일 오후	(6) 예수님이 엠마오로 가던 두 제자에게 나타남			16:12, 13	24:13-35	
늦은 일요일	(7) 예수님이 도마를 제외한 열 제자에게 나타남	예루살렘		16:14	24:36-43	20:19-25
일주일 후	(8) 도마와 다른 제자들에게 나타남	예루살렘				20:26-31
승천하시기 전 40일간	(9) 예수님이 갈릴리 해변에서 일곱 제자에게 나타남	갈릴리				21:1-25
	(10) 500명에게 나타남	갈릴리 근처 산				
	(11) 지상명령		28:16-20	16:15-18	24:44-49	
	(12) 승천	감람 산		16:19, 20	24:50-53	

헤롯 왕조

'헤롯'은 신약시대에 팔레스타인과 주변 지역의 분봉왕인 로마 통치자들의 성(姓)이다.

헤롯 대왕으로 알려진 첫 번째 헤롯은, 예수님이 베들레헴에 태어났을 무렵 로마 황제 가이사 아구스도 시대에 팔레스타인을 다스린 로마의 분봉 왕이다(마 2:1, 눅 3:1). 신약에 언급된 다른 헤롯들은 모두 그의 아들이나 손자이다.

기원전 37년에서 34년까지 통치한 헤롯 대왕은 비록 유대인들을 잔인하고 인정사정없이 대하긴 했지만, 뛰어난 건설가, 조직가, 개발가였다. 거의 50년에 걸쳐 예루살렘 성전을 재건한 것이 가장 주목할 만한 업적이다. 그는 또 가이사랴를 재건, 확장하여 지중해의 항구 도시로 만들었다. 가이사랴는 신약 시대에 팔레스타인의 로마 지방 수도가 되었다. 그가 이 도시에 건설한 거대한 수로는 오늘날에도 볼 수 있다.

헤롯 대왕의 아들 안디바는 아버지를 뒤이어 갈릴리와 요단 강 건너편 지역의 분봉 왕이 되었다(마 14:1). 안디바는 앞장서서 세례 요한을 투옥하고, 죽였다(눅 3:19, 20, 마 14:1-12).

로마 황제 칼리굴라는 헤롯 대왕의 손자 아그립바를 팔레스타인 전 지역의 분봉 왕으로 임명했다. 아그립바는 초대 그리스도인들을 박해했다. 그는 야고보를 죽였으며, 베드로를 옥에 가두었다. 그는 잔인하고, 하나님을 모독하는 행위를 저질러서 천사의 손에 죽었다(행 12장).

서기 50년에 아그립바의 아들, 아그립바 2세는 항구도시인 칼키스를 다스리는 분봉 왕이 되었다. 나중에 그는 아빌레네, 드라고닛, 아크라는 물론 갈릴리, 요단 강 건너편의 중요한 지역들도 다스렸다. 신약에서 그에 대한 언급은 바울이 가이사랴에서 투옥된 사건을 다룬 사도행전 25장 13절에서 26장 32절 뿐이다. 아그립바가 바울의 변론을 들었으나, 바울은 가이사에게 상소했다. 아그립바는 그를 놓아 줄 권한이 없었다.

신약에 등장하는 다른 두 헤롯은 헤롯 아켈라오(마 2:22)와 헤롯 빌립(눅 3:1)이다. 이 두 분봉왕은 모두 헤롯 대왕의 아들이다. 그들은 전에 아버지가 다스리던 영토 일부를 통치했다.

헤롯의 가계도

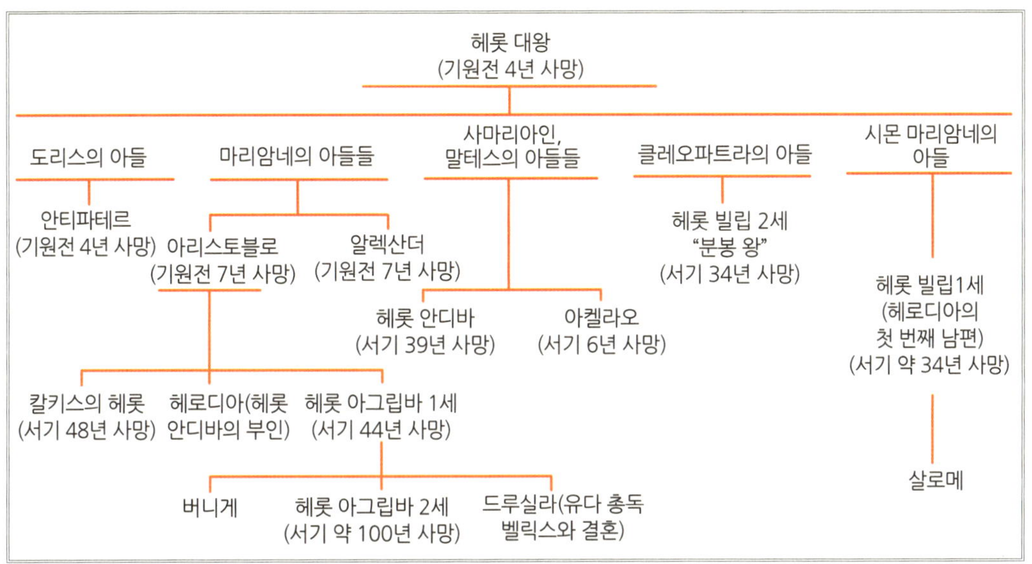

Nelson's Complete Book of Bible Maps and Charts © 1993 by Thomas Nelson, Inc.

헤롯 성전 평면도

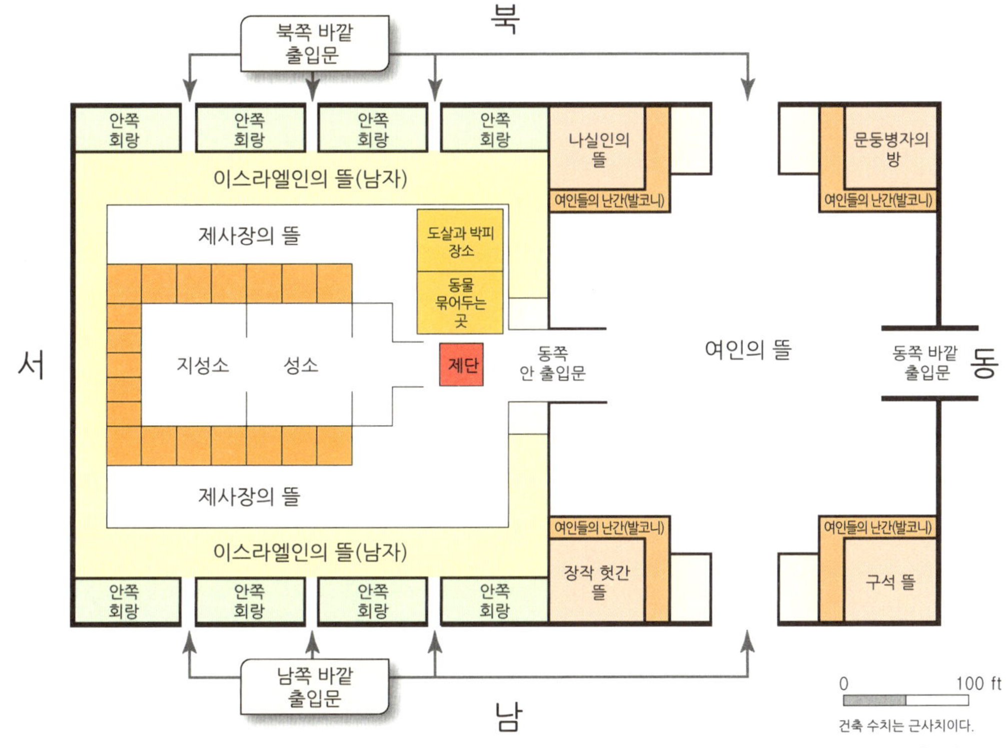

신약 시대의 통치자들

로마 황제	팔레스타인의 통치자들		
	헤롯 대왕(기원전 37-34년)		
	유대	갈릴리와 베레아	다른 지역들
아구스도 가이사 (기원전 31-서기 14년)	아켈라오 (기원전 4년-서기 6년) 코포니우스 (서기 6-8년) 암브비우스 (서기 9-12년) 안니우스루프스 (서기 12-15년)	헤롯 안디바 (기원전 4-서기 39년)	헤롯 빌립 2세 (기원전 4-서기 34년)
디베료 가이사 (서기 14-37년)	발레리우스그라투스 (서기 15-26년) 본디오빌라도 (서기 26-36년) 마르켈루스 (서기 37년)		
칼리굴라 (서기 37-41년) 글라우디오 (서기 41-54년) 네로 (서기 54-68년) 갈보 오토 비텔리우스 (서기 68-69년)	헤롯 아그립바 1세 (서기 37-44년) 쿠스피우스파두스 (서기 44-46년) 디베리우스알렉산더 (서기 46-48년) 벤티디우스쿠마누스 (서기 48-52년) 안토니우스벨릭스 (서기 52-60년) 포르시우스베스도 (서기 60-62년) 클로디우스알비누스 (서기 62-64년) 게시우스플로루스 (서기 64-66년)	헤롯 아그립바 2세 (서기 34년부터 다른 여러 지방을 다스렸고, 서기 39년부터는 갈릴리와 베레아도 통치했다.)	
	유대인 혁명(서기 66-70년)		
베스파시안 (서기 69-79년) 티투스 (서기 79-81년) 도미티안 (서기 81-96년)			

마태복음

마태복음이 신약 첫머리에 위치한 것은 적절하다. 신약에서 제일 먼저 기록된 책이거나 복음서 중 가장 먼저 기록된 책이어서가 아니라, 다른 어떤 복음서보다 구약과 예수님의 관계를 강조하기 때문이다. 따라서 마태복음은 약속과 성취로 구약과 신약, 두 시대를 잇는 다리이다.

저자

이 책의 최초 필사본에는 저자의 신원이 나오지 않는다. 그리고 현대의 일부 학자들도 마태를 저자로 인정하지 않는다. 그러나 서기 2세기 이후, 교회 전승에서 예수님의 제자이자 사도인 마태를 저자로 인정한다.

예수님이 부르시기 전에(9:9-13) 마태는 로마 정부를 위해 일하는 가버나움의 세리였기 때문에 유대인들에게 환영받지 못했다. 마태는 숙련된 세리여서 자기 주변에서 일어난 일들을 기록하고, 문서를 보관하는 일에 능숙했을 것이다. 이 복음서에 유대적인 특징이 엿보이는 것도 마태가 작가인 사실과 잘 맞는다.

기록 연대

어떤 이는 마태복음이 일찍이 서기 50년 경 기록되었고, 서기 110년 무렵 한 교부가 처음으로 인용했다고 주장한다. 마가복음, 누가복음과의 관계에 따라 마태복음의 정확한 기록 연대가 달라진다(298쪽 "사복음서" 참고).

두 번에 걸쳐 "오늘날까지"(27:8, 28:15)라고 표현한 것은, 마태복음에 기술한 사건들이 일어나고 한 참 후에 이 책을 기록했음을 가리킨다. 또는 서기 70년에 예루살렘이 멸망하기 이전에 기록한 것임을 암시하는 것일 수도 있다. 이 복음서에 유대적인 정서가 엿보이는 것은 서기 70년 전에 이 책을 기록했음을 말해 주기도 한다. 만약 마태가 마가의 자료에 의존했다면, 마가복음의 기록 연대에 따라 마태복음의 가장 빠른 기록 시기가 언제쯤인지 결정되는데, 아마도 서기 58-68년 정도일 것이다. 마태복음은 팔레스타인이나 수리아 안디옥에서 기록되었을 것이다.

주제와 문학적 구조

마태복음은 주제 별로 다음과 같이 요약할 수 있다. 왕의 출현(1:1-4:11), 왕의 선포(4:12-7:29), 왕의 권능(8:1-11:1), 점점 배척받는 왕(11:2-16:12), 제자들을 세우는 왕(16:13-20:28), 왕의 출현과 배척(20:29-27:66), 진정한 왕으로 입증됨(28:1-20)이다.

"예수께서 이 말씀을 마치시매"(7:28, 11:1, 13:53, 19:1, 26:1)라는 구절은 마태복음의 문학적 구조를 파악하는데 중요한 열쇠인데, 이 책의 중요한 다섯 번의 가르침이 이 구절로 끝난다. 산상수훈(5:3-7:27), 제자들을 가르치심(10:5-42), 하나님 나라에 대한 비유(13:3-52), 제자도(18:3-35), 종말에 관한 말씀(24:4-25:46)이다. 이렇게 다섯 개 말씀으로 이루어진 구조는 유대 문서에서 흔히 쓰는 방식으로(예를 들어, 모세오경), 마태는 "나(모세)와 같은 선지자 하나를 일으킬 것"이라는 신명기 18장 15절 예언의 성취로 예수님이 오셨다는 사실을 보여주기 위해 의도적으로 이렇게 구성했을 것이다.

초대 교회는 마태복음을 신약의 맨 앞에 놓았다. 마태복음이 신약과 구약을 자연스럽게 잇는 다리이기 때문이다. 마태는 예수님을 약속된 메시야이자, 다윗의 후손으로 표현한다. 예수님이 메시야의 자격 요건을 충족시킨다는 것을 보여주기 위해, 마태는 구약을 자주 인용하여 약 130번씩이나 언급한다. 마태복음에서는 "선지자로 하신 말씀을 이루려 하심이니"라는 표현이 9번이나 나오는데, 다른 복음서에는 한 번도 안 나온다.

마태는 예수님이 율법을 가르치는 모습을 강조한다. 예수님은 모세의 율법과 하나님의 뜻에 대한 권위 있는 해석자였다(4:23, 5:2, 7:28, 29).

마태복음은 교회를 명시적으로 언급한 유일한 복음서이며(16:18, 18:17), "하나님의 나라"라는 구절도 32회에나 등장한다. 이 표현은 다른 신약 성경에는 안 나온다.

마태복음에는 다른 복음서에는 없거나, 정확히 병치되지 않는 사건도 소개된다. 동방박사들의 방문(2:1-12), 애굽으로 피한 사건(2:12-23), 산상수훈(5:1-7:29) 등이다.

동방박사들이 방문한 후에 요셉과 마리아가 애굽으로 피한 것은 구약의 예언이 성취된 것이었다(2:15, 호 11:1). 마태는 독자들에게 의도적으로 예수님과 이스라엘의 절대적인 관계를 보여주기 위해 애썼다(호 11:1의 "내 아들을 애굽에서 불러냈거늘"). 마태는 2장 15절에서 호세아 11장 1절을 인용하는데, 많은 이들은 마태가 이를 통해 이스라엘의 역사를 개관하며, 예수님이 하나님의 백성 이스라엘의 미래임을 암시한다고 주장한다.

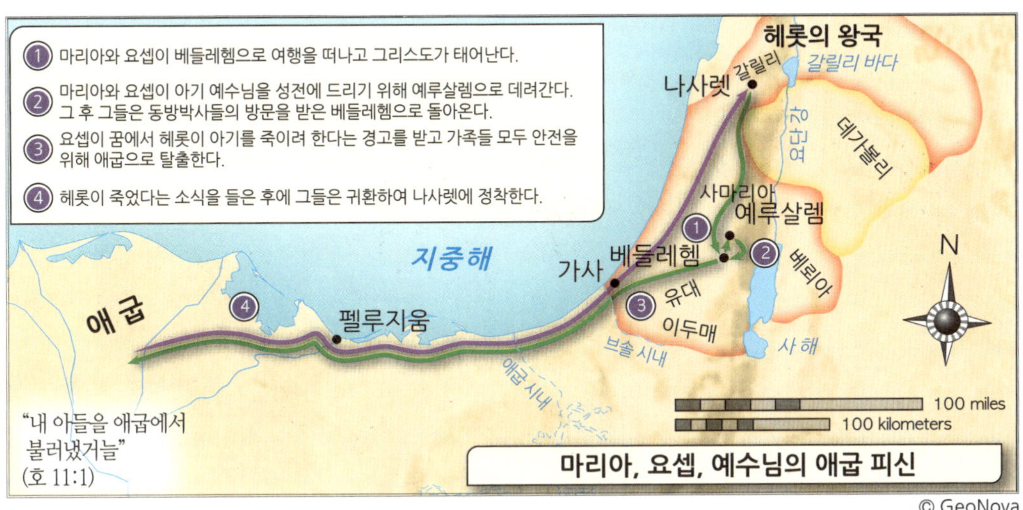

마태복음 한눈에 보기

초점	왕이심을 선포함			왕이심을 인정하지 않음			
관련구절	1:1 ------------4:12	------------- 8:1	------ 11:2	---------16:13	------------ 20:29	----------- 28:1--28:20	
구분	왕의 출현	왕의 선포	왕의 권능	점점 배척 받는 왕	제자들을 세우는 왕	왕의 출현과 배척	왕의 증거
주제	무리를 가르치심				12제자를 가르침		
	연대별	주제별		연대별			
장소	베들레헴과 나사렛	갈릴리			유대		
기간	기원전 약 4년-서기 33년						

신약의 사건이 일어난 시기

(신약 기록 당시 성취되지 않은 예언은 포함하지 않음)

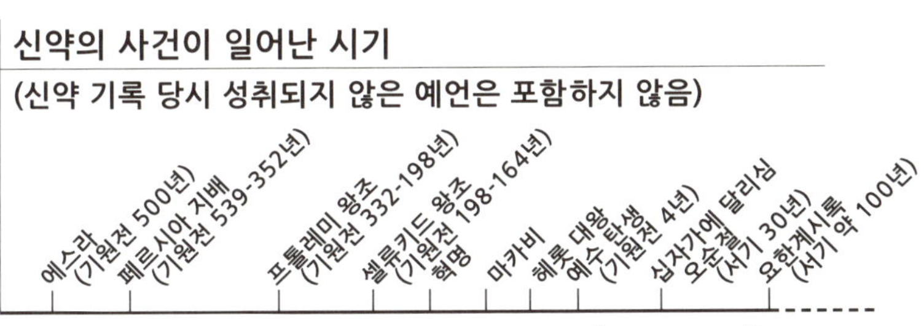

가버나움 공의회 유적

마태복음 개요

1부 왕의 출현(1:1-4:11)

2부 왕의 선포(4:12-7:29)

3부 왕의 권능(8:1-11:1)

4부 점점 배척받는 왕(11:2-16:12)

5부 제자들을 세우는 왕(16:13-20:28)

6부 왕의 출현과 배척(20:29-27:66)

4) 제자들이 유월절을 기념함. 26:17-35
5) 예수님이 겟세마네에서 잡힘. 26:36-56
6) 예수님이 심문을 받음 26:57-27:25
7) 예수님이 십자가에 못 박힘 27:26-56
8) 예수님이 장사되심 27:57-66

7부 왕으로 입증됨(28:1-20)

1. 빈 무덤 28:1-8
2. 예수님이 여인들에게 나타남 28:9, 10
3. 병사들을 매수함 28:11-15
4. 예수님이 제자들에게 나타남 28:16, 17
5. 지상명령 28:18-20

산상수훈

5장에서 7장은 예수님의 유명한 긴 설교로, 산상수훈이라 부른다. 예수님은 공생애 초기에 산에서 제자들과 그분을 따르는 무리들을 가르쳤다(마 5:1). 당시 설교하시던 곳에 오늘날 작고 아름다운 교회가 자리한다. 이 산에 위치한 팔복 교회는 성지를 방문하는 모든 사람이 주로 들르는 곳이다.

산상수훈의 주요 주제는 5장 48절로 요약할 수 있다. "그러므로 하늘에 계신 너희 아버지의 온전하심과 같이 너희도 온전하라." 여기서 '**온전하다**'는 뜻은 죄가 전혀 없거나 도덕적으로 완전하다는 의미가 아니다. 이는 하나님이 우리 모두에게 바라시는 온전함, 완전함, 성숙을 뜻한다. 이생에서 결코 도달할 수 없는 이 목표를 향해서 우리는 끊임없이 주님을 더욱 섬기려고 노력해야 할 것이다.

다음은 산상수훈의 주요 내용이다.

1. 8복(5:3-12) : 그리스도 왕국의 시민으로 살아가는 자에게 주시는 복.
2. 소금과 빛에 대한 가르침(5:13-16) : 세상에 영향력을 끼치는 그리스도인의 삶.
3. 참된 의로움(5:17-48) : 하나님 율법에 대한 더 깊은 의미.
4. 위선이 없는 실천(6:1-18) : 구제, 기도, 금식의 올바른 동기.

5. 그리스도인의 관심사(6:19-34) : 단 하나의 목적으로 하나님을 섬기고, 하나님의 나라에 최우선적으로 관심을 두면 부족한 것을 염려하지 않게 된다.
6. 심판에 대한 경고(7:1-6) : 이웃을 무례하게 대하고 함부로 판단하는 것은 위험하다.
7. 기도로의 초대 (7:7-12) : 기도의 축복과 특권.
8. 두 길(7:13, 14) : 멸망으로 이끄는 넓은 길이 아니라 좁은 길을 선택하라.
9. 나무와 그 열매(7:15-20) : "열매로 그들을 알리라."
10. 순종의 중요성(7:21-29) : 순종에 대해 말하기보다 하나님께 순종하라.

세례 받으신 예수님

공관복음은 모두 예수님이 세례 받고 시험받은 사건을 기록한다(마 3:13-4:11, 막 1:9-13, 눅 3:21, 22, 4:1-13). 예수님은 자신이 구원하러 온 백성들과 같이 되셔서 세례를 받으실 때, 하늘에 계신 아버지께서 축복하셨으며, 메시야적 사역을 위해 성령으로 충만하게 되셨다. 세례를 받은 후, 예수님은 성령에 이끌려 광야로 가서 사탄에게 시험을 받는다. 죄 없는 두 번째 아담으로 오신 예수님께서 사역을 시작하시기 전에 자신의 적과 맞닥뜨려 유혹을 물리치며, 승리하는 모습을 보여주셔야 했다. 324쪽에 있는 지도는 예수님이 나사렛을 떠나 요한에게 세례를 받으신 후에 유대 광야로 들어간 경로를 추정한 것이다.

? 정확한 위치는 알 수 없음
0
40 Mi.
0
40 Km.
지중해
갈릴리
나사렛
스키도폴리스
애논?
데가볼리
살렘?
사마리아
베뢰아
요단강
여리고
예루살렘
벧바라(벧아바라)
유대 광야
마케루스
유 대
사해
N

예수님의 생애

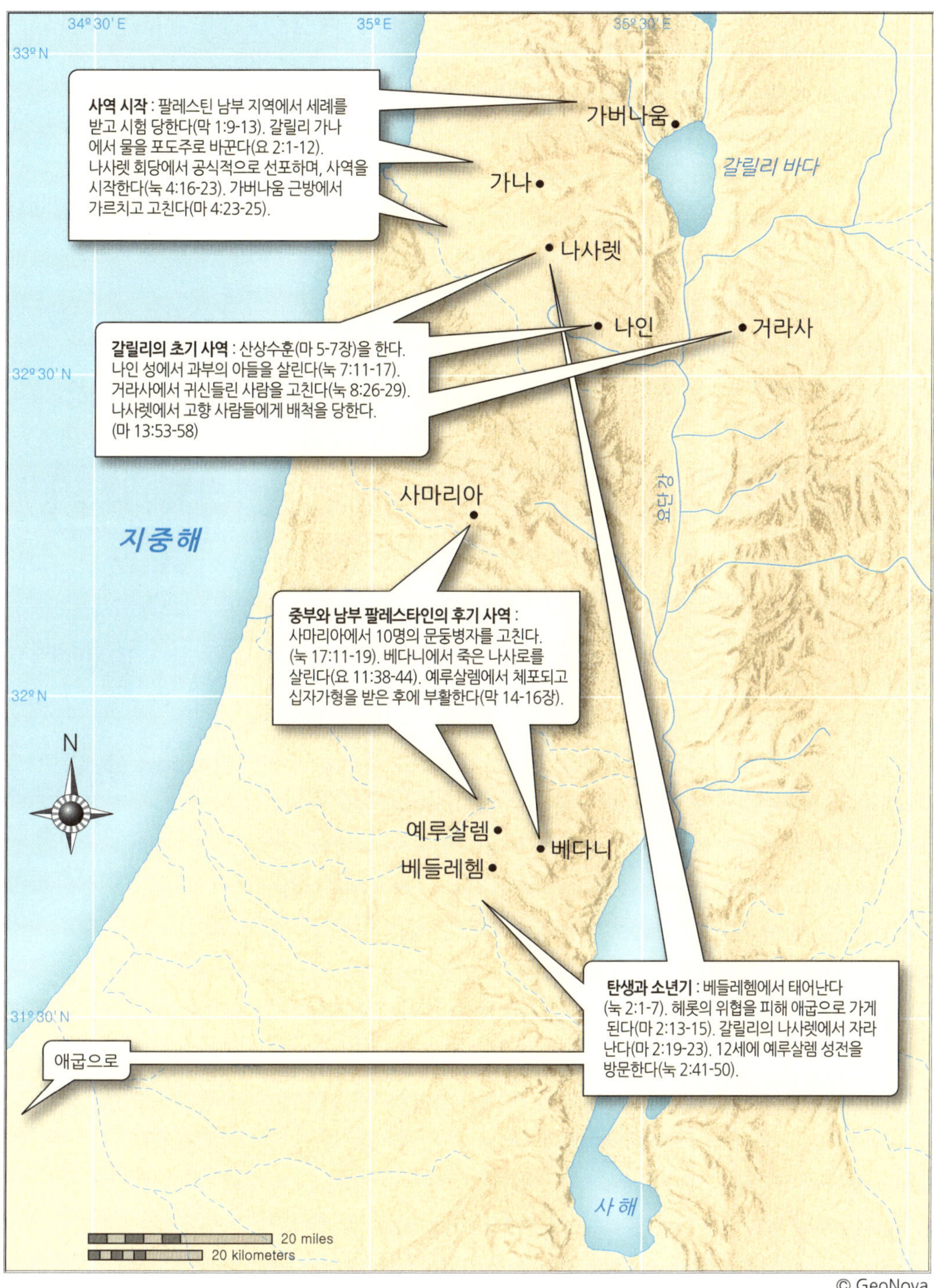
34º 30' E
35º E
35º 30' E
33º N
32º 30' N
32º N
31º 30' N
사역 시작 : 팔레스틴 남부 지역에서 세례를 받고 시험 당한다(막 1:9-13). 갈릴리 가나에서 물을 포도주로 바꾼다(요 2:1-12). 나사렛 회당에서 공식적으로 선포하며, 사역을 시작한다(눅 4:16-23). 가버나움 근방에서 가르치고 고친다(마 4:23-25).
가버나움
갈릴리 바다
가나
나사렛
나인
거라사
갈릴리의 초기 사역 : 산상수훈(마 5-7장)을 한다. 나인 성에서 과부의 아들을 살린다(눅 7:11-17). 거라사에서 귀신들린 사람을 고친다(눅 8:26-29). 나사렛에서 고향 사람들에게 배척을 당한다. (마 13:53-58)
사마리아
요단강
지중해
중부와 남부 팔레스타인의 후기 사역 : 사마리아에서 10명의 문둥병자를 고친다. (눅 17:11-19). 베다니에서 죽은 나사로를 살린다(요 11:38-44). 예루살렘에서 체포되고 십자가형을 받은 후에 부활한다(막 14-16장).
N
예루살렘
베다니
베들레헴
탄생과 소년기 : 베들레헴에서 태어난다 (눅 2:1-7). 헤롯의 위협을 피해 애굽으로 가게 된다(마 2:13-15). 갈릴리의 나사렛에서 자라난다(마 2:19-23). 12세에 예루살렘 성전을 방문한다(눅 2:41-50).
애굽으로
사해
20 miles
20 kilometers

예수님의 갈릴리 사역

공관복음은 갈릴리에서 행하신 예수님의 사역을 상당히 주의 깊게 다룬다. 여러 민족이 섞여 살았기 때문에, 당시 갈릴리 지방을 '이방인의 갈릴리'로 칭했고(마 4:15), 이곳에 거주하던 유대인들은 말씨가 특이해서(마 26:69, 73), 유대 지방의 유대인들은 종종 그들을 무시했다.

예수님은 유대 성읍인 베들레헴에서 태어났지만, 갈릴리의 나사렛에서 자랐다. 가버나움은 예수님의 갈릴리 사역의 본부이며, 제자들도 대부분 갈릴리 출신이다.

357쪽 "그리스도가 사역하실 때 일어난 사건들" 지도를 참고하자.

갈릴리 너머의 사역

예수님은 유대인에게 우선적으로 사역했지만(마 15:24), 사복음서에는 예수님이 이방인들을 위해 사역한 사실도 기록한다. 유대인 지도자들의 반대를 피해 예수님께서 이방 땅으로 잠시 떠났지만, 이는 오순절 이후 복음이 이방인에게까지 확장되는 것을 미리 보여준 것이기도 하다.

두로 근처에서 예수님은 가나안 여인의 귀신들린 딸을 고쳐 주었다(막 7:24-30). 베드로는 가이사랴 빌립보에서 위대한 신앙고백을 한다(마 16:13-19). 예수님은 데가볼리 지방을 거쳐 갈릴리로 돌아온 후, 갈릴리 호수 남쪽 요단 강을 건너신다.

중부 팔레스타인의 여러 지역들

19장 1절에서 20장 34절까지, 마태는 예수님께서 유대의 중부 팔레스타인 지역에서 행한 최종 사역을 기록한다. 예수님은 요단 동쪽에서 시작해서 예루살렘 성을 향해 이동했고, 구속 사역의 절정을 향해 가셨다.

© GeoNova

예루살렘으로 가는 마지막 여행

예수님은 수차례 예루살렘으로 여행하셨지만(요한복음에 더 자세한 내용이 있다), 공관복음에서는 예수님이 인류의 죄를 위해 고통 당하시고, 죽음을 이기시고, 부활하신, 마지막 예루살렘 여행을 주로 다룬다.

갈릴리에서 예루살렘으로 향하는 마지막 여행 중에 예수님은 제자들에게 진정한 제자도가 뜻하는 것이 무엇인지 가르치고, 자신이 당할 수난에 대해 말씀하셨다.

성(聖) 주간(마지막 주)에 일어난 일들

복음서 기자들은 여러 쪽에 걸쳐 그리스도께서 십자가에 달리시기까지 일어난 많은 사건을 기록한다. 예수님이 이 땅에서 마지막으로 사역한 주는, "호산나"를 외치는 예루살렘 군중들 사이로 승리의 입성을 하는 것으로 시작한다. 그러나 그 주가 끝나기도 전에 군중들은 예수님을 "십자가에 못 박으라"고 고함치는 무리로 변한다. 예수님은 낮에는 대개 성전에서 가르치며 한 주를 보내셨다. 저녁에는 베다니에 있는 마리아, 마르다, 나사로의 집에 머물렀다. 산헤드린의 음모, 예수님이 배신당하고 체포됨, 심문, 예루살렘 거리 아래쪽에서 오늘날 비아돌로로사(Via Dolorosa)로 알려진 골고다까지 이르는 여정, 그리고 부활 등 모두 이 주간에 일어난 중요한 사건들이다. 예수님은 부활한 후 승천하시기까지 40일 동안 사역했다.

요일	사건	구절
일요일	승리의 예루살렘 입성	막 11:1-11
월요일	예루살렘 성전을 깨끗케 함	막 11:15-19
화요일	산헤드린 공회가 예수님의 권위에 도전함 예수님이 예루살렘의 멸망과 자신의 재림을 예언함 베다니에서 마리아가 예수님께 기름을 부음 유대가 유대 지도자들에게 예수님을 배신하기로 약속함	눅 20:1-8 마 24, 25장 요 12:2-8 눅 22:3-6
목요일	예수님이 제자들과 유월절 식사를 하고 기념 만찬을 가짐 겟세마네에서 제자들을 위해 기도함	요 13:1-30 막 14:22-26 요 17장
금요일	겟세마네 동산에서 배신당하고 체포됨 전(前) 대제사장 안나스가 예수님을 심문함 가야바와 산헤드린 의회에서 예수님을 고소함 베드로가 예수님을 세 번 부인함 산헤드린 공회에서 예수님을 공식적으로 심문함 유대가 자살함 빌라도가 예수님을 심문함 예수님이 헤롯 안디바 앞에 출두함 빌라도가 예수님께 사형을 언도함 예수님이 조롱당하고, 십자가에서 두 강도 사이에 달림 예수님이 운명할 때, 성전의 휘장이 찢어짐 아리마대 요셉이 예수님을 장사함	막 14:43-50 요 18:12-24 막 14:53-65 요 18:15-27 눅 22:66-71 마 27:3-10 눅 23:1-5 눅 23:6-12 눅 23:13-25 막 15:16-27 마 27:51-56 요 19:31-42
일요일	예수님이 부활하심	눅 24:1-9

재판받고, 십자가에 달리신 예수님

예루살렘에 승리의 입성을 하신 후, 예수님은 제사장, 사두개인, 바리새인, 서기관들의 반대에 부딪친다. 겟세마네 동산에서 체포되고, 연이은 세 번의 종교 재판과 세 번의 공적인 재판을 받고, 마침내 성 바깥에서 십자가에 못 박히신다.

부활 후, 나타나신 예수님

부활하신 후 승천하시기까지, 예수님이 사람들에게 나타나신 사건은 성경에 10번 정도 나오며, 다메섹 도상에서 바울에게도 영광스러운 모습으로 나타나시기도 했다. 이처럼 예수님이 나타나신 사건을 반복해서 증명하는 이유는, 신약의 성도들에게 부활의 중요성을 알리기 위해서다. 그리스도 부활의 확실성은 마지막 때의 성도들이 부활할 것을 분명히 보장한다(고전 15:12-23).

다음 "부활" 지도를 보자. 359쪽 "부활 이후 사람들에게 나타나신 예수님"도 참고하자.

부활

복음서의 무대

20° E
30° E
40° E
40° N
30° N
세부지역
N
레바논
34° N
베이루트
리타니 강
시돈
다메섹
페니키아
두로
시리아
골란 고원
가버나움
갈릴리 바다
지중해
나사렛
가이사랴
데가볼리
서쪽
사면*
텔 아비브
사마리아
요단 강
베뢰아
32° N
암만
예루살렘
베들레헴
가자
가자
지구*
유 대
라피아
사 해
이두메
요르단
이집트
이스라엘
이름 : 신약시대의 지명
이름 : 오늘날의 지명
오늘날의 경계선
*가자지구는 비록 이스라엘이 항공과 접촉 수단 대부분을 통제하고 있지만, 2005년 이스라엘이 철수한 이후 팔레스타인 독립체에서 관리하고 있다.
30° N
*서쪽 사면은 이스라엘과 팔레스타인 간 잠정협정으로 현재 이스라엘이 차지하고 있다. 영구적인 상태는 이후 협상에서 결정될 것이다.
100 miles
100 kilometers
34° E
36° E

마가복음

마가복음은 사복음서 중에 가장 짧으며, 예수님의 가르침보다는 그분의 행동에 대해 더 많이 이야기한다. 마가복음에 기록된 사건들은 대부분 마태복음과 누가복음에도 있지만, 마가는 훨씬 더 구체적이고 생생하게 기술한다. 마가의 문체는 직접적이고 속도감 있어서 이 책을 읽으면, 복음의 핵심인 예수님의 죽음과 부활로 곧장 향할 수 있다.

저자

다른 복음서들처럼 마가복음도 익명의 저자가 자신의 정체를 밝히지 않고 이야기를 전개하는 방식이다. 그러나 초대 교부들은 마가 요한이 이 책을 썼으며, 그의 가족은 초대 예루살렘 교회에서 열심히 섬겼다고(행 12:12) 분명히 증언한다. 마가는 바울과 바나바의 첫 번째 선교 여행에 동행했다(행 12:25, 13:13). 비록 두 번째 여행에서 바울이 그와 함께 가지 않겠다고 했지만(행 15:37, 38), 나중에 마가는 바울과 화해했고(골 4:10), 베드로와 동역했다(벧전 5:13).

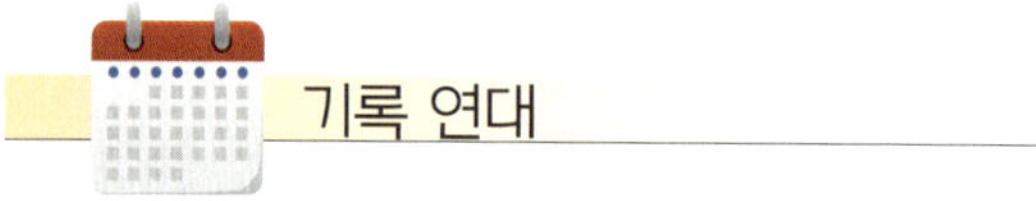

기록 연대

많은 학자들은 마가복음이 사복음서 중에 가장 먼저 기록되었다고 믿는데, 정확한 기록 연대는 모른다. 성전 멸망에 대한 예언을 묘사하고 있는 것을 보면(13:2) 아마 서기 70년 이전에 기록했을 텐데, 초기의 전승에서는 베드로의 순교(서기 약 64년) 이전인지 이후인지 합의하지 못했다. 대략 이 책의 기록 연대는 서기 55년에서 68년 사이일 것이다.

마가는 분명히 로마인 독자들에게 이 책을 썼으며, 그래서 초기 전승은 그가 로마에서 이 책을 기록했을 것이라고 말한다. 그래서 마가는 다른 복음서에는 있지만 이방인에게 별 의미가 없을 것 같은, 그리스도의 계보, 구약 예언의 성취, 율법 조항들, 유대 관습 등을 기록하지 않았을 것이다. 마가는 아람어 단어들은 번역해서 기록했고(3:17, 5:41, 7:34, 15:22), 헬라어 표현을 라틴어로 바꾸어서 많이 사용했다(4:21, 6:27, 42, 15:15, 16, 39).

주제와 문학적 구조

마가는 예수님께서 죽으시고 부활하신 사건을 중심으로, 그분의 이동 경로를 따라 내용을 전개한다. 머리말 이후에 마가는 예수님이 갈릴리에서 공적인 사역을 행하신 것(1:14-8:30), 유대로 가는 길(8:31-10:52), 예루살렘과 갈릴리에서의 사역(11:1-13:37)을 차례로 기록하며, 예수님의 고난(14:1-15:47)과 부활(16장)로 막을 내린다.

마가복음은 사복음서 중 가장 짧고 단순한 책으로, 우리에게 그리스도의 사역을 빠르고 생생하게 설명한다. 이 책에는 '즉시', '곧'으로 번역되는 헬라어 **유투스**(*euthus*)를 많이 사용하는데, 신약의 나머지 모든 책에 나온 것을 합친 수보다 이 짧은 복음서 안에 더 많이 등장할 정도다. 그리스도께서는 당시 사람들이 대부분 깨닫지 못하던 단 한 가지 목표를 향해서 꾸준히 나아가셨다.

마가는 예수님이 하나님의 영원하신 아들의 능력과 권위를 가진 분이심을 집중적으로 조명한다. 권세 있게 가르치시며(1:22), 사탄과 귀신(1:27, 3:19-30), 죄(2:1-12), 안식일(2:27, 28, 3:1-6), 자연(4:35-41, 6:45-52), 질병(5:21-34), 죽음(5:35-43), 율법 전통(7:1-13, 14-20), 성전(11:15-18)을 능가하는 능력과 권위를 지니신 분이심을 보여준다.

이 책은 예수님의 부활을 정점으로 하여, 이후 생의 마지막 8일 간의 여정을 설명하는데 40퍼센트의 지면을 할애한다. 마가는 예수님의 고난과 부활이 그분의 모든 사역을 평가하는 기준이라는 것을 여러모로 강조한다.

마가복음 한눈에 보기

초점	섬김			희생	
관련구절	1:1 ------------ 2:13	--------------8:27	------------------ 11:1	---------------- 16:1	---------- 16:20
구분	종의 출현	종을 대적함	종의 가르침	배척당하는 종	종의 부활
주제	말씀과 표적			고난	
	약 3년		약 6개월	8일	
장소	갈릴리와 베리아			유대와 예루살렘	
기간	서기 약 29-33년				

Nelson's Complete Book of Bible Maps and Charts © 1993 by Thomas Nelson, Inc.

마가복음에 나타난 '메시야의 비밀'

예수님은 마가복음의 여러 대목에서 자신이 누구인지 말하지 말고, 자신을 입증하는 장면을 목격한 것도 아무에게 말하지 말라고 하신다. 그래서 이를 '메시야의 비밀'이라고 부른다. 예수님은 왜 메시야로서의 정체성을 비밀로 하기 원했을까?

- 사람들이 예수님을 단순히 기적을 행하는 자로 여기지 않기를 원하셨기 때문이다. 기적을 행하신 후 그들이 본 것을 비밀로 하라고 여러 번 명령하신 점에 주목하자. 예수님은 사람들이 기적을 보려고 자신을 따르지 않기 원하셨다. 그분은 질병을 고치고, 기적을 행하려고 이 땅에 온 것이 아니라, 죄를 용서하고 구원을 베풀려고 오신 하나님의 아들이다.
- 예수님은 제자들과 함께 이곳저곳 다니시며 사역하는데 지장이 없도록, 대중의 지나친 관심을 피하셨다. 1장 45절에서 문둥병자가 예수님의 당부를 어겨서 일어난 일을 참고하자.
- 메시야로서의 예수님의 모습과 사람들이 생각하는 메시야가 달랐기 때문이다. 예수님은 권능을 나타내기 위해서 오신 것이 아니라, 고난 받고, 섬기고, 희생하기 위해 오셨다(10:45 참고).
- 무리의 지나친 관심을 받음으로써 때 이른 죽음을 당할 수도 있기 때문이다.

변화 산에서 자신의 영광을 제자들에게 보여준 후, 예수님은 제자들에게 이 사건을 "인자가 죽은 자 가운데서 살아날 때까지"(9:9) 말하지 말라고 경고했다. 부활하고, 하나님의 아들이라는 사실이 입증된 이후에, 사람들은 메시야의 정체성과 그분의 사명을 적절히 이해할 수 있었다. 예수님이 부활하신 후, 모든 성도들은 그 소식을 '전하기 위해' 열방으로 파송되었다(마 28:7-8, 18-20, 막 16:7, 눅 24:9, 44-47 참고).

마가복음 개요

1부 종의 출현(1:1-2:12)

1. 종을 예비하는 자 1:1-8
2. 세례 받은 종 1:9-11
3. 시험 받는 종 1:12, 13
4. 종의 사명 1:14-2:12
  1) 종의 사역 1:14, 15
  2) 처음 제자들을 부르심 1:16-20
  3) 처음 기적을 행하심 1:21-2:12

2부 종을 대적함(2:13-8:26)

9) 물러나 이방인에게 감 7:24–8:9
10) 바리새인들이 표적을 구함. 8:10–13
11) 제자들이 이해하지 못함. 8:14–21
12) 소경을 고침. 8:22–26

3부 종의 가르침(8:27–10:52)

1. 베드로가 주는 그리스도라고 고백함 8:27–33
2. 제자가 치러야 할 대가 8:34–38
3. 변화 9:1–13
4. 귀신들린 아들을 고침 9:14–29
5. 예수님이 자신의 죽음을 예언함. 9:30–32
6. 예수님이 제자들을 준비시키기 위해 가르침 9:33–10:45
1) 종의 자세 9:33–41
2) 지옥에 대한 경고 9:42–50
3) 결혼과 이혼. 10:1–12
4) 아이들과 하나님 나라 10:13–16
5) 재물 10:17–31
6) 십자가에 달릴 날이 다가옴 10:32–34
7) “누구든지 으뜸이 되고자 하는 자는” 10:35–45
7. 소경 바디매오를 고침 10:46–52

4부 배척당하는 종(11:1–15:47)

1. 종의 공식적인 등장 11:1–19
1) 승리의 입성. 11:1–11
2) 무화과나무를 저주함 11:12–14
3) 성전 정화 11:15–19
2. 기도에 대한 가르침. 11:20–26
1) 믿음의 능력. 11:20–24
2) 용서의 필요성. 11:25, 26

5부 종의 부활(16:1-20)

신약 시대의 로마제국

© GeoNova

누가복음

누가복음은 복음서에서 가장 길고, 가장 문학적이다. 누가복음은 예수님의 사역과 죽음, 부활을 이야기하기 전에 예수님의 계보, 탄생, 초기 생애를 자세히 기록하고 있어서, 복음서 중에서 예수님의 생애를 가장 포괄적으로 다룬 책이기도 하다.

저자

이 세 번째 복음서의 저자는 미상이지만, 일반적으로 학자들은 누가가 사도행전과 함께 이 책을 저술했다는 견해에 동의한다. 소위 '우리'로 시작하는 본문(행 16:10-17, 20:5-21:18, 27:1-28:16)에서 저자가 누구인지 짐작할 수 있다. 사도행전은 주로 3인칭으로 서술했는데, 이 구절들은 갑자기 1인칭으로 바뀐다. 이를 통해 저자는 개인적으로 그 현장에 있었고, 바울의 여행 동료임을 알 수 있다. '우리'로 시작하는 본문 어디에도 누가의 이름은 나오지 않고, 그저 바울의 동료라고 한다.

누가는 헬라파 유대인일 수도 있지만, 이방인이라고 보는 것이 더 적절하다. 골로새서 4장 10절부터 14절에서, 바울은 '할례당'인 세 명의 동역자를 열거한 후에 두 명의 이방인과 함께 누가를 언급한다. 누가는 로마인 가문을 위해 일하다가 자유를 얻은, 헬라인 의사였을 것이라는 의견도 있다. 당시 헬라인 노예 의사가 주인을 섬기는 것은 흔한 일이었다. 고대의 전승은 누가가 누가복음과 사도행전을 기록했다는 것을 강력히 지지한다. 어떤 전승에서는 누가는 수리아 안디옥 출신으로, 결혼하지 않았고, 84세에 죽었다고 전한다.

기록 연대

누가복음의 기록 연대에 대해 학자들은 일반적으로 두 가지 견해를 주장한다. 후기 기록설을 선호하는 사람들은 기록 연대를 서기 70년 이후로 잡는다. 21장 20절에 나오는 예루살렘의 멸망이 이미 발생한 사건이라고 주장하기 때문이다. 그들은 미래에 일어날 일을 예언하는 것은 불가능하다고 가정한다.

갈릴리 바다

성경적 증거대로라면 서기 58년에서 63년이 가장 적절한 누가복음 기록 시기다. 누가복음은 그와 짝을 이루는 사도행전보다 먼저 기록되었으며, 사도행전 마지막 장은 서기 63년에 발생한 사건을 기록했다. 아마 그 사건이 저자가 책을 기록하던 시대에 일어났기 때문에 그 사건으로 결론을 내린 것으로 본다. 만약 바울이 로마에 수감되어 있던 서기 약 63년에 사도행전을 기록했다면, 누가복음은 바울이 로마로 여행하기 전에 가이사랴에서 2년 간 감금되어 있던 시기에 기록되었을 것이다.

주제와 문학적 구조

누가복음은 다른 공관복음서와 많은 내용을 공유하면서, 절반은 누가복음에만 있는 이야기이다. 특별히 누가는 예수님께서 갈릴리에서 예루살렘까지 마지막으로 여행하신 것을 집중 조명한다. 이 특별한 이야기는 '여행담'(9:51-19:27)으로 불리며, 다른 책에는 없는 많은 비유들을 포함한다.

그리스도의 메시지가 보편성을 지닌다는 점을 강조하는 것이 누가복음의 가장 큰 특징이다. 예수님은 유대인만을 위한 메시야가 아니라 전 세계의 구세주이다(2:32, 24:27). 누가는 예수님께서 모든 민족의 구원자이심을 보여주면서, 그분이 가난한 자, 소외된 자, 여성에게 특별한 관심을 기울여 사역하셨음을 강조한다.

신약의 여성들		
예수님의 어머니, 동정녀 마리아가 신약의 여성들 중에서 가장 명예로운 위치를 차지한다. 마리아는 믿음 겸손, 예배(눅 1:26-56)의 영원한 본이다. 신약에 등장하는 주목할 만한 여인들은 다음과 같다.		
이름	**설명**	**성경구절**
간다게	에디오피아의 여왕	행 8:27
글라우디아	로마의 그리스도인	딤후 4:21
글로에	고린도 교회의 분열에 대해 알던 여인	고전 1:11
다마리	바울이 사역할 때 회심한 아덴의 여인	행 17:34
도르가(다비다)	베드로가 죽음에서 살린 욥바의 그리스도인	행 9:36-41
드루실라	유대 총독 벨릭스의 아내	행 24:24
로이스	디모데의 할머니	딤후 1:5
루디아	바울이 빌립보에서 사역할 때 회심한 여인	행 16:14
마르다와 마리아	나사로의 여동생들, 예수님의 친구들	눅 10:38-42
막달라 마리아	예수님이 귀신을 쫓아내신 여인	마 27:56-61, 막 16:9
버니게	바울이 대면하여 변론한 아그립바의 여동생	행 25:13
뵈뵈	종, 겐그레아 교회의 집사	롬 16:1, 2
브리스길라	아굴라의 아내, 고린도와 에베소에서 바울과 함께 일한 일꾼	행 18:2, 18, 19
살로메	예수님의 제자인 야고보와 요한의 어머니	마 20:20-24
삽비라	초대 교회 공동체에서 밭을 판 재산을 감춘 여인	행 5:1
수산나	예수님의 물질적인 필요를 채워준 여인	눅 8:3
안나	메시야를 오랫동안 기다렸기 때문에 예수님을 알아보았다.	눅 2:36-38
엘리사벳	세례 요한의 어머니	눅 1:5, 13
요안나	예수님의 물질적인 필요를 채워준 여인	눅 8:3
유니게	디모데의 어머니	딤후 1:5
헤로디아	세례 요한의 사형을 요구한 여왕	마 14:3-10

누가복음은 예수님의 인성과 긍휼을 반복해서 강조한다. 그는 그리스도의 계보, 탄생, 성장을 고스란히 서술한다. 예수님은 우리의 슬픔을 짊어지고, 구원 사역을 성취하기 위해 죄 많은 인류의 슬픔과 고난에 동참한, 완전한 인간의 아들이시다. 예수님만 유일하게 온전한 인간의 모습을 충족시키는 분이시다. 특히 유혹에 대처한 모습을 통해 그 온전한 모습을 보여주셨다. 첫 아담이 실패한 자리에서 두 번째 아담, 예수님은 승리했다(4:1-13).

유혹 : 두 아담 비교		
아담과 그리스도 모두 세 가지 유혹에 직면했다. 아담은 유혹에 무릎을 꿇었고, 그 결과 인류에게 죄와 죽음이 들어왔다. 그리스도는 유혹에 맞섰고, 그 결과 인류는 의롭다함과 생명을 얻었다.		
요일 2:16	창 3:6 첫 번째 아담	눅 4:1-13 두 번째 아담, 그리스도
"육체의 정욕"	"먹음직도 하고"	"이 돌들에게 명하여 떡덩이가 되게 하라"
"안목의 정욕"	"보암직도 하고"	"마귀가 …… 천하만국을 보이며"
"이생의 자랑"	"지혜롭게 할 만큼 탐스럽기도 한"	"여기서 뛰어 내리라"

누가복음은 기도에 대한 이야기가 다른 복음서들보다 많다. 특히 예수님의 기도하는 삶을 강조했으며, 다른 책에는 없는 예수님이 기도하시는 장면을 일곱 차례나 실었다. 또한 찬양과 감사도 매우 풍성하게 기록했다.

누가복음 한눈에 보기				
초점	인자에 대한 소개	인자의 사역	배척당하는 인자	인자의 십자가 죽음과 부활
관련구절	1:1 ---------------- 4:14 ---------------- 9:51 -------------------- 19:28 ---------------------- 24:53			
구분	출현	활동	대립과 책망	율법이 응함, 메시야 입증
주제	잃은 자 찾기			잃은 자 구원하기
	기적 중심		가르침 중심	
장소	이스라엘	갈릴리	이스라엘	예루살렘
기간	기원전 약 4년-서기 33년			

누가복음 개요

1부 인자에 대한 소개(1:1-4:13)

1. 누가복음의 기록 목적과 방법. 1:1-4
2. 그리스도 탄생 이전의 사건들 1:5-56
   1) 세례 요한의 탄생을 예언함 1:5-25
   2) 예수 그리스도의 탄생을 예언함 1:26-56
3. 그리스도의 탄생 무렵 일어난 사건들 1:57-2:38
   1) 세례 요한의 탄생 1:57-80
   2) 예수 그리스도의 탄생 2:1-38
4. 그리스도의 유년기에 있었던 사건들. 2:39-52
   1) 예수님이 나사렛으로 돌아옴 2:39, 40
   2) 예수님이 유월절 절기를 지킴 2:41-50

2부 인자의 사역(4:14–9:50)

3부 배척당하는 인자(9:51-19:27)

4부 인자의 십자가 죽음과 부활(19:28-24:53)

예수님의 족보

마태복음과 누가복음에는 조금 다르긴 하지만, 모두 예수님의 족보가 나온다(마 1:1-17, 눅 3:23-38). 마태는 아브라함까지 거슬러 올라가는 반면, 누가는 아담까지 거슬러 올라가며 예수님의 계보를 추적하여 그리스도께서 온 인류를 위해 오셨다는 사실을 설명한다. 두 족보에 나오는 몇몇 이름이 다르기도 하다. 이는 다음과 같이 설명할 수 있을 것이다. (1) 계대(繼代) 결혼 제도(신 25:5) 때문에 하나는 법적인 후손의 이름을 수록하고, 다른 하나는 실제 자손의 이름을 쓴 것일 수도 있다. (2) 요셉과 마리아는 모두 다윗의 후손이지만, 다른 가계 출신이다. 따라서 마태가 예수님의 법적 조상인 요셉의 계보를 따르는 한편, 누가는 예수님이 구원하시려는 종족과의 실제적인 관계를 강조하기 위해 마리아의 계보를 제시하기 때문이다.

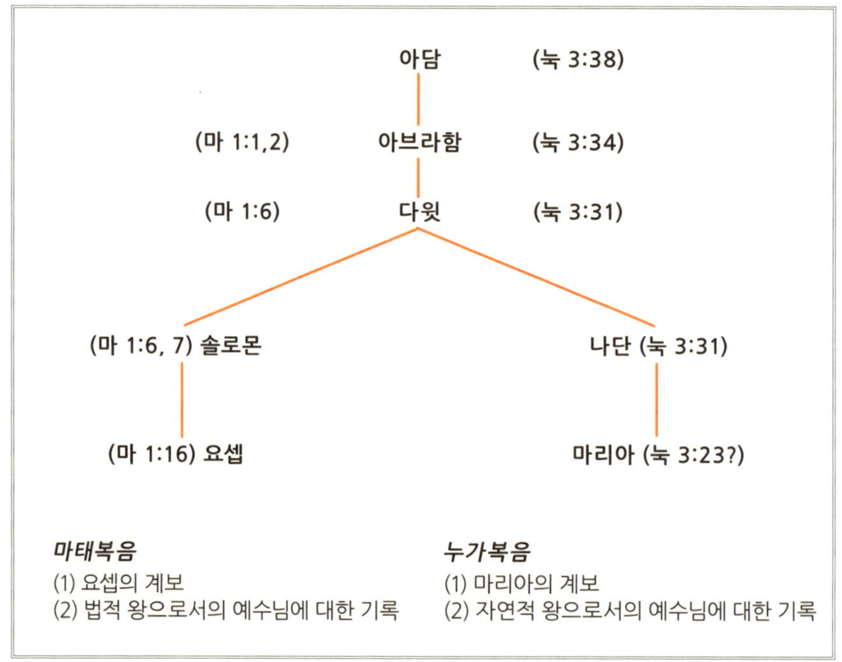

예수님과 12제자

예수님은 공생애 기간에 함께 일하고, 승천하신 후에 교회의 지도자로 세우기 위해 12사도를 택하셨다. 구약 이스라엘의 12지파에 상응하게 12명의 사도를 선택하신 것 같다.

밤 새 기도하신 후(눅 6:12-16) 예수님께서는 어부 출신의 형제 두 쌍과 세리 한 명 그리고 배신할 자 가룟 유대를 선택하셨다. 12제자 중 베드로, 야고보, 요한은 특별히 주님과 더 친밀했다.

이 사람들을 가리킬 때 **제자**(disciple)와 **사도**(apostle)라는 단어를 번갈아 사용했다. '제자'는 학습자나 추종자를 뜻하지만, '사도'는 일반적으로 특별한 메시지나 사명을 주어 파송한 사람을 말한다(요 13:16). 이 12명은 확실히 사도들이다. 예수님은 그들을 부르실 때, 공생애 사역을 마친 후 자신의 사역을 이어 수행하게 하려는 사명을 맡기시려는 마음을 이미 품고 계셨다.

처음에 12사도는 예수님이 개인적으로 알던 사람들 중에서 선택하셨다(행 1:21, 22). 그들은 예수님의 사명과 죽음의 의미를 적절히 이해하지 못했다(마 15:16). 예수님은 가끔 그들을 꾸짖기도 했지만(눅 9:55), 미성숙한 사도들을 기다려 주셨다. 오순절에 성령의 권능을 받고, 사도들은 매우 담대해졌으며, 새로운 깨달음으로 충만했다. 가혹한 박해에도 불구하고 그들은 예루살렘과 여러 지역에서 권능 있게 증언했다. 그들은 대부분 믿음을 지키다가 순교했다.

마태복음 10장 1절에서 4절에(막 3:13-19, 눅 6:12-16, 행 1:13 참고), 12사도의 목록이 다음과 같이 나온다. (1) 사도들의 지도자인 시몬 베드로(게바) (2) 시몬의 동생 안드레 (3) 세베데의 아들이며 요한의 형인 야고보 (4) 주님이 사랑한 사도 요한 (5) 벳새다 출신의 빌립 (6) 갈릴리 가나 출신의 바돌로매(나다나엘) (7) 세리 마태(레위) (8) 도마(디두모, '쌍둥

이스라엘 와디 켈트(Wadi Qelt) - 여리고와 예루살렘 사이 지역

이’라는 뜻) (9) 열심 당원이었을 갈릴리 출신의 가나안 사람 시몬 (10) 알패오의 아들 야고보 (11) 다대오 (12) 예수님을 배신한 가룟 유대이다.

맛디아는 예수님이 승천한 후에 유대를 대신해 사도로 선택되었다(행 1:26).

12사도			
마 10:2-4	막 3:16-19	눅 6:14-16	행 1:3
시몬 베드로	시몬 베드로	시몬 베드로	시몬 베드로
안드레	야고보	안드레	요한
야고보	요한	야고보	야고보
요한	안드레	요한	안드레
빌립	빌립	빌립	빌립
바돌로매	바돌로매	바돌로매	도마
도마	마태	마태	바돌로매
마태	도마	도마	마태
야고보(알패오의 아들)	야고보(알패오의 아들)	야고보(알패오의 아들)	야고보(알패오의 아들)
다대오	다대오	시몬(열심당)	시몬(열심당)
시몬(가나안 사람)	시몬(가나안 사람)	유대(야고보의 아들)	유대(야고보의 아들)
가룟 유대	가룟 유대	가룟 유대	————

마태와 마가가 다대오라는 이름을 거명하는 반면에, 누가는 두 목록(눅 6장, 행 1장)에서 야고보의 아들 유대를 거명한다. 원래 이름이 유대인데, 후에 가룟 유대와 혼동해 오명이 붙을까봐 다대오(아마 ‘따뜻한 마음’이라는 뜻)로 바꾼 것이라고 주장하는 이들도 있다.
‘가나안 사람’은 아마도 ‘열성적인 사람’(Zealous)을 나타내는 아람어를 번역한 것이다.
흥미롭게도, 4개의 목록 모두 시몬 베드로로 시작해서 가룟 유대로 끝난다(가룟 유대가 이미 자살한 후여서 사도행전 1장만 예외). 또 사도의 이름들을 네 묶음으로 묶어서 기록했다. 순서가 항상 같지는 않지만 베드로, 안드레, 야고보, 요한은 사도 목록에서 늘 첫 번째 그룹이고, 빌립, 바돌로매, 도마, 마태는 두 번째 그룹이다.
네 개의 목록에서 모두 베드로의 이름이 첫 번째 그룹의 맨 앞에, 빌립의 이름이 두 번째 그룹 맨 앞에, 알패오의 아들 야고보의 이름이 세 번째 그룹의 맨 앞에 나온다. 요한복음에는 사도들의 명단이 없다.

요한복음

요한복음은 오랫동안 그리스도인들에게 존경과 사랑을 받았다. 요한복음은 그리스도의 인성과 성육신의 신비, 예수님과 하늘 아버지의 관계, 그리스도를 믿는 믿음의 중요성에 초점을 맞춘 심오한 메시지를 단순한 구조로 전하기 때문에, 성경을 다른 언어로 번역할 때 가장 먼저 번역되는 경우가 많다.

저자

저자가 누구인지 구체적으로 밝히지는 않지만, 많은 증거들이 야고보의 형제요, 세베대의 아들인 사도 요한이 이 책의 저자라는 오랜 믿음을 뒷받침한다. 21장 22절에서 24절에 예수님과 특별히 더 가까웠던 제자 베드로, 야고보, 요한 중에서 "예수께서 사랑하시는 그 제자"가 이 책을 기록하였다고 나오는데, 가능성 있는 후보는 요한밖에 없다. 저자가 가나안 지방에 살던 유대인이었으며, 그가 묘사하는 사건들을 직접 목격한 사람이었다는 점도 요한이 저자라는 주장을 지지한다.

초기 기록 자료들과 사도 요한에 대해 꾸준히 전하는 전승에서 요한복음이 에베소에서 기록되었다고 말한다. 요한은 여러 해 동안 에베소에 살면서 사역했을 것이고, 그의 무덤으로 추정되는 곳도 거기서 발견했다. 또한 요한복음에 나오는 몇몇 핵심 용어와 사상들도 이 소아시아 지역에 잘 맞는다.

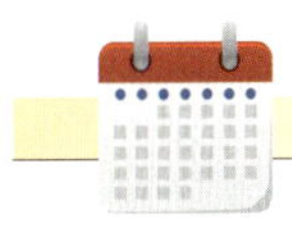

기록 연대

교부 이레나이우스(Irenaeus)는 요한이 에베소에 머무는 동안, 서기 66년에서 98년 사이에 이 책을 기록했다고 증언하며, 이견이 거의 없다. 과거에 어떤 학자들이 서기 2세기 중반에 기록되었다고 주장하기도 했지만, 이집트에서 서기 약 125년에 쓴 것으로 추정되는 요한복음 파피루스 조각이 발견되면서 1세기 기록설이 거의 확실해졌다. 요한복음이 필사를 통해 이집트까지 전파되는 데에는 많은 시간이 걸렸을 것이기 때문이다.

오늘날 갈릴리

주제와 문학적 구조

요한복음은 7개의 기적과 7번의 "나는 ……이다"(I am)라는 진술로 둘러싸여 있다. 이 복음서의 5개 기본 단락은 다음과 같다. 하나님 아들의 성육신(1:1-18), 하나님 아들의 출현(1:19-4:54), 하나님 아들 배척당함(5:1-12:50), 제자들을 준비시킴(13:1-17:26), 하나님 아들의 십자가 죽음과 부활(18:1-21:25)이다.

교회사 초기부터 요한복음이 공관복음과 두드러지게 다르다는 것을 인식했다. 공관복음을 다 기록한 이후에 요한이 이 복음서를 썼으며, 이미 공관복음의 내용을 잘 알고 있었을 것이다. 그렇기 때문에 요한은 공관복음의 내용을 보충하고, 특별히 헬레니즘 문화권의 독자들에게 그리스도의 신성과 사역에 대해 적절한 신학적 해석을 제공하기 위해 이 복음서를 썼다.

공관복음은 짧은 설교들과 비유 형식으로 예수님의 가르침을 소개하는 반면, 요한은 신 신학적인 설교 형식으로 예수님의 가르침을 소개한다. 생명의 떡(6:41-59), 선한 목자와 양

(10:1-30), 포도나무와 가지(15:1-8), 제사장적인 기도(17:1-26)이다. 이 설교에서 빛과 어두움, 믿음과 불신앙, 사랑과 미움, 땅과 하늘같은 대립적인 개념들을 짝지어 빈번히 사용했다. 공관복음이 예수님의 갈릴리 사역에 초점을 맞춘 반면, 요한은 유대 지방에서 일어난 사건들을 강조하며, 예수님이 유월절을 기념하기 위해 서너 번 예루살렘을 방문한 사건도 기록한다.

공관복음이 기독교 교리에 대한 원래 자료로 가득 차 있다면, 요한복음은 인간으로 오신 그리스도를 더욱 확신 있게 보여준다. 요한은 그리스도의 사역은 그가 메시야이자 하나님의 아들이며, 하나님 그 자신(1:1-18)이라는 사실을 믿을 때 바로 이해할 수 있다고 생각했다. 그래서 7번에 걸친 "나는 ……이다"(I am)라는 말씀을 통해 성자 예수 그리스도를 집중적으로 조명한다.

요한복음 한눈에 보기

초점	하나님 아들의 성육신	하나님 아들의 출현	하나님 아들이 배척당함	제자들을 준비시킴	하나님 아들의 십자가 죽음과 부활
관련구절	1:1 ----------- 1:19	--------------- 5:1	------------- 13:1	---------------- 18:1	------------------ 21:25
구분	그리스도에 대한 소개	그리스도에 대한 계시	그리스도가 배척당함	그리스도에 대한 계시	그리스도가 배척당함
주제	7가지 기적			다락방 설교	최고의 기적
	믿게 하려고			생명을 얻게 하려고	
장소	이스라엘				
기간	몇 년			몇 시간	몇 주

Nelson's Complete Book of Bible Maps and Charts © 1993 by Thomas Nelson, Inc.

"나는 ……이다"

헬라어 요한복음에는 주님께서 의미심장하게 "나는 ……이다"(**에고 에이미**〈*ego eimi*〉) 하고 말씀하신 것이 23회나 나온다(4:26, 6:20, 35, 41, 48, 51, 8:12, 18, 24, 28, 58, 10:7, 9, 11, 14, 11:25, 13:19, 14:6, 15:1, 5, 18: 5, 6, 8). 몇몇 구절에서 예수님은 세상을 구원하러 온 자신을 7개의 멋진 비유로 표현하면서, 이 진술방법을 활용하셨다.

"나는 생명의 떡이다"(6:35, 41, 48, 51).

"나는 세상의 빛이다"(8:12).

"나는 양의 문이다"(10:7, 9).

"나는 선한 목자이다"(10:11, 14).

"나는 부활이요 생명이다"(11:25).

"나는 길이요 진리요 생명이다"(14:6).

"나는 참 포도나무이다"(15:1, 5).

또 구원의 성취에서 성부, 성자, 성령의 사역을 강조하면서 삼위일체 교리도 소개한다(참고. 16:13-15).

요한복음 개요

1부 하나님 아들의 성육신(1:1-18)

1. 그리스도의 신성 1:1, 2
2. 성육신 이전 그리스도의 사역 1:3-5
3. 그리스도를 예비하는 자 1:6-8
4. 그리스도를 배척함 1:9-11
5. 그리스도를 환대함 1:12, 13
6. 성육신하신 그리스도 1:14-18

2부 하나님 아들의 출현(1:19-4:54)

1. 세례 요한이 그리스도의 출현을 예고함 1:19-34
   1) 제사장과 레위인에게 증언 1:19-28
   2) 그리스도가 세례를 받으실 때 증언 1:29-34
2. 요한의 제자들에게 나타난 그리스도 1:35-51
   1) 안드레와 베드로가 그리스도를 따름 1:35-42
   2) 빌립과 나다나엘이 그리스도를 따름 1:43-51
3. 갈릴리에 나타난 그리스도 2:1-12
   1) 첫 번째 표적 : 물을 포도주로 바꿈 2:1-10
   2) 제자들이 믿음 2:11, 12
4. 유대에 나타난 그리스도 2:13-3:36
   1) 성전 정화 2:13-25
   2) 니고데모에게 증거 3:1-21
   3) 세례 요한이 그리스도에 대해 증거 3:22-36
5. 사마리아에 나타난 그리스도 4:1-42
   1) 우물가에서 여인에게 증거 4:1-26
   2) 제자들에게 증거 4:27-38
   3) 사마리아인들에게 증거 4:39-42

3부 하나님 아들이 배척당함(5:1-12:50)

4부 제자들을 준비시킴(13:1-17:26)

벳새다 언덕

5부 십자가 죽음과 부활(18:1–21:25)

3. 무덤에 묻힌 그리스도 19:38-42

4. 부활하신 그리스도 20:1-10

5. 제자들에게 나타나신 그리스도 20:11-21:25

1) 막달라 마리아에게 나타남 20:11-18

2) 제자들에게 나타남(도마가 없을 때) 20:19-25

3) 제자들에게 나타남(도마가 있을 때) 20:26-29

4) 요한복음의 기록 목적 20:30, 31

5) 일곱 제자에게 나타남 21:1-14

6) 베드로에게 말씀함 21:15-23

7) 결론 21:24, 25

그리스도의 칭호

요한복음은 예수님의 "나는 ……이다" 진술뿐 아니라, '생명의 떡', '선한 목자', '하나님의 어린 양', '세상의 빛'과 같이 그리스도를 칭하는 소중한 표현들도 우리에게 많이 알려준다.

326쪽 "갈릴리 사역" 지도를 참고하자.

그리스도의 칭호

그리스도인들이 우리 주님을 칭할 때 가장 잘 쓰는 이름은 '여호와는 구원이시다'는 뜻의 히브리어 **여호수아**(*Joshua*)를 번역한 '**예수**'(Jesus)와 '기름부음 받은 자' 혹은 '메시야'를 뜻하는 그리스어 **크리스토스**(*christos*)를 음역한 '**그리스도**'(Christ)이다. 다음은 신약에서 사용한 다른 중요한 칭호들이다. 각 이름은 예수님에 대한 고유한 진리를 내포하며, 성도와 그의 관계를 표현한다.

이름 혹은 칭호	의미	성경 구절
구원자	죄와 사망에서 구원하는 분	눅 1:47
대제사장	우리의 죄를 위한 완전한 희생 제물	히 3:1
독생자	하나님의 유일한 하나뿐인 아들	요 1:14
만왕의 왕, 만주의 주	그 앞에 모두 무릎 꿇고 절함, 권능의 주	계 19:16
말씀	창조 시에 하나님과 함께 계심	요 1:1
모퉁이 돌	생명을 위한 확실한 기초	엡 2:20
목자 장(長)	보호자, 보살피는 자, 인도자	벧전 5:4
생명의 떡	하나뿐인 반드시 필요한 음식	요 6:35
선지자	하나님의 진리를 신실하게 선포하는 자	행 3:22
선한 목자	공급자, 돌보는 자	요 10:11
세상의 빛	어둠의 한 가운데서 소망을 주심	요 9:5
아담, 마지막 아담	구속받은 새로운 인류의 첫째	고전 15:45
아브라함의 씨	하나님의 언약의 중계자	갈 3:16
알파와 오메가	모든 것의 시작과 끝	계 21:6
양들의 큰 목자	믿을 수 있는 안내자, 보호자	히 13:20
영광의 주	살아계신 하나님의 권능과 임재	고전 2:8
인자	우리의 인간성 안에서 우리와 동일하게 되심	마 18:11
임마누엘(하나님이 우리와 함께하심)	모든 삶의 환경 속에서 우리와 함께하심	마 1:23
죽은 자 가운데 맨 먼저 살아나신 분	우리를 부활과 영생으로 인도하는 분	골 1:18
하나님과 인간 사이의 중재자	구속하고 용서하는 하나님의 임재 가운데로 우리를 이끄심	딤전 2:5
하나님의 거룩한 자	그의 본성에는 죄가 없음	막 1:24
하나님의 어린양	우리의 유익을 위해 생명을 주심	요 1:29

그리스도가 사역하실 때 일어난 사건들

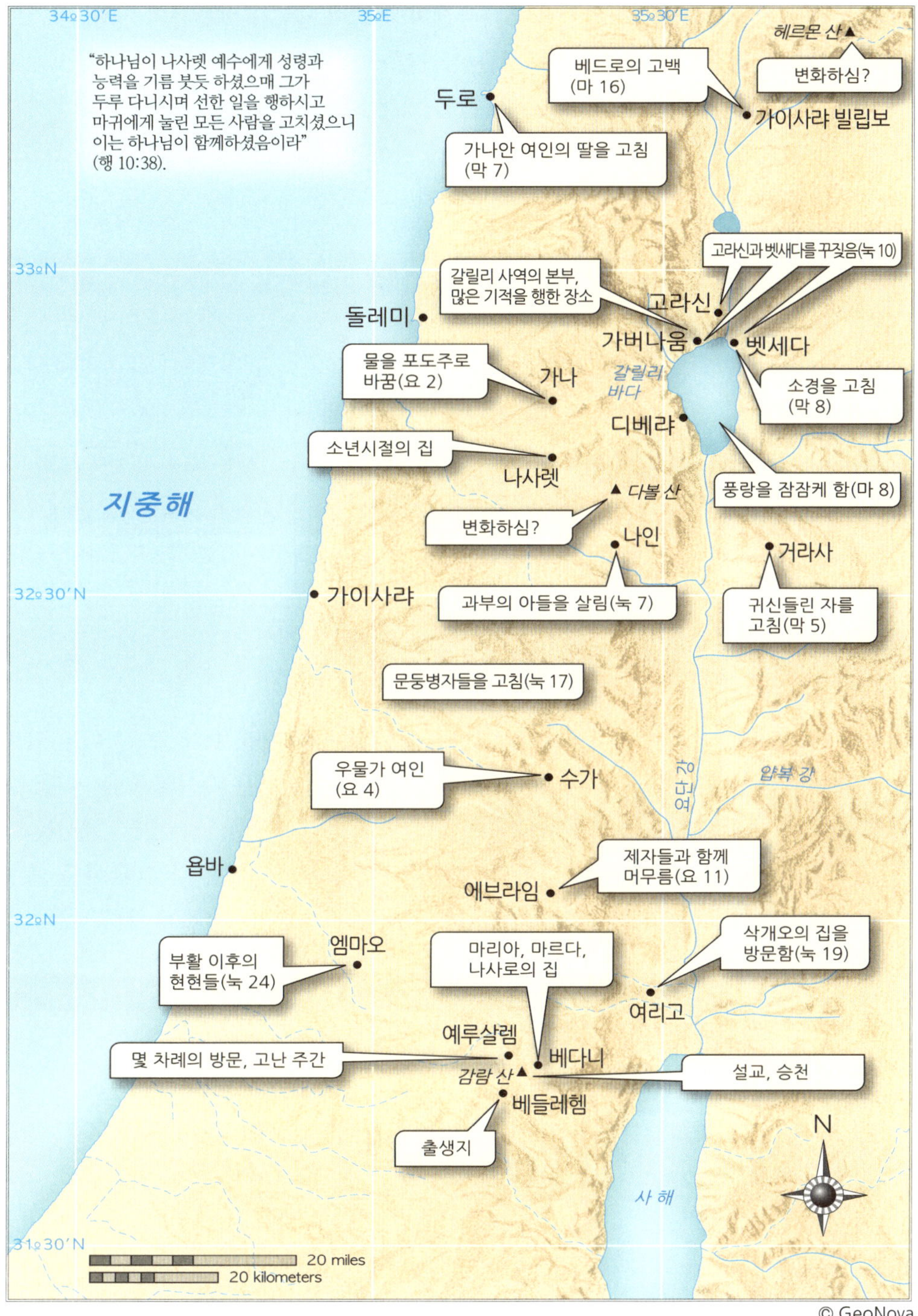

대제사장의 기도

요한복음 17장 1절에서 26절까지 '대제사장의 기도'라 일컫는 예수님의 가장 긴 기도가 기록되어 있다. 16장 33절에서 "내가 세상을 이기었노라" 하며 의기양양하게 승리를 선포하신 후, 예수님은 자신과 제자들과 장래 성도들을 위해 기도하신다. 가장 깊은 고통의 시간에 맞서면서, 죄와 사망을 이기고 구원받은 자들이 모여서 하나님과 사랑하고 연합하는(17:20-26) 축복을 대망한다.

예수님은 다음을 위해 기도하셨다.		
(1) 자신을 위해(1-5절)	(2) 제자들을 위해(6-19절))	(3) 미래의 성도들을 위해(20-26절)
십자가의 영광을 확신한다(1-2절). 영생의 본질을 고백한다(3-4절). 아버지의 영광에 동참하면서 즐거워한다(5절).	지식을 위해 기도한다(6-9절). 인내를 위해 기도한다(10-12절). 기쁨을 위해 기도한다(13절). 성화를 위해 기도한다(14-17절). 사명을 위해 기도한다(18-19절)	그들이 하나 되도록 기도한다(20-22절). 그들이 하나님과 온전히 연합하도록 기도한다(23절). 장차 예수님과 함께 있기를 기도한다(24-25절). 서로 사랑하도록 기도한다(26절).

예수님의 죽음

요한복음은 그리스도의 죽음을 구약 예언의 성취로(예를 들면, 18:8, 9), 하나님 아버지가 약속하신 사건으로(18:11) 소개한다. 또 이 복음서에서 예수님은 자신의 죽음, 부활, 승천을 '**영화롭게 하다**'는 단어와 함께 표현하신다(예를 들면, 17:1-5). 하나님 아버지께서는 죽음에 이를 때까지 예수님을 격려하셨고, 다시 살리셔서 아들을 영화롭게 하셨다. 아들 예수는 우리를 구원하기 위해 기꺼이 자신을 희생 제물로 드려, 아버지를 영화롭게 했다.

	예수님 죽음의 모습들	구약의 관련구절
유대인들은 예수님의 죽음을 그저 하나의 사건으로 본다. 하지만 교회는 그분의 죽음을 구약 예언의 성취로 이해한다.	아버지에 대한 순종으로(18:11)	시 40:8
	스스로 죽음을 말씀하심(18:32, 3:14를 보라)	민 21:8, 9
	그분의 백성을 대신하여(18:14)	사 53:4-6
	강도들과 함께(19:18)	사 53:12
	죄 없으신 채로(19:6)	사 53:9
	십자가에 달려서(19:18)	시 22:16
	부자의 무덤에 장사되심(19:38-42)	사 53:9

부활 이후에 사람들에게 나타나신 예수님

요한복음에는 공관복음에는 없거나 간략하게 암시만 되어 있는 부활하신 후 예수님이 사람들에게 나타나신 사건이 자세히 기록되어 있다. 의심하는 제자 도마에게 나타나셨고(20:24), 갈릴리 바다에서 제자들에게 나타나셨고(21:1–14), 또 베드로의 신앙을 회복시키셨다(21:15–23). 330쪽 "부활" 지도도 참고하자.

부활

좁은 지역에서 일어난 의미심장한 사건들

요한복음이 소아시아 지역의 에베소라는 거대한 도시에서 기록되었지만, 이 책의 배경은 그리스에서 에게 해를 건너, 겉보기에 별로 중요하지 않은 먼 팔레스타인 지역에 국한된다. 그럼에도 불구하고 요한은 이 책에 기술된 사건들이 보편적 의미를 지니고 있음을 보여준다. 그는 이 책을 읽는 모든 사람들이 "예수께서 하나님의 아들 그리스도이심을 믿게하려 함이요 또 너희로 믿고 그 이름을 힘입어 영생을 얻게 하려"고 이것을 기록했다(20:31).

팔레스타인

표적의 의미	
물을 포도주로 바꿈(2:1-12)	예수님은 생명의 근원
왕의 신하의 아들을 고침(4:46-54)	예수님은 거리를 넘어서시는 분
베데스다 연못에서 38년 된 병자를 고침(5:1-17)	예수님은 시간도 넘어서시는 분
5,000명을 먹임(6:1-14)	예수님은 생명의 떡
물 위를 걷고, 풍랑을 잔잔케 함(6:15-21)	예수님은 자연을 다스림
날 때부터 소경인 자를 고침(9:1-41)	예수님은 세상의 빛
죽은 나사로를 살림(11:17-45)	예수님은 죽음을 다스리는 권세가 있음

사도행전

예수님의 기록된 말씀 중 마지막은 지상명령(Great Commission)이다. 즉 "예루살렘과 온 유대와 사마리아와 땅 끝까지 이르러 내 증인이 되리라"(1:8)는 말씀이다. 사도행전은 이 명령을 진지하게 받아들이고, 그 당시 세계의 가장 먼 곳까지 그리스도의 복음을 전하기 시작한 사람들에 대한 이야기이다.

저자

사도행전은 바울의 동역자이자 "사랑을 받는 의사"(골 4:14)인 누가가 기록한 두 권의 책 중 둘째 권이며, 1, 2권 모두 데오빌로에게 헌정했다. "우리"(행 16:10)라는 단어에서 알 수 있듯이 사도행전의 저자는 바울이 무수히 선교 여행을 다닐 때 동행했으며, 그가 로마에 투옥된 동안에도 함께 있었다(딤후 4:11 참고).

누가복음 1장 3절과 4절은 저자의 기록 목적을 알 수 있는 실마리다. "그 모든 일을 근원부터 자세히 미루어 살핀 나도 데오빌로 각하에게 차례대로 써 보내는 것이 좋은 줄 알았노니 이는 각하가 알고 있는 바를 더 확실하게 하려 함이로라." 누가는 자신의 친구 데오빌로의 유익과 일반 독자들을 위해 사건들을 조사하고, 연대기별로 기록했다.

기록 연대

사도행전에는 서기 약 62년 바울이 로마에서 가택 연금된 사건이 나온다. 그러나 네로 치하의 박해(서기 64년), 바울의 죽음(서기 약 68년), 예루살렘의 멸망(서기 70년)에 대해서는 암시조차 없기 때문에, 많은 이들이 사도행전 기록 시기를 서기 63-64년으로 추정한다.

주제와 문학적 구조

이 책의 각 부분(1-7장, 8-12장, 13-28장)은 특정 청중, 핵심 인물, 복음이 점차 멀리 전파되는 것에 초점을 맞춘다.

사도행전의 설교와 변론의 중심 주제는 부활하신 그리스도이다. 구약 성경, 역사적인 부활, 사도들의 증언, 성령의 확신케 하시는 능력은 모두 예수님이 주와 그리스도이며(2:22-36, 10:34-43), 구원의 유일한 길(4:12)이라고 말한다.

또한 교회가 성장하는 것도 집중적으로 조명한다. 예수님의 생애를 설명하는 책은 4권이나 있지만, 예수님의 승천부터 신약 서신서 기록 당시를 다룬 책은 사도행전밖에 없다. 이처럼 사도행전은 복음서와 서신서를 연결하는 역사적 고리로서, 한 세대를 거치면서 유대인에서 시작해 곳곳에 퍼져있는 이방인도 성도가 되기까지, 그리스도의 몸인 교회가 발전하는 모습을 추적하기 위해 기록했다. 이 책의 변증은 기독교가 유대교와 어떻게 다른지, 그 차이가 어떻게 구체적으로 실현되는지 보여 준다.

이 책 전반에 걸쳐 성령의 활동과 예수님의 부활의 능력을 강조한다. 누가는 성령의 사역을 매우 강조하기 때문에, 이 책을 사도들 안에서, 사도들을 통해 일하시는 '성령행전'이라 일컫기도 한다.

사도행전 한눈에 보기					
초점	예루살렘에서 증거		유대와 사마리아에서 증거	땅 끝까지 증거	
관련구절	1:1 -------------- 3:1 --------------- 8:5		---------------------- 13:1	-------------- 21:17 --- 28:31	
구분	교회의 능력	교회의 성장	교회의 확장	세 차례에 걸친 바울의 전도 여행	바울의 재판
주제	유대인		사마리아인	이방인	
	베드로		빌립	바울	
장소	예루살렘		유대와 사마리아	땅 끝	
기간	2년(서기 33-35년)		13년(서기 35-48년)	14년(서기 48-62년)	

Nelson's Complete Book of Bible Maps and Charts © 1993 by Thomas Nelson, Inc.

사도행전의 사건이 일어난 시기

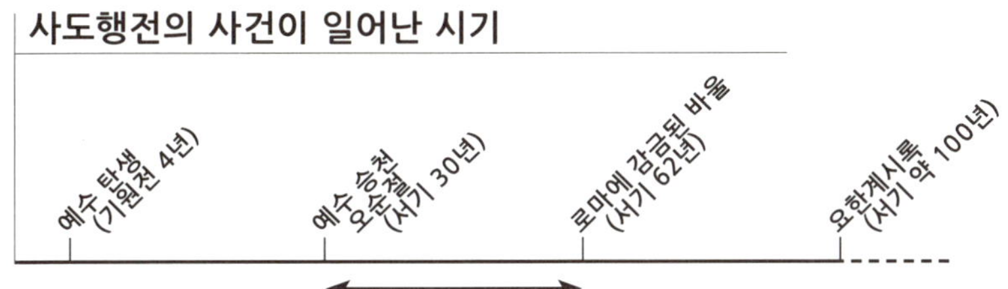

사도행전 개요

1부 예루살렘에서 증거(1:1–8:4)

2부 유대와 사마리아에서 증거(8:5–12:25)

3부 땅 끝까지 증거(13:1-28:31)

3. 2차 전도 여행 15:36–18:22

1) 마가 요한 때문에 바울과 바나바가 다툼 15:36–41

2) 더베와 루스드라 : 디모데에게 할례를 행함 16:1–5

3) 드로아 : 마게도니아인의 요청 16:6–10

4) 빌립보 : 폭 넓은 사역 16:11–40

5) 데살로니가 : "천하를 어지럽게 함" 17:1–9

6) 베뢰아 : 많은 사람들이 말씀을 받음. .17:10–15

7) 아덴 : 아레오바고에서 바울이 설교함 17:16–34

8) 고린도 : 1년 반 동안 사역 18:1–17

9) 안디옥으로 돌아옴 18:18–22

4. 3차 전도 여행 18:23–21:16

1) 갈라디아와 브루기아 : 제자들을 굳게 함. 18:23

2) 에베소 : 3년간 사역. 18:24–19:41

3) 마게도니아 : 3개월간 사역 20:1–5

4) 드로아 : 3층 다락에서 떨어져 죽은 유두고를 살림 20:6–12

5) 밀레도 : 바울이 에베소 장로들에게 작별을 고함 20:13–38

6) 두로 : 여러 사람이 바울에게 예루살렘에 가지 말라고 경고함. 21:1–6

7) 가이사랴 : 아가보의 예언 21:7–16

5. 로마로 가는 여정. 21:17–28:31

1) 바울이 예루살렘에서 증거 21:17–23:33

2) 바울이 가이사랴에서 증거 23:34–26:32

3) 바울이 로마에서 증거 27:1–28:31

몰타 고즈 섬 람라 만. 서쪽 절벽 사진

오순절에 예루살렘에 모인 민족들

빌립의 전도 여행

빌립은 일곱 집사 중 두 번째로 임명되었다(6:5-6). 8장 5절부터 13절, 8장 26절부터 40절에 빌립이 두 번에 걸쳐 여행한 이야기가 나온다. 첫 번째 여행에서 그는 사마리아 성을 복음화 하는 놀라운 성공을 거두었다. 아소도에서 가이사랴까지 두 번째 전도 여행을 하는 중 에디오피아 내시에게 복음을 전했다.

베드로의 전도 여행

사도행전의 첫 12장에서는 사도 베드로에 대한 이야기를 비중 있게 다룬다. 베드로는 예루살렘의 유대인 교회의 초대 지도자로, 10장에 나오는 정한 짐승과 부정한 짐승에 대한 환상에 응답하여, 복음을 이방인에게까지 전했다.

© GeoNova

꿈과 환상

신약 시대에 하나님은 그분의 뜻을 알리기 위해 종종 꿈(잘 때)과 환상(깨어 있을 때)을 사용하셨다. 특히 사도행전에서 베드로와 바울 같은 교회의 지도자들은 환상을 통해 장래 사역의 비전을 받았다.

꿈		
인물	꿈의 의미	관련구절
요셉	세 번 꿈을 꿈	
	(1) 마리아의 순결을 보장한다.	마 1:20
	(2) 애굽으로 피신하라고 경고한다.	마 2:13
	(3) 나사렛으로 돌아가라고 말씀한다.	마 2:19-23
동방박사	아기 예수를 해치려는 헤롯의 음모를 경고한다.	마 2:12
환상		
인물	환상의 의미	관련구절
바울	다메섹 도상에서 그리스도의 눈부신 환상으로 기독교로 개종한다.	행 9:3-9
아나니아	다메섹에서 사울을 돌보라고 명한다.	행 9:10-16
고넬료	베드로를 욥바로 청하라고 지시한다.	행 10:3-6
베드로	부정한 동물들을 먹으라고 한다(이방인을 받아들이라는 메시지).	행 10:9-18, 28
바울	마게도니아 지방에서 복음을 전하라고 손짓한다.	행 16:9
바울	하나님께서 고린도에서 임재하시겠다고 약속하신다.	행 18:9, 10
바울	로마로 가는 도중에 하나님께서 함께하겠다고 약속하신다.	행 23:11
바울	삼층천의 영광을 본다.	고후 12:1-4
요한	미래에 대한 환상을 연이어 받는다.	계 4:1—22:11

베드로와 바울 비교

사도행전 12장 25절에서, 누가의 문학적 관심은 베드로에서 바울로, 유대 교회에서 이방 교회로 급격히 변한다. 바울의 사역과 베드로의 사역을 병치하면서, 바울의 사도권과 사도적 임무를 강조한다.

베드로	바울
날 때부터 앉은뱅이인 사람을 고친다(3:1-11).	날 때부터 앉은뱅이인 사람을 고친다(14:8-18).
그의 그림자에만 덮여도 사람들이 낫는다(5:15, 16).	손수건이나 앞치마만 얹어도 사람들이 낫는다(19:11, 12).
성공하자, 유대인들이 질투한다(5:17).	성공하자, 유대인들이 질투한다(13:45).
마법사 시몬과 대결한다(8:9-24).	마법사 바예수와 대결한다(13:6-11).
다비다(도르가)를 살린다(9:36-41).	죽은 유두고를 살린다(20:9-12).
투옥되었다가 기적적으로 풀려난다(12:3-19).	투옥되었다가 기적적으로 풀려난다(16:25-34).

바울의 사역

사도행전 후반부는 대부분 사도 바울의 사역을 기록한다. 전에 교회를 박해하던 사울이 다메섹 도상에서 부활하신 그리스도의 환상을 만나며 회심하고, 이름을 바울로 바꾼다(9:1-19). 세 번의 선교 여행과 로마로 이송되는 여정에서 바울이 로마 제국의 많은 지역에 두루 복음을 전하고, 제국의 심장인 로마 시에까지 복음을 전하는 이야기가 쭉 펼쳐진다.

사도 바울의 이력	
출신	길리기아 다소(행 22:3) 베냐민 지파(빌 3:5)
훈련	천막 제조법을 배움(행 18:3) 가말리엘 문하에서 수학(행 22:3)
초기 종교	히브리인이며 바리새인(빌 3:5) 그리스도인들을 핍박함(행 8:1-3, 빌 3:6).
구원	다메섹 도상에서 부활하신 그리스도를 만남(행 9:1-8). 직가 거리에서 성령 충만을 받음(행 9:17).
선교 사역으로 부름을 받음	성령께서 안디옥 교회에 바울을 사역자로 파송하라고 지시함(행 13:1-3). 이방인에게 복음을 전함(갈 2:7-10).
임무	예루살렘 공의회에서 안디옥의 교회를 위해 변호함(행 15:1-35). 베드로를 책망함(갈 2:11-21). 요한 마가를 두고 바나바와 논쟁함(행 15:36-41).
업적	세 번에 걸쳐 광범위한 선교 여행을 함(행 13-20). 소아시아, 그리스, 스페인에 수많은 교회를 세움(롬 15:24, 28). 여러 교회와 개인에게 편지를 썼고, 그것이 현재 신약 성경의 4분의 1을 차지함.
마지막 생애	예루살렘에서 체포된 이후 로마로 이송됨(행 21:27, 28:16-31). 전승에 따르면, 바울은 풀려난 후 마게도니아에서 선교 사역을 더 할 수 있도록 허락을 받았다가 다시 체포되어 로마에 재수감되고 결국 로마 외곽에서 참수형을 당함.

바울의 사도 경력

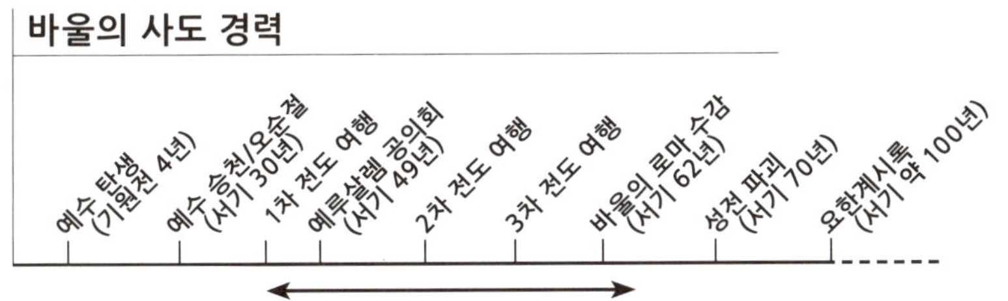

바울의 생애

후반기의 선교 사역 : 2차 선교 여행에서는 저 멀리 서쪽의 마게도니아 지방, 빌립보의 도시들, 데살로니가, 베뢰아, 아덴, 고린도까지 복음을 전했다 (행 16-18). 3차 선교 여행에서는 에베소, 드로아, 밀레도에 있는 교회들과 동역했다(행19-20).
초기 선교 사역 : 수리아의 안디옥 교회가 파송하여 이방인에게 복음을 전하기 위해 바나바와 동역하였다(행 11:19-26). 1차 선교 여행에서 구브로 섬과 비시디아 안디옥, 이고니온, 루스드라, 더베와 같은 도시들을 방문했다(행 13-14).
로마 여행과 마지막 날들 : 열심 있는 유대인들에게 습격을 받았고, 바울은 로마에 자신의 사건을 상고했다(행 25). 공청을 위해 배편을 이용하여 로마로 떠났다(행 27). 로마에서 죄수의 신분으로 계속 복음을 선포하였다(행 28:17-31). 서기 68년 경 아마도 로마에서 사형집행인의 손에 죽었을 것이다.
초기 생애와 회심 : 다소에서 태어났다. 유대인이면서 로마 시민이었다(행 22:3). 예루살렘에서 유대 학자 가말리엘의 문하에서 수학했다(행 8:3). 다메섹 도상에서 그리스도의 환상을 보고 기독교로 개종했다(행 9:1-9).
준비기 : 회심 이후에 바울은 다메섹(행 9:22), 아라비아의 사막 지역(갈 1:17), 예루살렘에서 그리스도인들과 동역했다. 유대인 지도자들의 배척을 피해 다소로 피신했으며(행 9:26-30), 그곳에서 분명히 약 10년 간 사역했다.
아드리아 해
흑해
이오니아 해
에게 해
지중해
티그리스 강
유프라테스 강
요단 강
사해
나일 강
로마
보디올
시실리
마게도니아
데살로니가
베뢰아
빌립보
드로아
델포이
고린도
아덴
그레데
에베소
밀레도
안디옥 (비시디아)
이고니온
루스드라
더베
다소
안디옥 (수리아)
구브로
다메섹
예루살렘
N
20° E
30° E
40° E
40° N
30° N
200 miles
200 kilometers
바울의 생애

바울의 1차 전도 여행과 로마에 이르는 여정

바울의 2, 3차 전도 여행

신약의 구출 사건들

하나님께서는 신약 시대의 그리스도인들을 암울한 상황에서 종종 기적적으로 구출하셨다. 바울과 실라는 빌립보에서 한 설교 때문에 두들겨 맞고, 투옥되었다. 밤에 그들이 기도하고 찬양하자, 지진으로 감옥이 흔들려서 풀려나와 계속 사역했다(행 16:16-40). 오늘날에도 하나님은 자신의 삶에서 그분의 뜻을 구하고, 믿음으로 사는 자들을 구원하시기 위해 능력을 베푸신다.

다음은 신약 시대에 믿음의 사람들을 구원한 하나님의 기적을 보여 준다.

구원받은 자	하나님의 구원	관련구절
더러운 귀신들린 거라사인	귀신 들린 자를 예수님이 구원했다.	막 5:1-15
나사로	예수님이 죽음에서 살렸다	요 11:38-44
예수님	무덤에서 3일 후에 살아났다.	눅 24:1-7 요 20:1-10
사도들	천사가 감옥에서 풀어 주었다.	행 5:17-20
도르가	베드로가 죽음에서 일으켰다.	행 9:36-41
베드로	천사가 감옥에서 풀어 주었다.	행 12:1-11
유두고	창문에서 떨어져 죽었으나 바울이 살렸다.	행 20:1-12
바울	아시아에서 (알려지지 않은) 심한 고생에서 구원받았다.	고후 1:8-11
바울	배가 난파되었지만 다치지 않고, 멜리데 섬으로 구출되었다.	행 28:1

신약의 여행들

신약에서 가장 유명한 여행가는 사도 바울이다. 로마의 곡물 수송선을 타고 로마에 간 그의 여행 이야기는 신약 시대의 항해에 많은 통찰력을 제공한다(행 27장). 겨울 광풍이 몰아쳐서, 배와 승객들은 시칠리 해변의 몰타 섬(멜리데 섬)에 좌초되었다. 그들은 3개월의 겨울 혹한 가운데서 표류하다가, 이집트의 알렉산드리아에서 출발한 두 번째 배를 타고서 계속 여행했다(28:11).

신약에 나오는 다른 유명한 여행가들은 다음과 같다.

인물	여행 일정	관련구절
동방박사	아기 예수를 경배하려고 동방(페르시아?)에서 베들레헴으로	마 2:1-12
요셉과 마리아	나사렛에서 예수님이 나신 베들레헴으로	눅 2:4
마리아, 요셉, 예수님	헤롯의 위협을 피해 이집트로 헤롯이 죽은 후 나사렛으로	마 2:13-23
빌립	사마리아인에게 복음을 전하려고 예루살렘에서 사마리아로,	행 8:5
	에디오피아 내시에게 복음을 전하려고 사마리아에서 광야로	행 8:26
	광야에서 가이사랴로	행 8:40
바울	초기 그리스도인들을 잡기 위해 예루살렘에서 다메섹으로	행 9장
베드로	고넬료를 만나고, 이방인에게 복음을 전하려고 욥바에서 가이사랴로	행 10장
바나바	이방인 개종자와 함께 일하기 위해 예루살렘에서 안디옥으로	행 11:19-26
바울과 바나바	1차 전도 여행 : 안디옥에서 수많은 도시(구브로 섬과 앗달리아, 버가, 비시디아 안디옥, 이고니온, 루스드라, 더베 등)로	행 13, 14장
바울과 실라	2차 전도 여행 : 안디옥에서 수많은 도시(다소, 드로아, 네압볼리, 빌립보, 암비볼리, 데살로니가, 베뢰아, 아덴, 고린도, 에베소 등)로	행 15-18
바울	3차 전도 여행 : 안디옥에서 수많은 도시(새로운 장소들을 방문함. 앗소, 미둘레네, 고스, 바다라, 무라, 소아시아 해변의 에게 해에 있는 로도 섬 등)로	행 18-21

바울의 수감생활

사도행전 21장 27절에서 28장 31절에 바울의 첫 장기 투옥 생활이 나오는데, 예루살렘 유대인들이 바울이 이방인을 성전의 거룩한 곳에 데리고 갔다고(21:28, 29) 거짓으로 고발했기 때문이다. 바울은 로마 시민이기에, 로마 당국에서 그를 헤치려는 예루살렘 폭도들을 막아주었고, 가이사랴까지 그를 호위했다(23:11–35). 유대 산헤드린 앞에서(22:30–23:10), 로마 총독 벨릭스 앞에서(24:1–21), 후임 총독 베스도 앞에서(25:1–12), 아그립바 왕 앞에서(25:13–26:32) 심문을 받은 후, 바울은 로마로 이송되었다(27:1–28:16). 바울이 로마에서 가택 연금 상태로 황제 앞에서 심문 받기를 기다리는 장면으로 사도행전은 끝난다(28:17–31).

초대 교회들

목회 서신(디모데전후서, 디도서)의 증거로 볼 때, 바울은 사도행전에 기록된 로마 수감생활에서 풀려난 것 같다. 그는 계속 사역했고, 아마 서바나(스페인)의 서쪽 끝까지(롬 15:23-24 참고) 과감히 사역하며 갔던 것 같다. 1세기 말엽, 교회는 지중해 동쪽 지역에도 세워졌으며, 그들이 동서로 복음을 활기차게 전했다.

© GeoNova

사도행전에 있는 주요 설교

사도행전에는 중요한 설교와 연설이 여러 편 있다. 베드로의 설교 7편과 바울의 설교 11편을 포함해 모두 20여 편이 실려 있다. 주요 설교들의 본문과 주제를 다음 표로 정리했다.

설교 혹은 연설	주제	본문
오순절에 베드로가 무리들에게	오순절의 의미를 설명한다	행 2:14-40
성전에서 베드로가 유대인들에게	유대인들은 메시야를 십자가에 못 박은 것에 대해 회개해야 한다.	행 3:12-26
베드로가 산헤드린을 향해	병자가 예수님의 능력으로 치료를 받았다.	행 4:5-12
스데반이 산헤드린을 향해	유대 역사를 이야기하며, 유대인들이 메시야를 죽였다고 고소했다.	행 7장
베드로가 이방인들에게	이방인도 유대인과 동일한 방법으로 구원받을 수 있다.	행 10:28-47
예루살렘에서 베드로가 교회를 향해	욥바에서 경험한 것을 증거하고, 이방인 사역을 변론한다.	행 11:4-18
바울이 안디옥 회당에서	예수님은 구약의 예언을 성취한 메시야다.	행 13:16-41
베드로가 예루살렘 의회를 향해	유대인이나 이방인이나 모두 은혜로 구원을 얻는다.	행 15:7-11
야고보가 예루살렘 의회를 향해	이방인이 개종할 때 할례를 받지 않아도 된다.	행 15:13-21
바울이 에베소 장로들에게	거짓 교사들이 핍박할 때도 믿음 안에 거하라.	행 20:17-35
바울이 예루살렘의 무리를 향해	바울의 회심과 이방인을 향한 자신의 소명을 진술한다.	행 22:1-21
바울이 산헤드린을 향해	자신은 바리새인이며 로마의 시민이라고 변론한다.	행 23:1-6
바울이 아그립바 왕에게	자신의 회심 경험과 복음을 향한 열정을 진술한다.	행 26장
바울이 로마에서 유대인 지도자들에게	자신이 이스라엘 백성이나 유대 관습을 배척한 일이 없음을 변호한다.	행 28:17-20

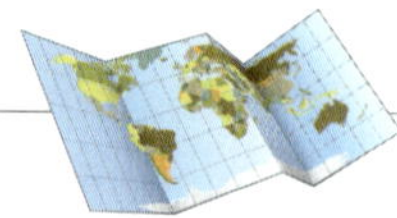

바울 서신

1세기에는 편지가 가장 일반적인 의사소통 방법이었다. 바울은 자신이 세운 교회들을 격려하고, 경고하며, 가르치기 위해 고린도전후서, 갈라디아서, 에베소서, 빌립보서, 데살로니가전후서를 썼다. 또 자신이 방문하지 못한 교회들(로마서, 골로새서)과 개인에게도(디모데전후서, 디도서, 빌레몬서) 편지를 썼다. 바울은 편지를 써서 서신의 수신자들뿐 아니라, 모든 세기에 걸친 성경의 독자들을 섬겼다.

바울 서신의 형식은 다음과 같다. 머리말에서 자신의 신원과 수신인을 밝히고, 안부를 전한 후, 이어서 수신인들에 대해 하나님께 감사하고, 중보한다. 그러고 나서 교리적인 질문에 답하고, 그것을 삶에 어떻게 적용할지 다룬다. 보통 동역자들의 안부 인사를 전하고, 편지를 받는 교회의 여러 성도들에 대한 안부를 더 물으면서 본론을 마무리한다. 마지막으로 축도하며 편지를 맺는다.

바울의 인사법은 독특하다. 일반적인 헬라식 인사말은 '은혜'라는 단어와 비슷하다. 그리고 유대인들은 일반적으로 '평화'를 전하며 인사한다. 바울은 기독교식으로 이 둘을 결합한다. "우리 하나님 아버지와 주 예수 그리스도로부터 은혜와 평강이 있기를 원하노라"(갈 1:3). 그리스도 안에서 하나님의 은혜로 하나님과 성도가 화해하고, 성도들이 서로 평화하며, 온전한 삶을 살 수 있다는 뜻이다.

성도의 영적 성장에 대해 감사하고(예를 들어, 살전 1:2-10), 그들이 계속 성장하도록 중보하는 것(예를 들어, 빌 1:8-11)을 볼 때, 바울이 수신인들을 위해 영적인 부담을 갖고 있음을 엿볼 수 있다. 한편 갈라디아서에서 바울은 거짓 교사들을 좇아 진리에서 멀어진 성도들을 깊이 우려하면서, 감사와 중보를 건너뛴 채 곧바로 그 문제를 다룬다.

바울의 편지들은 교리와 실천을 모두 다룬다. 로마서에서 교리적인 논의(1:16-11:36)와 이어 구체적인 적용(12:1-15:32)을 다루어 이것이 가장 선명하게 드러난다. 반면 빌립보서에는 교리적인 논의와 구체적인 적용이 뒤섞여있다. 고린도전서는 고린도 교회가 질문한 내용에 바울이 답하는 형식이다.

사도 바울이 쓴 마지막 세 편지(디모데전후서, 디도서)는 목회 서신이라 칭하는데, 그 편지들이 목회자와 교회의 여러 문제를 다루기 때문이다. 디모데전서와 디도서는 교회 조직에 대한 최초의 안내서다. 이 서신서에서 바울은 초대 교회 목회자와 집사의 자격 요건을 언급한다. 세 편 모두 건전한 교리를 강조하며, 성도들에게 선한 일에 힘쓰라고 권면한다.

바울은 마무리 축도에서 항상 하나님의 은혜가 수신인들과 함께 하기를 기원한다. "우리 주 예수 그리스도의 은혜가 너희에게 있을지어다"(롬 16:27, 고전 16:23, 빌 4:23, 살전 5:28, 살후 3:18). 바울은 '그리스도 안에 있는 하나님의 은혜'라는 형언할 수 없는 선물로 자신의 편지를 시작하고, 맺는다.

바울의 영향력

사도 바울은 다메섹과 그가 태어난 도시 다소에서 초기 사역을 시작했다. 그 후 바울은 갈라디아, 아시아, 마게도니아, 아가야의 모든 지방으로 여행하며 전도했다. 심지어 가이사랴에서 구금되고, 로마에서 수감되었을 때에도 그리스도를 통해 구원받은 것을 간증하였다.

다음의 "바울 서신 연대"와 "바울 서신 연구" 도표를 살펴보자. 또 373쪽 "바울의 1차 전도 여행과 로마에 이르는 여정"과 374쪽 "바울의 2, 3차 전도 여행" 지도도 참고하자.

바울 서신 연대

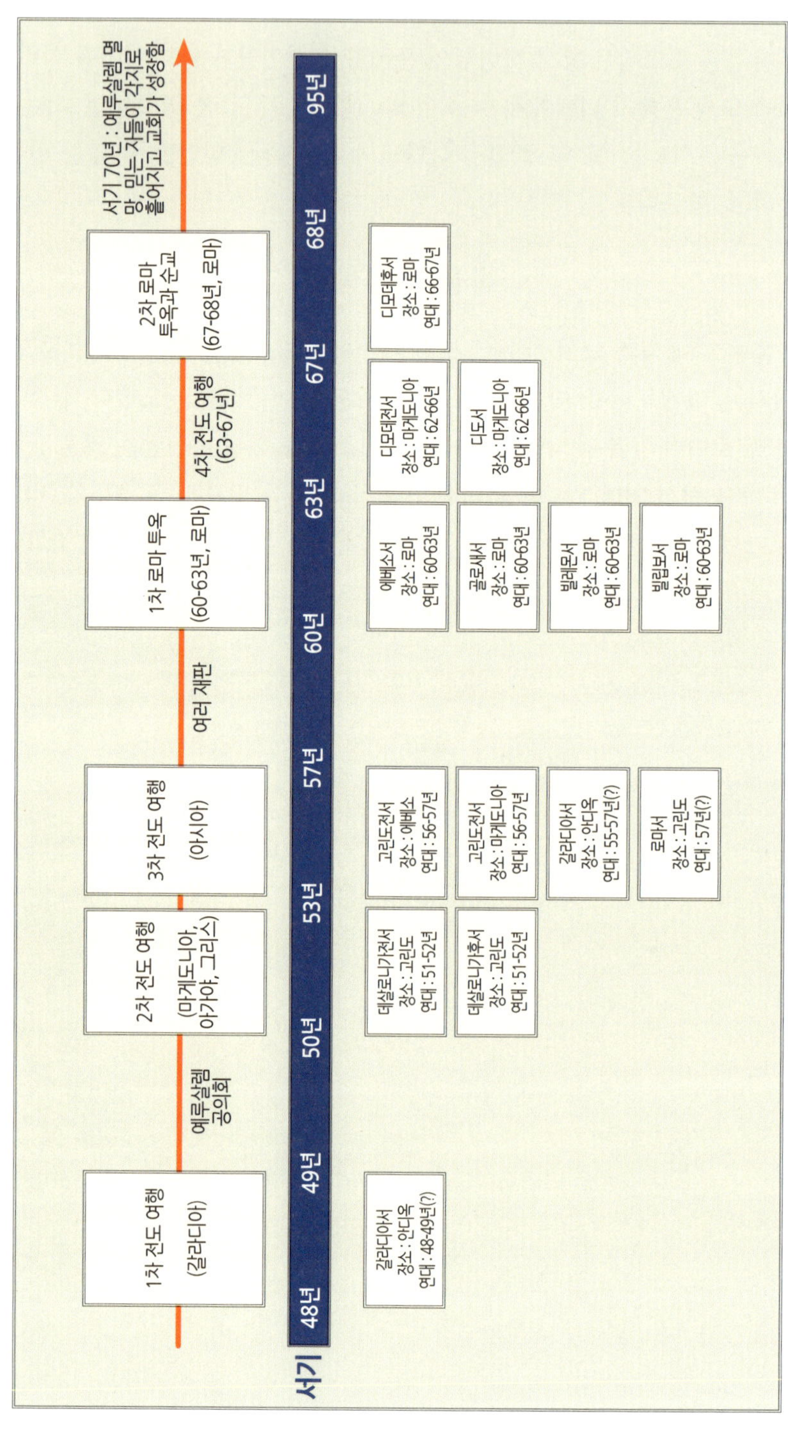
서기
48년
49년
50년
53년
57년
60년
63년
67년
68년
95년
1차 전도 여행
(갈라디아)
예루살렘
공의회
2차 전도 여행
(마게도니아, 아가야, 그리스)
3차 전도 여행
(아시아)
여러 재판
1차 로마 투옥
(60-63년, 로마)
4차 전도 여행
(63-67년)
2차 로마
투옥과 순교
(67-68년, 로마)
서기 70년 : 예루살렘 멸망, 믿는 자들이 각지로 흩어지고 교회가 성장함
갈라디아서
장소 : 안디옥
연대 : 48-49년(?)
데살로니가전서
장소 : 고린도
연대 : 51-52년
데살로니가후서
장소 : 고린도
연대 : 51-52년
고린도전서
장소 : 에베소
연대 : 56-57년
고린도후서
장소 : 마게도니아
연대 : 56-57년
갈라디아서
장소 : 안디옥
연대 : 55-57년(?)
로마서
장소 : 고린도
연대 : 57년(?)
에베소서
장소 : 로마
연대 : 60-63년
골로새서
장소 : 로마
연대 : 60-63년
빌레몬서
장소 : 로마
연대 : 60-63년
빌립보서
장소 : 로마
연대 : 60-63년
디모데전서
장소 : 마게도니아
연대 : 62-66년
디도서
장소 : 마게도니아
연대 : 62-66년
디모데후서
장소 : 로마
연대 : 66-67년

바울 서신 연구					
서신서	장	주제	기록 장소	기록 연대	수신인
로마서	16	하나님의 의	고린도	57년 겨울	로마에 있어 하나님의 사랑하심을 입고 성도로 부르심을 입은 모든 자(1:7)
고린도전서	16	분쟁과 무질서 해결	에베소	56-57년	고린도에 있는 하나님의 교회, 그리스도 예수 안에서 거룩해진 성도들(1:2)
고린도후서	13	화해의 사역	마게도니아	56-57년	고린도에 있는 하나님의 교회와 온 아가야에 있는 모든 성도(1:1)
갈라디아서	6	그리스도 안에 있는 자유	안디옥(?)	48-49년, 혹은 55-57년	갈라디아에 있는 여러 교회(1:2)
에베소서	6	그리스도의 몸, 교회	로마	60-63년	에베소에 사는 그리스도 예수를 믿는 신도들(1:1)
빌립보서	4	그리스도인의 기뻐하는 삶	로마	60-63년	그리스도 예수 안에서 빌립보에 사는 모든 성도와 또는 감독들과 집사들에게(1:1)
골로새서	4	우주적인 그리스도	로마	60-63년	골로새에 있는 성도들, 곧 그리스도 안에 있는 진실한 형제자매들에게(1:2)
데살로니가전서	5	그리스도의 재림	고린도	51-52년	하나님 아버지와 주 예수 그리스도 안에 있는 데살로니가 사람의 교회에(1:1)
데살로니가후서	3	주의 날	고린도	51-52년	하나님 우리 아버지와 주 예수 그리스도 안에 있는 데살로니가 사람들의 교회에(1:1)
디모데전서	6	목회자에게 주는 충고	마게도니아(?)	62-66년	믿음으로 낳은 참된 아들 디모데에게(1:2)
디모데후서	4	격려하는 마지막 인사	로마	66-67년	사랑하는 아들 디모데에게(1:2)
디도서	3	그리스도인의 행동 지침	마게도니아(?)	63-66년	같은 믿음을 따라 진실한 아들이 된 디도에게(1:4)
빌레몬서	1	노예를 형제로 받아들임	로마	60-63년	사랑하는 우리의 동역자 빌레몬과 그 형제(1:1)

로마서

로마서는 바울 서신서 중에서 신학적으로 가장 중요하다. 이 책에서 바울은 가장 설득력 있고 논리적으로 복음을 제시한다. 이 책은 교회사 내내 중요한 영향을 끼쳤다. 4세기의 신학자 어거스틴은 로마서를 읽고 회심했고, 비슷하게 6세기에는 마르틴 루터가 이 책에서 영감을 얻어 믿음으로 의롭게 된다는 진리를 발견했다. 수세기 후, 요한 웨슬레는 루터가 이 책에 대해 쓴 서문을 큰 소리로 읽는 것을 들을 때, 그의 마음이 "이상하게 뜨거워졌다"고 고백한다.

저자

학자들은 신약의 기초가 되는 이 책을 사도 바울이 썼다는 사실에 거의 모두 동의한다. 어휘나 문체, 신학적인 논리 전개가 바울의 다른 서신서와 일치한다. 바울은 이 책을 비서인 더디오에게 받아쓰게 했고(16:22), 그는 바울의 허락을 받아 이 편지에 자신의 인사도 덧붙였다.

바울이 저자임은 분명하지만, 이 책의 통일성에 대해서는 논쟁의 여지가 있다. 어떤 이들은 원래 편지에 16장이 없었는데, 후에 첨부되었다고 주장한다. 하지만 편지 마지막 장에 로마 교회에 인사를 전하는 사람들의 명단을 쓴 이유는, 로마 교회 성도들이 모르는 사람들이지만 바울이 서로 친구로 맺어 주기 위해 애써 기록한 것으로 이해하는 것이 적절하다.

기록 연대

1장 13절에 보면, 바울이 로마서를 썼을 때는 로마를 방문하기 전이다. 예루살렘 교회를 돕는 기금을 모으기 위해 3차 전도 여행을 하던 중에 이 편지를 썼다. 고린도후서를 기록한 당시, 그는 에베소에서 고린도로 여행하는 중이었고, 모금이 끝나지 않았다(고후 8:1-9). 바울이 로마 교회에 편지를 썼을 때는 모금이 끝난 것 같다(15:26-28). 따라서 바울은 로마서를 서기 약 57년, 즉 3차 전도 여행을 마치고 예루살렘으로 가기 전에, 약 3개월간 고린도에 머물면서 썼을 것이다(15:25, 행 20:2, 3).

374쪽 "바울의 2, 3차 전도 여행" 지도를 참고하자.

주제와 문학적 구조

1장 17절에 나오는 '하나님의 의'가 로마서의 핵심이다. 그러므로 로마서는 죄로 가득한 인간이 예수 그리스도를 믿음으로 말미암아 어떻게 하나님께 의롭다 함을 얻을 수 있는지 보여주기 위해 기록되었다. '하나님의 의'라는 주제가 이 책을 관통하며, 개요에도 반영된다. 하나님의 의가 나타남(1-8장), 하나님의 의가 입증됨(9-11장), 하나님의 의를 따르는 삶(12-16장)이다.

이 책 전반의 주제인 '하나님의 의'라는 맥락 안에서, 바울은 죄 많은 인간에게 하나님의 의가 필요하고(1:18-3:20), 그리스도의 의가 죄 많은 인간에게 미치는 것은 칭의에서 비롯되며(3:21-5:21), 구속받은 자는 성화의 과정에 들어간다는 것(6:1-8:39)에 대해 논한다. 또한 바울은 하나님께서 이스라엘에게 약속하신 언약을 신실하게 지키셔서 그의 의를 보여주셨다는 것(9:1-11:36), 그래서 그리스도인도 서로, 또 세상 앞에 의를 드러내야 한다는 사실에 대해 논한다(12:1-16:27).

바울은 하나님의 구원 계획을 포괄적으로 소개하면서, '정죄'에서 '영화'로, '신학적인 진리'에서 '구체적인 행동'으로 논의의 방향을 바꾼다. 의, 믿음, 율법, 모두, 죄가 로마서의 핵심 단어들로, 각각 적어도 60번 씩 나온다.

<table>
<tr><th colspan="9">로마서 한눈에 보기</th></tr>
<tr><td>초점</td><td colspan="3">하나님의 의가 나타남</td><td colspan="3">하나님의 의가 입증됨</td><td colspan="2">하나님의 의를 따르는 삶</td></tr>
<tr><td>관련구절</td><td colspan="8">1:1 --------- 3:21 --------------- 6:1 --------------- 9:1 ------ 9:30 ---------- 11:1 ---------- 12:1 ----- 14:1 -- 16:27</td></tr>
<tr><td>구분</td><td>하나님의 의가 필요함</td><td>하나님의 의가 미침</td><td>하나님의 의를 보여줌</td><td>이스라엘의 과거 : 선택</td><td>이스라엘의 현재 : 거절</td><td>이스라엘의 미래 : 회복</td><td>그리스도인의 의무</td><td>그리스도인의 자유</td></tr>
<tr><td rowspan="2">주제</td><td>죄</td><td>구원</td><td>성화</td><td colspan="3">주권</td><td colspan="2">섬김</td></tr>
<tr><td colspan="6">교리적</td><td colspan="2">실천적</td></tr>
<tr><td>장소</td><td colspan="8">고린도로 추정됨</td></tr>
<tr><td>기간</td><td colspan="8">서기 약 57년</td></tr>
</table>

로마서 개요

1부 하나님의 의가 나타남(1:1-8:39)

1. 머리말 1:1-17

2. 정죄 : 하나님의 의가 필요함 1:18-3:20

1) 이방인의 범죄. 1:18-32

2) 유대인의 범죄. 2:1-3:8

3) 결론 : 모든 사람이 하나님 앞에 죄를 지음 3:9-20

3. 칭의 : 하나님의 의가 미침 3:21-5:21

1) 의에 대한 묘사 3:21-31

2) 의에 대한 실례 4:1-25

3) 의의 유익. 5:1-11

4) 의와 정죄의 대조 5:12-21

4. 성화 : 하나님의 의를 보여줌 6:1-8:39

1) 성화와 죄. 6:1-23

2) 성화와 율법. 7:1-25

3) 성화와 성령. 8:1-39

2부 하나님의 의가 입증됨(9:1-11:36)

1. 이스라엘의 과거 : 하나님의 선택 9:1-29

1) 바울의 슬픔. 9:1-5

2) 하나님의 주권. 9:6-29

2. 이스라엘의 현재 : 하나님의 거절 9:30-10:21

1) 이스라엘이 행위로 의를 추구함 9:30-33

2) 이스라엘이 그리스도를 거절함 10:1-15

3) 이스라엘이 선지자를 거절함. 10:16-21

3. 이스라엘의 미래 : 하나님이 회복하심. 11:1-36

1) 이스라엘 전부를 거부하신 것이 아니다 11:1-10

2) 이스라엘을 최종적으로 거부하신 것이 아니다 11:11-32

3) 이스라엘의 회복 : 하나님께 영광을 돌리는 이유 11:33-36

3부 하나님의 의를 따르는 삶(12:1-16:27)

1. 하나님의 의는 그리스도인의 의무로 입증됨 12:1-13:14
1) 하나님을 향한 책임 12:1, 2
2) 사회를 향한 책임 12:3-21
3) 권위자들을 향한 책임 13:1-7
4) 이웃을 향한 책임 13:8-14

2. 하나님의 의는 그리스도인의 자유로 입증됨 14:1-15:13
1) 그리스도인의 자유의 원칙들 14:1-23
2) 그리스도인의 자유의 실행 15:1-13

3. 결론 15:14-16:27
1) 로마서를 쓴 목적 15:14-21
2) 바울의 여행 계획 15:22-33
3) 바울의 찬양과 감사 16:1-27

로마 시

로마는 기원전 753년에 세워졌고, 바울이 살던 시대에는 인구 100만이 넘는 세계 최대의 도시였다. 웅장한 건물이 가득했지만, 시민들은 대부분 노예였다. 이 장엄한 도시에는 풍요로움과 비참한 삶이 공존했다.

로마 교회는 유명했고(1:8), 로마서가 기록되기 몇 해 전에 세워졌다. 성도는 상당히 많았으며, 그들은 몇몇 장소에 서로 모였다(16:1-16). 로마의 역사가 타키투스(Tacitus)는 서기 64년 네로 통치기에 '엄청난 무리의 그리스도인들'이 박해를 받았다고 전한다.

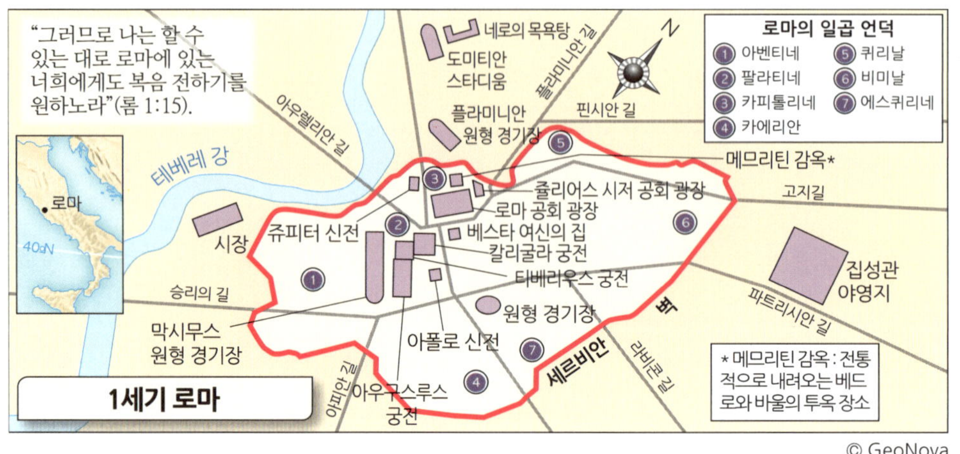

© GeoNova

그리스도인의 생활

로마에 보낸 바울 서신은 신학적으로 매우 심오한 내용을 다루면서 동시에 그리스도인의 실제적인 삶도 소홀히 하지 않는다. 바울은 신자들에게 하나님께서 예수 그리스도를 통해 우리를 위해 또 우리 안에서 행하신 일을 생각한다면, "너희 몸을 하나님이 기뻐하시는 거룩한 산 제물로" 드려서, 희생적인 순종의 삶으로 하나님께 영광을 돌리라고 강력히 권고한다(12:1).

그리스도인의 생활

그리스도인의 삶	결과
하나님께 자신을 드린다(12:1).	거룩하고 하나님이 기뻐하시는 산 제물이 된다(12:1).
마음을 새롭게 함으로 변화를 받는다(12:2).	하나님의 뜻이 무엇인지 분별한다(12:2).
하나님께서 은혜대로 영적인 은사를 주신다(12:6-8).	그리스도의 몸의 지체로서 영적 은사를 사용한다(12:6).
위에 있는 권세에 복종해야 한다(13:1).	하나님을 높인다(13:1).
이웃을 사랑한다(13:8).	하나님의 법을 이룬다(13:8).
화평케 한다(14:19).	덕을 세운다(14:19).
서로 같은 뜻을 품는다(15:5).	다함께 하나님께 영광을 돌린다(15:6).

하나님 나라의 멘토링

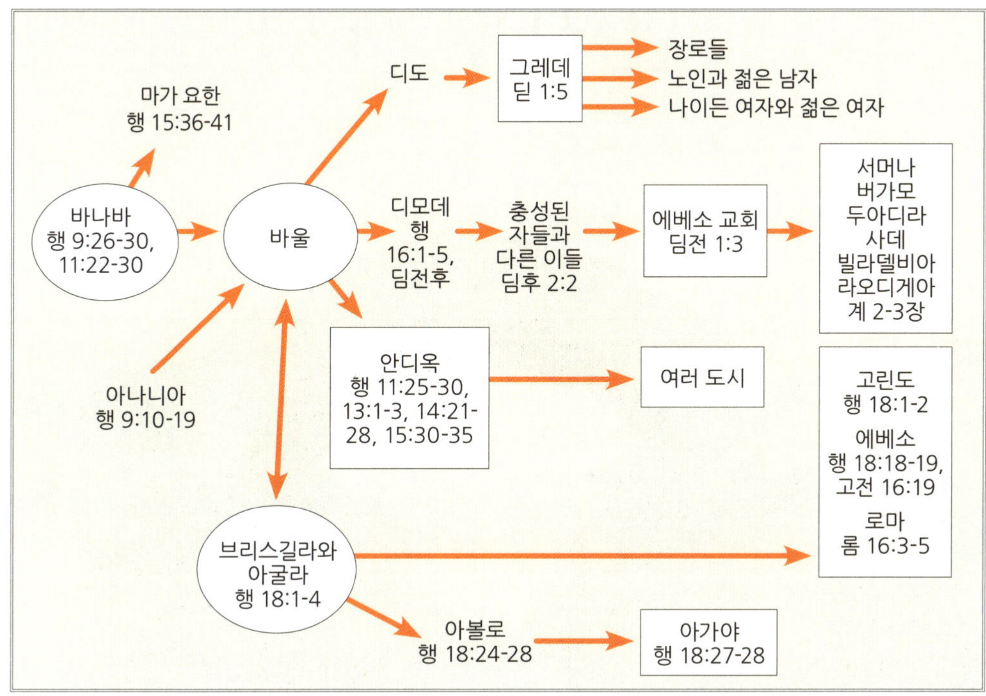
디도
그레데
딛 1:5
장로들
노인과 젊은 남자
나이든 여자와 젊은 여자
마가 요한
행 15:36-41
서머나
버가모
두아디라
사데
빌라델비아
라오디게아
계 2-3장
바나바
행 9:26-30,
11:22-30
바울
디모데
행
16:1-5,
딤전후
충성된
자들과
다른 이들
딤후 2:2
에베소 교회
딤전 1:3
안디옥
행 11:25-30,
13:1-3, 14:21-
28, 15:30-35
여러 도시
아나니아
행 9:10-19
고린도
행 18:1-2
에베소
행 18:18-19,
고전 16:19
로마
롬 16:3-5
브리스길라와
아굴라
행 18:1-4
아볼로
행 18:24-28
아가야
행 18:27-28

고린도전서

아치형 구조물. 올림픽 경주 선수들이 이곳을 통해 들어갔다.

고린도전서는 이교도 사회에서 부름 받은 교회의 여러 문제와 그들이 겪는 압박과 씨름 등을 보여준다. 바울은 고린도 교인들 중에 나타나는 분열, 소송, 부도덕, 미심쩍은 관행들, 성만찬의 오용, 영적인 은사 등 다양한 문제를 다룬다. 바울은 그러한 문제들을 징계하면서 고린도 교인들의 질문에 답한다.

저자

바울이 고린도전서를 썼다는 사실을 대부분 인정한다. 서신에서도 분명히 밝히고(1:1, 16:21), 본문의 어휘와 가르침도 사도 바울이 이방인에게 쓴 글임을 알려준다. 성경 이외에

이 서신에 대해 가장 이른 시기에 언급한 것은 서기 95년, 로마의 클레멘트가 고린도전서를 바울이 썼다고 거론한 것이다.

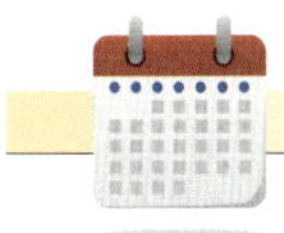

기록 연대

고린도전서는 서기 56년이나 57년, 바울의 3차 전도 여행 당시 기록한 것으로 보이며, 6개월에서 18개월 후에 고린도후서를 기록했을 것이다. 바울은 서기 51-52년 고린도에서 18개월 머무는 동안 교회를 세웠다.

바울은 고린도가 기원전 로마의 식민 도시였다는 사실을 알았다. 이 도시는 에게 해와 아드리아 해 사이의 좁은 해협에 위치한 로마의 아가야 지방에 있었으며, 두 항구가 인접한 전략적인 위치에 자리했다. 지리적 여건 덕에 이 도시는 동에서 서로 지나가는 무역의 중심지로 번성했으며, 주민들은 사치하며 부도덕하게 살았다. '고린도 사람 같다'는 말은 대개 부도덕하다는 의미였다. 또한 이교도 사원들도 많아서 성전 매춘을 통해 방탕한 삶을 부추겼다.

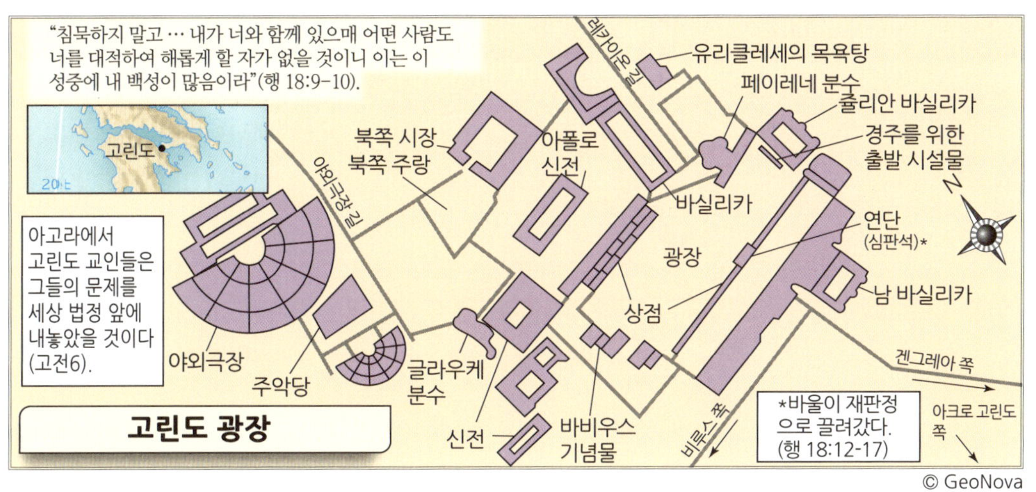

© GeoNova

주제와 문학적 구조

고린도전서는 바울이 관심을 기울이던 여러 문제들을 일목요연하게 다룬다. 또 바울은 편지에서 고린도 성도들이 제기한 여러 문제와 질문들에 대한 자신의 관점을 연속해서 기록한다. 고린도전서는 세 부분으로 나눌 수 있다. (1) 분쟁에 관한 글로에의 보고에 대한 답변(1-4장) (2) 음행과 무질서에 대한 답변(5-6장) (3) 기타 질문에 대한 답변(7-16장)이다.

서신서 서두에서 바울은 고린도 교회에 나타난 심각한 문제들을 다룰 준비를 하면서, 그리스도께서는 성도의 모든 삶의 영역에 충만히 관여하신다고 선언한다. 그리스도 예수는 "하나님으로부터 나와서 우리에게 지혜와 의로움과 거룩함과 구원함이 되셨다"(1:30).

바울은 고린도 교회의 성적인 부도덕을 다루면서 교회가 그런 자들을 징계하고, 순결을 지키는 것이 얼마나 중요한지 강조한다(5:9-13). 또 사도는 징계의 우선적인 목표가 불순종한 사람을 회복시키는 것이라고 말한다.

그리스도인의 자유와 사랑의 관계도 탐구한다. 바울은 "모든 것이 내게 가하나 다 유익한 것이 아니요"라고 쓰면서(6:12), 13장에서 자기를 내어주는 그리스도인의 사랑에 대해 가장 폭넓고 심오하게 가르친다.

또 고린도전서에서 바울은 교회 내에서 영적 은사의 위치(12-14장)와 부활한 몸의 본질에 대한 폭넓은 교리도 가르친다(15장).

고린도전서 한눈에 보기										
초점	분쟁에 관한 글로에의 보고에 대한 답변		음행에 관한 보고에 대한 답변			기타 질문에 대한 답변				
관련구절	1:1 ---- 1:18 -------- 5:1 ----- 6:1 ----- 6:12 ----- 7:1 --------- 8:1 -------- 11:2 ------- 15:1 ------ 16:1 ----- 16:24									
구분	분쟁에 관한 보고	분쟁의 이유들	근친 상간	소송	성적 부도덕	결혼	우상에 바친 제물	공적인 예배	부활	예루살렘 교회를 위한 연보
주제	교회 안의 분쟁		교회 안의 무질서			교회 안의 난제들				
	관심		책망			조언				
장소	에베소									
기간	서기 약 56년									

고린도전서 개요

1부 분쟁에 관한 글로에의 보고에 대한 답변(1:1-4:21)

2부 음행에 관한 보고에 대한 답변(5:1-6:20)

3부 기타 질문에 대한 답변(7:1-16:24)

영적 은사

신약에는 영적 은사에 관한 몇 가지 목록이 나온다. 영적 은사를 모두 한꺼번에 소개하는 목록은 없으며, 저자가 의도에 따라 각 항목을 열거한다. 바울은 로마서 12장에서 일반적인 은사들을 소개하는 반면, 고린도전서 12장에서는 대체로 교회를 세우는 은사를 강조한다. 방언과 같이 눈에 띄는 은사는 개인에게 유익하지만, 고린도 교회 성도들은 이를 잘못 사용했다.

신약의 영적 은사 목록

롬 12:6-8	고전 12:8-10	고전 12:28-30	엡 4:11	벧전 4:9-11
예언	지혜의 말씀	사도	사도	말하는 사람
섬김	지식의 말씀	선지자	선지자	봉사하는 사람
가르침	믿음	교사	복음 전도자	
권면	병 고치는 은사	능력을 행하는 자	목사, 교사	
나눔	능력을 행하는 것	병 고치는 자		
다스림	예언	남을 돕는 자		
긍휼을 베푸는 것	영 분별	다스리는 자		
	방언	방언		
	방언 통역	방언 통역		

성령의 사역
태초에
• 땅이 혼돈하고 공허할 때, 하나님의 영이 계셨고, 창조 사역에 활발하게 참여하셨다(창 1:2).
구약에서
• 초자연적인 능력의 근원(창 41:38). • 예술적인 재능을 주는 분(출 31:2-5). • 능력과 힘의 원천(삿 3:9-10). • 예언의 영감을 주시는 분(삼상 19:20, 23). • 하나님의 사자에게 능력을 채워주는 분(미 3:8).
예언서에서
• 거룩하게 살도록 마음을 정결하게 하신다(겔 36:25-29).
구원에 있어서
• 신자들을 새롭게 하신다(딛 3:5). • 신자들 안에 거하신다(롬 8:9-11). • 신자들을 거룩하게 하신다(살후 2:13).
신약에서
• 그리스도에 관한 진리를 알려주신다(요 16:13, 14). • 복음을 선포할 능력을 주신다(행 1:8). • 마음속에 하나님의 사랑을 부어주신다(롬 5:5). • 우리를 위해 기도하신다(롬 8:26). • 사역에 필요한 은사를 나누어 주신다(고전 12:4-11). • 거룩한 삶의 열매를 맺게 하신다(갈 5:22-23). • 속 사람을 강건케 하신다(엡 3:16).
말씀이 기록될 때
• 성경을 기록할 때 영감을 주셨다(딤후 3:16, 벧후 1:21).

사랑의 방법

바울은 예언의 은사에 높은 가치를 두었는데(14:1 참고), 고린도 성도들은 영적인 신비를 이해하는 은사들과 극적인 기적을 행하는 믿음과 방언처럼 겉으로 드러나는 은사를 높이 평가했다. 하지만 이러한 영적인 은사가 있더라도 우리가 서로 사랑하지 않으면 하나님 보시기에 아무것도 아니다.

사랑은 ……	사랑이 없으면 ……	……보다 사랑은 위대하다.
오래 참고, 온유하고, 이타적이고, 진실하고, 바라고, 견디며(13:4-7) 투기하지 않고, 교만하지 않고, 자기의 유익을 구치 않고, 무례히 행치 않고, 성내지 않는다(13:4-5).	방언은 단지 울리는 소리이다(13:1). 예언하는 능력, 비밀, 지식, 믿음도 아무것도 아니다(13:2). 선한 행위도 아무런 유익이 없다(13:3).	폐할 예언(13:8) 그칠 방언(13:8) 사라질 지식(13:8)
바울은 성령 충만한 삶을 말할 때, 사랑이라는 역동적인 표현을 잘 사용했다. 이때 사랑은 동기와 행동을 모두 포함한다. 사랑은 성숙한 성도의 표징이다.		

그리스도의 부활

고린도의 성도들은 부활에 대해서도 많이 오해했다. 그래서 바울은 15장에서 이것을 바로잡으려고 애썼다. 그리스도께서 부활하신 사실, 그리스도의 부활과 성도의 부활 간의 시간적 관계, 부활한 몸의 본질에 대한 가르침을 포함해서 부활을 역사적, 신학적으로 변론한다. 고린도 성도들은 이 문제로 매우 고심했을 것이다. 헬라 사상에서는 육체를 영혼에 비해 상대적으로 저급하게 여기기 때문에, 몸의 부활이라는 개념이 들어설 자리가 없었다.

다음 지도와 도표들을 참고하자. 330, 359쪽 지도 "부활"도 보라.

부활하신 그리스도의 현현(顯現)

그리스도의 육체적 부활은 기독교 신앙의 핵심이다. 신약은 부활하신 그리스도께서 나타나신 사건을 기록하여 이것에 대한 의심의 여지를 남기지 않는다.

- **예루살렘 성 안 혹은 근방에서**
  막달라 마리아에게(요 20:11-18)
  다른 여인들에게(마 28:8-10)
  베드로에게(눅 24:34)
  10명의 제자들에게(눅 24:36-43, 요 20:19-25)
  도마를 포함한 11명의 제자들에게(요 20:26-29)
  승천하실 때(눅 24:50-53, 행 1:4-12)
- **엠마오로 가는 두 제자에게**(눅 24:13-35)
- **갈릴리에서**(마 28:16-20, 요 21:1-24)
- **500명에게**(고전 15:6)
- **다메섹 도상에서 바울에게**
  (행 9:1-6, 18:9-10, 22:1-8, 23:11, 26:12-18, 고전15:8)

부활에 대한 견해들

예수님의 부활에 대해 다음과 같은 견해들이 있다.

1. 대단한 속임수-부활은 거짓이다.
2. 신화-부활은 허구다.
3. **역사상 최고의 사건-부활은 실재다.**

다음은 텅 빈 무덤과 그리스도께서 부활하신 후 여러 사람들에게 나타나신 사건을 설명하는 이론들이다.

이론	설명
1. 기절	예수님은 실제로 죽은 것이 아니다.
2. 영혼	예수님의 영이 돌아온 것이지 몸은 아니다.
3. 환상	제자들이 환상을 보았다.
4. 전설/신화	부활은 오직 가르침을 위한 신화이거나 이야기이다. 예수님이 부활하실 수는 있지만, 실제로 그럴 필요는 없다.
5. 도둑맞은 시체	시체를 (1) 유대인들이 (2) 로마인들이 (3) 제자들이(마 28:11-15) (4) 아리마대 요셉이(요 19:38 이하) 훔쳐갔다.
6. 가짜 무덤	제자들이 다른 무덤에 가서, 비어 있는 것을 발견했고, 예수님이 부활했다는 잘못된 결론을 내렸다.
7. 이익을 얻으려는 의도적인 거짓말	제자들이 이익을 위해 부활 이야기를 만들었다.
8. 다른 사람을 예수님으로 오인	제자들이 예수님과 닮은 누군가를 예수님으로 오인했다.
9. 문자 그대로, 몸의 부활	예수님은 하나님의 초자연적인 권능으로, 역사 속에서, 몸으로 죽음을 이기고 부활하셨다(고전 15:3 이하).

증인들이 지켜야 할 윤리

(1) 하나님께서 우리를 예수 그리스도께 영광을 돌리는 삶을 살도록 부르셨기 때문에, 삶의 모든 영역에서 성경이 정한 윤리 기준을 따라야 한다. 우리 동료와 이웃에게 예수 그리스도의 복음을 전하려는 노력도 포함한다.

(2) 우리가 살고 일하는 곳 어디서나 예수님의 명령과 동기, 가르침과 모델을 따라서 여전히 죄 가운데 방황하며 예수님을 대적하는 사람들을 찾아서, 회복시키는 삶을 살아야 한다.

(3) 우리는 모든 사람들이 하나님의 형상으로 창조되어서 그들의 창조자, 구속자와 교제할 수 있다고 믿는다. 따라서 사람들을 비인격화하고, 인간이 가진 천부적인 가치를 빼앗는 어떠한 일도 거부한다.

(4) 우리는 인간의 가치를 존중하기 때문에, 모든 사람에게 예수 그리스도를 전할 가치가 있다고 믿는다. 우리는 또 모든 사람이 다른 종교적인 견해를 살펴볼 권리가 있음을 확신한다. 사람들은 기독교가 아닌 다른 종교를 선택할 자유가 있다.

(5) 여러 사상의 각축장에서 우리 그리스도인은 복음을 나눌 임무와 권리가 있음을 확신한다. 그렇다고 목적을 이루기 위해 어떤 수단도 정당화할 수 있는 것은 아니다. 우리는 강압적인 방식이나 조작적인 호소, 특히 감정을 자극하는 천한 행동이나 모순된 증거를 거부한다. 우리는 그리스도인의 참된 회심의 본질을 위장하여 사람의 비판적 능력을 무시하거나 심리적인 약점을 먹이로 삼지 않으며, 가족과 종교적인 제도들과의 관계를 해하지 않는다. 우리는 고의로 사람들을 호도하지 않는다.

(6) 우리는 신자나 회의론자 모두 한 개인의 본래 모습, 지적인 정직함, 다른 사상에 대한 학문적인 자유를 존중한다. 또 그렇기 때문에 숨겨둔 의제 없이 그리스도를 선포한다. 우리의 정체성, 목적, 신학적 입장, 그리고 정보의 출처를 분명히 밝힌다. 우리는 허위 광고를 하지 않고, 복음을 전하면서 물질적인 보상을 추구하지 않을 것이다.

(7) 우리는 다른 종교적 신념을 가진 사람들과 진실하게 대화한다. 우리는 우리의 인간됨, 즉 죄인이며, 단점이 많고, 다른 종교인들과 마찬가지로 하나님의 은혜에 의지해야 한다는 사실을 인정한다. 우리는 이해하기 위해서 민감하게 듣고자 노력하고, 정직한 의사소통을 가로막는 어떠한 고정 관념이나 굳은 교리를 전하지 않는다.

(8) '형제를 지키는 자'로서 우리는 이러한 윤리적인 안내에 어긋나는 방식으로 그리스도의 메시지를 제시하는 그리스도인 형제나 자매가 있다면 그들을 마땅히 훈계한다.

고린도후서

고대 고린도를 통과하는 로마 도로

바울의 첫 편지를 받은 이후, 거짓 교사들이 교회를 선동하며 휘저어 바울을 대적하도록 했다. 그들은 바울이 변덕스럽고 교만하며, 외모와 언변이 감동적이지 않고, 부정직한 것은 물론 예수 그리스도의 사도로서 자격이 없다고 주장했다. 바울은 이를 해명하기 위해 디도를 고린도로 보냈으며, 그가 돌아와서 고린도인들의 생각이 바뀐 것을 듣고, 기뻐하였다. 바울은 마음을 돌이킨 많은 성도들에게 고마움을 표하고, 여전히 의심하는 몇몇 성도에게 자신의 사도적 권위를 호소하기 위해 이 편지를 썼다. 이 책 전반에 걸쳐 바울은 자신의 행위와 성품, 예수 그리스도의 사도로 부름 받은 사실을 변론한다.

저자

이 편지를 바울이 썼다는 내적, 외적 증거가 충분하다. 문제는 바울이 이 편지를 썼는지 여부보다 로마서와 마찬가지로 통일성이 부족하다는 점이다. 많은 이들이 10장에서 13장을 원본의 일부가 아니라고 주장한다. 어조와 주제가 1장부터 9장까지와 상반되기 때문이다. 이 서신서의 통일성을 부정하는 사람들은, 일반적으로 10장에서 13장까지가 지금은 소실되어 전해지지 않는 2장 4절에 언급된 편지일 것이라고 주장함으로써 이 문제를 해명하려 한다. 그러나 마음을 돌이킨 성도들에서 의심하는 소수의 성도에게로 편지의 초점이 바뀌었기 때문에, 1장부터 9장과 10장부터 13장의 어조가 달라졌다고 보는 것이 더 합리적이다.

기록연대

바울은 아마도 서기 56년 또는 57년, 즉 3차 전도 여행 중에 마게도니아에서 이 편지를 썼을 것이다. 이 편지는 고린도전서를 쓰고 6개월이나 1년 정도 지난 후에 기록되었다. 374쪽의 "바울의 2, 3차 전도 여행", 372쪽 "바울의 생애" 지도를 참고하자.

많은 학자들은 고린도후서가 실제로는 바울이 고린도 성도들에게 네 번째로 쓴 편지라고 생각한다. 고린도전서 5장 9절에서 바울은 먼저 보낸 편지에 대해 말하고, 고린도전서를 쓴 이후, 그는 '슬픔으로 가득한 방문'으로 지칭한 고린도 방문길에 올랐다(2:1, 13:1 참고). 바울은 이 방문(세 번째 고린도 방문이었다) 이후, 지금은 소실되어 전해지지 않는 '눈물의 편지'(2:4)를 썼다. 디도는 이 편지를 고린도에 전했고, 마게도니아로 돌아와 바울에게 기쁜 소식을 전했다(7:6-8). 바울은 안심하고, 감사하며, 마게도니아에서 고린도후서를 기록했다.

주제와 문학적 구조

고린도후서는 바울이 사역하며 겪은 수많은 고난을 언급하기 때문에, 그의 편지 중에 가장 자서전적이다. 바울은 이 편지 전반에 걸쳐 자신의 사도다운 처신, 성품, 부르심을 변론한다. 이 책은 세 개의 주요 부분으로 나뉜다. 바울이 자신의 사역에 대해 설명하고(1-7장), 성도들을 위한 연보를 권면하며(8-9장), 자신의 사도직에 대해 변론하는(10-13장) 부분이다.

10장에서 13장에 바울은 자신의 사도직에 대해 변론하면서 역설과 풍자를 능숙하게 사용한다. 특히 소위 '어리석은 자의 연설'(11:16-12:13)이라 불리는 대목에서, 바울은 능력과 특별한 영적 은사를 지녔다고 허영심에 사로잡힌 일부 고린도 성도들에게 자신이 견딘 핍박과 연약함을 자랑하며, 오히려 그들을 조롱한다.

고린도후서 한눈에 보기								
초점	바울의 사역에 대한 설명			성도들을 위한 연보		사도직에 대한 바울의 변론		
관련구절	1:1 ----- 2:14------- 6:11------------8:1------------ 8:7 ----------- 10:1-------- 11:1------- 12:14----- 13:14							
구분	계획 변경	사역 철학	고린도인들에게 간곡히 권면함	마게도니아 인들의 모범	고린도인들에게 간곡히 권면함	비난하는 자들에 대한 답변	사도직 변론	곧 다시 방문할 것을 알림
주제	바울의 성품			성도들을 위한 연보		바울의 사도 자격		
	에베소에서 마게도니아로 : 일정 변경			마게도니아 : 방문 준비		고린도로 : 임박한 방문		
장소	마게도니아							
기간	서기 약 56년							

고린도후서 개요

1부 바울의 사역에 대한 설명(1:1-7:16)

1. 머리말 **1:1-11**

1) 바울이 하나님께 감사함 1:1-7

2) 아시아에서 바울이 겪은 고난 1:8-11

2. 계획 변경에 대한 바울의 설명 **1:12-2:13**

1) 바울의 세운 원래 계획 1:12-22

2) 바울의 변경된 계획 1:23-2:4

3) 양해를 구하는 바울 2:5-13

3. 바울의 사역 철학 **2:14-6:10**

1) 그리스도는 우리를 승리하게 한다 2:14-17

2) 변화된 삶이 사역을 증명한다 3:1-5

3) 새 언약이 사역의 기초이다 3:6-18

4) 그리스도가 사역의 주제이다 4:1-7

5) 사역 중에 시련이 많다 4:8-15

6) 사역의 동기 4:16-5:21

7) 사역을 막는 것은 아무것도 없다 6:1-10

4. 고린도인들에 대한 바울의 격려 **6:11-7:16**

1) 화해를 위한 호소 6:11-13

2) 불신자들과 멍에를 함께 메지 말라는 호소 6:14-7:1

3) 바울과 디도의 만남 7:2-7

2부 성도들을 위한 연보(8:1-9:15)

3부 사도직에 대한 바울의 변론(10:1-13:14)

갈라디아서

갈라디아서는 하나님의 은혜를 믿음으로 의롭다 칭함 받는 교리를 다루는 고전이다. 하나님 앞에서 의로워지려면 유대인의 율법도 반드시 지켜야 한다고 가르치는 거짓 교사들을 대적하기 위해 이 편지를 썼다. 로마서처럼 갈라디아서도 교회사에 기여한 바가 크다. 마르틴 루터와 요한 웨슬레는 모두 이 서신서가 자신의 삶에 결정적인 영향을 미쳤다고 고백한다.

저자

바울이 이 편지를 썼다는 점과 내용의 통일성에 의문을 제기하는 사람은 거의 없다. 실제로 바울은 이 편지의 원본을 다른 편지들처럼 비서에게 받아쓰게 하지 않고, 자신이 직접 썼다.

기록 연대

이 서신서의 기록 연대는 수신인이 누구인지에 따라 바뀐다. '갈라디아'라는 용어를 문화, 지리적 의미인 동시에 정치적인 용어로도 사용했기 때문이다. 로마가 통치한 갈라디아 지역(정치적 의미)은 소아시아 남부 지방 일부를 포함하는데(예를 들면, 비시디아 안디옥, 이고니온, 루스드라, 더베), 이 지역은 켈트족이 거주하는 소아시아 중부 지방인 '갈라디아' 지방(문화, 지리적 의미)과는 다르다.

'북 갈라디아 이론'은 바울이 좀 더 제한된 의미로 이전의 갈라디아 지방을 일컫는다고 주장한다. 이 이론에 따르면 갈라디아 교회는 바울이 1차 전도 여행 때 방문한 도시들의 북쪽에 위치한다. 2차 전도 여행 때 바울은 드로아로 가는 길에 문화, 지리적 갈라디아 지역을 방문했을 것이다(행 16:6). 3차 전도 여행에서 바울은 자신이 세운 갈라디아 교회를 다시 방문했으며(행 18:23), 에베소(서기 53-56년) 아니면 마게도니아에서(서기 56년) 이 편지를 썼다.

갈라디아 지방의 여러 도시

'남 갈라디아 이론'에 따르면, 정치적 의미에서 로마의 행정구역인 더 넓은 의미에서 갈라디아 지방을 일컫는다. 따라서 편지를 받은 교회들은 그가 바나바와 함께 1차 전도 여행 때 복음을 전한 도시들 중에 위치한다는 것이다(행 13:13-14:23). 이는 예루살렘 공의회가 열리기 직전이고(행 15장), 큰 흉년을 겪는 교회를 돕기 위해(행 11:27-30) 예루살렘을 방문한 것(2:1-10)이 틀림없다. 그렇다면 갈라디아서는 서기 49년에 기록되었을 것이다.

주제와 문학적 구조

갈라디아서는 어떤 유대인 율법주의자들이 억압적인 신학을 퍼뜨려 갈라디아 성도들이 그리스도 안에서 누리는 자유와 율법의 속박을 맞바꾸면서 일어난 여러 문제들을 다룬다. 바울은 율법의 행위를 강조하는 거짓 복음을 폐지하고, 믿음을 통해 은혜로 의롭게 되는 복음의 우월성을 논증하기 위해 강한 어조로 이 편지를 썼다. 이 글은 세 가지 방향에서 진지하게 문제에 접근하며 논증한다. 은혜의 복음을 변호함(1-2장), 은혜의 복음을 설명함(3-4장), 은혜의 복음을 적용함(5-6장)이다.

갈라디아서는 일명 '그리스도인의 자유에 관한 대헌장'이다. 그리스도는 율법과 죄의 속박에서 성도들을 풀어 주셨으며, 그들을 자유의 자리에 두셨다. 변혁적인 그리스도의 십자가는 죄와 율법과 이기심의 저주에서 신자들을 해방한다.

갈라디아서는 그리스도와 성도의 믿음 안에서 연합하는 것을 역동적으로 설명하고(2:20), 이 연합을 가시적으로 표현하는 의식이 세례며(3:27), 그리스도 안에서 세례 받은 모든 성도들은 서로 형제와 자매로 연합한다(3:28)는 사실을 보여 준다.

갈라디아서 한눈에 보기						
초점	은혜의 복음을 변호함		은혜의 복음을 설명함		은혜의 복음을 적용함	
관련구절	1:1 ----------- 2:1 -------------- 3:1 -------------- 4:1 --------------5:1 -------------- 6:1 --------6:18					
구분	바울의 사도직	바울의 권위	율법의 속박	은혜의 자유	성령의 열매	성령의 열매들
주제	자서전적인 설명		교리적인 해설		실제적인 권면	
	자유의 입증		자유에 대한 논쟁		자유의 적용	
장소	남 갈라디아 이론 : 수리아 안디옥 북 갈라디아 이론 : 에베소 또는 마게도니아					
기간	남 갈라디아 이론 : 서기 49년 북 갈라디아 이론 : 서기 53-56년					

갈라디아서 개요

1. 은혜의 복음을 변호함 1:1–2:21
- 1) 머리말 1:1–9
  - (1) 인사 : 은혜의 근거 1:1–5
  - (2) 상황 : 은혜에서 멀어짐 1:6–9
- 2) 하나님의 계시로 은혜의 복음을 받음 1:10–24
- 3) 예루살렘의 지도자들이 은혜의 복음을 승인함 2:1–10
- 4) 베드로를 책망하고, 은혜의 복음을 입증함 2:11–21

2. 은혜의 복음을 설명함 3:1–4:31
- 1) 성령은 행위가 아닌 믿음으로 받는 것 3:1–5
- 2) 아브라함은 행위가 아닌 믿음으로 의롭다 칭함을 받음 3:6–9
- 3) 칭의는 율법의 행위가 아니라 믿음으로 받는 것. 3:10–4:11
- 4) 갈라디아인들은 율법이 아닌 믿음으로 복을 받았음 4:12–20
- 5) 율법과 은혜는 공존할 수 없음 4:21–31

3. 은혜의 복음을 적용함 5:1–6:18
1) 자유의 위치 : 굳건하게 서라. 5:1–12
2) 자유의 실천 : 서로 사랑하라 5:13–15
3) 자유의 능력 : 성령 안에서 행하라 5:16–26
4) 자유의 실행 : 모든 이에게 기회 있는 대로 선을 행하라. 6:1–10
5) 결론 6:11–18

율법과 은혜의 비교

유대교의 율법주의를 주장하는 자들은 그리스도의 대속적인 죽음을 기껏해야 모범적인 예로 여기면서 하나님의 은혜를 배격하거나 제쳐두곤 했다. 바울이 당시 유대주의자들을 책망했던 것처럼, 이 책은 도덕적, 종교적 행위로 구원 받을 수 있다고 설명하는 모든 현대적인 시도도 규탄한다.

율법과 은혜			
기능		효과	
율법	은혜	율법	은혜
행위에 기초함(3:10)	믿음에 기초함(3:11-12)	우리를 저주 아래 있게 함 (3:10)	믿음으로 의롭다 함 (3:3, 24)
우리의 보호자(3:23, 4:2)	그리스도 중심(3:24)	믿음을 위해 우리를 가둠 (3:23)	그리스도가 우리 안에 거하심(2:20)
우리의 교사(3:24)	우리의 자유를 보증(4:30-31)	우리를 그리스도에게 인도함 (3:24)	우리를 아들이자 상속자로 받아들임(4:7)
율법은 (1) 우리의 죄를 지적하고 (2) 우리를 그리스도께로 몰아가며 (3) 순종의 삶으로 우리를 이끌지만, 우리를 구원하지는 못한다.			

가정생활에 대한 성경적 지침		
본문	주제	내용 요약
롬 9:6-11:36	민족적인 태도	바울은 족장시대부터 있었던 유대적인 태도들을 재고하면서 겸손과 용납을 호소한다.
롬 14:1-15:6	영적인 성숙과 믿음의 차이	신자들은 반드시 은혜롭게 행동하고 서로에 대해 인내해야 한다.
고전 5:1-13, 고후 2:1-11	가족 안의 성적 부도덕	바울은 성도의 가정 안에서 생긴 지속적인 근친상간의 문제를 다룬다.
고전 6:15-20, 살전 4:1-12	성적인 부도덕의 유혹	몸은 하나님의 성전이기 때문에, 신자들은 성적인 범죄를 피해야 한다.
고전 7:1-7	결혼 관계 안에서 성 관계	결혼 관계 안에서 친밀감은 중요하다.
고전 7:8-20, 25-38	독신과 결혼	바울은 개인적으로 결혼보다는 독신이 낫다는 견해를 표한다.
고전 7:39-40	과부의 재혼	믿는 자와 재혼하는 것은 완전히 허락한다.
엡 5:21-33, 골 3:18, 19, 벧전 3:1-7	결혼 관계	바울과 베드로는 남편과 아내에게 서로 사랑하고 지지하라고 도전한다.
엡 6:1-4, 골 3:20-21	자녀와 부모의 관계	자녀는 부모에게 순종하고, 부모는 자녀를 보살펴야 한다.
딤전 3:1-13, 딛 1:5-16	성품	영적인 지도자가 반드시 평가를 받아야 할 주요 영역 중 하나는 바로 가정이다.
딤전 5:3-16, 약 1:27	과부	바울은 과부를 돌보기 위한 지침을 제공한다. 야고보는 과부와 고아의 필요를 채워주라고 성도에게 권면한다.

에베소서

로마서와 함께 에베소서는 신약에서 가장 신중하게 신학적인 내용을 다룬 책이다. 바울은 성도들이 그리스도 안에서 지닌 풍성함을 더 많이 알고, 일상에서 이러한 영적 자원들을 잘 활용하도록 격려하려고 이 편지를 썼다.

저자

이 책의 저자 바울의 이름이 1장 1절과 3장 1절에 나오며, 고대의 교회 전승도 이를 지지한다. 그러나 에베소서의 어휘와 문체가 다른 서신서와 다르며, 그리스도의 몸을 보편적 교회로 보는 관점은 후에 발달한 신학적 견해라고 주장하는 사람들도 있다. 하지만 어휘와 문체에 대한 판단은 지나치게 주관적이며, 에베소서에 담긴 신학적인 풍성함은 바울이 개인적으로 더 성숙하고, 교회의 본질을 진지하게 묵상한 결과로 보는 것이 더 적절하다.

기록 연대

이 편지는 바울의 '옥중 서신'(에베소서, 빌립보서, 골로새서, 빌레몬서) 중 하나로, 바울이 처음 로마에 감금된 서기 60년에서 63년에 기록되었다. 아마도 골로새서와 거의 같은 시기에 기록되었을 것이다.

이 서신서의 수신자는 확실치 않다. "에베소에 있는"(1:1)이라는 구절이 초기의 어떤 헬라어 사본에는 빠져 있기 때문에, 일부 학자들은 이 서신서가 소아시아 교회 전체에 보낸 회람용 편지이며, 교회에서 교회로 전해졌을 것이라고 주장한다. 어떤 학자들은 골로새서 4장 16절에서 바울이 그 편지를 "라오디게아에서 오는 편지"와 함께 읽으라고 한 것을 이 이론이 설명해준다고 생각한다. 이는 아마도 여백에 '라오디게아'라는 이름을 기입한 에베소서의 필사본을 일컫는 것이며, 그렇게 회람해서 라오디게아에서도 이 편지를 읽을 수 있었을 것이다.

주제와 문학적 구조

에베소서의 전반부에서 바울은 그리스도 안에서 성도가 소유한 하늘의 복을 나열한다. 양자됨, 구속, 상속, 능력, 생명, 은혜, 시민권, 그리스도의 사랑 등이다. 1장에서 3장은 믿는 자들에게 주시는 하나님의 선물에 초점을 맞추며, 명령형 문장이 하나도 없다. 하지만 4장에서 6장에는 부르심에 합당하게 살아야 할 성도의 책임에 관해 35가지 지시 사항이 나온다. 이 책은 그리스도인의 위치(1-3장)와 그리스도인의 실천(4-6장), 두 부분으로 나눌 수 있다.

에베소서에서 구원이라는 멋진 소식은 "영광의 찬미"(1:6, 12, 14)라는 목표를 향해 나아간다. '영광'이라는 단어는 8번 등장하며, 그 어떤 것보다 뛰어난 하나님의 사랑, 지혜, 능력을 표현하는데 사용한다. 특별히 영광스럽고 성숙하게 사역하는 교회, "티나 주름 잡힌 것이 없는"(5:27) 교회를 통해 하나님의 영광이 나타난다.

성도의 부르심은 "하늘에 속한" 것이라고 에베소서에서 강조한다(1:3). 그리스도인은 이전에 죄 가운데 죽었지만, 그리스도와 함께 부활했으며, 그와 함께 "하늘에" 앉았다(2:6). 그렇기 때문에 "하늘에 속한" 복은 이 땅에서 성도들이 순종하며 살 수 있는 길과 힘을 공급한다(4:1, 7-10).

에베소서 한눈에 보기

초점	그리스도인의 위치				그리스도인의 실천			
관련구절	1:1 -------- 1:15	--------- 2:1	--------- 3:14	---------- 4:1	--------- 4:17	--------- 5:22	--------- 6:10	----- 6:24
구분	구속에 대한 찬양	계시를 위한 기도	그리스도인의 위치	깨달음을 위한 기도	교회의 연합	거룩한 삶	가정과 직장에서 감당할 책임들	영적 전투
주제	믿음				행위			
	그리스도인의 특권				그리스도인의 책임			
장소	로마							
기간	서기 60-61년							

Nelson's Complete Book of Bible Maps and Charts © 1993 by Thomas Nelson, Inc.

에베소서 개요

1부 그리스도인의 위치(1:1-3:21)

2부 그리스도인의 실천(4:1-6:24)

에베소 시

2차 전도 여행이 끝날 무렵, 바울은 브리스길라와 아굴라를 남겨 둔 에베소를 방문했다(행 18:18-21). 3차 전도 여행 때에 에베소로 돌아온 바울은 그곳에서 거의 3년이나 머물렀다(행 18:23-19:41). 바울이 사역한 결과, 마술과 우상 매매업이 심각한 타격을 입었고, 이 때문에 거대한 에베소 야외극장에서 난동이 일어났다. 그 후 바울은 마게도니아를 향해 떠났지만, 예루살렘으로 가는 길에 에베소 교회의 장로들을 다시 만났다(행 20:17-38).

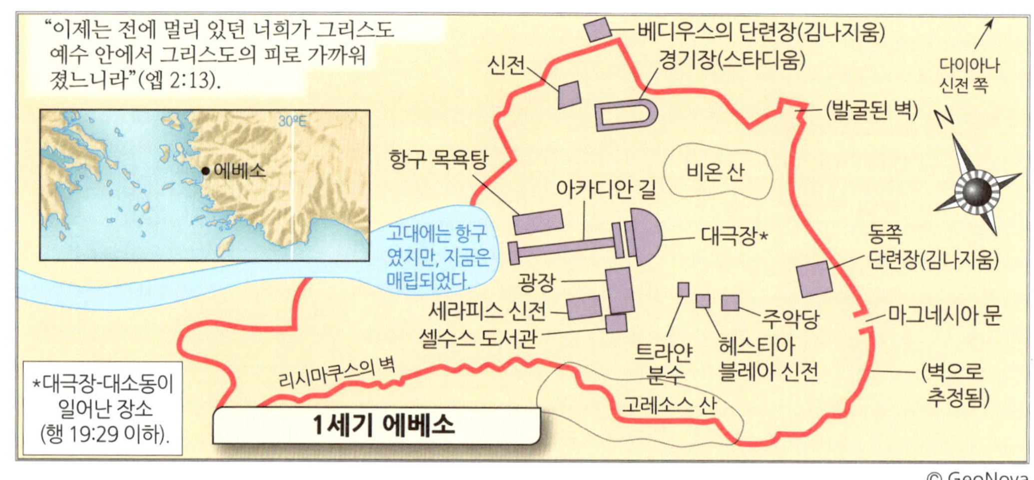

그리스도 안에서 우리가 누리는 복

에베소서에는 바울이 잘 사용하는 중요한 구절인 '그리스도 안에서'라는 표현이 대략 35번 정도 등장하는데, 신약의 다른 책보다 많이 나온다. 나아가 성도는 삼위일체의 세 분이 모두 함께 사역해서, 즉 성부의 사랑 어린 선택(1:3-6), 성자의 구속 사역(1:7-12), 성령의 인치심(1:13, 14)을 통해 확실히 구원받는다.

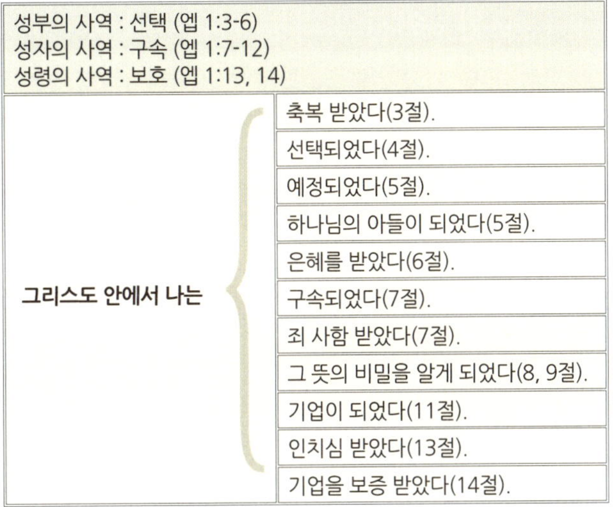
성부의 사역 : 선택 (엡 1:3-6)
성자의 사역 : 구속 (엡 1:7-12)
성령의 사역 : 보호 (엡 1:13, 14)

그리스도 안에서 나는	축복 받았다(3절).
	선택되었다(4절).
	예정되었다(5절).
	하나님의 아들이 되었다(5절).
	은혜를 받았다(6절).
	구속되었다(7절).
	죄 사함 받았다(7절).
	그 뜻의 비밀을 알게 되었다(8, 9절).
	기업이 되었다(11절).
	인치심 받았다(13절).
	기업을 보증 받았다(14절).

풍성한 은혜

은혜는 헬라어로 **카리스**(*charis*)인데, 우리를 이롭게 하시는 하나님의 활동을 말하며, 이를 통해 하나님은 그분 자신과 그분의 은사, 그분의 생명을 우리에게 나타내신다. 하나님이 주신 이 모든 것들은 죄로 가득한 인간의 가치나 장점에서 나온 것이 아니라, 하나님의 사랑에서 비롯된다.

유익	하늘에 속한 그리스도의 신령한 복(1:3), 죄 사함(1:7)
기원	창세 전에 하나님이 택하셔서(1:4), 하나님의 기쁘신 뜻대로(1:5)
목적	사랑 안에서 거룩하고 흠이 없게 하시려고(1:4), 그리스도 안에서 통일되게 하시려고(1:10)
특권	그리스도의 은혜로 하나님 집의 양자가 됨(1:5)
대가	그리스도의 피로 말미암아(1:7)
방법	복음을 듣고, 그리스도를 믿음으로써(1:12, 13)
보증	성령께서 우리의 이 기업에 보증이 되심(1:13, 14)

구원 사역

구원은 본래 (1) 하나님이 죄인들을 자기 앞에서 의롭다고 선언하시고, 그리하여 죄에 대한 법적 처벌에서 영원히 벗어나는 칭의 (2) 죄인들이 성령의 능력으로 점차 죄의 권세에서 해방되는 성화 (3) 신자들이 죄에서 완전히 해방되어 그리스도의 형상이 되는 영화, 이렇게 세 부분을 포함한다.

구원 : 인간의 가장 위대한 소유

칭의 (과거)	성화 (현재)	영화 (미래)
죄의 형벌에서 *즉시* 구원받음	죄의 능력에서 *점차* 구원받음	죄의 존재에서 *궁극적으로* 구원받음
"너희는 그 은혜에 의하여 믿음으로 말미암아 구원을 받았으니 이것은 너희에게서 난 것이 아니요 하나님의 선물이라" (에베소서 2:8).		

그리스도 안에 있는 새로운 피조물의 특징

고린도전서 13:3-8	갈라디아서 5:22-23	빌립보서 4:8	골로새서 3:12-16
사랑은 ……	*성령의 열매는 ……*	*이것들을 생각하라 ……*	*이러한 것들을 더하라 ……*
• 오래참고 • 온유하며 • 투기하지 않고 • 자랑하지 않고 • 교만하지 않고 • 무례히 행치 않고 • 자기의 유익을 구치 않고 • 성내지 않고 • 악한 것을 생각하지 않고 • 불의를 기뻐하지 않고 • 진리와 함께 기뻐하고 • 모든 것을 참으며 • 모든 것을 믿으며 • 모든 것을 바라며 • 모든 것을 견딘다.	• 사랑 • 희락 • 화평 • 오래 참음 • 자비 • 양선 • 충성 • 온유 • 절제	• 참되고 • 경건하고 • 옳으며 • 정결하며 • 사랑할 만하며 • 칭찬할 만하며 • 무슨 덕이 있든지 • 무슨 기림이 있든지	• 긍휼 • 자비 • 겸손 • 오래 참음 • 서로 용납 • 피차에 용서 • 이 모든 것 위에 사랑을 더하라. • 그리스도의 평강이 너희 마음을 주장하게 하라. • 감사하는 자가 되라. • 그리스도의 말씀이 너희 속에 풍성히 거하게 하라. • 모든 지혜로 피차 가르치며 권면하라. • 마음에 감사함으로 하나님을 찬양하라.
"그런즉 믿음, 소망, 사랑, 이 세 가지는 항상 있을 것인데 그 중의 제일은 사랑이라" (13:13).	"이 같은 것을 금지할 법이 없느니라 …… 만일 우리가 성령으로 살면 또한 성령으로 행할지니"(5:23, 25).	"너희는 내게 배우고 받고 듣고 본 바를 행하라 그리하면 평강의 하나님이 너희와 함께 계시리라" (4:9).	"또 무엇을 하든지 말에나 일에나 다 주 예수의 이름으로 하고 그를 힘입어 하나님 아버지께 감사하라"(3:17).

빌립보서

빌립보서는 역경 중에서도 기뻐하라고 격려한다. 바울은 빌립보의 그리스도인들을 향한 사랑을 자유롭게 표현하고, 그들의 한결같은 복음 증거와 후원에 감사하면서, 그들의 행동과 생각을 모아서 그리스도의 인격과 능력을 추구하도록 사랑으로 권한다.

저자

바울이 분명 이 편지를 썼고(1:1), 이 사실에 대해 진지하게 의문을 제기한 적도 없다. 하지만 기록 연대와 기록 장소에 대해서는 논쟁이 잦다.

기록 연대

전통적으로 서기 61년에서 63년에 바울이 로마에 수감되어 있을 때 빌립보서를 썼다고 생각한다. 친위대(1:13)와 가이사의 집안(4:22)에 대한 언급은 바울이 로마에 수감된 상황과 잘 맞는다. 게다가 1장 12절에서 20절까지와 4장 22절을 보면 바울이 수감된 기간이 꽤 길었음을 암시한다. 그러므로 이 편지는 사도행전 28장에 기록된 바울의 수감생활 중 어느 시점에 기록된 것 같다.

그러나 최근에 어떤 학자들은 바울이 에베소에서 사역한 서기 55년 경이나(행 19, 20장), 가이사랴에 감금되었던 서기 56년에서 61년 경에 이 책을 기록했을 것이라고 주장한다(행 24-26장). 그들은 가이사랴의 집안과 친위대가 로마가 아닌 에베소나 가이사랴 지방 도시의 로마 관리들을 칭하는 것일 수 있다고 지적한다. 빌립보서가 에베소에서 기록되었다고 주장하는 사람들은, 1장 26절, 2장 19절, 23장에서 26장, 4장 18절에서 바울이 있던 감옥과 빌립보 사이에 왕래가 빈번한 것을 볼 때, 바울이 로마보다 빌립보에 더 가까이 있었다고 주장한다.

그러나 사도행전에는 바울이 에베소에서 수감되었다는 언급이 없고, 가이사랴는 로마보다 빌립보에서 더 멀며, 로마와 빌립보 사이에는 에그나티아(Via Egnatia)라는 로마의 주요

도로가 있어서, 여행하기 어렵지 않았다는 사실에 주목해야 한다. 따라서 이 편지는 서기 61년에서 63년 사이에 로마에서 기록되었다고 보는 것이 더 적절하다.

주제와 문학적 구조

빌립보서는 바울의 가장 개인적인 편지에 속한다. 바울은 이 편지에서 그리스도와 함께한 경험, 그리스도와 함께 있기 위해 죽는 것과 빌립보 성도들을 섬기기 위해 사는 것 중 어느 것이 나은지 갈등한 것을 나눈다(1:21-26). 바울은 빌립보 성도들을 깊이 사랑했으며, 그들은 바울이 감금되었을 때, 그에게 필요한 것을 채워주었다(1:7). 그래서 바울은 자주 고마운 마음을 표현한다(1:3-11, 2:19-30, 4:10-20).

빌립보서는 현재의 상황에 대한 바울의 설명(1장), 그리스도의 마음을 품으라는 권면(2장), 그리스도를 아는 지식을 지키라는 권면(3장), 그리스도의 평강에 거하라는 권면(4장)을 중점적으로 다룬다.

빌립보서에서 가장 두드러진 주제는 '기쁨'이다. 헬라어 **카라**(*chara*)에 해당하는 '기쁨'이라는 단어가 5번 나오고(1:4, 25, 2:2, 29, 4:1), '기뻐하라'도 11번 나온다(1:18, 2:17, 18, 4:4에서 2번씩, 2:28, 3:1, 4:10에서 1번씩). 기뻐할 만한 환경이 아니더라도 바울은 하나님께서 자신에게 또 빌립보 성도들에게 기쁨에 찬 확신을 주실 것이라고 말한다.

바울은 빌립보 성도들에게 성육신하셔서 십자가에 못 박히신, 가장 위대한 본 그리스도의 마음을 닮아서(2:5-11), 겸손하게 한 마음으로 서로를 돌아보라고 권한다(2:1-4). 그리스도의 **케노시스**(*kenosis*), '자기 비움'은 신성을 포기하셨다는 뜻이 아니라, 성육신 이전의 영광을 감추시고, 자발적으로 자신의 신적 속성을 제한하셨다는 의미이다.

빌립보서 한눈에 보기

초점	상황 설명	그리스도의 마음	그리스도의 지식	그리스도의 평강
관련구절	1:1 ---------- 2:1	---------- 3:1	---------- 4:1	---------- 4:23
구분	그리스도와 함께함	그리스도의 백성	그리스도를 좇아감	그리스도의 능력
주제	고난	복종	구원	성화
	경험	모범	격려	
장소	로마			
기간	서기 약 62년			

Nelson's Complete Book of Bible Maps and Charts © 1993 by Thomas Nelson, Inc.

빌립보서 개요

1. **현재 상황에 대한 바울의 설명** 1:1-30
   1) 바울의 감사 기도 1:1-11
   2) 바울의 고난이 복음전파에 도움이 됨 1:12-18
   3) 바울의 고난이 주를 높임 1:19-26
   4) 고난 받는 자들에 대한 바울의 권고 1:27-30
2. **그리스도의 마음을 품으라는 바울의 권면**. 2:1-30
   1) 겸손에 대한 바울의 권고 2:1-4
   2) 겸손의 본이신 그리스도. 2:5-16
   3) 겸손에 관한 바울의 모범 2:17, 18
   4) 겸손에 관한 디모데의 모범 2:19-24
   5) 겸손에 관한 에바브로디도의 모범 2:25-30
3. **그리스도를 아는 지식을 지키라는 바울의 권면** 3:1-21
   1) 육체를 신뢰하는 것에 대한 경고. 3:1-9
   2) 그리스도를 알라는 권고. 3:10-16
   3) 육체를 위한 생활에 대한 경고. 3:17-21
4. **그리스도의 평강을 누리라는 바울의 권면**. 4:1-23
   1) 형제들과의 평화 4:1-3
   2) 주님과의 평화. 4:4-9
   3) 모든 상황 속에서 평화 4:10-19
   4) 결론 4:20-23

그리스도와 아담

성경은 믿는 자들에게 그리스도의 마음을 본받아 겸손하고, 서로를 위해 사랑으로 희생하라고 권면한다(2:5-11). 그리스도의 본과 아담의 마음을 서로 대조해 보자. 그리스도는 순종과 겸손으로 아담의 불순종과 교만함을 덮는다.

아담과 그리스도 : 비교와 대조	
아담	그리스도
하나님의 형상으로 창조되었다.	바로 하나님의 형상과 본질이다.
하나님처럼 선악을 분별하고 통제하고자 했다.	하나님처럼 선악을 분별하고, 통제하고자 하지 않았다.
명성을 얻고자 열망했다.	스스로 명성을 취하지 않았다.
하나님의 종으로 섬기기를 거절했다.	하나님의 종으로 헌신했다.
하나님처럼 되려고 노력했으나,	사람의 모습으로 오셔서,
실상은 흙으로 지어진 유한한 인간이다.	죄 있는 육신의 모양으로 나타나셔서(롬 8:3),
스스로를 높이고,	자신을 낮추시고,
죽기까지 불순종했다.	죽기까지 순종하셨다.
하나님의 저주를 받고 명예를 상실했다.	하나님은 그분을 높이시고, 모든 사람이 주라 부르는 자리에 앉히셨다.

그리스도를 좇음

빌립보서는 그리스도인이 마음을 모아 그리스도를 따르고, 하나님과 친밀한 관계를 추구해야 한다고 가르친다. 우리의 개인적인 관심과 열망을 버리고 얼마나 예수 그리스도를 아는 일에 전념하는지에 따라 영적 성숙도를 가늠할 수 있다.

…… 추구하라.	• 그리스도를 가장 높이고(1:21, 3:7, 8), 그리스도 안에서 의와 부활의 능력을 **구하라**(3:9-11).
	• 그리스도와 같은 겸손(2:5-7)과 성도 안에서 행하시는 하나님의 뜻을 **구하라**(2:12, 13).
	• 하늘 나라의 부르심(3:14)과, 영원한 구원의 상급을 **구하라**(3:14).
	• 무엇에든지 참되며 무엇에든지 경건하며 무엇에든지 옳으며 무엇에든지 정결하며 무엇에든지 사랑할 만하며 무엇에든지 칭찬할 만하며(4:8), 하나님의 평화의 임재를 **구하라**(4:9).

10가지 잘못된 통념		
번호	잘못된 통념	관련구절
1	예수 그리스도는 단지 위대한 윤리 교사였을 뿐이다.	마 13:34, 35
2	예수가 죽음에서 부활했다는 증거는 없다.	마 28:1-10
3	과학은 기독교 신앙과 충돌한다.	요 4:48
4	무엇을 믿든 상관없다. 모든 종교는 기본적으로 똑같다.	행 4:12
5	기독교는 단지 약자들의 버팀목일 뿐이다.	고전 1:26
6	사람들은 사회적인 제약으로 인해 그리스도인이 되었다. .	고전 15:9, 10
7	기독교는 개인의 자유를 억압한다.	갈 5:1-12
8	기독교는 내세적이며 현재의 삶과 상관없다.	히 12:1, 2
9	성경은 비합리적이며 신뢰할 수 없다.	벧후 1:16
10	이 세계의 모든 악과 고통이 하나님이 없음을 입증한다.	계 20:1-10

골로새서

골로새서는 아마 성경 중 가장 그리스도를 중심에 두는 책일 것이다. 이 책에서 바울은 그리스도의 탁월성과 그가 베푸신 구원의 완전성을 강조한다.

저자

골로새서를 바울이 썼다는 것을 오랫동안 일관되게 뒷받침하는 외적 증거가 있다. 내적 증거도 매우 견고하다. 바울이 골로새서를 썼다는 구절이 있고(1:1, 23, 4:18), 개인적인 세부 묘사와 에베소서, 빌레몬서와 매우 유사하다는 점도 이를 뒷받침한다.

그럼에도 불구하고, 어휘와 사상 때문에 바울이 기록한 것이 사실인지 의심하는 자들이 있었다. 이 넉 장의 편지에는 다른 바울 서신에는 없는 55개의 헬라어가 사용되었다. 이 개념들이 바울 시대에는 너무 뒤쳐진다고 결론 내리고, 골로새서의 수준 높은 기독론을 그리스도를 창조자인 **'말씀'**(로고스, *Logos*)으로 보는(1:15-23, 요 1:1-18 참고) 요한의 후기 개념과 견주었다. 또 골로새서에 등장하는 이단이 서기 2세기에 만연하던 영지주의의 한 형태라는 주장도 가끔 있다.

그러나 우리는 바울이 폭넓은 어휘를 구사했다는 점을 반드시 인식해야 한다. 그리고 이 편지에서 독특한 주제들, 특히 골로새 교회의 이단 사상을 다루기 때문에 그런 어휘를 사용했을 것이다. 또한 바울이 그리스도의 창조 사역을 미처 몰랐다고 추측할 까닭도 없다. 특히 빌립보서 2장 5절에서 11절을 볼 때 그러하다. 마지막으로, 2장에 나오는 골로새의 이단은 2세기에 번성하던 영지주의라기보다 초기 영지주의의 한 형태로 보는 것이 더 적절하다.

기록 연대

바울은 에베소서, 빌립보서, 빌레몬서처럼 이 편지를 감옥에서 썼다. 가이사랴나 에베소에서 기록했을 것이라는 주장도 있지만, 첫 번째 로마 감금 기간인 서기 60년에서 61년에 이 편지를 기록(28:16-31)해서 두기고와 개종한 노예 오네시모 편에 이 편지를 골로새에 전했다는 증거가 많다(4:7-9, 엡 6:21, 몬 10-12 참고).

골로새는 요한계시록 1장에서 3장에 나오는 아시아의 일곱 교회가 위치한 에베소에서 동쪽으로 약 152킬로미터 떨어진 작은 도시였다. 에베소에서 동쪽으로 가는 길에 펼쳐진 비옥한 리쿠스 계곡에 위치한 골로새는 한때 상업의 중심지였으나, 바울 시대에는 주변의 라오디게아와 히에라폴리스 같은 도시에 가려 그 빛을 점차 잃었다. 이 편지는 교회에 많은 유익을 끼쳤지만, 골로새 교회는 초대 교회사에 아무런 영향도 끼치지 못했다.

골로새 교회에 등장한 이단의 특징이 정확히 무엇인지 논쟁의 여지가 많다. 바울이 2장 8절에서 23까지 이 이단 사상을 반박하면서 잠깐 언급한 내용으로 추론할 수 있을 뿐이다. 이는 분명 헬레니즘적인 그리스 사조(2:4, 8-10)와 유대의 율법주의(2:11-17), 동양의 신비주의가 뒤섞인 종교 체계였다. 이 이단은 몸과 물질세계를 전반적으로 경시했다(2:20-23). 천사 숭배, 신비 체험에 몰두하면서 할례와 음식에 관한 규정, 의례 준수에 대해 강조한 이 이단은 그리스도를 통해 우리가 충분히 구원받을 수 있다는 사실을 부정했다. 그리스도를 하나의 사상에 끼워 맞추려 하면, 언제나 그분의 인성과 구속 사역의 의미를 훼손하게 된다.

주제와 문학적 구조

골로새서는 만물 안에 충만히 거하시며, 만유를 다스리시는 그리스도를 반복해서 전한다. 믿는 자들은 오직 그리스도 안에서 온전해지며, 부족함이 없다. "그 안에는 신성의 모든 충만이 육체로 거하시기" 때문이다(2:9). 이 서신서의 앞부분에는 만유의 머리이신 그리스도를 드러낸다(1-2장). 뒷부분에서는 성도들이 그 만유의 주 그리스도께 성도들이 순종할 것을 권면한다(3-4장).

특히 서신서 후반부에서, 바울은 성도와 그리스도의 연합이 무엇을 뜻하는지 파헤친다. 성도는 그리스도와 함께 죽고, 부활하고, 승천한 사실을 토대로 이 땅의 삶을 살아야 한다.(3:1-4). 그리스도와 함께 죽었기 때문에 그리스도인들은 예전의 죄 된 방식에 대하여 자신을 죽은 자로 여겨야 하며(3:5-11), 그리스도와 함께 부활했기 때문에 의에 대하여는 자신을 산 자로 여겨야 한다. 그리고 그리스도의 사랑을 받는 자로서 새로운 성품을 덧입어야 한다(3:12-17).

그리스도인들의 여러 관계 속에서 새 생명의 특징이 드러나야 한다. 바울은 남편과 아내, 부모와 자녀, 종과 주인에게 구체적으로 권면한다(3:18-4:1).

골로새서 한눈에 보기						
초점	교회의 머리이신 그리스도			그리스도께 순종하는 교회		
관련구절	1:1 ----------- 1:15 --------------- 2:4 -------------- 3:1 -------------- 3:5 ---------------- 4:7 ------- 4:18					
구분	머리말	만유 위에 뛰어나신 그리스도	그리스도 안에 있는 자유	성도의 지위	성도의 생활	결론
주제	교리적			실천적		
	그리스도가 우리를 위해 하신 일			그리스도가 우리를 통해 하시는 일		
장소	로마					
기간	서기 60-61년					

Nelson's Complete Book of Bible Maps and Charts © 1993 by Thomas Nelson, Inc.

골로새서 개요

1부 교회의 머리이신 그리스도(1:1–2:23)

1. 머리말 1:1–14
- 1) 인사 1:1, 2
- 2) 골로새인들에게 보내는 바울의 감사 1:3–8
- 3) 골로새인들을 위한 바울의 기도 1:9–14

2. 만물 위에 뛰어나신 그리스도 1:15–2:3
- 1) 모든 피조물보다 먼저 나신 그리스도 1:15–18
- 2) 모든 믿는 자들을 구원하시는 그리스도 1:19–23
- 3) 교회에 영광의 소망이 되시는 그리스도 1:24–2:3

3. 그리스도 안에 있는 자유 2:4–23
- 1) 속이는 말에게서 자유 2:4–7
- 2) 헛된 철학에서 자유 2:8–10
- 3) 사람들의 판단에서 자유 2:11–17
- 4) 부적절한 숭배에서 자유 2:18, 19
- 5) 세상 초등학문에서 자유 2:20–23

2부 그리스도께 순종하는 교회(3:1–4:18)

1. 성도의 지위 3:1–4

2. 성도의 생활 3:5–4:6
- 1) 옛 사람을 벗어라 3:5–11

에베소서와 골로새서 비교

에베소서와 골로새서는 거의 같은 시기에 기록되었고, 비슷한 주제를 다루면서도 각각 독특한 강조점을 지닌다. 에베소서가 '그리스도의 교회'를 묘사하는 서신이라면, 골로새서는 '교회의 머리이신 그리스도'를 강조한다.

에베소서	골로새서
예수 그리스도는 교회의 주인	**예수 그리스도는 만유의 주인**
교회가 그리스도의 몸이라는 사실을 강조하면서 동시에 그리스도가 교회의 머리이심을 확증한다.	만유와 교회의 머리이신 그리스도를 강조한다.
에베소 교회에 보낸 것이라기보다 회람용 서신이었을 것이다.	골로새 교회라는 한 지역 교회를 위해 쓴 서신이다.
이단 사상이 교회를 주로 위협하던 때가 아니었기 때문에, 거짓된 가르침의 잘못들을 덜 직접적으로 말한다.	이단이 더 위협적인 존재가 되었기 때문에, 거짓 교리의 오류를 곧장 지적한다.
일반적인 주제를 광범위하게 다룬다.	일반적인 주제를 간략하게 다룬다.

만물 위에 뛰어나신 그리스도

사도 바울은 골로새 성도들과 거짓 교리에 대해 직접적으로 논쟁하지 않는다. 그보다 첫 장에서 그리스도가 만물 위에 뛰어나신 분이심을 일깨워 주며, 그리스도의 진리를 건설적으로 세워나간다.

그리스도의 탁월성				
그리스도				
우주적인 통치에 있어서	화해에 있어서	지혜와 지식에 있어서	개인적인 율법 준수에 있어서	그리스도인의 삶에서
• 눈에 보이는 하나님의 형상(1:15) • 창조자(1:16) • 만물을 떠받치는 분(1:17) • 교회의 머리(1:18)	• 아버지를 기쁘게 함(1:19, 20) • 죽으심으로 우리를 아버지와 화목하게 하심(1:21, 22) • 영광의 소망으로 우리 안에 거하심(1:27)	• 모든 값진 지혜와 지식의 근원(2:2, 3) • 이 세상의 철학은 그와 같아질 수 없음(2:8)	• 우리는 그 안에 살고 있음(2:11-13) • 율법주의와 허례허식이 필요 없음(2:16-23)	• 그는 우리의 생명(3:3) • 우리는 부도덕을 피할 수 있으며, 이웃을 축복할 수 있음(3:5-14)

그리스도에게 초점을 맞춤

골로새서의 처음 두 장에는 성경에서 가장 위대한 기독론적인 구절들이 있다. 창조자이며 구속자인 하나님의 아들을 강조하면서, "그 안에는 신성의 모든 충만이 육체로 거하"(2:9)신다는 믿음으로, 그리스도의 충만한 신성을 단언한다.

네 개의 위대한 기독론의 구절

	요 1, 14장	빌립보서 2장	골로새서 1, 2장	히브리서 1, 2장
(1) 그리스도의 신성과 성부와의 관계	말씀 1:1, 14	하나님의 본체 2:6	보이지 아니하시는 하나님의 형상 1:15, 19	하나님의 계시 1:2
	빛나는 영광 1:14, 14:7			
	독생자 1:14, 18	하나님과 동등 2:6	먼저 나신 자 1:15, 18	먼저 나신 자 1:6
	아들 3:16	종의 형체 2:7	그(하나님)의 사랑하는 아들 1:13	아들 1:2a, 5, 8
(2) 그리스도의 신적 사역 만물 창조	1:1-3		1:16-18	1:2, 3, 10
구원	1:12, 13	2:6-8	1:4, 5, 19-22, 2:6, 13-15	1:3, 2:10, 11
(3) 그리스도의 신적 본질	*데오스*(하나님) 1:1, 18	*데오스*(하나님) 2:6	*데오테토스*(삼위 하나님) 2:9	*데오스*(하나님) 1:8
오직 그에게서만	1:18, 14:6	2:6	1:19, 2:9	1:3
육체 안에 나타남	1:14	2:7, 8	2:9	1:6, 2:14-18

믿음을 노래함

구약에서 볼 수 있듯이, 히브리인들은 기쁨으로 주를 노래하는 신앙적 표현을 강조했다. 하지만 기독교에서 '노래'는 훨씬 더 깊은 믿음의 표현이다. 노래는 가르치고 설교하는 것을 크게 돕는다. 골로새인들은 시편, 찬양, 영적인 노래로 가르치며, 훈계하는 사역을 중시했다.

찬양과 노래들

찬양하는 사람	묘사	관련구절
예수님과 제자들	예수님이 체포되기 전에 함께 모여 유월절을 축하할 때 다락방에서 부른 노래	마 26:30
마리아	마리아가 처녀로서 메시야를 낳을 것이라는 사실을 알게 되자 부른 노래	눅 1:46-55
스가랴	메시야를 예비하는 자로 섬기게 될 아들에게 할례를 행하면서 기쁨으로 부른 노래	눅 1:68-79
바울과 실라	빌립보 감옥에서 한밤중에 하나님을 찬양하며 부른 노래	행 16:25
모든 성도	하나님께서 모든 성도들이 부르기 원하시는 감사와 기쁨의 영적인 노래	엡 5:19 골 3:16
14만 4천명의 성도	천국에서 구속받은 자들이 새 노래로 하나님의 영광을 찬양하는 노래	계 14:1-3

결정적인 기독론의 구절들

그리스도	그리스도의 신적인 관계	그리스도의 신적인 사역	그리스도의 신적인 이름	그리스도의 신적인 본성
요한복음(요 1, 14장)	말씀(요 1:1, 14) 빛나는 영광 (요 1:14, 14:7) 독생자(요 1:14, 18) 아들(요 3:16)	만물 창조(요 1:1-3) 구원(요 1:12, 13)	*데오스* (헬라어로 "하나님") (요 1:1, 18)	완전하신 하나님 (요 1:18, 14:6) 완전하신 인간 (요 1:14)
빌립보서(빌 2장)	하나님의 형상(빌 2:6) 하나님과 동등하심 (빌 2:6) 종의 형체(빌 2:7)	구원(빌 2:6-8)	*데오스* (헬라어로 "하나님") (빌 2:6)	완전하신 하나님 (빌 2:6) 완전하신 인간 (빌 2:7-8)
골로새서(골 1, 2장)	보이지 아니하시는 하나님의 형상 (골 1:15, 19) 처음 나신 이 (골 1:15, 18) 하나님이 사랑하시는 아들(골 1:13)	만물 창조 (골 1:16-18) 구원 (골 1:4, 5, 19-22, 2:6, 13-15)	*데오테토스* (헬라어로 "삼위 하나님") (골 2:9)	완전하신 하나님 (골 1:19, 2:9) 완전하신 인간 (골 2:9)
히브리서(히 1, 2장)	하나님의 계시(히 1:2) 맏아들(히 1:6) 아들(히 1:2, 5, 8)	만물 창조 (히 1:2, 3, 10) 구원 (히 1:3, 2:10, 11)	*데오스* (헬라어로 "하나님") (히 1:8)	완전하신 하나님 (히 1:3) 완전하신 인간 (히 1:6, 2:14-18)

데살로니가전후서

가이사랴 유적

바울은 잠깐 방문했던 데살로니가 교회에게 감사와 애정을 담아서, 신실하지만 고군분투하는 교회를 향해 격려의 말을 전한다. 특별히 이 두 편지는 주로 그리스도의 재림을 전하며 그들을 격려한다.

저자

19세기에 이르러 급진적인 비평가들이 교리적인 내용이 부족하다는 이유로 의심하기 전까지, 데살로니가전서의 저자가 바울이라는 사실에는 별다른 반대가 없었다. 바울 서신에 대단히 다양한 교리적인 가르침이 있는데 반해, 데살로니가전서에서는 그리스도의 재림이라는 특정한 교리적 주제만 다룬다.

데살로니가후서를 바울이 썼다는 사실에 대한 외적 증거는 데살로니가전서보다 더 강력하다. 데살로니가후서 1장 1절과 3장 7절과 어휘와 문체, 교리적인 내용이 이 서신을 바울이 썼다는 주장을 내적으로 뒷받침한다.

기록 연대

데살로니가전후서 모두 바울이 2차 전도 여행 중에 기록했는데, 그렇다면 이 두 서신서가 신약 성경 중에서 가장 먼저 기록된 책일 것이다. 바울은 마게도니아 지방의 수도인 데살로니가에 잠시 머문 후, 베뢰아와 아덴을 거쳐 남쪽으로 떠나서 고린도에서 18개월 머물렀다. 바울은 고린도에 머물렀던 서기 51년과 52년 초반에 데살로니가전서를 썼다.

373쪽 "바울의 1차 전도 여행", 374쪽 "바울의 2, 3차 전도 여행" 지도를 참고하자.

첫 번째 편지를 쓰고 몇 달이 지난 후, 바울이 고린도에 머물 당시, 데살로니가 교회에서 자신이 가르친 주님의 날에 대해 누군가가 오해하고 있다는 편지를 받았다. 편지를 받은 후 바울은 오해를 바로잡고, 더 나아가 교회를 격려하기 위해 데살로니가후서도 썼다.

바울 시대에 데살로니가는 중요한 항구였으며, 로마의 마게도니아 지방의 수도였다. 이 번성한 도시는 로마에서 동방으로 행하는 주요 도로인 에그나티아(Via Egnatia)에 자리했으며, 근처에 그리스 신들의 전설적인 고향인 올림푸스 산이 있었다.

서기 1세기 데살로니가 인구는 20만에 다다랐고, 유대인도 상당수 살았으며, 많은 이방인들이 그리스의 우상숭배에 환멸을 느껴서 유대교의 윤리적인 유일신사상에 관심을 보였다. 데살로니가전서 1장 9절과 2장 14절에서 16절을 보면 데살로니가의 개종자들은 대부분 이전에 우상을 숭배하던 이방인들이다.

주제와 문학적 구조

데살로니가에서 쫓겨나다시피 한 후(행 17:1-9), 바울은 데살로니가 성도들의 믿음이 진보했는지 큰 관심을 기울였다. 박해를 견디고 있는 성도들을 칭찬하고 격려하기 위하여, 그리고 그리스도 안에서 죽은 그들의 사랑하는 성도들을 애도하기 위하여 데살로니가전서를 기록했다. 이 서신 전체에서 그리스도의 재림을 거듭 가르치며, 4장 13절부터 5장 11절은 신약 성경 중 이 중요한 진리를 가장 풍성하게 설교하는 부분이다. 데살로니가전서는 두 부분으로 나눌 수 있다. 데살로니가 성도들에 대한 바울의 개인적인 생각(1-3장), 데살로니가 성도들에게 주는 바울의 교훈(4-5장)이다.

데살로니가전후서에서 공통적으로 재림에 관한 교리를 다룬다. 데살로니가전서에서는 주의 재림의 긴박성을 강조하는 반면, 후서에서는 종말 전에 일어나는 현상들을 진술한다. 즉 알지 못하는 때에 갑작스럽게 주께서 오시고, 그 징조가 어떤 것이지 알려준다. 그래서 어떤 그리스도인들은 데살로니가후서는 악에 대한 그리스도의 심판을, 데살로니가전서는 주의 날에 앞서 교회가 누릴 큰 기쁨을 말한다고 생각한다. 다른 이들은, 이 서신서에서 바울은 그리스도가 곧 오실 것이기 때문에 일할 필요가 없다고 생각하는 성도들의 잘못을 지적할 뿐만 아니라, 주님의 재림에 대한 소망이 그리스도인에게 위로를 준다는 것을 강조하려는 것이기 때문에, 종말의 시기를 구체적으로 언급하지 않는다고 주장한다. 그들은 바울이 주의 재림에 대해 항상 준비하고 있어야 하며, 동시에 그 때까지 우리는 이 땅에서 하나님의 사역을 부지런히 해야 한다는 점을 강조한다고 믿는다.

데살로니가전후서의 강조점 비교	
데살로니가전서	데살로니가후서
데살로니가 성도들이 하나님의 말씀을 들었을 때 어떻게 복음을 받아들였는지를 말한다.	그들의 믿음과 사랑과 인내가 진보한 것에 주목하면서, 그들이 어떻게 그리스도인이 되었는지를 말한다.
주의 재림의 긴박성과 중요함을 강조했다.	주의 재림에 대한 오해를 바로잡았다.
성도들이 위로와 격려를 받았다.	성도들이 하나님의 적에게 임할 그분의 심판을 확신하게 되었다.

신학적으로 볼 때, 데살로니가후서는 데살로니가전서의 후속편이다. 바울의 첫 편지를 받고 얼마 지나지 않아 몇몇 데살로니가 성도가 주의 날이 이미 시작되었다고 가르치는 거짓 교사들에게 넘어갔다. 바울은 주의 날이 오기 전에 그것이 주의 날임을 나타내는 어떤 사건들이 일어날 것이라고 지적하며, 성도들의 잘못을 바로잡기 위해, 그리고 핍박 중에 믿음의 시험을 당하는 신자들을 격려하려고 짧은 편지를 썼다. 종말이 곧 임하거나 이미 임했다고 믿으며 일하지 않는 자들의 잘못을 지적하면서 바울은 모든 데살로니가 그리스도인에게 계속 일하고, 이웃에게 폐를 끼치지 말라고 충고한다. 데살로니가후서는 세 부분으로 나눌 수 있다. 박해에 대한 바울의 격려(1장), 주의 날에 대한 바울의 설명(2장), 교회를 향한 바울의 권면(3장)이다.

<table>
<tr><th colspan="8">데살로니가전서 한눈에 보기</th></tr>
<tr><td>초점</td><td colspan="3">데살로니가 성도들을 생각함</td><td colspan="4">데살로니가 성도들에게 주는 교훈</td></tr>
<tr><td>관련구절</td><td colspan="7">1:1 ------------ 2:1 ------------ 2:17 -------------- 4:1 ----------- 4:13 ---------- 5:1 ----------- 5:12 ---- 5:28</td></tr>
<tr><td>구분</td><td>성장에 대한 칭찬</td><td>교회 설립</td><td>교회를 든든히 세움</td><td>성장의 방향</td><td>그리스도 안에서 죽은 자</td><td>주의 날</td><td>거룩한 생활</td></tr>
<tr><td rowspan="2">주제</td><td colspan="3">개인적인 경험</td><td colspan="4">실제적인 권면</td></tr>
<tr><td colspan="3">회상</td><td colspan="4">미래를 내다봄</td></tr>
<tr><td>장소</td><td colspan="7">고린도</td></tr>
<tr><td>기간</td><td colspan="7">서기 약 51년</td></tr>
</table>

데살로니가전서 개요

<table>
<tr><th colspan="8">데살로니가후서 한눈에 보기</th></tr>
<tr><td>초점</td><td colspan="3">박해에 대한 격려</td><td colspan="2">주의 날에 대한 설명</td><td colspan="2">교회를 향한 권면</td></tr>
<tr><td>관련구절</td><td colspan="7">1:1 ----------- 1:5 ---------------- 1:11 ----------- 2:1 ---------- 2:13 ------------ 3:1 ---------- 3:6 ----- 3:18</td></tr>
<tr><td>구분</td><td>성장에 대한 감사</td><td>박해받는 성도들에 대한 격려</td><td>축복 기도</td><td>주의 날 이전에 일어날 사건들</td><td>성도들을 위로함</td><td>인내하며 기다려라</td><td>규모 없는 삶에서 돌이켜라</td></tr>
<tr><td rowspan="2">주제</td><td colspan="3">낙심한 성도들</td><td colspan="2">혼돈에 빠진 성도들</td><td colspan="2">불순종하는 성도들</td></tr>
<tr><td colspan="3">성도들의 삶에 대한 감사</td><td colspan="2">성도들에게 교리를 가르침</td><td colspan="2">성도들의 행동을 바로잡음</td></tr>
<tr><td>장소</td><td colspan="7">고린도</td></tr>
<tr><td>기간</td><td colspan="7">서기 약 51년</td></tr>
</table>

데살로니가후서 개요

디모데전후서

디모데전후서는 나이 많고 노련한 사도 바울이, 어린 나이에 막중한 책임을 지고 있는 후계자 디모데에게 쓴 편지이다. 바울은 편지로 디모데의 사역을 격려하고, 교회의 조직과 사역자의 삶에 대해 상세히 가르친다.

저자

19세기 초 이후, 목회 서신(디모데전서, 디모데후서, 디도서)을 누가 기록했는지에 대해 다른 바울 서신보다 많은 문제가 제기되었다. 이 서신들은 서로 비슷하기 때문에, 한꺼번에 저자가 누구인지 살펴야 한다.

바울의 저작을 지지하는 외적 증거들이 있다. 폴리갑이나 로마의 클레멘트와 같은 사도 시대 이후의 교부들이 이 서신들을 언급하며, 이레니우스와 터툴리안 시대부터 바울이 기록했다고 보았다. 바울 서신 중 로마서와 고린도전서만 더 나은 증거 자료들이 있을 뿐이다.

그러나 이 편지들을 2세기에 등장한 '경건한 위작들'로 보는 학자들도 있다. 그들은 언어의 차이나 목회 서신에 반영된 교회의 질서에 대한 관점이 바울 이후 시대의 특징을 보인다는 점을 근거로 든다. 목회 서신과 다른 바울 서신이 차이가 있는데, 다른 서신들이 교회들에게 쓴 것인 반면, 목회 서신은 개인에게 쓴 것이기 때문일 것이다. 다른 언어로 쓰인 부분이 있는 것은, 바울이 비서(누가로 추정됨)에게 편지를 대필하도록 했기 때문이거나, 단지 다양한 주제를 다루기 위해 다양한 어휘를 사용했기 때문일 것이다. 게다가 이 서신서들이 위작이라면 저자나 편집자로 가장한 사람이 의도적으로 독자들을 현혹했다는 의미인데, 이 서신서들은 사도 시대 이후의 책이나 위작으로 알려진 글들과는 현저히 다르다. 끝으로, 이 편지들은 영지주의와 같은 2세기의 일반적인 문제들은 다루지 않는다.

기록 연대

바울은 그의 2차 전도 여행 중에 친밀한 동역자 디모데에게 편지를 쓴다(행 16:1-3). 다음과 같이 역사를 재구성해 보면, 디모데전서는 서기 약 63년에, 디모데후서는 서기 약 67년에 기록되었다.

목회 서신을 바울이 썼다면, 바울이 로마의 수감에서 풀려나(행 28장), 계속 전도하다가 두 번째로 로마에 수감된 사실을 전제해야 한다. 바울 사도의 노년을 다루는, 사도행전과 같은 역사서가 없기 때문에 안타깝지만 이 사건들의 순서는 몇몇 암시로 재구성할 수 있을 뿐이다. 따라서 다음은 잠정적으로 줄거리를 재구성한 것일 뿐이다.

기대하던 대로(빌 1:19, 25, 26, 2:24) 서기 약 63년에 바울은 첫 번째 로마 수감생활에서 풀려났다. 빌립보 교인들과 약속한 것을 지키기 위해(빌 2:19-23), 그는 디모데를 빌립보로 보내서 기쁜 소식을 전했다. 바울은 에베소에 갔고(행 20장 38절에 따라 에베소 장로들은 다시 그를 보지 못할 줄 알았지만), 골로새와 아시아의 다른 교회들도 방문했다(몬 22절 참고). 디모데가 에베소에서 바울과 재회했을 때, 바울은 자신의 동역자인 디모데에게 "에베소에 남아있으라"고 지시하고(딤전 1:3), 자신은 마게도니아로 떠났다. 바울이 마게도니아에서 더 머무를 것 같아서, 서기 약 63년 빌립보(딤전 3:14, 15)에서 아마 디모데전서를 쓴 것 같다. 에베소에서 디모데를 만난 후, 바울은 그레데 섬으로 가서 한 동안 사역하고 나서 디도에게 사역을 맡기고 이 섬을 떠났다(딛 1:5). 세나와 아볼로가 그레데에 가는 중이어서(딛 3:13), 서기 63년 경 바울은 고린도에서 디도에게 편지를 써서 그들 편에 보냈다. 바울은 디도에게 자신을 대신해 보낸 사람들을 만나면 니고볼리로 와서 만나자고 했다(딛 3:12).

예수님을 따르는 증거
• 산상수훈에서 예수님이 묘사한 '착한 행실'을 나타낸다(마 5:3-16).
• 생각이 변하고, 진정한 사랑을 나타내며, 권위를 존중한다(롬 12:1-2, 13:1-7).
• 사랑하며 산다(고전 13장).
• 바울이 묘사한 성령의 열매가 나타난다(갈 5:22-26).
• 그리스도의 겸손으로 이웃의 유익을 구한다(빌 2:1-4).
• 항상 기뻐하고, 쉬지 않고 기도하며, 범사에 감사한다(살전 5:16-18).
• 믿음과 긍휼로 섬기며(약 2:14-17), 혀를 다스리고(3:1-11), 지혜롭다(3:13).
• 예수님에 대한 진리를 붙들고(요이 4장, 요삼 3-4장), 이 진리를 지킨다(유 3장).

만약 바울이 계획대로(롬 15:24, 28) 스페인(서바나)으로 갔다면, 아마 니고볼리에서 겨울을 지낸 후 디도와 함께 서부로 향했을 것이다. 초대 교회의 전승에 따르면 바울은 스페인에 가서 아마도 서기 64년부터 66년까지 머물렀을 것이다. 바울은 그리스와 아시아, 즉 고린도, 밀레도, 드로아(딤후 4:13, 20)로 돌아왔고, 그가 소중한 책들과 가죽 종이에 쓴 책을 두었던 드로아에서 체포되었을 것이다(딤후 4:13, 15). 체포된 후 바울은 로마감옥에 수감되었고, 감방에서 디모데후서를 썼다.

두 번에 걸친 바울의 로마 수감생활 비교	
첫 번째 수감	두 번째 수감
사도행전 28장. 옥중 서신을 기록했다.	디모데후서
유대인들이 이단 사상을 퍼뜨리고, 난동을 일으켰다며 고소했다.	로마 정부가 그리스도인들을 핍박했으며, 황제에 대적한 죄로 체포되었다.
지역에서 일어난 산발적인 박해들(서기 60-63년)	네로 치하의 박해(서기 64-68년)
가택연금 상태로, 사람들을 만날 수 있었다(행 28:30, 31).	춥고 어두운 지하 감옥에서 비참하게 지냈다.
많은 친구들이 그를 방문했다.	누가만 함께 했고, 거의 홀로 있었다.
그리스도를 증거할 기회가 많았다.	복음을 전할 수 없었다.
풀려나 자유롭게 되리라 낙관했다(빌 1:24-26).	처형이 예고되었다(딤후 4:6).

주제와 문학적 구조

디모데에게 보낸 첫 편지에서, 바울은 에베소와 다른 아시아 교회들을 감독하는 막중한 책임을 짊어진, 젊고 경험이 부족한 동역자 디모데를 애써 지도한다. 바울은 디모데에게 건전한 교리로 거짓 가르침에 맞서고, 지도자의 자질을 갖추며, 하나님의 말씀을 가르치고, 그리스도인다운 행실을 격려하는 임무에 충실하라고 구체적으로 도전한다. 개인적으로 대화를 나누는 듯 기록해서, 다섯 개의 분명한 지시들로 각 단락을 끝맺으며, 느슨하게 구성되어 있다(1:18-20, 3:14-16, 4:11-20, 5:21-25, 6:20, 21). 각 단락은 다음과 같은 내용을 다룬다. 교리(1장), 공적 예배(2-3장), 거짓 교사들의 위험(4장), 교회를 다스림(5장), 목회의 동기들(6장)이다.

디모데전서 한눈에 보기					
초점	교리	공적 예배	거짓 교사들	교회를 다스림	목회의 동기
관련구절	1:1 -------------- 2:1	------------------- 4:1	--------------- 5:1	----------------------- 6:1	--------- 6:21
구분	거짓 교리의 문제	공적 예배와 지도력	참된 교리를 지킬 것	과부와 장로를 대하는 법	목회 동기
주제	경고	예배	지혜	과부들	부
	거짓 교리의 위험성	예배의 방향	거짓 교사들에 대한 변호	이웃들에 대한 의무	부한 자들을 권면
장소	마게도니아				
기간	서기 약 62-63년				

Nelson's Complete Book of Bible Maps and Charts © 1993 by Thomas Nelson, Inc.

디모데전서 개요

1. 교리에 관한 바울의 지시 1:1–20
- 1) 바울이 디모데에게 지시한 것 1:1–11
- 2) 그리스도께서 바울에게 지시하신 것. 1:12–17
- 3) 첫 번째 지시 : "선한 싸움을 싸우라" 1:18–20

2. 공적 예배에 관한 바울의 지시 2:1–3:16
- 1) 공적 예배에서 기도 2:1–8
- 2) 공적 예배에서 여성 2:9–15
- 3) 감독의 자질. 3:1–7
- 4) 집사의 자질. 3:8–13
- 5) 두 번째 지시 : "하나님의 집에서 어떻게 행할지 알라" 3:14–16

3. 거짓 교사들에 대한 바울의 지시 4:1–16
- 1) 거짓 교사들의 설명 4:1–5
- 2) 참된 교사들을 위한 교훈 4:6–10
- 3) 세 번째 지시 : "은사를 무시하지 말라" 4:11–16

4. 교회를 다스리는 것에 관한 바울의 지시. 5:1–25
- 1) 모든 사람들을 대하는 법 5:1, 2
- 2) 과부들을 대하는 법. 5:3–16
- 3) 장로들을 대하는 법. 5:17–20
- 4) 네 번째 지시 : "편견 없이 이러한 것들을 지켜라" 5:21–25

5. 목회의 동기들에 관한 바울의 지시 6:1-21
   1) 종들에게 주는 권고. 6:1, 2
   2) 만족하는 경건한 삶에 대한 권고. 6:3-16
   3) 부자들에게 주는 권고. 6:17-19
   4) 다섯 번째 지시 : "부탁한 것을 지켜라". 6:20, 21

디모데후서 한눈에 보기						
초점	현재의 시험을 인내하라			미래의 시험을 견디라		
관련구절	1:1 ------------ 1:6 ---------------- 2:1 ------------------- 3:1 ---------------- 4:1 -------------- 4:6 ------------ 4:22					
구분	디모데의 믿음을 감사함	디모데의 임무를 상기시킴	신실한 사역자의 특성	배교의 날이 다가옴	말씀을 전하라	바울의 죽음이 다가옴
주제	복음의 능력		복음의 인내	복음을 수호	복음의 선포	
	상기		자질	저항	요청	
장소	로마 감옥					
기간	서기 약 67년					

Nelson's Complete Book of Bible Maps and Charts © 1993 by Thomas Nelson, Inc.

디모데후서에서 바울은 이 땅의 삶이 곧 끝날 것을 아는 사람처럼 편지를 쓴다. 그의 무거운 짐들을 내려놓으려는 순간, 경건한 사도는 에베소에서 힘들게 사역하고 있는 신실하나 다소 소심한 디모데를 도전하고 격려하려 한다. 암담한 상황에서도, 바울은 거룩하게 부여받은 의무를 완수하면서, 디모데를 강권하는 격려의 편지를 쓴다. 디모데후서는 전반적으로 하나님의 말씀이 분명한 기초라는 것을 강조한다. 바울은 현재의 시험을 견디고(1, 2장) 장차올 시험을 인내하라고 권면한다(3, 4장).

디모데후서 4장 1절에서 5에서 보는 것처럼 바울은 디모데에게 복음을 전하는 자에게 필요한 행실을 적절히 요약해 권면한다.

디모데의 사역	
디모데는 ……	왜냐하면 ……
복음과 함께 고난을 받으라(1:8, 2:3).	택함 받은 모든 자들이 그리스도 예수 안에 있는 구원을 함께 얻게 하려 함이라(2:10).
내게 들은 바 바른 말을 본받아 지키라(1:13, 2:15)	거짓 교리는 경건치 않음으로 점점 나아가기 때문이다(2:16, 17).
청년의 정욕을 피하라(2:22).	깨끗한 그릇이 되어 주인이 쓰시도록 구별되어야 하기 때문이다(2:21).
논쟁을 피하라(2:23-25).	이웃을 온유하게 진리로 이끌어야 하기 때문이다(2:24-26).
전투적으로 복음을 전하라(4:2).	엄청난 배교의 시대가 오고 있기 때문이다(4:3, 4).

Nelson's Complete Book of Bible Maps and Charts © 1993 by Thomas Nelson, Inc.

디모데후서 개요

1. 현재의 시험을 인내하라 1:1–2:26
- 1) 디모데의 믿음에 대한 감사 1:1–5
- 2) 디모데의 임무를 상기시킴 1:6–18
- 3) 신실한 사역자의 특성 2:1–26

2. 장차 올 시험을 견디라 3:1–4:22
- 1) 배교의 날이 다가옴 3:1–17
- 2) 말씀을 전하라 4:1–5
- 3) 바울의 죽음이 다가옴 4:6–22

디도서

에베소에 있는 아르테미스 신전 유적

디도서는 디모데전서와 마찬가지로 바울의 사도 직분을 대행하는 동역자에게 보낸 서신이다. 이 짧은 편지에서 바울은 그레데 섬의 교회들을 조직하고 감독하기 위해 디도가 무엇을 해야 하는지 중점적으로 다룬다.

저자

근래에 목회 서신(디모데전후서, 디도서)을 바울이 기록했다는 사실에 대해 논란이 많다. 하지만 이 서신서들을 바울이 썼다고 보는 견해는 유력하며, '경건한 위조물'이라는 주장은 그다지 적절하지 않다("디모데전후서의 저자" 참고).

기록 연대

연대기는 목회 서신에 있는 부수적인 내용들로 재구성해야 하겠지만, 사도행전 28장의 설명으로 바울이 로마 수감생활에서 풀려난 후 디모데전서를 기록하고, 얼마 지나지 않아 서기 약 63년 경 디도서를 기록한 것임을 알 수 있다. 사도행전 이후 바울의 생애에 대한 더 자세한 연대기는 "디모데전후서의 기록 연대"를 참고하자.

지중해의 그레데 섬은 길이가 238킬로미터, 폭이 46킬로미터이다. 1세기의 그레데 주민들은 부도덕한 사람들로 악명 높았다(1:12, 13). "그레데 사람처럼 행동한다"는 관용적 표현은 사기 친다는 뜻이다. 그레데 사람 몇 명이 오순절에 예루살렘에 있었고(행 2:11), 그 중 몇몇이 그리스도를 믿었으며, 고국에 복음을 소개했을 것이다. 바울은 로마로 가는 도중에 배가 난파되어 그레데 섬에 머물렀지만(행 27:7-13), 체류기간이 너무 짧아서 활발한 사역을 하지는 못했을 것이다. 로마 감옥에서 풀려난 후에야 그레데 섬의 여러 도시에 복음을 전했으며, 디도를 남겨두어 교회를 조직하는 일을 마치도록 했다(1:5).

주제와 문학적 구조

그레데 섬을 떠난 지 얼마 되지 않아서, 바울은 교회를 조직하는 임무를 맡은 디도를 격려하고 돕기 위해 이 편지를 썼다. 디도서는 건전한 교리를 강조하고, 진리를 왜곡하는 자들에게 경고하며, 성도들에게 선한 행실을 권하고, 교회 내 여러 대상들에게 각각 적절한 행동 지침을 알려준다. 이 서신서는 크게 두 부분으로 나눌 수 있다. 장로 임명(1장)과 질서 세우기(2, 3장)이다.

바울은 그리스도께서 하나님이 거하실 처소를 이룰 돌을 신중하게 택하셔서 그분의 교회를 짓고 계신다는 것을 가르치고자 했다. 2장 13절부터 14절에서 그는 그리스도의 신성과 구속 사역을 아름답게 증언하며, 그리스도의 재림을 기다리는 자들은 거룩한 삶을 살 수밖에 없다고 가르친다(2:12, 13).

각자 신앙의 모범을 따라 살고자 한다면, 남자와 여자, 젊은이와 노인들은 각각 교회에서 지켜야 할 질서가 있다. 디도서 전체를 통해서 바울은 장로들과 회중 모두에게 매일의 삶 속에서 구원받은 자로서 꼭 지켜야 하고, 실천해야 하는 사역이 있음을 강조한다.

바울이 디도에게 한 말	
그레데 인에게	허탄한 이야기와 거짓 명령을 따르지 말라(1:14).
나이든 남자들에게	절제하고, 경건하고, 신중하며, 믿음과 사랑과 인내를 온전히 이루라(2:2).
나이든 여자들에게	행실을 거룩하게 하고, 헐뜯지 말고, 술의 노예가 되지 않도록 하여 좋은 것을 가르치라(2:3).
젊은 여자들에게	남편과 자녀를 사랑하고, 신중하고, 순결하며, 집안 일을 하며, 선하며, 남편에게 복종하라(2:4, 5).
젊은 남자들에게	신중하며, 범사에 선한 일의 본을 보이며, 건전한 교리를 지키라(2:6-8).
종들에게	주인에게 범사에 순종하여 그를 기쁘게 하고, 훔치지 말라(2:9, 10).

디도서 한눈에 보기				
초점	장로 임명		질서 세우기	
관련구절	1:1 --------------------1:10 -------------------- 2:1		----------------------3:1------------------3:15	
구분	자격 있는 장로를 임명할 것	거짓 교사들을 책망함	건전한 교리를 설명함	계속 선한 일을 가르칠 것
주제	건전한 교리를 지킴		건전한 교리를 실천함	
	조직	방해꾼들	신앙생활 지침	순종
장소	고린도로 추정됨			
기간	서기 약 63년			

디도서 개요

1. 장로 임명 1:1–16

1) 머리말 1:1–4

2) 자격 있는 장로를 임명할 것 1:5–9

3) 거짓 교사들을 책망함. 1:10–16

2. 질서 세우기 2:1–3:15

1) 건전한 교리를 설명함 2:1–15

2) 계속 선한 일을 가르칠 것 3:1–11

3) 결론 3:12–15

빌레몬서

빌레몬서는 바울 서신 중 가장 짧고(헬라어 본문은 겨우 334개의 단어로 되어 있다), 공손함과 신중함을 가르치며, 가혹한 처벌을 당할 수도 있는 한 사람을 용서하라고 권면하여 사랑의 본을 보인다.

저자

학자들은 일반적으로 빌레몬이 바울의 일꾼이었다고 본다. 이 편지를 위작할 아무런 교리적인 동기가 없을 뿐 아니라, 외적으로는 계속 전해오는 전통이, 내적으로는 바울에 관한 세 번의 언급(1, 9, 19절)이, 바울 기록설을 지지한다.

기록 연대

빌레몬서는 에베소서, 빌립보서, 골로새서와 함께 바울의 옥중 서신이다. 바울은 서기 60년 혹은 61년에 이 편지를 썼으며, 1차 로마 투옥기간에 골로새서와 함께 급히 발송했을 것이다. 22절에서 바울은 감옥에서 풀려나고자 하는 바람을 표현한다.

이 서신서의 배경을 대략 재구성해 보면 다음과 같다. 오네시모는 노예였는데, 주인에게 잘못하고서 사람들 틈에 비교적 안전하게 숨어 지낼 수 있는 로마로 도망갔던 것 같다. 어찌해서 오네시모는 바울을 만났고, 바울은 그를 그리스도께 인도했다. 오네시모가 빌레몬에게 다시 돌아가야 할 책임이 있음을 알고, 바울은 빌레몬에게 쓴 서신을 오네시모 손에 들려서 두기고와 함께 그를 골로새로 돌려보냈다.

빌레몬은 골로새에 살았고, 바울을 통해 회심했다(9절). 아마도 바울의 3차 전도 여행 중 에베소에서 우연히 바울을 만나 개종한 것 같다. 빌레몬의 집은 교회의 모임 장소로 제공할 만큼 충분히 넓었다(2절). 그는 다른 성도들에게 자애로웠고(5-7절), 그의 아들 아킵보는 교회 지도자였던 것 같다(골 4:17, 몬 2). 빌레몬에게는 오네시모 외에도 다른 종들이 있었고, 골로새 성도들(골 4:1) 중에 종을 둔 사람들이 더 있었다. 따라서 이 서신은 주인과 종의 관계에 대한 지침이 되었다.

주제와 문학적 구조

개인적인 부탁을 요령 있게 전하는 이 편지는 다음 세 부분으로 나눌 수 있다. 빌레몬을 향한 감사 기도(1-7절), 오네시모를 위한 바울의 간청(8-16절), 빌레몬에게 주는 바울의 약속(17-25절)이다.

빌레몬에게 보내는 바울의 이 편지는, 그리스도 예수 안에 있는 하나님의 은혜의 위력과 성도들을 연합하는 그리스도인의 사랑을 증언한다. 빌레몬의 노예 오네시모는 이전에는 도둑이자 도망친 노예였지만 하나님의 은혜로 변화되었고, 빌레몬의 "사랑 받는 형제"가 되었다(16절).

사랑은 어떻게 역사하는가

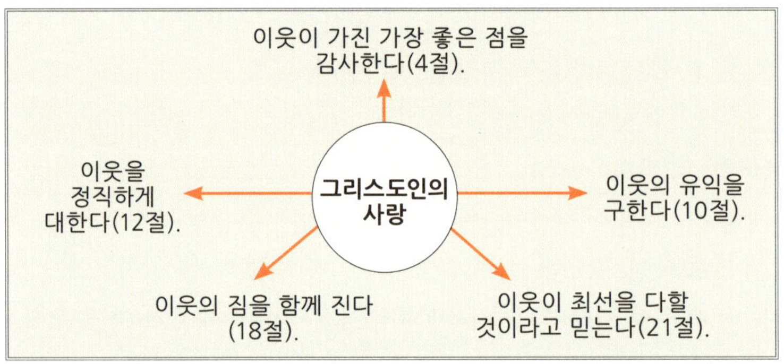

Nelson's Complete Book of Bible Maps and Charts © 1993 by Thomas Nelson, Inc.

빌레몬서 한눈에 보기			
초점	감사 기도	오네시모를 위한 간청	빌레몬에게 주는 약속
관련구절	1 --------------------------- 8	------------------------------17	------------------------------- 25
구분	빌레몬의 사랑을 칭찬함	오네시모를 위한 중재	빌레몬의 순종을 확신함
주제	빌레몬을 칭찬	바울의 간청	바울의 약속
	빌레몬의 성품	오네시모의 회심	바울의 확신
장소	로마		
기간	서기 약 60-61년		

Nelson's Complete Book of Bible Maps and Charts © 1993 by Thomas Nelson, Inc.

빌레몬서 개요

일반 서신

일반 서신은 헬라어 **카톨리코스**(*katholikos*)가 '보편적'이라는 뜻이기 때문에, 간혹 '공동 서신'이라 칭하기도 하며, 야고보서와 베드로전후서, 요한일·이·삼서, 유다서가 포함된다. 바울 서신은 수신자의 이름을 따서 제목을 붙였지만, 일반 서신은 발신자의 이름으로 제목을 붙였다. 이 서신서들은 신약의 끝부분에 자리하며, 일반적으로 교회나 교회 안 여러 성도들에게 보낸 것이다. 요한삼서만 한 개인에게 보낸 편지이고, 요한이서도 아마 그런 것으로 추정한다. 그래서 '일반 서신'이라고 한다.

두 언약의 비교	
옛 언약(히 9:1-10)	새 언약(히 9:11-28)
그리스도가 오셔서 이제 폐기되었다(히 8:13).	그리스도가 가져온 더 나은 언약이다(히 7:19, 8:16).
시내 산에서 시작되었다(갈 4:24-25).	하늘의 예루살렘에서 시작되었다(갈 4:26, 27).
죽음과 죄를 선고한다(고후 3:7-9).	생명을 준다(엡 2:1-13).
인간의 연약함과 죄로 인해 완전히 지킬 수 없다(롬 8:3).	그리스도에 의해 완전히 실현된다(눅 22:20, 고전 11:25).
해마다 속죄해야 한다(히 9:7, 8, 10:1-4).	단번에 모든 죄를 없애고, 양심을 깨끗케 한다(히 9:12, 10:2, 22).
하나님께 접근할 수 있는 길이 제한되었다(히 9:7, 8).	하나님께 접근할 수 있는 모든 길이 열렸다(히 9:15, 16).

바울 서신과 마찬가지로, 일반 서신은 헬라 서신서 관습을 따른다. 즉, 머리말에 저자를 소개하고, 수신자에게 인사와 감사를 전하며, 본론에 편지 내용을, 그리고 결론으로 글을 맺는 양식이다.

일반 서신의 원래 수신지는 확실치 않을 때가 많고, 인사말도 일반인들을 향한다. 야고보는 "흩어져 있는" 유대 그리스도인들에게 썼고, 베드로는 소아시아 전역의 그리스도인들에게 썼으며, 사도 요한도 소아시아 교회들과 성도들에게 쓴 것으로 보인다. 유대는 거짓 교사들 때문에 어려움을 겪는 여러 불특정한 지역에 편지를 보냈다.

히브리서

히브리서는 신약 성경 중 독보적인 문체와 접근 방식으로 기록되었고, 저자가 아직 알려지지 않은 유일한 신약 성경이다. 이 심오한 책은 점층적으로 그리스도를 모든 면에서 '더 뛰어나신 분'으로 주장하면서 그리스도의 우월성을 강조한다.

저자

여러 주장이 있지만, 히브리서의 저자는 아직 확실히 알려지지 않았다. 알렉산드리아의 클레멘트(서기 약 150-215년)는 바울이 히브리서를 기록했고, 누가가 헬라어로 번역했다고 주장한다. 오리겐(서기 약 185-253년)은 바울이 가르친 누군가(예를 들어, 로마의 클레멘트나 누가)가 그의 사상을 자신의 문체와 구성으로 저술했다고 결론짓는다. 이 책의 저자가 누구인지 나름대로 주장하는 사람들이 그 밖에도 많다. 터툴리안은 바나바를, 루터는 아볼로를, 윌리엄 램지(William Ramsay)는 전도자 빌립을, 아돌프 폰 하르나크(Adolf von Harnack)는 브리스길라와 아굴라를 제안했다. 그러나 오리겐이 한 유명한 말이 아직 유효하다. "하나님만이 이 서신서를 기록한 사람이 누구인지 아신다."

기록 연대

기록 장소는 알려지지 않았지만, 기록 연대는 그럴듯하게 추론할 수 있다. 서기 95년에 로마의 클레멘트가 히브리서를 인용했지만, 서기 70년 예루살렘의 멸망과 함께 구약의 제사 제도가 중단된 사실은 언급하지 않는다. 따라서 히브리서는 서기 70년 이전에 기록되었을 것이다. 디모데가 아직 살아 있었고(13:23), 핍박은 심해지고 있으며, 유대교의 오랜 전통들이 사라져가고 있었다(12:26-27). 이러한 정황으로 볼 때, 히브리서는 서기 64년과 68년 사이에 기록되었을 것이다.

이 서신서는 그리스도를 목격한 이들의 증언을 듣고(2:3) 주를 믿게 된 자들(3:1)에게 썼다. 그들은 복음을 믿기 때문에 받는 고난을 잘 참았지만(10:32-34), 뿔뿔이 흩어질 위기에 처했다. 유대교로 되돌아갈 위기에 처한 유대 그리스도인들에게 쓴 편지이기 때문에, 구약과 모세의 제사 제도를 뛰어넘는 예수 그리스도의 희생과 그리스도의 탁월성을 반복해서 논증했을 것이다.

주제와 문학적 구조

히브리서 저자는 자신의 책을 "권면의 말"(13:22)이라고 칭했는데, 그래서 히브리서는 편지라기보다 설교문으로 보기도 한다. 히브리서는 실제로 무수한 구약의 구절들을 상세히 설명한 책이다. 저자는 70인 역 성경을 인용한다. 저자는 그리스도의 위엄(1:1-4:13)과 사역의 탁월성(4:14-10:18)을 설명하기 위해 구약을 인용하고서, 그리스도인이 이 진리를 적용해서 어떻게 하면 탁월한 신앙생활(10:19-13:25)을 실천할 수 있는지 제시한다.

그리스도의 위엄과 사역의 탁월성을 표현하는데 사용된 '더 뛰어난'이라는 단어에서 히브리서의 근본적인 주제를 발견할 수 있다(1:4, 6:9, 7:7, 19, 22, 8:6, 9:23, 10:34, 11:16, 35, 40, 12:24). "완전한"과 "하늘의"라는 표현도 두드러진다. 예수님은 더 좋은 계시, 더 높은 위치, 더 나은 제사장직, 더 온전한 언약, 훨씬 더 뛰어난 희생과 능력을 보여 주신다.

히브리서는 예수 그리스도를 하나님이자 인간이신 선지자, 제사장, 왕으로 표현한다. 그의 신성(1:3, 8)과 인성(2:9, 14, 17, 18)을 동일하게 강조하며, 그의 성품과 업적을 표현하는데 20여 가지의 칭호를 사용한다. 예를 들면, '만유의 상속자', '사도이시며 대제사장', '중보자'와 '믿음의 주요 온전케 하시는 이'다.

히브리서 한눈에 보기

초점	그리스도의 인성			그리스도의 사역			믿음생활		
관련구절	1:1 ------1:4--------3:1 ------ 4:14 ----- 8:1 ------ 9:1 -----------10:19-------- 12:1 --------- 13:1----- 13:25								
구분	선지자들 보다 뛰어나신 그리스도	천사보다 뛰어나신 그리스도	모세보다 뛰어나신 그리스도	제사장직	언약	성소와 제사	믿음의 확신	믿음의 인내	사랑에 대한 권면
주제	그리스도의 위엄			그리스도의 사역			그리스도를 위한 일꾼		
	교리						훈련		
장소	알 수 없음								
기간	서기 약 64-68년								

일반 서신 기록 당시 사건이 일어난 시기

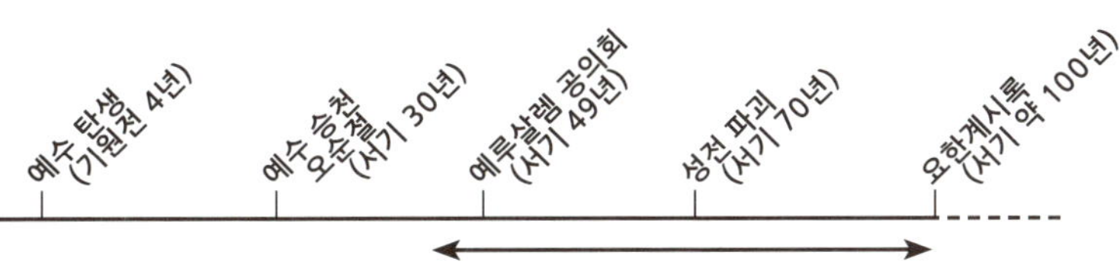

히브리서 개요

1부 그리스도의 인성의 우월성(1:1-4:13)

1. 선지자들보다 뛰어나신 그리스도 1:1-3

2. 천사들보다 뛰어나신 그리스도 1:4-2:18

1) 그리스도는 신성을 지니셨기에 우월하다 1:4-14

2) 첫 번째 경고 : 구원을 등한히 여기는 것의 위험 2:1-4

3) 그리스도는 인성을 지니셨기에 우월하다 2:5-18

3. 모세보다 뛰어나신 그리스도 3:1-4:13

1) 사역에서 그리스도는 모세보다 뛰어나다 3:1-4

2) 인성에서 그리스도는 모세보다 뛰어나다 3:5, 6

3) 두 번째 경고 : 불신의 위험 3:7-4:13

2부 그리스도가 하신 사역의 우월성(4:14-10:18)

1. 그리스도의 제사장직의 우월성 4:14-7:28

1) 직위에 있어서 그리스도는 우월하다 4:14-16

2) 자격에 있어서 그리스도는 우월하다 5:1-10

3) 세 번째 경고 : 성숙하지 못하는 위험 5:11-6:20

4) 제사장의 반차에 있어서 그리스도는 우월하다 7:1-28

2. 그리스도가 맺은 언약의 우월성 8:1-13

1) 더 나은 언약 8:1-6

2) 새 언약 8:7-13

3. 그리스도의 성소와 제사의 우월성 9:1-10:18

1) 옛 언약의 성소와 제사 9:1-10

2) 새 언약의 성소와 제사 9:11-10:18

3부 믿음으로 사는 그리스도인의 우월성(10:19–13:25)

그리스도의 우월성

히브리서의 첫 번째 장은 성경에서 가장 중요한 기독론을 담은 단락이다(요 1:1, 빌 2:6–11, 골 1:15–20 참고). 7개의 장에 걸친 여러 증언과 7번의 성경 구절을 인용함으로써 구약의 선지자들과 천사들을 능가하는 그리스도의 우월성을 묘사한다.

그리스도의 우월성	
예수님은 선지자들보다 위대하다. 1:1-3	예수님은 천사들보다 위대하다. 1:4-14
그리스도의 성품에 대한 일곱 가지 증언	성경의 일곱 구절
만물의 상속자(2절)	시 2:7(5절)
창조주(2절)	삼하 7:14(3절)
하나님 자신을 보여줌(3절)	신 32:43 혹은 시 97:7(6절)
하나님에 대한 완전한 계시(3절)	시 104:4(7절)
만물을 붙드시는 자(3절)	시 45:6, 7(8, 9절)
구원자(3절)	시 102:25-27(10-12절)
지극히 높은 곳에 계신 자(3절)	시 110:1(13절)

믿음의 역사

히브리서의 독자들은 11장 1절에서 3절에 정의하고, 11장 4절에서 40절에 제시된 구체적인 믿음의 예를 지켜야 한다. 구약 성도들의 삶을 보면, 그리스도인들이 "믿음의 주요 또 온전하게 하시는 이인 예수를 바라"(12:2)볼 때, 믿음으로 승리하고 성취하는 삶을 살 수 있다고 권면한다.

믿음은 어떻게 역사하는가

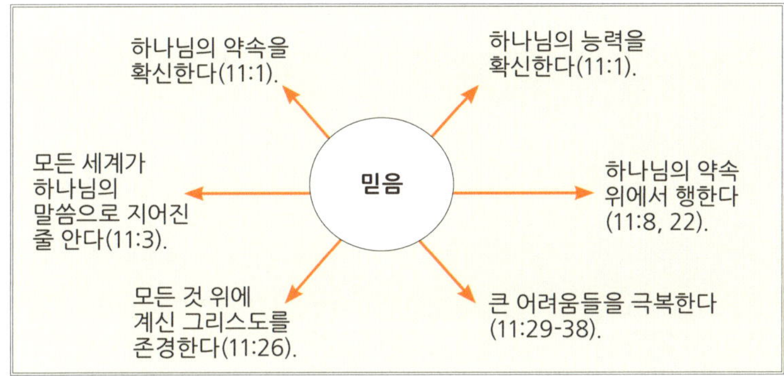

Nelson's Complete Book of Bible Maps and Charts © 1993 by Thomas Nelson, Inc.

믿음의 명예 전당

히브리서 11장은 성경에서 명예 전당과 같은 장이다. 거기에는 하나님의 약속을 붙잡기 힘든 때에도 기꺼이 하나님의 말씀을 선택한 사람들이 기록되어 있다.

사람	본문
아벨	창 4장
에녹	창 5장
노아	창 6장
아브라함	창 12장
요나	창 17장
이삭	창 27장
야곱	창 48장
요셉	창 50장
모세의 부모	출 2장
모세	출 2장
라합	수 2, 6장
기드온, 바락, 삼손, 입다	수 4, 6, 13, 11장
다윗, 사무엘, 선지자들	삼상

야고보서

행함 없는 믿음은 믿음이라 할 수 없다. 행함 없는 믿음은 죽은 것이며, 죽은 믿음은 믿음이 없는 것보다 더 나쁘다. 믿으면 반드시 행한다. 믿음은 반드시 보여줄 수 있어야 한다. 지적인 동의만으로는 충분하지 않다. 야고보는 유대 그리스도인에게 편지를 써서, 진정한 믿음은 행위로 드러나야 한다고 강조하며, 진정한 믿음과 구체적인 일상을 통합한다.

저자

이 편지의 저자는 1장 1절의 "하나님과 주 예수 그리스도의 종 야고보"라는 표현으로 간단하게 알 수 있다. 야고보라는 이름은 매우 흔했으며, 신약에 '야고보'라는 이름이 적어도 5명이나 나온다. 그 중 2명은 예수님의 제자였고, 하나는 예수님의 형제 야고보였다. 전통적으로 야고보서의 저자는 예수님의 형제 야고보라고 추정한다. 이 편지의 언어가 사도행전 15장에 있는 야고보의 연설과 다소 비슷하기 때문에 이에 대한 반론은 거의 없다.

이 야고보는 복음서(마 13:15, 막 6:3)에 2번 언급되었으며, 모두 예수님의 형제 중 한 명을 일컫는다. 그는 예수님이 부활하신 이후까지도 주님을 따르는 자가 아니었지만, 예수님의 명령에 순종하여 다락방에서 성령을 기다리다가 성령의 충만을 받은 제자들 중에 있었던 것 같다(행 1:14, 2:4). 베드로가 팔레스타인을 떠난 후(행 12:17), 야고보가 예루살렘 교회의 지도자가 되었다. 이 편지에 쓰인 헬라어가 야고보와 같은 갈릴리 사람이 사용하기에는 너무 세련된 것이라는 주장이 있었는데, 야고보가 표준 헬라어를 숙달할 기회나 소질이 없다고 단정할 수는 없다. 교회의 유력한 지도자로서 로마제국의 공용어에 유창하면 매우 큰 유익이 있었을 것이기 때문이다.

기록 연대

유대인 역사가 요세푸스는 야고보가 서기 62년에 순교했다고 전한다. 야고보를 저자로 받아들이는 사람들은 이 편지가 서기 45년에서 그가 순교한 때인, 서기 62년 사이에 기록되었을 것이라고 주장한다. 하지만 다음 몇 가지 사실을 고려할 때, 이 편지는 신약 성경 중 가장 이른 시기에 기록되었다고 볼 수 있다(서기 약 46-49년). (1) 이 편지는 이방인 성도들이나 또는 이방인 성도와 유대인 그리스도인들의 관계를 언급하지 않는다. (2) 그리스도의 가르침에 대해 암시하는 내용이 공관복음서와 언어적으로 거의 일치하지 않기 때문에, 야고보서가 오히려 복음서보다 앞서 기록된 것 같다. (3) 야고보는 2장 2절에서 "교회"라는 용어 대신에(5:14), 장로들과 교사들로 구성된 단순한 조직인 "회당"을 일컫는 헬라어(NKJV : "모임")를 사용한다. (4) 야고보는 사도행전 15장에 나오는 예루살렘 공의회와 관련된 문제들을 언급하지 않는다.

주제와 문학적 구조

야고보서는 신약의 잠언이다. 간결한데다 지혜문학의 교훈적인 문체로 씌어졌기 때문이다. 야고보는 예수님의 가르침뿐 아니라 분명히 구약에서도 깊이 영향을 받았다. 너무 많은 주제를 편지에 담고 있어서 전체적인 윤곽을 파악하기가 어렵다. 이 책에서는 야고보서를 세 부분으로 나누어서, 믿음의 시험(1:1-18), 믿음의 특징(1:19-5:6), 믿음의 승리(5:7-20)로 보는 개요를 택한다.

야고보서 한눈에 보기

초점	믿음의 시험		믿음의 특징	믿음의 승리		
관련구절	1:1 ------- 1:13	------------ 1:19	-------------------5:7	----------5:13	-----------5:19	------- 5:20
구분	시험의 목적	유혹의 원인	내적인 믿음의 외적인 증명	인내하며 기다림	고난 당하는 자를 위한 기도	죄를 대적함
주제	믿음의 진보		믿음의 행위	믿음의 능력		
	믿음의 반응		믿음의 실재	믿음의 재확신		
장소	예루살렘으로 추정					
기간	서기 약 46-49년					

Nelson's Complete Book of Bible Maps and Charts © 1993 by Thomas Nelson, Inc.

야고보서 개요

1. **믿음의 시험** 1:1-18
   1) 시험의 목적. 1:1-12
   2) 유혹의 원인. 1:13-18
2. **믿음의 특징** 1:19-5:6
   1) 믿는 자는 말씀에 순종한다 1:19-27
   2) 믿는 자는 사람을 차별하지 않는다. 2:1-13
   3) 믿는 자는 행위로 증명한다 2:14-26
   4) 믿는 자는 혀를 다스린다 3:1-12
   5) 믿는 자는 지혜롭다 3:13-18
   6) 믿는 자는 겸손하다 4:1-12
   7) 믿는 자는 하나님만 의지한다 4:13-5:6
3. **믿음의 승리** 5:7-20
   1) 믿는 자는 그리스도의 강림을 기다리며 인내한다. 5:7-12
   2) 믿는 자는 학대받는 자들을 위해 기도한다 5:13-18
   3) 믿는 자는 죄인을 돌아오게 한다. 5:19-20

산상수훈에 대한 암시

산상수훈과 같은 예수님의 가르침에 대해 많이 암시하는 것을 보면, 야고보가 분명히 예수님의 가르침에서 깊은 영향을 받은 것 같다. 야고보서는 윤리적으로 온전한 삶과 정의를 강조하기 때문에 '신약의 아모스'라고 불리기도 하는데, 실제로 야고보는 독자들 편에 서서, 행동하는 믿음이 필요하다는 것을 전하려고 108절 중 54절이나 명령문으로 썼다.

야고보서와 산상수훈		
야고보서	산상수훈	주제
1:2	마 5:10-12(눅 6:22, 23)	고난 중에 기뻐하라.
1:4	마 5:48	하나님은 우리가 온전하기를 원하시고, 그것을 위해 일하신다.
1:5	마 7:7	하나님께 좋은 선물을 구하라.
1:17	마 7:11	하나님은 좋은 것들을 주시는 분이다.
1:19, 20	마 5:22	성내기를 더디 하라.
1:22, 23	마 7:24-27	듣기만 하는 자와 행하는 자를 비교한다.
1:26, 27	마 7:21-23	종교적인 사람의 신앙은 헛것이다.
2:5	마 5:3	가난한 자들이 왕국을 상속받는다.
2:10	마 5:19	율법을 온전히 지켜야 한다.
2:11	마 5:21, 22	살인하지 말라.
2:13	마 5:7, 6:14, 15	긍휼을 행하는 자는 복을 받고, 무자비한 자는 책망을 받는다.
2:14-26	마 7:21-23	행함이 없는 믿음은 죽었으며, 가치 없이 속이는 믿음이다.
3:12	마 7:16(눅 6:44, 45)	나무는 그 열매로 안다.
3:18	마 5:9	화평케 하는 자는 복이 있다.
4:2, 3	마 7:7, 8	하나님께 구하는 것이 중요하다.
4:4	마 6:24	세상과 벗하는 것은 하나님을 대적하는 것이다.
4:8	마 5:8	마음이 청결한 자는 복이 있다. 이것을 사모하라.
4:9	마 5:4	애통하는 자는 복이 있다. 애통하라.
4:11, 12	마 7:1-5	형제를 비방하거나 판단하지 말라.
4:13, 14	마 6:34	내일 일에 너무 치중하지 말라.
5:1	(눅 6:24, 25)	부자에게 화가 있다.
5:2	마 6:19, 20	세상의 부는 좀과 녹이 슨다.
5:6	(눅 6:37)	의인을 정죄한 것을 꾸짖으신다.
5:9	마 5:22, 7:1	심판하지 말라. 심판자가 문 앞에 서 있다.
5:10	마 5:12	부당하게 고통 받으며 인내한 선지자들을 본받으라.
5:12	마 5:33-37	경솔하고 불경하게 맹세하지 말라.

바울과 야고보 비교

야고보가 2장 24절에서 "이로 보건대 사람이 행함으로 의롭다 하심을 받고 믿음으로만은 아니니라"고 단언한 것 때문에, 마르틴 루터와 일부 교회 지도자들은 야고보가 바울이 가르친 '믿음에 의한 칭의'를 반박한다고 생각했다(롬 3:28, 엡 2:8 참고). 야고보서와 바울이 쓴 책들을 신중하게 읽어보면, 믿음과 행함의 모순은 단지 표면적인 문제라는 것이 드러난다.

바울도 야고보만큼이나 분명히, 진짜 살아있는 믿음은 사랑과 순종의 행위로 드러난다고 이해했다(갈 5:6).

바울이 율법주의의 문제를 반박하는 것에 반해, 야고보는 그리스도인의 행실이 어떻든 상관없다고 생각하는 자유주의자들을 공격한다. 바울은 어떻게 예수 그리스도가 완성하신 사역을 참된 믿음으로 붙잡을 것인지를 중요하게 다루면서, 믿음과 행함을 서로 대조한다. 야고보는 어떻게 성도가 자신이 진정으로 그리스도를 믿는지를 증명하는 문제를 중점적으로 다루면서, 산 믿음과 죽은 믿음을 대조한다.

바울과 야고보 비교		
	바울	야고보
관심	율법주의자들	자유주의자들
강조점	믿음으로 하나님 앞에서 의롭게 됨	행위로써 사람들 앞에서 의롭게 됨
관점	선물로 받은 믿음	진정한 믿음
결과	그리스도 안에서 믿음을 통해 영원히 의롭게 됨	그리스도처럼 행함으로써 의롭게 되었음을 날마다 입증함

살아있는 믿음

야고보는 편지를 읽은 자들이 자신의 삶 속에서 산 믿음을 보여 주기를 원한다. 살아있는 믿음은 단지 알고, 동의하는 것을 뛰어넘는다. 그것은 인내하며 하나님께 순종하는, 마음에서 우러나오는 신뢰를 포함한다.

만약	결과
시험받으면(1:2, 3)	인내한다(1:3).
의심하지 않으면(1:6-8)	기도가 응답된다(1:5).
유혹을 견디면(1:12)	영생을 얻는다(1:12).
믿음보다는 오히려(2:19, 20)	행함으로 믿음이 온전해진다(2:22).
하나님을 믿으면(2:23-25)	하나님이 의롭게 여기신다(2:23).
야고보는 살아있는 믿음과 죽은 믿음을 대조한다. 죽은 믿음은 살아있는 믿음처럼 삶을 바꾸지 못한다.	

베드로전서

베드로는 신앙 때문에 박해받는 그리스도인들에게 첫 편지를 보냈다. 그들을 위로하기 위해 베드로는 하늘의 기업을 상속받을 자라는 사실을 일깨워주면서, 하나님의 뜻에 순종하며 살도록 격려한다.

저자

베드로가 이 편지를 썼다는 사실을 의심하는 몇몇 학자들이 있다. 그들은 갈릴리 어부 출신이 이렇게 훌륭한 문학적인 문체와 풍부한 어휘를 구사할 수 없다고 주장한다. 하지만 베드로가 이 편지를 썼다고 믿을만한 강력한 이유들이 있다. 이 편지에는 예수님의 삶과 가르침이 담겨 있다. 학자들은 베드로전서와 사도행전에 나오는 베드로의 설교가 여러 면에서 비슷하다는 점을 제시하기도 한다. 또한 로마에서 베드로가 설교한 내용을 토대로 기록했을 수도 있는 마가복음과도 유사하다.

베드로의 말을 받아쓴 실루아노(5:12)의 문체나 어휘가 많이 반영되어 있을 것이다. 그는 자신의 편집 기술을 활용해서 베드로의 설교와 성격, 그의 사도적 권위를 표현했을 것이다.

기록 연대

이 서신서는 "바벨론"(5:13)에서 기록되었다. 그러나 바벨론을 문자 그대로 메소포타미아 지방에 있는 바벨론으로 보는 관점도 있고, 로마를 상징한다고 보는 견해도 있다. 베드로가 바벨론에 갔었다는 이야기는 전해지지 않는다. 그리고 베드로 시대의 바벨론은 사람이 살지 않는 황무지였다. 한편 베드로가 로마에서 말년을 보냈다고 전해진다. '바벨론'은 우상 숭배의 중심지인 로마에게 적절한 호칭이었다(계 17, 18장 참고). 베드로는 이 서신서에서 다른 비유적 표현도 여럿 사용했기 때문에, 로마를 '바벨론'으로 칭한 것이 뜻밖의 표현은 아니다. 마가에 대한 언급도(5:13) 이러한 관점에서 보면 이해할 수 있다. 마가는 바울의 1차 투옥 기간에 로마에 있었기 때문이다(골 4:10). 이 서신서는 아마도 서기 64년, 네로 치하의 박해가 있기 직전에 기록되었을 것이다.

베드로는 이 편지를 "흩어진 나그네"(1:1)에게 보냈다. 즉 수신인이 유대인 그리스도인들이었다. 한편, 이방인 개종자들에게 보낸 것 같은 표현들도 있다(1:14, 18, 2:9, 10). 따라서 많은 학자들은 소아시아 교회 성도들이 대부분 이방인 개종자들이었다고 믿는다.

편지에서 보면, 당시 로마제국 내에서 그리스도인들에 대한 적개심과 의혹이 고조되고, 그리스도인들은 다른 왕국(하나님의 나라)에 대해 전하고, 다르게 산다는 이유로 비난받고, 모욕을 당했다. 당시 공식적으로 기독교를 금지하지 않았지만, 곧 혹독한 박해와 순교가 일어날 상황이었다.

주제와 문학적 구조

이 편지는 신자의 구원(1:1-2:12), 신자의 순종(2:13-3:12), 신자의 고난(3:13-5:14)이라는 주제를 논리적으로 전개한다.

베드로전서의 기본적인 주제는 그리스도인이기 때문에 고난당하는 것에 대한 적절한 답변이다. 베드로는 자신의 편지를 읽는 사람들이 전보다 훨씬 큰 박해에 직면할 것을 알고, 이런 고난에 대한 하나님의 관점을 전하여, 그들이 흔들리지 않는 믿음으로 인내하게 하려고 이 편지를 썼다.

이 서신서에서는 그리스도를 성도의 본이자, 고난당할 때의 소망으로 표현한다. 그리스도께서 고난당하신 것은, 성도가 옳은 일을 하다가 핍박당할 수도 있음을 보여준다. 신앙 때문에 고난당할 때 성도들은 그리스도와 같은 마음을 품어야 한다(4:1).

베드로는 이 땅에서 성도들의 관계에 대해 논의하면서, 서로 화목하고 참된 자유를 누리기 위해 그리스도와 같이 서로 순종하라고 호소한다. 주님의 뜻을 위해 정부와, 사회와, 가족의 권위에 순종하는 것이 외인들에게 좋은 증거가 될 것이다.

베드로전서 한눈에 보기							
초점	신자의 구원		신자의 순종	신자의 고난			
관련구절	1:1 ------ 1:13 ------------ 2:13		--------------- 3:13	---------- 3:18 --------------- 4:7 ----------- 5:1 ----- 5:14			
구분	신자의 구원	신자의 성화	정부, 사업, 결혼, 삶의 모든 영역	고난 중의 행실	고난의 본을 보이신 그리스도	고난 중에 지켜야 할 명령	고난 중의 사역자의 태도
주제	그리스도인의 믿음		그리스도인의 행동	그리스도인의 고난			
	거룩		조화	겸손			
장소	로마 혹은 바벨론						
기간	서기 약 63-64년						

고통에 대한 하나님의 관점	
인간의 고통	하나님의 관점
여러 가지 시련(벧전 1:6)	기뻐하라. 그것들은 일시적이다(벧전 1:6).
부당한 권위(벧전 2:18)	선한 행위로 악한 자를 말 못하게 만들어라. 그리스도의 본을 따르라(벧전 2:18-21).
정의를 위해 받는 고난(벧전 3:14)	믿음을 전할 준비를 하라(벧전 3:15).
육체를 거스르기로 결정하였기에 겪는 고난(벧전 4:1)	육체적 정욕을 따르지 말고, 하나님의 뜻을 따르라(벧전 4:2).
종교적인 박해(벧전 4:12-14)	그리스도의 고난에 동참하라(벧전 4:13, 14).
영적인 성장을 위해 하나님이 단련하시는 불로 인한 고난(벧전 4:19)	너의 삶을 그분께 맡겨라. 그분은 신실하시다(벧전 4:19).
사탄의 공격으로 인한 고난(벧전 5:8)	믿음을 굳건하게 하여 사탄을 대적하라(벧전 5:9).

베드로전서 개요

1부 신자의 구원(1:1–2:12)

1. 인사 1:1, 2
2. 신자의 구원 1:3–12
   1) 미래의 소망 1:3, 4
   2) 현재의 고난 1:5–9
   3) 과거의 예언 1:10–12
3. 신자의 성화 1:13–2:12
   1) "모든 행실에 거룩한 자가 되라" 1:13–21
   2) "서로 사랑하라" 1:22–25
   3) "순전하고 신령한 젖을 사모하라" 2:1–3

4) "신령한 제사를 드릴 거룩한 제사장이 되라"". 2:4-10
5) "육체의 정욕을 제어하라". 2:11, 12

2부 신자의 순종(2:13-3:12)

1. 정부에게 순종하라 2:13-17
2. 상사에게 순종하라 2:18-25
3. 남편에게 순종하고, 아내를 귀히 여기라 3:1-8
4. 삶의 모든 영역에서 선을 행하고 화평을 구하라 3:9-12

3부 신자의 고난(3:13-5:14)

1. 고난 중에 해야 할 행동 3:13-17
2. 고난의 본을 보이신 그리스도 3:18-4:6
3. 고난 중에 지켜야 할 명령 4:7-19
4. 고난 중에 있는 사역자 5:1-9
1) 장로들은 양떼를 보살펴라. 5:1-4
2) 성도들은 스스로 겸비하라 5:5-9
5. 축도 5:10-14

이교도 가운데 사는 것

베드로는 거룩한 삶의 모습으로 사람들이 하나님께 주목하게 하는 것이 성도의 중요한 목표라고 썼다. 이처럼, 그리스도인들은 하나님의 아름다운 덕을 선포하고(2:9), 선한 행실을 보여 믿지 않는 이들이 하나님께 영광을 돌리게 하며(2:12), 모범적인 행실로 배우자가 그리스도를 믿게 하고(3:1), 부당하게 비방하는 자들을 부끄럽게 하며(3:15-16), 거듭나기 전에 사귀던 친구들을 어리둥절하게 만든다(4:4). 그리스도인들은 고난 중에 있다 하더라도 세상을 구원하는 군사들이다.

……이 되라고 권한다.	왜냐하면 ……
선한 시민(2:13, 14)	어리석은 자들의 무식한 말을 막게 된다(2:15).
순종하는 종(2:18)	그리스도께서 우리의 본이 되셨다(2:21).
순종하는 아내(3:1)	믿지 않는 남편이 아내의 행실을 보고 주께 돌아온다(3:1, 2).
사려 깊은 남편(3:7)	기도가 막히지 않을 것이다(3:7).
인정 많은 형제자매(3:8)	그들이 복을 유업으로 받는다(3:9).

베드로후서

베드로는 성도들이 외부의 반대에 적절히 대응하도록 격려하기 위해 첫 서신을 썼다. 두 번째 서신은, 거짓 교사들이 "멸망하게 할 이단"(2:1)을 가만히 끌어들여 성도들을 거짓과 부도덕한 삶으로 꾀는, 교회 내 문제를 주로 다룬다. 베드로전서가 살아있는 말씀으로 거듭나는 것에 대해 말한다면, 베드로후서는 그리스도의 은혜와 지식 안에서 자라가야 한다고 강조한다. 거짓 교리에 대한 가장 좋은 해결책은 진리를 성숙하게 이해하는 것이다.

저자

베드로가 베드로후서의 저자인지 의심하는 학자들도 있다. 그들은 보통 베드로전서와 후서가 문체, 어휘, 신학적으로 다르다고 지적한다. 더구나 이 서신서를 베드로가 썼다는 외적인 증거가 신약의 다른 어떤 책들보다 빈약하고, 이 서신서의 정경성도 서기 4세기까지 논란거리였다. 또 베드로후서는 교회 내 영지주의 교사들의 문제를 다루는데, 영지주의가 교회를 위협한 것은 베드로가 살던 때 이후였다는 주장이 많다. 마지막으로, 베드로후서와 유다서에서 문학적으로 밀접한 관련성이 보여서, 유다서를 많이 참고해서 기록했다고도 주장한다.

베드로후서보다 베드로전서에서 훨씬 세련된 헬라어를 구사하고 있다는 것은 분명하다. 그러나 베드로가 다른 비서에게 두 번째 서신을 받아쓰게 했다고 보면, 이를 쉽게 납득할 수 있다. 또 두 편지가 서로 다른 주제를 다루고 있다는 점을 고려해도 어휘의 차이를 부분적으로나마 설명할 수 있다.

베드로후서가 빨리 정경으로 받아들여지지 않은 이유는, 이 서신이 간결한데다 교회들 사이에서 느리게 회람되었기 때문일 것이다. 또한 '베드로의 묵시록'과 같이 베드로가 썼다고 보는 후기의 이단적인 작품들과 함께 논란이 되었기 때문일 수도 있다. 하지만 베드로후서와 이러한 후기 위작들은 현저하게 다르다.

베드로전서와 유다서의 역사적 관련성은 결코 분명하지 않다. 베드로후서가 유다서를 인용했고, 유다서는 베드로가 죽은 후에 기록되었다고 주장하지만, 반대로 유다서가 베드로후서를 인용했을 수도 있고, 두 책이 같은 자료를 참고했을 수도 있다.

마지막으로, 일부 학자들이 베드로후서에서 언급하는 거짓 가르침이 베드로 시대 이후에 등장한 영지주의의 한 형태라고 주장하지만, 2세기에 한창 성행하던 영지주의로 발전하기 전의 초기 한 분파로 보는 것이 더 적절하다.

베드로 저작설에 대한 대안으로 이 책이 베드로의 이름을 사용한 후기 위작(僞作)이라는 설이 있다. 베드로의 제자가 이 편지를 썼다고 주장하기도 하지만 위작설이 지닌 문제를 충분히 해명하지 못한다. 베드로전서와 후서 사이에 차이가 존재하지만, 두 베드로 서신과 신약의 다른 책들 간에는 더 막대한 차이가 있다. 실은 베드로후서만큼 베드로전서와 유사한 책은 없다. 내적, 외적 문제 제기가 많지만, 베드로가 이 책을 썼다는 전통적인 견해가 다른 어떤 주장보다 더 적절하다.

기록 연대

이 서신서는 베드로 사도가 죽기 직전에 기록했으며(1:14), 아마도 로마에서 기록된 것으로 보인다. 베드로는 서기 64년과 66년 사이에 순교했다. 바울이 디모데후서를 썼던 2차 로마 투옥기간인 서기 67년 당시 베드로가 살아있었다면, 베드로에 대해 언급했을 것이다.

주제와 문학적 구조

베드로후서는 세 부분으로 나눌 수 있다. 그리스도인의 성숙(1장), 거짓 교사들에 대한 책망(2장), 그리스도의 재림에 대한 확신(3장)이다.

베드로는 그리스도인다운 성품을 가꾸어 가려면 믿음과 하나님의 진리에 관한 지식 안에서 자라 가라고 강권한다. 특별히, 성경은 믿을 만하다고 강조하면서, 1장 21절에 성령의 감동을 **받은 사람들이** 하나님께 받은 말씀을 기록한 것이라고 설명한다. 또한 베드로는 "우리가 사랑하는 형제 바울"이 쓴 편지들을 언급하면서, 그 편지들을 구약 성경과 같은 위치에 올려놓고, 우리가 성경 말씀을 어떻게 대하는 것이 타당한지 말한다(3:15, 16).

베드로는 거짓 교사들의 부도덕한 생활과 무익하고 파괴적인 가르침을 책망하면서 하나님께서 분명히 심판하셔서 멸망하게 될 것이라고 설명한다.

거짓 교사들이 거룩한 주의 심판을 부정하자, 베드로는 주께서 반드시 재림하셔서 심판하실 것이라는 것을 강조해서 가르쳤다. 베드로는 성도들에게 주께서 다시 오실 것을 기억하고, 거룩하고, 흔들림 없으며, 성장하는 삶을 살라고 권한다.

베드로후서 한눈에 보기							
초점	그리스도인의 성숙		거짓 교사들에 대한 책망			그리스도의 재림에 대한 확신	
관련구절	1:1 ------1:15 --------2:1 ------- 2:4 ------------2:10 ------------3:1 ------------ 3:8 -------3:18						
구분	그리스도 안에서 자라남	믿음의 기초	위험	멸망	묘사	말세에 있을 조롱	주의 날
주제	참된 예언		거짓 예언자들			주의 날에 대한 예언	
	거룩		이단			소망	
장소	로마로 추정						
기간	서기 약 64-66년						

Nelson's Complete Book of Bible Maps and Charts © 1993 by Thomas Nelson, Inc.

베드로후서 개요

베드로전후서

베드로전서와 후서를 비교해 보면, 많은 중요한 차이를 발견할 수 있다. 하지만 그 어느 것도 베드로가 이 두 서신서를 썼다는 사실을 부인할 만한 것은 아니다. 내용이 서로 다른 것은 편지를 쓴 상황과 다루는 문제가 다르기 때문이다. 베드로전서는 주로 교회 외부에서 오는 박해를 다루는 반면, 베드로후서는 교회 내의 거짓 교사들의 위협과 맞서는 내용이다.

베드로전후서 비교	
베드로전서	베드로후서
주제 : 고난 속에서 소망을 가져라.	주제 : 거짓 교사들의 가르침과 행실을 주의하라.
기독론 : 성육신하셔서 우리를 구원하고, 본이 되기위해 고난 당하신 그리스도	기독론 : 재림하셔서 하나님의 영광과 역사를 완성하실 그리스도
고난 받고, 죽으시고, 부활하신 그리스도의 구속의 날	재림하셔서 심판하시는 주의 날
구속적 호칭 : 그리스도	통치자의 호칭 : 주
현재의 고난을 격려함	종말에 있을 심판을 경고함
고난 중에 소망을 품으라.	우리는 거짓 가르침에 맞서기 위해 진리에 대한 지식으로 충만해야 한다.
바울 서신, 특히 에베소서, 골로새서와 여러 면에서 비슷함.	유다서와 거의 모든 점에서 비슷함. (베드로후서와 유다서 4-18절 비교)

베드로의 생애

예수님께서 부활하신 후, 베드로는 극적으로 변화된 삶을 살았는데, 초대 교회와 사마리아와 이방인들에게 복음을 전하는 일에(행 2-10장) 중추 구실을 했다. 사도행전 15장 예루살렘 공의회 이후, 베드로의 사역에 대한 기록은 거의 없다. 아내와 함께 여러 곳을 다니면서(고전 9:5), 로마제국 내의 다양한 지역에서 사역한 것 같다. 유대 전승에 따르면 베드로는 네로가 죽은, 서기 68년 이전 어느 날, 로마에서 십자가에 거꾸로 매달려 순교했다.

34° 30' E
35° E
35° 30' E
33° N
32° 30' N
32° N
N
헤르몬 산
두로
가이사랴 빌립보
3. 베드로, 야고보, 요한은 산 위에서 예수님이 변하신 모습을 목격하였다. 이 산은 아마도 이 지방에 있는 헤르몬 산일 것이다(마 17:1-9).
2. 가이사랴 빌립보 지방에서 베드로는 예수님이 주님이심을 깨달았다. (마 16:13-16)
지중해
돌레미
가버나움
벳새다?
갈릴리 바다
가나
디베랴
나사렛
7. 가이사랴에서 시작해서, 베드로는 그리스도를 선포하고 이방인에게 증거하면서 유대와 사마리아를 여행하였다(행 10:24-11:18).
다볼 산
나인
1. 벳새다에서 태어난 베드로는 갈릴리 바닷가에서 그물 던지는 일을 하다가 부름을 받고 예수님의 제자가 되었다(요 1:44; 눅 5:1-11).
가이사랴
6. 예루살렘의 초대 교회에서 담대하게 증언했던(행 2:14-41) 베드로는 욥바에 있는 피장 시몬의 집 지붕에서 본 환상을 좇아 범위를 넓혀 이방인에게도 증거하였다(행 10:9-23).
수가
요단 강
얍복 강
욥바
에브라임
4. 베드로는 예루살렘에서 예수님이 십자가에 못 박히기 전날 밤 그분을 3번 부인했다(마 26:69-75).
엠마오
5. 부활하신 후 예수님은 예루살렘의 다락방에 모여 있던 베드로와 다른 제자들에게 나타나셨다(눅 24:33-43).
예루살렘
여리고
베다니
감람 산
베들레햄
사해
20 miles
20 kilometers

요한일서

노년에 사도 요한은 세상 정욕과 거짓 교사들의 간교한 술수에 흔들리지 말고, 진리 안에서 굳건하게 살아가려 애쓰는 그분의 '자녀들'에게 애정 어린 아버지의 마음으로 이 편지를 썼다.

저자

이 서신서에 저자의 이름이 나오지 않지만, 세배대의 아들이자 야고보의 형제인 요한(막 1:19, 20)이 기록했다는 분명한 증거가 있다. 이 편지와 요한복음이 매우 유사하다는 사실이, 이 두 책을 예수님의 사도 요한이 썼다는 것을 증명한다. 파피아스(Papias), 폴리캅(Polycarp), 이레네우스(Irenaeus) 등 많은 초대 교회 교부들도 같은 의견이다.

두 책 모두 요한 특유의 표현들과 제한적인 어휘 사용, 빈번히 반대 개념을 대조하는 특징을 보인다.

기록 연대

요한일서는 요한복음을 기록한 후, 에베소에서 기록한 것으로 보인다. 그러나 확실한 기록 연대는 알 수 없다. 박해에 대한 언급이 없는 것을 보면, 박해가 시작된 로마 황제 도미티안(서기 81-96년) 재위 말기인 서기 95년 이전에 기록된 것 같다.

주제와 문학적 구조

베드로후서와 유다서와 마찬가지로 요한일서도 부정적이고 긍정적인 취지가 모두 있다. 잘못된 교리를 반박하고, 독자들이 진리를 아는 지식 안에서 살아가도록 격려한다. 요한은 하나님과 교제하는 자를 판단하는 기준과 특징을 열거하면서, 그리스도 안에 거하는 자는 하나님 앞에서 자신감과 확신을 가질 수 있다고 말한다. 이 책은 하나님과 교제하는 삶의 기초(1:1-2:27)와 하나님과 교제하는 삶(2:28-5:21)을 단순하지만 심오하게 설명한다.

요한일서는 하나님 안에 거하는 삶을 주로 다룬 책이다(2:28). 요한은 이 편지를 읽는 이들이 하나님과 교제하면서 내주하시는 하나님에 대해 확신하기를 원한다. 이 짧은 서신서에 그리스도인의 확실한 정체성을 강조하는 구절이 5번이나 나온다.

요한은 성육신을 부정하는 거짓 교사들에게 그리스도는 인간의 몸을 지니고 이 땅에 오신 유일한 분이시며, 하나님의 아들이면서도 완전히 순수한 인성을 지니신 분이라고 강력히 주장한다(4:2, 3). 요한은 이 설명을 통해 물질은 본질적으로 악하고 영혼은 본질적으로 선하다고 가르쳤던 2세기 영지주의의 선조에 맞섰다. 이런 이분법적 세계관을 지닌 거짓 교사들은 그리스도의 성육신을 부인했다. 진정한 하나님은 살과 피로 된 물질적인 육체에 절대 거하실 수 없으며, 따라서 예수님도 실제로 인간의 몸을 입은 것이 아니라고 가르쳤다.

이 서신서의 또 다른 주제는 사랑이다. 이 단어는 요한일서에 35번 넘게 나온다. 사도 요한은 가인을 예로 들면서 사랑이 아닌 것이 어떤 것인지 설명한다. 형제를 미워하면 마음으로 살인하는 것이며, 그런 마음 때문에 실제로 살인하게 되는 것이다. 그런 후 요한은 무엇이 사랑인지 설명하기 위해 그리스도를 예로 든다. 사랑은 단순한 고백이 아니라 자기희생을 통해 드러난다. 이처럼 사랑을 실천하면, 하나님 앞에서 확신을 갖게 되고, 기도 응답을 받는다. 그리스도를 믿고 서로 사랑하라는 하나님의 명령에 순종하는 것이 성도의 삶이다.

사랑의 특성	
사랑의 근원	**사랑의 결과**
하나님은 사랑이시다(4:8, 16).	세상에서 하나님의 사랑을 나타낸다(4:7).
하나님은 우리를 사랑하신다(4:19).	하나님을 사랑하며, 두려움이 사라지며, 하나님의 계명들을 지킨다(4:18, 19, 5:3).
하나님은 우리를 위해 아들을 주셨다(4:9, 10).	이웃을 위해 재물을 사용한다(3:17, 4:11).
그리스도는 우리를 위해 자신의 생명을 주셨다(3:16).	이웃을 위해 우리의 목숨을 버린다(3:16).

요한일서 한눈에 보기				
초점	**사귐의 기초**		**사귐의 행동**	
관련구절	1:1 ------------------ 2:15 ------------------ 2:28		------------------ 5:4 ------------------ 5:21	
구분	사귐의 조건	사귈 때 주의할 점	사귐의 특성	사귐의 결과
주제	사귐의 의미		사귐의 표현	
	하나님의 빛에 거함		하나님의 사랑 안에 거함	
장소	에베소			
기간	서기 약 90년			

요한일서 개요

1부 사귐의 기초(1:1-2:27)

1. 머리말 1:1-4

2. 사귐의 조건 1:5-2:14

1) 빛 가운데 행함 1:5-7

2) 죄의 고백 1:8-2:2

3) 하나님의 명령에 순종함 2:3-6

4) 서로 사랑함. 2:7-14

3. 사귈 때 주의할 점 2:15-27

1) 세상을 사랑하는 것. 2:15-17

2) 적그리스도의 영 2:18-27

2부 하나님과 교제하는 삶(2:28-5:21)

1. 사귐의 특성 2:28-5:3

1) 순결한 삶. 2:28-3:3

2) 의를 실천하라 3:4-12

3) 행함과 진리 안에서 사랑하라 3:13-24

4) 영들을 시험하라 4:1-6

5) 그리스도가 사랑하셨던 것처럼 사랑하라 4:7-5:3

2. 사귐의 결과 5:4-21

1) 세상을 이김. 5:4, 5

2) 구원의 확신. 5:6-13

3) 기도에 대한 안내 5:14-17

4) 습관적인 죄에서 자유 5:18-21

그리스도와 함께하는 한 달의 여행

여러분이 예수님과 친밀해지도록 31개의 읽을거리를 신약의 순서대로 소개한다. 한 달 동안 하루 한 개씩 읽으면 된다.	1일 **마 1:18-2:23** 예수님이 태어났고, 자신을 죽이려는 악한 왕을 피해 도망갔다가, 다시 가족과 함께 고향으로 돌아왔다.	2일 **마 4:1-11** 예수님은 매우 실제적인 유혹에 직면했다.	3일 **마 13:54-58** 예수님은 가문, 직업이 보잘 것 없고, 작은 마을 출신이라는 이유로 배척받았다.
4일 **마 23:1-39** 예수님은 외식, 교만, 위선을 꾸짖으셨다.	5일 **마 25:31-46** 예수님은 겉으로 경건한 척 하는 것보다 자비를 행하고, 긍휼을 베풀었는지를 보신다.	6일 **막 4:1-41** 예수님은 여러 이야기와 이미지를 사용해서 사람들에게 하나님 나라를 전하기 시작하셨다.	7일 **눅 2:1-52** 누가는 예수님의 탄생과 관련된 사건들을 묘사하면서, 소년 시절 예루살렘을 방문했던 때 있던 사건을 소개한다.
8일 **눅 4:14-37** 예수님은 하나님의 뜻을 전하기 위해 사람들에게 갔지만, 곧 배척을 당했다.	9일 **눅 6:17-49** 예수님은 태도, 참된 자선, 다른 사람을 판단하는 것, 지혜롭게 선택하는 것에 대한 기본적인 진리를 가르쳤다.	10일 **눅 9:18-36** 예수님은 자신을 따르는 자에게 자신이 누구인지 말씀하셨다.	11일 **눅 22:1-24:53** 예수님은 배신을 당했고, 심판을 받고, 처형되어, 장사되었지만, 부활하셔서, 자신을 따르는 자들을 다시 만나셨다.
12일 **요 1:1-18** 요한은 예수님을 따랐으며, 하나님께서 은혜와 진리가 충만한 그리스도를 통해 어떻게 인간이 되셨는지 묘사한다.	13일 **요 5:19-47** 예수님은 자신과 아버지의 관계, 그것이 뜻하는 것이 무엇인지 설명하셨다.	14일 **요 6:35-51** 예수님은 자신을 생명의 떡이라고 가르쳤다. 그리고 어떻게 그분을 찾을 수 있는지 알려 주셨다.	15일 **요 8:12-30** 예수님은 자신을 세상의 빛이라고 선언했다.
16일 **요 10:1-18** 예수님은 자신이 아버지의 잃은 양을 찾는 선한 목자라고 말씀하셨다.	17일 **요 11:1-12:8** 요한은 예수님과 그분의 친구들의 관계, 그들의 깊은 사랑과 서로에 대한 돌봄을 서술한다.	18일 **요 14:1-15:8** 예수님은 자신이 우리의 영적 생활을 풍성하게 하는 근원, 즉 하나님께 가는 길이라고 설명했다.	19일 **요 21:15-25** 예수님은 자기를 부인했었고, 다른 제자를 시기한 베드로도 사랑하셨다.
20일 **행 2:22-42** 베드로는 예루살렘에서 큰 무리에게 그리스도를 전했고, 3,000명이 믿었다.	21일 **롬 5:1-21** 바울은 어떻게 그리스도가 사람들을 죄에서 해방하고, 하나님과 교제할 수 있도록 하셨는지 설명한다.	22일 **고전 15:1-28** 바울은 그리스도의 부활과 그분이 우리의 적인 사망을 멸할 것이라고 가르쳤다.	23일 **엡 1:3-14** 바울은 세 가지 관점, 즉 창조 이전, 현재, 영원의 관점에서 우리를 위해 그리스도께서 하신 사역을 설명했다.
24일 **빌 2:5-16** 바울은 그리스도께서 인간이 되시기로 선택하신 것처럼, 우리도 그리스도를 따르도록 선택해야 한다고 설명한다.	25일 **골 1:15-22** 바울은 그리스도가 어제나 오늘이나 내일이나 만유를 다스리시는 분이라고 말한다.	26일 **살전 4:13-5:11** 바울은 예수님이 다시 오셔서 역사를 완성하실 것이라고 가르친다.	27일 **히 1:1-2:18** 히브리서의 저자는 우리를 위해 그리스도께서 하신 완전하고 놀라운 사역을 묘사한다.
28일 **히 4:14-5:10** 그리스도는 우리가 겪을 모든 시험과 시련을 몸소 경험하셨다.	29일 **히 9:23-10:18** 예수님은 죄를 단번에, 영원히 도말하셨다. 그분 안에서 우리는 용서받았다.	30일 **벧전 1:1-12** 베드로는 그리스도 안에서 우리가 구원받으며, 천사와 구약의 선지자들도 이것을 이해하지 못했다고 말한다.	31일 **계 5:1-14, 22:1-21** 그리스도는 하늘과 땅을 다스릴 것이며, 성도들을 그가 계신 영원한 곳으로 이끌 것이다.

요한이서, 요한삼서

성경에서 가장 짧은 한 장짜리 책이긴 하지만, 이 두 서신은 교회에 여전히 의미 있는 메시지를 전한다. 요한이서와 요한삼서는 기록 배경도 비슷하고, 내용도 유사하다. 저자는 이기적인 목적으로 불화를 일으키는 거짓 교사들에 대해 경고하고, 신실한 성도들을 격려한다. 특별히 요한이서에서 이단을 교회나 집에 들이지 말라고 경고하는 한편, 요한삼서에서는 그리스도인 형제들을 영접하라고 권면한다.

저자

저자는 요한이서와 요한삼서에서 자신을 "장로"로 칭한다. 그렇기 때문에 요한이 이 서신서의 기록자가 아니라는 뜻은 아니다. 편지 내용으로 볼 때, 그가 한 지역 교회 장로의 권위보다 훨씬 더 큰 권위를 갖고 있다고 짐작할 수 있기 때문이다. 사도 베드로도 자신을 장로라고 불렀다(벧전 5:1).

요한이서와 요한삼서의 문체, 어휘, 구조, 분위기가 모두 유사한 것을 볼 때, 분명 한 명의 저자가 이 편지들을 기록했다. 게다가 두 서신서 모두, 특히 요한이서가 요한일서나 요한복음과 매우 닮았다. 이런 내적인 증거가 사도 요한이 이 서신들을 기록했다는 전통적인 견해를 분명하게 뒷받침한다.

기록 연대

요한이서와 요한삼서가 아주 유사하다는 점은 이 서신들이 거의 같은 시기에 기록되었음을 뜻한다(서기 약 90년). 초기 기독교 역사가들은 모두 요한이 노년에 로마 정부가 관할하던 아시아의 중심 도시인 에베소에서 주로 사역했다고 증언한다.

요한이서는 "택하심을 받은 부녀와 그의 자녀들에게" 보낸 편지이다. 일부 학자들은 이 수신자를 말 그대로 특정한 여인과 자녀를 언급하는 것이라고 믿지만, 지역교회를 은유적으로 표현했다고 보는 것이 더 나을 듯하다.

디오드레베가 아시아의 한 교회에서 권력을 잡고, 요한이 보낸 교사들을 영접하지 않으며, 그들을 맞아들이려는 사람들을 교회에서 쫓아냈다는 보고를 듣고서 요한삼서를 쓰게 되었다.

주제와 문학적 구조

요한이서는 예수 그리스도의 성육신을 부인하는 거짓 교사들의 위험을 경고하는 내용을 포함해 여러 면에서 요한일서와 유사하다. 요한은 독자들에게 사랑 안에서 계속 행하도록 격려하면서, 분별력 있게 사랑을 표현하라고 권면한다. 요한이서는 하나님의 계명 안에 거하고(1-6절), 거짓 교사들을 피하라(7-13절)는 두 가지 권면으로 구분할 수 있다.

요한이서 한눈에 보기						
초점	하나님의 계명 안에 거할 것			거짓 교사들을 피할 것		
관련구절	1 ------------- 4 -------------5------------7-------------------- 10 -------------------12 ----------- 13					
구분	인사말	진리 안에서 행하라	사랑 안에서 행하라	거짓 교사들의 교리	거짓 교사들을 피하라	축도
주제	하나님의 명령을 따르라			거짓 가르침을 경계하라		
	진리를 실천하라			진리를 지켜라		
장소	에베소					
기간	서기 약 90년					

Nelson's Complete Book of Bible Maps and Charts © 1993 by Thomas Nelson, Inc.

요한이서 개요

1. 하나님의 계명 안에 거할 것 1-6
- 1) 인사 1-3
- 2) 진리 안에서 행하라 4
- 3) 사랑 안에서 행하라 5, 6

2. 거짓 교사들을 피할 것 7-13
- 1) 거짓 교사들의 교리 7-9
- 2) 거짓 교사들을 피하라. 10, 11
- 3) 축도 12, 13

요한삼서는 성도들, 특히 순회 전도자들을 잘 영접하여 즐거이 교제하라고 권면한다. 가이오는 요한이 보낸 교사들을 진실하게 섬겼으나, 이와 대조적으로 디오드레베는 그들을 영접하지 않고, 이기적으로 처신했다. 그의 거만함과 불친절은 그가 하나님을 알지 못한다는 증거일 것이다.

요한삼서 한눈에 보기						
초점	가이오를 칭찬함			디오드레베를 책망함		
관련구절	1 ------------- 2 -------------- 5 ---------------9-------------- 12 -------------- 13 ------------- 14					
구분	인사말	가이오의 경건함	가이오의 관대함	디오드레베의 오만불손함	데메드리오를 칭찬함	축도
주제	섬김			이기심		
	전도자들을 대접할 의무			오만불손함의 위험		
장소	에베소					
기간	서기 약 90년					

Nelson's Complete Book of Bible Maps and Charts © 1993 by Thomas Nelson, Inc.

요한삼서 개요

1. 가이오를 칭찬함 1–8
- 1) 인사 1
- 2) 가이오의 경건함 2–4
- 3) 가이오의 관대함 5–8

2. 디오드레베를 책망함 9–14
- 1) 디오드레베의 오만불손함 9–11
- 2) 데메드리오를 칭찬함 12
- 3) 축도 13, 14

요한의 생애

사도행전 8장 14절을 보면, 요한은 예루살렘에 머물던 사도들과 함께 있었고, 바울은 갈라디아서 2장 9절에서 그를 예루살렘 교회의 "기둥들"이라 부른다. 그의 노년에 대해 언급한 내용은 요한계시록 1장밖에 없다. 그러나 초기 기독교의 전승은 요한이 서기 70년에 예루살렘이 파괴되기 얼마 전까지 그곳에 남아서, 에베소와 주변 지역에서까지 사역했다고 말한다. 요한계시록 2장과 3장에 언급된 로마 관할 아시아에 있던 일곱 교회들에서도 분명히 사역했을 것이다.

로마 정부는 요한이 그리스도를 전한다는 이유로, 에게 해의 작고 고립된 밧모 섬으로 유배 보냈다(계 1:9). 그가 언제 풀려났는지 정확히 알 수는 없지만, 아마도 도미티안 시대 이후에 에베소로 귀환을 허락받았을 것이다.

요한의 생애

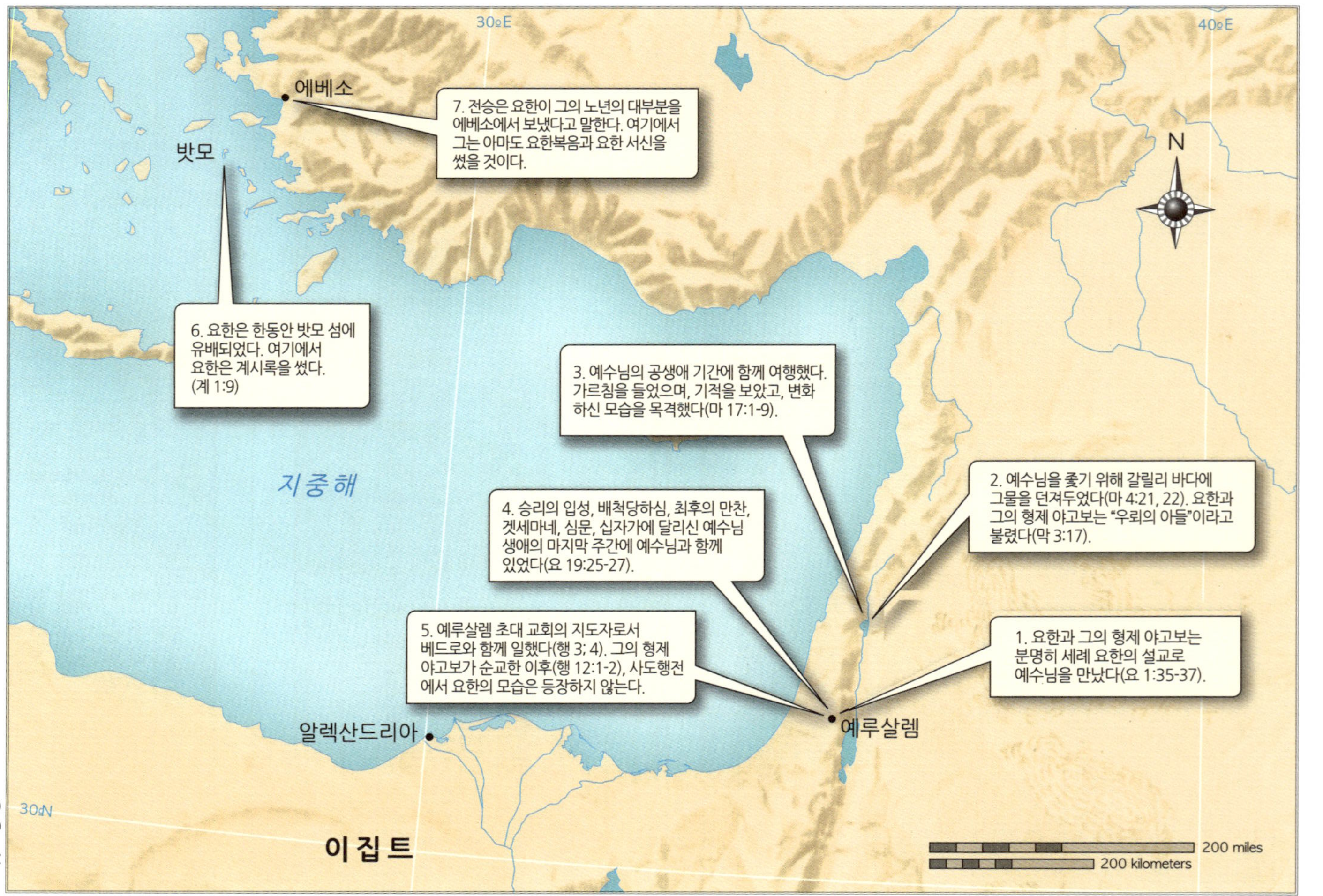

© GeoNova

유다서

바울 서신이든 다른 사도들의 서신이든 놀라울 정도로 많은 책에서 거짓 교사의 문제를 다루며, 거의 모든 서신서에서 이 문제를 암시한다. 하지만 유다서에는 다른 모든 신약 성경보다 더 무자비하고, 맹렬하게 교회에 침투한 거짓 교사들을 비난한다.

저자

짐작할 수 있는 여러 인물을 따져보고, 한 명씩 지워가면서 1절에 언급된 예수님의 형제 유다(마 13:55)가 이 책을 기록한 것이 가장 그럴듯하다는 결론에 도달했다. 1절에 언급된 야고보도 예수님의 형제이다. 야고보는 야고보서의 저자이자 예루살렘 교회의 영적 지도자이다.

기록 연대

유다서는 1세기 후반부에 기록되었으며, 편지의 내용에서 말하듯 교회에 들어올 기회를 엿보는 거짓 순회 전도자들에 대해 말한다. 더욱 조직화된 2세기 교회에서는 있을 수 없는 일이었다.

유다서가 기록된 정확한 연대는 베드로후서와의 문학적 관련성에 따라 결정된다. 유다서 4절에서 19절과 베드로후서 2장 1절에서 3장 3절은 비슷한 표현들을 써서 눈에 띄게 비슷한데, 이 때문에 많은 학자들은 베드로가 유다서에서 그 내용을 인용했든지, 유다가 베드로의 말을 인용했든지, 아니면 두 사람이 현존하지 않는 어떤 문서에서 이를 인용했을 것이라고 생각한다. 만약 유다가 베드로후서를 인용했다면, 베드로후서가 기록된 시기(서기 약 64-66년)와 서기 약 80년 사이에 이 책이 기록되었을 것이다. 반대로 베드로가 유다서를 인용한 것이라면, 서기 60년과 65년 사이에 기록되었다고 볼 수 있다.

주제와 문학적 구조

이 긴급한 편지는 네 부분으로 나눌 수 있다. 이 책의 기록 목적(1-4절), 거짓 교사들에 대한 묘사(5-16절), 거짓 교사들에 맞선 변론(17-23절), 송영(24, 25절)이다.

유다서의 목적은 아주 분명하다. 구원의 교리에 관해 토론하기 원했지만, 거짓 교사들이 너무나 파괴적으로 교회를 위협하는 상황이어서 "믿음의 도를 위하여 힘써 싸우라"(3절)고 강권할 수밖에 없었다. 이처럼 이 책 전체에서 유다는 거짓 교사들이 받을 심판에 초점을 맞추며, 수신자들을 강력하게 경고한다. 거짓 교사들은 그리스도의 권위를 부인하지만, 유다는 예수님이 지금부터 영원토록 만유의 주이심을 강조한다.

유다서 한눈에 보기

초점	목적	거짓 교사들에 대한 묘사			거짓 교사들에 맞선 변론	송영
관련구절	1 ------------- 5 --------------- 8 ------------------ 14 ----------17---------------- 24----------25					
구분	머리말	과거의 심판	현재의 특징	미래의 심판	신자의 의무	결론
주제	논쟁하는 이유				논쟁하는 방법	
	배교에 대한 분석				배교에 대한 해결책	
장소	알 수 없음					
기간	서기 약 66-80년					

Nelson's Complete Book of Bible Maps and Charts © 1993 by Thomas Nelson, Inc.

유다서 개요

1. 유다서의 목적 1-4
2. 거짓 교사에 대한 묘사 5-16
   1) 거짓 교사들에게 임했던 과거의 심판. 5-7
   2) 현재 활동하는 거짓 교사들의 특징 8-13
   3) 미래에 있을 거짓 교사들에 대한 심판 14-16
3. 거짓 교사들에 맞선 변론 17-23
4. 유다의 송영 24, 25

요한계시록

밧모 섬

창세기가 이 세상의 시작에 대한 책이라면 요한계시록은 역사의 완성을 이야기한다. 이 책에서 하나님의 구속 사역은 결실하고, 모든 피조물 앞에서 그분의 거룩한 이름이 입증된다.

'계시록'은 **아포칼립스**(*apocalypse*)에서 파생된 헬라어를 번역한 것으로, 하나님의 비밀스런 목적을 밝히 보여 준다는 뜻이다. 하나님께서 요한에게 이 책에 현재와 미래에 자신이 행하실 일들을 기록하라고 명령하셨다.

저자

많은 사람들이 사도 요한이 이 책을 기록했다는 전승을 지지하며, 서기 2세기까지 이 주장을 반박하는 자가 거의 없었다. 저자는 자신이 요한이라고 5번이나 밝히며, '사도'라는 직위를 덧붙이지 않았지만, 그는 교회에서 명망이 높은 사람이었던 것 같다(1:4, 9). 그런데도 계시록과 요한의 다른 저작들이 서로 너무 달라서 학자들은 이 전통적인 주장에 의문을 제기했다. 요한계시록에서 사용한 헬라어 문법과 어휘가 요한복음이나 요한의 서신서와 현저히 다르다. 또한 신학적 강조점도 다르고, 요한은 다른 책에서는 자신의 이름을 쓰지 않았다.

그러나 사도 요한의 다른 책들과 계시록 사이에 유사점도 많다는 사실도 명심해야 한다. 예를 들어, 말씀, 양, 진리와 같은 용어를 특별한 의미로 사용하며, 빛과 어둠, 사랑과 미움, 선과 악 등 대립되는 주제를 주의 깊게 전개한다. 이 책을 기록할 당시의 특별한 상황을 고려하면 여러 차이들을 충분히 이해할 수 있다. 이처럼 의혹도 제기하지만, 오랜 전통과 강력한 외적 증거들이 이 중요한 책의 사도적 기원을 충분히 지지한다.

기록 연대

요한계시록은 로마가 기독교를 공공연하게 대적하고, 박해할 때 기록되었다(1:9, 2:10, 13). 일부 학자들은 이보다 이른, 서기 64년 로마에 큰 화재가 발생한 후, 네로 황제가 그리스도인들을 박해하던 시기일 것이라고 주장한다. 그들은 '네로 황제'에 해당하는 히브리 철자의 수를 더하면 짐승의 숫자인 666이 된다는 점을 근거로 제시한다(13:18). 하지만 이런 종류의 증거만으로는 빈약하다. 몇 가지 이유로 인해 이보다는 도미티안 황제 재위(서기 81-96년)가 끝날 무렵인, 더 늦은 때에 기록했다고 보는 것이 더 타당하다. 우선 2세기의 교회 전승은 요한계시록이 도미티안 황제가 통치하는 후대에 기록되었다고 전한다. 게다가 요한은 서기 약 67년에 예루살렘에서 에베소로 갔는데, 네로가 통치하던 시기에 아시아에서 진행하던 사역을 확고히 하기에는 너무 짧은 시간이다. 마지막으로 계시록의 내용으로 보아 아시아 교회들이 성숙기를 지나 쇠퇴기에 들어설 만큼 세월이 많이 흘렀음을 짐작할 수 있다(2:4, 3:1, 15-18).

따라서 요한은 이 책을 서기 95년 혹은 96년에 기록했을 것이다. 그가 언제 밧모 섬에서 풀려났는지는 알 수 없다. 하지만 그는 도미티안 황제가 퇴임한 후에야 에베소로 돌아갈 수 있었을 것이다. 1장 11절, 22장 7절, 9절, 10절, 18절, 19절과 같은 구절들은 요한이 밧모 섬에서 이 책을 완성했음을 말해 준다.

주제와 문학적 구조

이 계시록은 일부 서신서 형식을 따르지만(1:4-3:22), 대부분 묵시문학 형식(다니엘과 스가랴 참조)으로 쓰였으며, 요한은 이 책을 예언서라고 칭한다(1:3, 22:7, 10, 18, 19). 1장

19절에서 이 심오한 계시가 다음 세 가지로 드러날 것임을 알 수 있다. “네가 본 것”(1장), “지금 있는 일”(2, 3장), “장차 될 일”(4-22장)이다.

‘일곱’이라는 숫자는 계시록에서 중요한 의미가 있다. 계시록에서 이 숫자는 52번이나 나온다. 6장에서 16장까지 일곱 번의 심판이 세 번 반복되는데, 여기서 일곱 개의 봉인, 일곱 나팔, 일곱 대접이 나온다. 상징적인 표현이 너무 많아서 기독교 공동체마다 이 책을 해석하는 접근법이 완전히 다르다. 계시록에 접근하는 방식이 어떤 것이 있는지 뒤에 논의하겠다.

요한계시록 한눈에 보기

초점	“네가 본 것”	“지금 있는 일”	“장차 될 일”				
관련구절	1:1 -------- 2:1 -------------- 4:1------------ 6:1 ------------ 19:7 --------- 20:1 --------- 21:1--- 22:21						
구분	주 예수 그리스도	일곱 교회	심판자	대 환란	재림	천년 왕국	영원한 나라
주제	그리스도의 환상		종말에 대한 환상				
	하나님의 현현	말씀	대 환란		나팔		연합
장소	밧모 섬						
기간	서기 약 95-96년						

Nelson's Complete Book of Bible Maps and Charts © 1993 by Thomas Nelson, Inc.

요한계시록 개요

1부 “네가 본 것”(1:1-20)

1. 머리말 1:1-8
2. 그리스도의 계시 1:9-20

2부 “지금 있는 일”(2:1-3:22)

1. 에베소 교회에 보내는 말씀 2:1-7
2. 서머나 교회에 보내는 말씀 2:8-11
3. 버가모 교회에 보내는 말씀 2:12-17
4. 두아디라 교회에 보내는 말씀. 2:18-29
5. 사데 교회에 보내는 말씀 3:1-6
6. 빌라델비아 교회에 보내는 말씀. 3:7-13
7. 라오디게아 교회에 보내는 말씀. 3:14-22

3부 "장차 될 일"(4:1–22:21)

일곱 교회

이 책은 로마제국이 관할하던 아시아의 주요 일곱 도시에 있는 교회들에게 전달한 메시지를 담고 있다. 이 도시들은 신약 시대의 주요 도로로 연결되어 있어서 무역과 교통의 중심지였다. 요한은 475쪽 지도에서 보는 것처럼, 에베소에서 북으로 버가모까지, 그 다음에 남으로 라오디게아까지 정확한 순서로 교회들에게 메시지를 전했음을 알 수 있다. 일부 학자들은 에베소 교회에서 처음으로 이 책을 읽었으며, 위의 경로를 따라 다음 교회로 회람해서 읽은 편지라고 생각한다.

일곱 교회

일곱 교회에 보낸 편지는 신실함에 대한 칭찬(라오디게아 교회는 제외), 비판(서머나, 빌라델비아 제외), 회개로의 부르심, 심판에 대한 경고, 응답하는 자들에 대한 보상을 약속하는 비슷한 구조로 이루어진다. 글쓴이는 그리스도이다. 예수님은 자신의 희생으로 구원받았지만, 영적으로 성숙하지 못하거나 신실하지 못한 교회들에게 다음과 같이 말씀하신다.

계시록의 일곱 교회

	칭찬	책망	가르침	약속
에베소 (2:1-7)	악한 자를 용납하지 않고, 인내했다.	처음 사랑을 버렸다.	처음 행위를 가져라.	생명나무의 과실
서머나 (2:8-11)	은혜 안에서 환난과 궁핍을 견뎠다.	없음	죽도록 충성하라.	생명의 면류관
버가모 (2:12-17)	믿음을 져버리지 않았다.	부도덕, 우상 숭배, 음행을 허용했다.	회개	감추었던 만나와 새 이름을 새긴 돌
두아디라 (2:18-29)	사랑, 섬김, 믿음, 인내가 처음보다 더 했다.	우상숭배의 제단과 부도덕을 허용했다.	심판이 다가 온다. 믿음을 지켜라.	만국을 다스리는 권세와 새벽별을 받음
사데 (3:1-6)	몇몇 사람들이 믿음을 지켰다.	죽은 교회이다.	회개하라. 남은 것을 굳게 하라.	명예를 얻고 흰 옷을 입음
빌라델비아 (3:7-13)	믿음 안에서 인내했다.	없음	믿음을 지켜라.	하나님이 임재하시는 장소, 새 이름, 새 예루살렘
라오디게아 (3:14-22)	없음	무관심했다.	열심을 내라. 회개하라.	예수의 보좌에 함께 앉음

계시록을 바라보는 네 가지 관점

대체로, '6장 1절부터 18장 24절까지의 환상이 가리키는 역사적인 대상이 무엇인가'와 '20장에 묘사된 천년 왕국의 특성이 무엇인가'하는 두 가지 문제를 어떻게 해석하는지에 따라 계시록을 바라보는 관점이 달라진다.

6장 1절부터 18장 24절에 나오는 환상은 종종 다음 네 가지 방식으로 해석한다. '과거주의적'(Preterist, '과거'를 뜻하는 라틴어에서 유래) 해석은 이를 로마제국 시대에 발생한 사건으로 이해한다. '역사적'인 해석에서는 사도 시대부터 그리스도의 재림 때까지 교회사를 파노라마처럼 대략 보여주는 것으로 이해한다. '관념적'인 해석에 따르면, 계시록은 선과 악의 거대한 영적 전투를 상징적인 방식으로 묘사하는 책이다. 마지막으로 '미래주의적'인 해석은 이를 마지막 때에 일어날 미래의 사건을 묘사한 것으로 본다.

천년 왕국을 우리가 어떤 관점으로 보든 간에, 우리는 주님의 재림과 그분의 영원한 통치를 준비하며 사는 것에 초점을 맞추어야 한다(히 10:13, 고전 15:25-27).

계시록을 바라보는 네 가지 관점 요약	
해석 방식	기본 명제
과거주의적	계시록의 모든 사건은 로마 제국 시대에 성취되었다.
역사적	계시록은 사도 시대부터 재림에 이르는 교회사의 파노라마이다.
관념적	계시록은 실제 사건을 표현한 것이 아니라, 선과 악의 영적 전투를 상징적으로 묘사한다.
미래주의적	계시록은 4장부터 시작해 마지막 때에 있을 미래 사건을 서술한 책이다.

후 천년설

밀레니엄(The Millennium)은 '천'을 뜻하며, 그리스도가 천 년간 통치하실 것을 말한다(20:1-6). 어떤 그리스도인들은 천년 왕국이 이 땅 위에 임할 축복의 시대일 것이라고 생각한다. 또 어떤 사람들은 기간이 정확하게 정해지지 않은 현재의 교회 시대라고 믿기도 하고, 영원한 나라를 일컫는 표현이라고 생각하기도 한다.

성경에서 천년 왕국을 특별히 언급하는 것은 계시록뿐이다(20장). 천년 왕국과 그 왕국이 어떻게 도래할 것인지는 사람마다 매우 다르게 해석한다. 후 천년설을 지지하는 사람들은 천년 왕국 이후에 예수님이 사람들이 볼 수 있는 모습으로 재림하시리라 기대한다. 그들은 그리스도께서 재림하시기 전에, 교회의 가르침과 설교를 통해 평화와 정의의 긴 시대(어떤 사람은 천 년을 문자적으로, 어떤 사람은 상징적으로 해석한다)로 우리를 인도할 것이라고 기대한다. 후 천년설을 지지하는 사람들은 대체로 계시록을 '과거주의적', '역사적' 관점으로 해석한다.

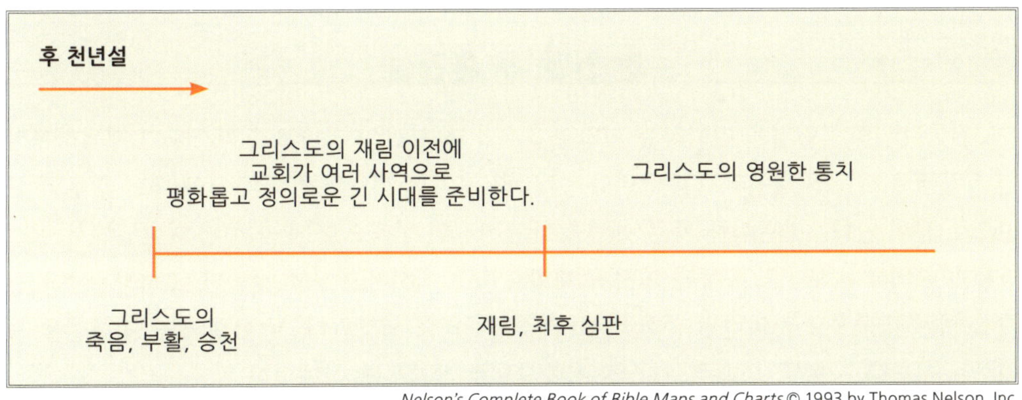

전 천년설

전 천년설을 지지하는 사람들은 그리스도가 천년 왕국 이전에 재림하리라 믿는다. 그들은 계시록 20장을 문자적으로 해석하기 때문에, 그리스도가 천 년 동안 이 땅에서 통치하리라고 굳게 믿는다. 이 같은 기본적인 내용은 합의하지만, 그 안에 다양한 관점들이 있다. 그중 '전 천년, 전 환란설'과 '전 천년, 후 환란설'이 가장 많이 알려져 있다. '전 천년, 전 환란설'을 지지하는 학자들은 두 하나님의 백성, 즉 이스라엘과 교회에 대한 다른 두 가지 예언적 계획이 있다고 주장한다. 이 관점에 의하면, 교회는 7년 대 환란 이전에 큰 기쁨을 누릴 것이다. 대 환란 이후, 그리스도가 재림하셔서 천년 왕국을 설립하고, 예루살렘을 중심으로 구약의 희생 제사 제도를 다시 정립할 것이다. 천 년이 찬 후, 사탄이 옥에서 놓여 천년 왕국은 끝나고, 최후의 심판이 있은 후, 영원한 왕국이 도래할 것이다.

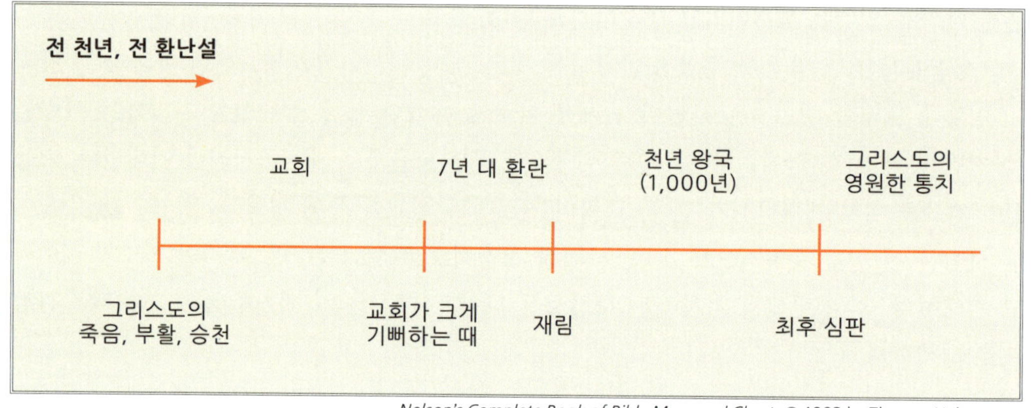

Nelson's Complete Book of Bible Maps and Charts © 1993 by Thomas Nelson, Inc.

전 천년, 후 환란설

전 천년, 후 환란설을 지지하는 학자들은 7년 대 환란이 끝나고 그리스도가 재림하셔서 천년 왕국을 세우실 것이라고 주장한다. 이 왕국은 악한 세력의 반역과 그에 대한 최후의 심판으로 끝이 난다. 이 관점은 자주 예언을 비문자적인 방식으로 해석하며, 하나님께서 이스라엘과 교회에 대해 서로 구별된 역사적 계획을 갖고 계신다고 보지 않는다. 오히려 이스라엘과 교회는 궁극적으로 하나님의 한 백성이 될 것이라고 생각한다. 두 유형의 전 천년설을 지지하는 사람들은 모두 '미래주의적' 접근 방식으로 계시록을 이해한다.

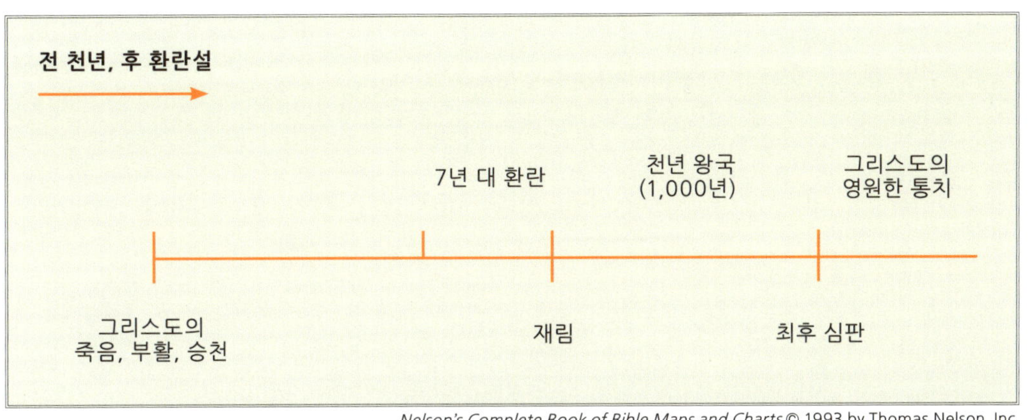

Nelson's Complete Book of Bible Maps and Charts © 1993 by Thomas Nelson, Inc.

무 천년설

무 천년설을 지지하는 사람들은 그리스도의 천 년 통치를 관념적이거나 영적인 의미로 해석한다. 그들은 예수님의 재림을 믿는 반면, 문자적인 의미 그대로의 천년 왕국을 거부한다. 어떤 이들은 그리스도의 통치가 그분의 지상 사역 혹은 그분이 부활했을 때 시작되었다고 본다. 그들은 그리스도가 지금 하나님의 우편에서 다스리고 계시다는 베드로의 선언을 인용한다(행 2:33-36). 이스라엘과 교회가 하나님의 한 백성을 이루고, 교회 시대나 새 하늘과 새 땅이 도래하면 이스라엘에게 약속하신 왕국이 영원히 존재할 것이라고 해석한다. 무 천년설을 주장하는 사람들은 대개 계시록을 '관념적인' 관점으로 이해한다.

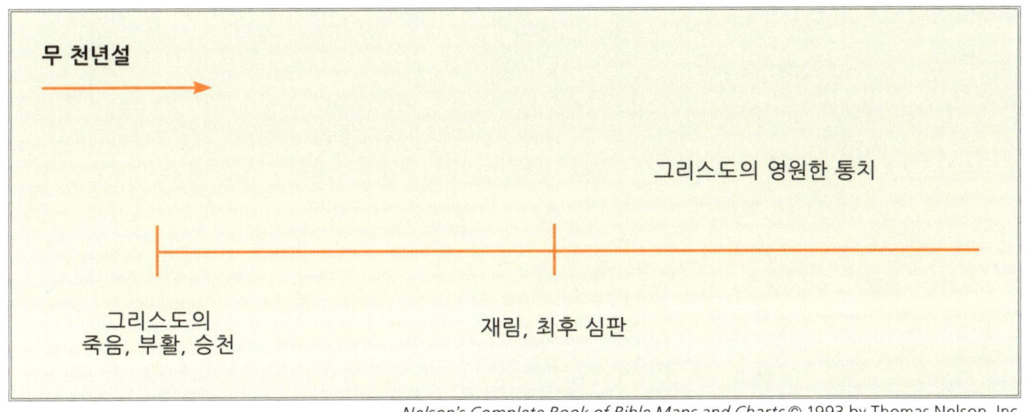

Nelson's Complete Book of Bible Maps and Charts © 1993 by Thomas Nelson, Inc.

가나다순 색인

성경별 색인

구약

오경

창세기

지혜 문학

욥기

시편

잠언

전도서

아가

선지서

선지서

이사야

예레미야

예레미야애가

에스겔

다니엘

신약

사복음서

마태복음

마가복음

누가복음

요한복음

사도행전

사도행전

사진출처

9, 255 Lux Lucis Pictor (Flickr)
13 Eman (Wikimedia Commons)
64 Mira Pavlakovic (stock.xchng)
72 Gugganij (Wikimedia Commons)
81 DVD R W (Wikimedia Commons)
113 StevenBirnam (Wikimedia Commons)
127 Golf Bravo (Wikimedia Commons)
151 Derek & Chantal Chen (Flickr)
220 Jerry Culbertson
221 Francis Frith Corporation
232 Claude Niecpes (Wikimedia Commons)
286 Little Savage (Wikimedia Commons)
290 David Bjorgen (Flickr)
297, 434 Brad Mering (Wikimedia Commons)
318 2008 Jupiterimages Corporation
340 2008 Jupiterimages Corporation
350 2008 Jupiterimages Corporation
354 Roybb95 (Wikimedia Commons)
367 William Shewring (Wikimedia Commons)
390 2008 Jupiterimages Corporation
398 MM (Wikimedia Commons)
423 Bukvoed (Wikimedia Commons)
471 Dorina115 (Flickr)

넬슨성경개관(개정판)

초판 발행 2012년 2월 29일
초판 8쇄 2022년 12월 20일
엮은이 토마스 넬슨 출판사
발행인 손창남
발행처 죠이선교회(등록 1980. 3. 8. 제5-75호)
주소 02576 서울시 동대문구 왕산로19바길 33
전화 (02) 925-0451 (출판부)
(02) 929-3655 (영업팀)
팩스 (02) 923-3016
인쇄소 영진문원

ISBN 978-89-421-0325-6 03230

책값은 뒤표지에 있습니다.
잘못된 도서는 교환하여 드립니다.